地名が語る京都の歴史

糸井通浩・綱本逸雄――編

東京堂出版

はじめに

一二〇〇年の都である京都の地名（消失地名含む）は、古代から現代にいたる各時代の政治、経済、芸術・信仰などの文化、生活を刻んだ無形の歴史文化財である。地名研究家の故・池田末則は「地名は生活の痕跡を残す貴重な文化遺産である。風土と文化が移り変わっても、地名はそのまま今も生きている。地名は古くから土地に定着して残存することから、地名分布・移動する実態をみると、文化の移動が理解される。地名は考古学の出土資料と同等の価値をもつ」（『地名の考古学』勉誠出版、二〇一二）という。

本書は、「地名」から京都の歴史を語り由来を検証する。というのも、京都に関する書物は歴史書から観光ガイドブックに至るまで、これまで多数出版され、書店には京都コーナーが設けられ、京都本という言葉が流布するほどである。ただ、地名由来に関しては間違いがよくみられる。

一例を挙げると、歴史学者の森谷尅久著『京都を楽しむ地名・歴史事典』（ＰＨＰ文庫、二〇一三）では、「長岡京跡」の文中に「（向日）丘陵は『長岡』とも呼ばれた。その地名は、当地に造営された長岡京に由来する」とある。しかし、桓武天皇は長岡京造営のため、『続日本紀』に「延暦三年（七八四）五月十六日、藤原小黒麻呂、藤原種嗣らを遣はして乙訓郡長岡村の地を相《み》しむ、都を遷さむが為なり」とある。長岡京こそ長岡村にちなんだ名であることは明らかである。武光誠著『関西の地名一〇〇』（ＰＨＰ研究所、二〇一〇）は「賀茂」は「古代にカモ（鴨）という鳥が『かも』の神の使者とされていた。そのため、カモをまつる人々の居住地に、『鴨』の地名ができた……『かも』の神をまつったのが鴨氏」と我流の解釈をしている。「賀茂」の由来については、本書の「古代氏族の勢力分布」で触れるので省略するが、負名氏《なおいのうじ》にちなむことに触れない。あるいは、「鯖街道」について、足利健亮編「京都歴史アトラス」（中央公論社、一九九四）も「若狭から鯖が運ばれた鯖街道の若狭街道も北陸道の間道として古くから開かれていた」とする。しかし、若狭で鯖が漁獲されだしたのは幕末である（板屋一助著『稚狭考』一七六七）。この記述では、鯖街道も古い呼称だと誤解されかねない。いずれも地名の検証ができていない。

あるいは、桂川左岸の嵐山下流の右京区梅津罧原《ふしはら》町は、最近、㈶京都市埋蔵文化財研究所の研究員が、葛野大堰は渡月橋上流の川中だったという従来説は間違いで、当地の罧原町にあったと発表している。しかし、当地の地名と関連付けては考えていない。葛野大堰と罧原地名については本書で触れた。

京都の地名についての関連書は多くあるものの、「京都の歴史」として縦の時系列の視点で叙述したものは見当たらない。京都の歴史を今に伝えている「地名」を検証し、成立年代ごとにまとめることで、平安京以前から近代までの都市の歴史と変遷を辿ってみたい。地名の成立を探ることで、洛中・洛外の都市がどのように形成されたのかを知ることができる。

奈良・平安・鎌倉・南北朝・室町・江戸・近代の時代ごとに分けて都市形成を探ることになるが、とくに洛中は、自然地名はほとんどなく、政治・経済・文化・宗教地名がほとんどである。その成立を今日の残存地名から探り、洛中の都市がどのように形成されたのか時代別に明らかにしていきたい。乙訓・宇治（あるいは、西山城、南山城）も視野に入れ、歴史・地理・地質・言語・庶民宗教史（民間信仰）などを総合的に検討する。

本書は、平安京以前から近代までを六章に分け、編者を含め一二名の執筆により完成した。それぞれの時代において、地名の観点から重要な事項を掘り下げることで、京都の歴史の生き生きとした姿を浮き彫りにすることを目指したものである。

平成二八年一二月

綱本逸雄

地名が語る京都の歴史——目次

表紙画像　花洛往古図（国立国会図書館蔵）
本扉画像　人文社復刻版　新増細見京繪圖大全（協力：こちずライブラリ）

＊文中および引用中のルビについては各執筆者の方針によった部分があります。
＊図版のうち、一部権利者不明のものがあります。ご存じの方は編集部までお知らせください。

地名が語る京都の歴史

序　「京都」とは何か

井上満郎

1、漢籍の「京都」

不思議に聞こえるかもしれないが、「京都」は今の京都のことではない。要するに漢語（中国語）なのであって、特定の場所・地域を示す日本の用語・地名ではなかった。漢籍に多くの「京都」という表記を見出すが、それらはことごとく今の京都のことを示すわけではないのだ。

日本・倭《わ》国のことを最初に書いている史書はよく知られた「魏志倭人伝」、その正式名称を『三国志』魏書東夷伝というが、その『魏志』にすでに「京都」の語は見えている。この書物は三世紀の成立だから、むろんこの「京都」が現在の京都であるはずなく、別物を指す言葉である。

その『魏志』を例示すれば、たとえば任城王《にんじょうおう》（一八九？～二二三）が「京都において死す」と記しており、行幸先とか、まして辺鄙な地方において死去したのでなく、他ならない首都で亡くなったことを語るのに「京都」とあるわけで、この「京都」は当然魏の都である洛陽《らくよう》のことを指している。要するに漢語「京都」は、その時々の首都を表わす一般名詞であった。

2、ミヤコの語義

古代日本の文献で「京都」と書かれたとき、その読みは「ミヤコ」である。というよりも日本語のミヤコを漢字で表わすときに漢語の「京都」という文字を借りたわけで、本来は「京都」という文字は、当然「ミヤコ」とは読めない。

「京都」という文字で表現されることになるミヤコという日本語だが、ミ＋ヤ＋コからなる合成語である。ミは尊敬の意味の接頭辞で、漢字では「御」、ヤは「屋」・「宅」・「家」、コは「あこ」・「ここ」などのコで漢字なら「処」だろうか。つまり「御」「屋」のある「処」、ということになる。ミヤはむろん大王・天皇の居所であり、その居所のある場所、というのがミヤコという言葉のそもそもの始まりである。

ミヤコという言葉が、いつ発生したかはよく分からない。最近は「初期国家」と呼ぶことが多いが、大王・天皇を頂点とし、中央集権的な、つまりはその支配を貫徹するための政府がある特定の場所に成立したのは、おおむね五世紀のことであった。それ以前にも邪馬台国《やまたいこく》などそれなりの国家システムの成立はあったが、なお都市と農村部とは明確な区別を持たず、したがって王の居住地はあったもののミヤコと呼びうる「地域」・「場所」はなかったし、当然そこを示す呼び名もなかった。纒向《まきむく》遺跡（奈良県桜井市）などが発見されてはいるが、なおこれがミヤコと呼びうるかについては議論がある。

日本語の、文字での表現がいつ始まったのかも不明だが、文字の使用はおそらく紀元前後ころからであろう。『漢《かん》書《じょ》』・『後漢書《ごかんじょ》』によれば、このころから中国との交流・交渉が始まったことは確実だし、それは文字を介してのことだった。残念ながら現物は残されていないが、伝達手段として中国でも日本でも文字を使ったことは否定できず、この頃から日本の言葉が中国の文字によって表現されるということが始まった。しかしミヤに該当する居宅・居館はあったただろうが、右に述べたようにまだ特定の地域・場所としてのミヤコはなかった。用語としてのミヤコの登場もまだ見られない。

3、「京」と「京都」

日本では「ミヤコ」という日本語が首都の意味で用いられたが、普通には日本語「ミヤコ」は「京」一字で表現された。よく知られた『土佐日記』によると、土佐国（高知県）から帰京した紀貫之《きのつらゆき》は海路をとって土佐から京都に向かうが、淀川《よどがわ》をさかのぼった彼は「山崎《やまざき》」（京都府大山崎町）で下船した。土佐からの船そのままで川舟に乗り換えないで淀川を遡航したらしく、ために喫水線の関係で遡上できるのはそこまでで、そこから「車、京へ取りにやる」とあるごとく、車を取りに行かせている。その表現は「京」であって、「京都」ではない。

「京」も「都」も、ともに一字で「ミヤコ」と読める。というよりも日本語のミヤコに「京」とも「都」とも漢字を宛てたのである。だから「ミヤコ」の意味あいをあらわすためには「京都」と二字である必要はまったくないわけで、貫之も「京」一字であらわしたのであった。むろん彼の場合もこれが現在の京都を示すものか、それともただミヤコを示すのかは不明というほかないが、具体的に京都の地を指すのにかわりはない。

では「京都」という漢語・漢字は、どう読まれたのだろうか。

豊前《ぶぜん》国に「京都郡」という郡名が見える。『倭名類聚抄《わみょうるいじゅしょう》』（平安時代に作成された辞書）に出るのだが、京都郡は現在の福岡県行橋《ゆくはし》市・豊前《ぶぜん》市あたりになる。この「京都」郡には読み仮名が付されていて、「美夜古」とそれはあって、これは「ミヤコ」としか読みようがない。ここに「京都郡」という地名が生じたのにはむろん理由があるがそれはともかくとして、日本では天皇がおり、その国家・政府が所在する地を「京都」と表し、「ミヤコ」と呼んでいたことだけをここでは確かめておこう。

4、『古事記』『日本書紀』『万葉集』のなかの「京都」

日本では「京都」という用語はどのように使われていたのかを確かめてみたい。当然記・紀・万葉がその材料となり、まずは『古事記』を見る。

天武《てんむ》天皇の命を受けた太安万侶《おおのやすまろ》によってつくられたこの書物に、ミヤコのことはたくさん出るが、「京都」の表現は見られない。この書物は周知のように七世紀はじめの推古《すいこ》天皇までを叙述範囲としていて、漢語で「京都」と表現されねばならないような都市、つまりは中国都城制を採用した宮都がまだ本格的に成立しておらず、さらにいえばこの書物は、本居宣長《もとおりのりなが》が外来文明の受容以前の本来的日本を研究するのに適切だと考えたように、日本語表現を基本的に重要視しており、漢語である「京都」の語が馴染まなかったのである。

これに対して中国正史をモデルにし、漢語的表現を重要視した『日本書紀』には、「京都」という用字が四度登場する。この書物ができたのは八世紀はじめだから、当然現在の京都は存在していない。

まず景行《けいこう》天皇一七年三月条だが、この天皇が日向《ひゅうが》国の「子《こ》湯県《ゆのあがた》」に行幸したとき、そこで「京都《みやこ》を憶《しの》びたまひて、歌《うたよみ》して曰《のたま》はく」とあり、このあと有名な「倭《やまと》は　国のまほらま　畳《たたな》づく　青垣《あおがき》　山籠《やまこも》れる　倭《やまと》し麗《うるわ》し」が続く。景行のミヤコは「纏向日代宮《まきむくひしろのみや》」で、むろん大和にあった。はるか九州から「倭」（奈良）のこの故郷をしのんで、「京都」といったのである。京都がミヤコを示す普通名詞であることをよく物語る。

雄略天皇七年八月、朝廷に仕えていた吉備《きび》出身の吉備弓削部虚空《きびのゆげべのおおぞら》が、急用で故郷に帰る。ところが帰った先の豪族が虚空をとどめて私用にこきつかい、「京都《みやこ》」に戻ることを許さなかったという。この場合も「京都」は雄略のミヤコの「泊瀬朝倉宮《はつせあさくらのみや》」のことをいい、現在の京都のことではまったくない。顕宗《けんぞう》天皇即位前紀にも見え、難を播磨《はりま》（兵庫県）に避けていた億計《おけ》王（のちの仁賢《にんけん》天皇）・弘計《おけ（をけ）》王（顕宗天皇）兄弟を召還して、二人を都に進める使節が「京都」に向かったが、この「京都」は清寧《せいねい》天皇の磐余甕栗宮《いわれみかくりのみや》であり、これもむろん今の京都ではない。

さらに天智《てんじ》天皇五年冬条（六六六）にも「京都の鼠、近江《おうみ》に向きて移る」とあり、これはよく知られた近江大津宮《おおつのみや》（大津京）への遷都の予兆記事で、鼠の奇妙な行動でもって遷都が必然なものであることをいわば説明したものである。この「京都」は当時のミヤコであった飛鳥岡本宮《あすかおかもとのみや》のことであって、やはり「京都」は宮都のことを指す一般名詞として使用されているに過ぎない。

ちなみに『日本書紀』では普通ミヤコの用字として「京都」のほかに「帝京」「皇都」「京師」などが使われているが、用いられることが最も多いのは「京」である。意味的にはじゅうぶんにそれで用が足りるのであり、文章表現の際に文脈を整えるために漢語的二字表現をとるが、それには「京都」以外にも多様な使用例があったのである。

もう一つの古典『万葉集』であるが、歌中にはただ一首にしか使用されておらず、著名な「婇女乃袖吹反明日香風京都乎遠見無用尓布久」（采女《うねめ》の袖吹き返す明日香風《あすかかぜ》「京都」を遠みいたづらに吹く）というものがそれだが、当然この「京都」の読みは日本語「みやこ」である。いま一つは左注のもので、「久迩京都」とあり、これも諸本はすべて「久迩《くに》のみやこ」と読んでいて、当然恭仁京《くにきょう》（京都府木津川市）のことを指している。

5、平安京遷都後の「京都」

では京都が平安京として日本の宮都になって以後、「京都」という表現はどのように変化したのだろうか。アトランダムではあるがいくつかの事例を見てみよう。

たとえば貞観七年（八六五）のことだが、地方から都に動員されてさまざまな力役にあたっていた「衛士《えじ》・仕丁《じちょう》」（衛士は地方から上京して宮都の警備にあたり、仕丁は同じく地方から上京して皇族・貴族家の雑用に従事する）らが「愁訴《しゅうそ》」した（『日本三代実録』貞観七年一二月一七日条）。「愁訴」は文字通りに愁えて事情を訴えることをいうが、その文言のなかに自分たちは「郷国《ごうこく》を遠辞《えんじ》し、京都に苦役《くえき》」しているのでなんとか待遇を改善してほしいと訴えた。これは彼らが訴え出た公式の文書であり、そこに「京都」が見える。

実際上確かにこの「京都」は今の京都を指す。ただ原文で示せばここは「遠辞郷国、苦役京都」となるように、この「京都」という文言は対句にするために調えられたものであって、意味は「京」一時で通るのだが、「遠辞郷国、苦役京」では漢文の文章として成立しないがための修辞なのだ。したがってこれをもって貞観七年の段階で、「京都」が京都を指す固有名詞になっている証拠とはなしがたい。

永延二年（九八八）一一月、尾張国の「郡司《ぐんじ》・百姓《ひゃくしょう》」たちが、当時の国司藤原元命《ふじわらのもとなが》の横暴三一カ条を中央に訴えでた。有名な「尾張国郡司百姓等解文《げぶみ》」だが、その二三条に、元命が地元民を不法に使役して雑物を「京都・朝妻《あさづま》両所」に運ばせているといっている。「朝妻」（滋賀県米原市）は琵琶湖沿岸の重要港津で尾張から京都への中継点であったが、訴状の事書《ことがき》（見出し・目次のこと）部分に「京都」は見えている。

当然これには本文があり、ところがそこには「向京之程《こうきょうのてい》」（京都に向う行程）とあって「京都」とはない。つまり意味は「京」で通るのであって、現に本文はそうしている。もし「京都」が固有名詞として成立し、その共通認識が存在していればここも「向京都之程」とあるべきで、そうでないのはやはりこの段階でも「京都」という固有名詞は成立していないと考えざるを得ない。

6、固有名詞化する「京都」

「京都」という漢語が日本人に知られて、相当の長い時間を経てやっと今の京都を示す地名となり、そしてそれは現在にまで継承される。では、「京都」が「きょうと」（きやうと）と読まれ、地名となるのはいつなのか。

その点で注意される史料に、滋賀県大津市の石山寺《いしやまでら》に伝わる聖教《しょうぎょう》がある。これそのものは単なる仏教経典なのだが、膨大ななかの一つの「倶舎論記《くしゃ》」の奥書《おくがき》に、

保延元年七月廿八日於京都宮処故入道大相国旧居点了

とある。この経典を点検した人物が書き付けたものだが、ここに見える「京都」は果たしてどう読むのか。

「京都宮処」について検討してみると、すべて音読して「きょうときゅうしょ」において、ということはないだろうし、訓読されたとするとこのうちの「宮処」は日本語では「みやこ」としか読みようがない。「京都」の訓読は「みやこ」しかないから、「宮処」をそのまま「みやこ」と読んだのでは「みやこみやこ」あるいは「みやこのみやこ」と重なって意味をなさない。とするとここは「きょうとみやこ」ないしは「きょうとのみやこ」と読んだとしか考え

られない。すなわち保延元年（一一三五）の頃に、「京都」は京都のことを指す固有名詞になっていったと考えてよいだろう。

ただこの場合に注意されるのは、「京都故入道大相国旧居」で意味は通じるはずなのに、そこにわざわざ「宮処」を加えているということは、依然として「京都」が京都を指す用語としてじゅうぶんに、というか他の用語を排除して定着していないことをも示す。「京都」が固有名詞化はしたけれども、他の用語とともに融通無碍に使用されていたのである。

考えてみれば地名というのは、確かに法制・行政用語のそれ、たとえば国名・郡名などがあってこれらはただ一つの用字しか存在しえなかったが、民間的・市民的には要するにどこであるかが分かればその地名の用は足りるのであって、必ずしも一つである必要はなかった。ちなみに、これよりはるか後の江戸時代、道中双六《どうちゅうすごろく》のアガリは「京の三条大橋」であって、「京都の」三条大橋ではない。明治四四年（一九一一）の小学唱歌「牛若丸《うしわかまる》」でも「京の五条の橋の上」と歌われ、やはり「京都の」ではなかった。地元紙の『京都新聞』に限らないが、今でも新聞などには「京都の○○」よりも「京の○○」のほうがよく使用されていて、「京都」は固有名詞になっているいっぽうで他の表現方法も見受けられる。

第一章　平安京以前

一、古代氏族の勢力分布

綱本逸雄

平安京が営まれる以前、山城《やましろ》盆地北部には、賀茂《かも》氏、渡来系の秦《はた》氏はじめ各氏族が土着していた。北には賀茂氏が、そのやや南には山陰の出雲から亀岡盆地を経て進出してきた出雲《いずも》氏、東山一帯には粟田《あわた》氏、八坂《やさか》氏、さらに西方の大堰川畔から乙訓《おとくに》、鳥羽付近から深草にかけては、秦氏が勢力を張り、そして大原野一帯には土師《はじ》氏が蟠居していた。とくに六世紀頃、北山背《やましろ》へ秦氏の進出が著しい。これら各氏族の進出によって、その地に氏族名を冠した地名や氏神社・氏寺が今日まで伝わる。

北山背に住んでいたのは、もちろん渡来系氏族がすべてではない。秦氏をはじめとする渡来人たちは外来の人々であって、その前には、縄文・弥生時代の遺跡が多く分布するように、いわば〝在来〟の人々がいた（井上満郎『京都　躍動する古代』『渡来人』ほ

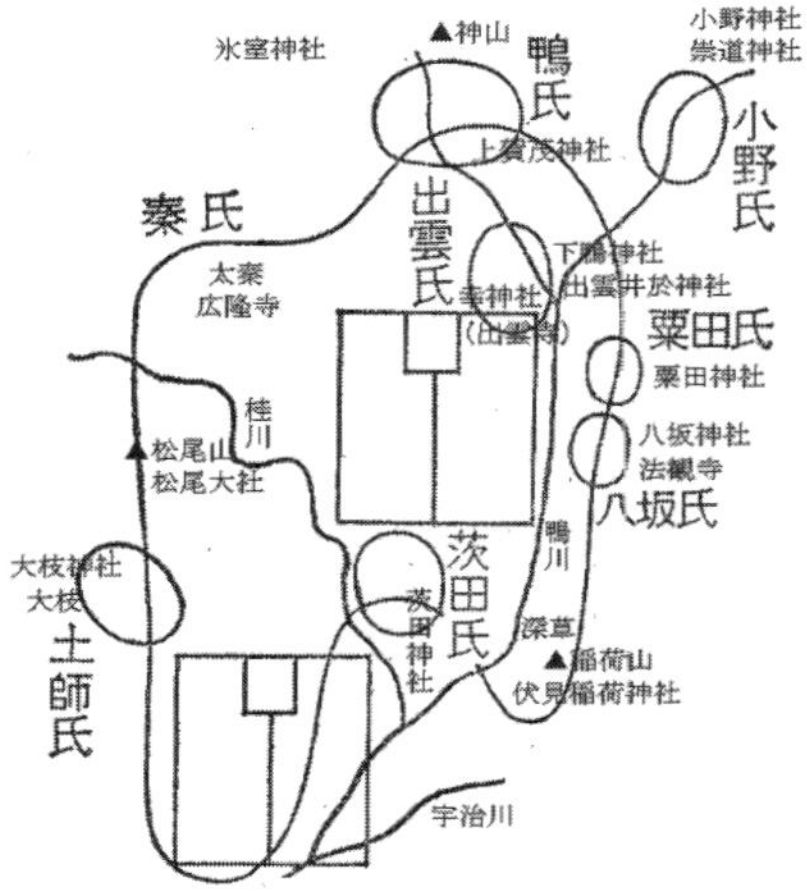

図1　古代氏族分布（井上満郎『京都　躍動する古代』ミネルヴァ書房、1981、p.80より改変）

か)。

なお、「やましろ」は、古くは『古事記』に「山代」、『日本書紀』に「山背」と表記する。『続《しょく》日本紀』大宝元年(七〇一)正月二三日条に「山代国相楽郡《さがらかのこほり》」とあり、同年の大宝令施行の頃から、大和国の背後を意味する「山背」が定着したといわれる(第一章二、四参照)。延暦一三年(七九四)平安遷都の時、「宜改山背国為山城国」(『日本後紀』巻第三逸文・延暦一三年一一月丁丑〔八日〕条)と詔が出された。本節では賀茂・秦の二大氏族を中心に、従来説でない地名研究分野からの拙論を主に述べる。

1、賀茂氏

土着の豪族

奈良期から、北区上賀茂に上賀茂神社(賀茂別雷神社《かもわけいかづちじんじゃ》、主神・賀茂別雷命《かもわけいかづちのみこと》)と同神社の神奈備山である神山《こうやま》(上賀茂神山)、左京区下鴨に下鴨神社(賀茂御祖《かもみおや》神社、主神・賀茂建角身命《かものたけつぬみのみこと》、玉依日売命《たまよりひめのみこと》など)がある。両社を上・下社ともいう。

上賀茂社は古の昔から、いまの上賀茂の地にあって、奈良時代後期まで社《やしろ》は一つだけだった。『山城国風土記逸文』には「賀茂社」とある。下社の存在は『続《しょく》日本後紀』承和一五年(八四八)二月条に、天平勝宝二年(七五〇)一二月賀茂御祖大社に「御戸代《みとしろ》田(神田)一町を充て奉った」、『新抄格勅符抄』天平神護元年(七六五)九月七日に「鴨御祖神　廿戸」の神戸《かんべ》(神社所属の民)が与えられ、この頃カモ社が分立して下社が創立されたとされる。

前記『逸文』には、賀茂建角身命は大和国葛城の峯にいたが、さらに山代国相楽郡岡田の賀茂から木津川を経て賀茂河（鴨川）と葛野河（桂川）の合流点に至り、さらに賀茂河を上って北山の麓に定住し、名づけて賀茂という伝える（可茂とも）。ただ、この神の大和、相楽郡、山代三地点の遍歴を立証する史料はない。加茂町史編さん委員会『加茂町史』第一巻は「『山城国風土記』に記すように大和国葛城のカモ氏が山城国に進出したとかの徴候はない。同じカモ氏と名乗っていても、発生史的には異なる氏族だ」（井上満郎・奥田裕之「カモ神とカモ氏」）と指摘する。岡田精司もカモ一族の三つのカモ地めぐりについて「『神話』の中だけのことで歴史的事実はなかった。山城盆地北部の生え抜きの土着勢力だった」（『京の社』）という。

負名氏

上・下両社の社家（世襲神職の家筋）は、かつて山城国葛野・愛宕《おたぎ》郡一帯を本拠とした豪族・賀茂県主《かものあがたぬし》の末裔《まつえい》とされる。県は大和政権時代の皇室の直轄領で、県主は県の支配者である。「記紀」伝承には神武天皇東征の時、熊野から大和へ入る路を賀茂建角身命が大烏となって先導し、その功を賞し八咫烏《やたのからす》と称した、その苗裔《のち》は「葛野主殿県主部《かづののとのもりのあがたぬしら》」（『日本書紀』神武二年二月条）とある。葛野主殿県主は主殿《とのもり》の職についていた葛野県主という意味でカモ県主をさす。『古語拾遺』に「賀茂県主遠祖、八咫烏」、『新撰姓氏録《しんせんしょうじろく》』山城国神別では「鴨県主　賀茂県主と同じき祖《おや》」とある（鴨県主と賀茂県主は、同化や別系統、鴨→賀茂の移行などの諸説があり、以下便宜上氏族名は文献引用以外はカモと表記する）。

主殿とは、のちの律令制下の宮内省主殿寮《とのもりりょう》に通じる官職の名称である。カモ氏の中で、主殿関係の職掌にたずさわっていたことを示す。県主部の部について、「部の字は、神武紀中他にも例があり、等というほどの意であろう」という（『日本書紀』神武即位前一月条）。

『日本三代実録』元慶六（八八二）年一二月二五日条に、主殿寮の殿部《とのべ》の負名氏《なおいのうじ》として「日置《ひおき》・子部《こべ》・車持《くるまもち》・笠《かさ》取《とり》・鴨の五姓の人をもつて之を為す」とある。負名氏とは、伝統的官職を担う特定の氏をいい、職掌に因んだ名称を氏名とした。日置氏は火置つまり灯燭（油火・蝋火）に掌り、車持氏は輦《れん》（天子の乗り物）の挙行、笠取氏は蓋笠《きぬがさ》の挙持、子部氏は宮廷の雑務に従った小児とみられて、供御の湯沐や殿庭を掃除、カモ氏は薪炭や庭火などを担当したという。

また、カモ県主が主水司《もいとりのつかさ》の水部《もいとり》であったことは、「鴨県主系図」（『続群書類従』第七輯所収）の大二目命《おおふたつめのみこと》の譜文（系図の説明文）に「主殿寮主水司《もいとりのつかさ》、名負と為し仕え奉る」とあり、舒明・皇極朝に仕えた久治良《くじら》の譜文には「岡本朝飛鳥板蓋《あすかのいたぶき》朝、主殿寮……仕え奉る」とみえ、同系図の黒日以下は、主水司水部に多数出仕したことが記されている。主水司は宮廷の水、粥《かゆ》汁、氷を調達するのが役割であった（『養老職員令《しきいんりょう》』）。水部はカモ氏や水取《もいとり》氏ら負名氏から任じられた。モイ（古語モヒ）は飲料水容器「盌《もい》」で、転じて飲み水の義となった。

したがって、葛野のカモ氏はかつて山城の葛野県主として大和朝廷に奉仕し薪炭や水を貢納していたが、律令制成立後は主殿寮の殿部、主水司の負名氏《なおいのうじ》となって官司に仕えていた。ただ、負名氏のなかでカモ氏のみが職掌名と関係がない氏名である（佐伯有清「ヤタガラス伝説と鴨氏」、井上光貞「カモ県主の研究」）。

以上、カモ氏の来歴について歴史家の諸卓見をまとめると、葛野の土着勢力、カモ氏はかつて葛野県主として上社を奉斎し、大和朝廷の主殿寮類似の官司に奉仕して主に水や氷を貢納していたが、律令制以後は主水司の水部、主殿寮の殿部の負名氏となって薪炭も担当し官司に仕えていたということである。

賀茂の由来

さて、カモの由来は、井上光貞によると、カモ県主は元来鴨川と高野川の流域一帯を支配した葛野県主であったが、神官化した。カモは神の音便変化したものという（前掲書）。この①「神」説のほかに、②鴨氏は神をまつる氏族、③川の上流を意味する「上《かみ》」の転訛とする説もある。また、④井出至は、全国各地の神山とそれにつながる土地に神尾・宮尾などと「尾」がつくことが多いことから、かむやま（神山）の尾、「神尾」（かむを）の音がカモに転化（kamuo→kamo、u音脱落）したと説く（「カモの神の性格」）。あるいは、⑤全国各地のカモ地名は賀茂（鴨）神の勧請による説もある。

だが、これらの諸説は、カモ氏が主水司水部や主殿寮殿部に仕えたことと関連付けて説明し難い。これまで負名氏ではカモ氏だけが職掌と無関係の氏名といわれてきたが、古来、カモ氏は水を管掌する氏族であり、その点を踏まえカモを検討してみたい。

まず、カモ氏は主水司の氷室を領有していた。その所在は奈良期には確証がないが、『延喜式』によると、氷室は畿内周辺に一ケ所二一室あり、四月～九月の間、毎日一定量ずつ、氷室の氷を宮廷に供給した。氷室は氷だけでなく、漢方薬として清浄な天然水を管理した。漢方書『本草綱目』水部天水類に「夏氷《なつのこおり》」とある。氷室所在地の分布をみると、山城六ケ所、大和・河内・近江・丹波に各一ケ所で山城に集中している。しかも山城は愛宕郡に五ケ所、葛野郡（徳岡）に一ケ所である。愛宕郡における所在地は井上光貞によると、小野（鞍馬二ノ瀬付近）、土坂《あふさか》（上賀茂社西北の一里あまりの所）、石前《いはさき》（上賀茂社西約一里）、栗栖野（上賀茂社西の西賀茂）、賢木原（樫原）で、ほとんどが上賀茂社の周辺に集中する。カモ県主との密接な関係を示し、カモ氏が令制下、水部の負名氏として奉仕していた事実の背景を説明するものという。

　また、カモ氏が貢納する水については、『延喜式』巻七践祚大嘗祭《せんそだいじょうさい》の条に「主水司水部多志良加《たしらか》を執る」とある。「多志良加、タシラカ、水を納《おさめ》る之器」（『書言字考節用集』）で、土製の瓶をいう。大嘗祭または新嘗祭《にいなめさい》のときに天皇の手水《ちょうず》を入れる水瓶を司った。宮中の公事や儀式の根源・沿革を記した有職故実書『公事根源』正月・若水《わかみず》を供す）には「若水といふ事は、去年御生気《おしょうげ》の方（吉の方向）の井を点じて、蓋をして人に汲ませず、春立つ日（立春）、主水司内裏に奉れば」とある。主水司が去年、吉方向の井を占って選び、蓋をして人に井を汲ませず、立春の日に天皇に水を奉ったことを若水という。『江家次第』『年中行事秘抄』にも同様の記載がある。主水司のカモ氏らが職掌を行うため御井を領有し管理していたことを示す。

　カモ氏が居住した賀茂川・高野川合流点以北から北山の麓までの三角地帯は、賀茂川と高野川がそれぞれ形成した緩傾斜の扇状地である。深泥池南の下鴨本通東側よりほぼ南北に走る一帯（幅〇・五～一キロ）は二つの扇状地の縁辺に挟まれた浅い低湿地である。この低地の東を現在泉川が流れ、南端の糺《ただす》の森は下鴨神社や河合社、三井社（御井社、前記『風土記』の三身社とされる）がある。『太平記』巻一五は「河合森《ただす》」と記す。糺河原では昔は地下水位が高く伏流水が湧き出していた（横山卓雄『京都の自然史』、建設省近畿地建淀川工事事務所「京都盆地水害地形分類図」ほか）。鴨川の扇状地はJR京都駅あたりまで広がり、上賀茂神井、下加茂御手洗など京の名水（伏流水から湧出した井水）が数多く知られた。

　井水については、古くに井は「湧泉や流水を利用して水を貯めたもの」（『角川古語大辞典』）、「ゐ（井）集（ゐ）る、水の集まるところ」（丸山林平『上代語辞典』）といい、本居宣長『古事記伝』に「凡て古は泉にまれ川にまれ用ふる水を汲む処を井と云へり」という。つまり、井は元来清水を湛え汲むべき水源にひろく充てた名称である。清水は古くは井ともいう。下鴨神社の社家・鴨脚《いちょう》家は何百年にわたって庭にある泉の水位を見て、御所の井戸水を管理してきた。

井の古語はカーである。全国方言・琉球語でカーは天然に湧いていて用水に使われる水、または井戸を指す（伊藤節子『日本語単音節の辞典―古語・方言・アイヌ語・琉球語』、糸井通浩「語彙・語法にみる時空認識」）。沖縄の言葉（琉球方言）は、古く日本祖語から分岐したものである。「カー」は、沖縄だけでなく、分布区域は九州、広島県沼隈郡鞆町、同県賀茂郡豊島と広く、伊豆の大島では湧き水をためた共同井戸をカァという（徳川宗賢監修『日本方言大辞典』、柳田國男監修『改訂総合日本民俗語彙』）。井の古語カーが方言として残っている。

つまり、井水は古くはカー・モイと呼んだ。カモはカーモイの約音転訛であろう。また、清涼な水（井）を入れる器は盌《もい》という。『日本書紀』武烈紀即位前長歌に「玉盌《たまもひ》に水さへ盛り」とある。水は古語カハである（観智院本『類聚名義抄』）。水瓶《みずがめ》もカハ・モイ→カモとも訓める。したがって、湧泉や川水、氷を管理し貢納した葛野の古代氏族をカモ氏と称した考えられる。他の負名氏と同様に職掌に因んだ名称といえよう。

梅雨の始まる季節（旧暦四月）の神事だった葵祭（賀茂祭、みあれ）の古い形について、岡田精司は「稲の苗代作りの季節に、上賀茂の別雷神を山から迎え、田植えを見せてから神送りした。雷神は稲作に欠かせぬ水を司る神で、賀茂祭は稲の豊穣祈願の祭り」という。『本朝月令』賀茂祭事にも、欽明朝に風雨が吹き荒れ凶作となったが、占いで賀茂神の祟りと出た、そこで祭りをしたら豊作となった。カモ神が天の雨風を支配する力を持つと信じられた。

古代のカモ氏の水支配の一端を伺わせるが、これに関して、山路興造は「上賀茂社の祭事が、背後の神奈備山である神山（現在は丸山）から神を迎えて執行されるように、カモ氏の土着以前に祀られていた産土神や農耕神と習合していることが考えられる」「賀茂別雷神社は、『別雷』の神名からも、それ以前から祀られていた農業神を呑み込んで祭祀された」（「集落と神社」）という。

奈良県明日香村雷の飛鳥川べりに雷丘《いかづちのおか》（標高一〇メートル）があり、『万葉集』（巻三・二三五）に詠まれた神奈備山である神岳の所在地とされる。鹿持雅澄『万葉集古義』は、「雷岳、すなはち神岳なり、古へ雷をカミといひしなればなり」という。つまり、上賀茂神社はもともと雷山でもあった神山の遥拝殿だけで神殿がなかった。カモ氏が別の先行土着集団の産土神を神奈備の神山から麓の遥拝所で迎えた習合祭事を示すと考えられる。別雷《わけいかづち》とは別《べつ》の雷（神）の産土神を意味するであろう。そうであれば、下社より古い上社に本来、祖父神・賀茂建角身命が祭神として祭られるはずなのに、〝孫神〟が祭られたのも肯ける。

前記『逸文』に、賀茂建角身命の女《むすめ》・玉依日売が川遊びの際、川上から流れ下った丹塗矢を持ち帰り床に飾ったところ、孕んで賀茂別雷命を生んだという。父神は秦氏が創建という松尾大社の祭神・大山咋神《おおやまくいのかみ》（雷神）と伝える。この神婚譚は、葛野大堰を設け桂川流域の水利権を掌握した盆地北西部の秦氏と盆地北東部のカモ氏との水源支配勢力同士の交流が付加された説話だろう（父神は貴布禰《きぶね》神説もある）。

2、秦氏

秦氏の始祖の弓月君《ゆつきのきみ》は、伝承によれば、秦の始皇帝の子孫で、『新撰姓氏録』山城国諸蕃に「誉田天皇《ほむたのすめらみこと》〔諡《いみな》応《おう》神《じん》〕十四年来朝。表《ふみ》を上《たてまつ》りて更《また》帰国。百二十七県の狛姓《たみ》を率ゐて帰化《まゐり》」と三世紀後半に渡来したという。多数の秦の民は、大和国のみならず、山背国葛野郡（右京区太秦）、同紀伊郡（伏見区深草）など各地に土着し、絹・綿・糸の生産に従事した。

五世紀後半には、『日本書紀』雄略一五年一月条に、「詔して秦の民を聚《と》りて、秦酒公《はたのさけのきみ》に賜ふ」とあり、秦氏は大いに発展し、漢氏《あや》に拮抗する勢力を築いた。秦氏は紀伊郡深草の地と葛野郡太秦が二大拠点で、六世紀中葉から七世紀初頭にかけて族長が深草から太秦へ本拠地を移したともみられている。葛野郡には秦氏の族長を埋葬したとされる古墳が数ケ所ある。その中でも、太秦面影町にある蛇塚古墳や嵯峨野の東端にある双ケ丘の頂上にある双ケ丘一号古墳は巨大である。

しかし、秦氏の中国出自の渡来説話は、『新撰姓氏録』が成立した九世紀の後半に盛んになったもので疑問視されており（上田正昭『帰化人』）。その出自には諸説がある。

①井上満郎『渡来人』によれば、秦氏の秦は秦王の子孫と称しての宛字。ハタは（イ）古朝鮮語で海を示す。（ロ）朝鮮の故国の海を示す波旦（pa-dan）・波利（pa-li）の地名・村名を採って氏族名にした。

②秦《しん》の遺民が朝鮮半島に逃れて建てた秦韓（辰韓）の系統（太田亮『姓氏家系大辞典』）

③弓月君の「弓」「月」を朝鮮の音訓で読むと、百済の和訓「くだら」と同音・同義となり、弓月君－百済君と解釈できる。また、『日本書紀』応神一四年二月条に「弓月君、百済より来帰《まうけ》り」と、百二十県の人民を率いて渡来したとの所伝もある（佐伯有清編『日本古代氏族事典』）。

④ハタはチベット語において辺鄙の土地からきた（関晃『帰化人』）。

などである。

また、秦氏は機《はた》を意味し、機職技術の氏というのは、『日本書紀』雄略天皇一五年一月条の、「庸調《ちからつき》の絹縑《かとり》を奉献《たてまつ》りて、朝庭《みかど》に充積《みてつ》む」とか、大同二年（八〇七）成立の『古語拾遺』雄略条のウズマサ説話に「貢《たてまつ》れる絹・綿、肌《は》膚《だ》に軟らかなり。故に秦の字を訓みてこれを波陀《はだ》といふ」とあるが、その史料はない（関晃『帰化人』）。

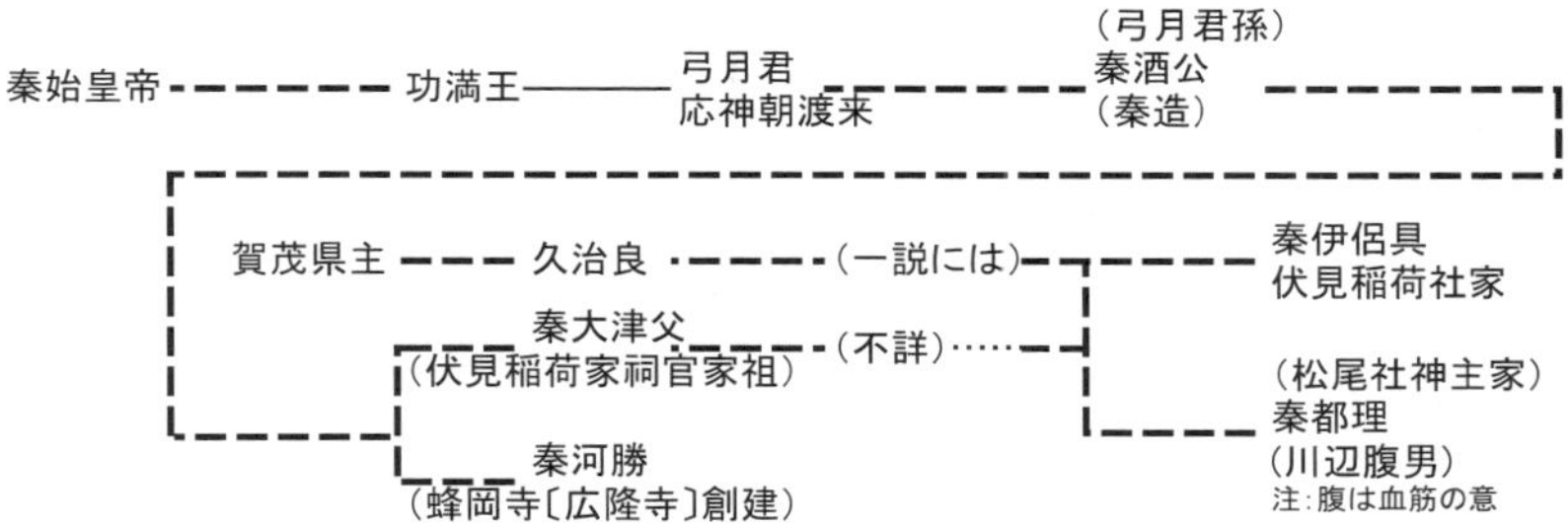

図２　秦氏系図

秦酒公

秦酒公《はたのさけのきみ》は、秦氏の伝説上の人物。『日本書紀』雄略一五年一月条に、酒公を寵愛した雄略が、分散して氏族に駆使されていた秦の民を集めて酒公に賜わったところ、酒公は百八十種勝《ももそあまりやそのすぐり》を率いて、庸・調の絹・縑《かとり》（高級絹織物）を奉献してうず高く積んだので禹豆麻佐《うつまさ》、一説に禹豆母利麻佐《うつもりまさ》という姓を賜与されたと記す。

この伝承は秦と機とを結びつけて造作されたものとみられている。ただし、「うつまさ」の語義については、（イ）秦氏の出身地に由来するとみて朝鮮の于柚村（慶尚北道蔚珍（ウルチン））の意とする説。蔚珍郡を古くは「于珍（抽、柚）郡（村）」とも表記した。これを古代朝鮮語で読むと「ウツ（ウタル、ウトゥ）マサ（マサル）」となる（山尾幸久他『日本古代王権形成史論』ほか）、（ロ）古代朝鮮語の「ウツ（貴）マサ（勝）」、すなわち族長の意とする説（橘守部『雅言考』、三品彰英『日本書紀朝鮮関係記事考証』）、（ハ）河川の氾濫による堆積作用の「埋む」との関係をいう説（楠原祐介他『古代地名語源辞典』）、（ニ）チベットでいう中央で諸物を集めた地という説（河口慧海『チベット旅行記』）などがある。

秦河勝と広隆寺

推古朝に首長として活躍したのが秦河勝《はたのかわかつ》。皇太子・廏戸皇子《うまやどのみこ》（聖徳太子は後世の呼称）の側近。名を川勝にも作り、葛野《かどの》秦造河勝・川勝秦公とも記す。嵯峨野一帯を中心に京都盆地一帯へと秦氏の勢力を浸透させ、子孫は長岡京や平安京の造営にも財政面や技術面で大きな役割を果たした。

山背国葛野郡太秦には、秦河勝が建立した広隆寺（右京区太秦蜂岡町）がある。『日本書紀』推古一一年（六〇三）一一月条に、廏戸皇子が「我、尊き仏像《ほとけのみかた》有《たも》てり。誰か是の像を得て恭《ゐやび》拝《まつ》らむ」と謂《かた》り、河勝が「臣《やつかれ》、拝《をが》みまつらむ」と仏像を授かり、これを安置するため蜂岡寺（後の広隆寺）を造立したという。ただ、『朝野群載』承和五年（八三八）一二月の『広隆寺縁起』には、推古一一年に仏像を受け、推古三〇年（六二二）に廏戸皇子のために広隆寺を建立したとあり、『広隆寺資財交替実録帳』にも同年建立と記す。

蜂岡寺は、元の位置は北野廃寺（北区北野上白梅町）、川勝寺（右京区西京極北裏町）の諸説がある。蜂岡の岡は、広隆寺の位置が周囲から一段と高い段丘の先端部にあたることから、当地の地形を反映した言葉であると推定できる。蜂については、仏教に関連する植物の蓮に関係していると思われる。蓮華の寺のある岡の意味合いで、通俗的に「蜂岡」の使用があったのだろう。地名としては、昭和六年（一九三一）に太秦蜂岡町・同東蜂岡町・同蜂岡町として初めて登場した。

①河勝と太秦

『日本書紀』皇極天皇三年（六四四）七月条の歌謡に、河勝のことを「禹都麻佐《うつまさ》」（太秦）と記すが、これは秦氏の族長を指す称号とみられる。

この条には、東国の富士川辺で常世の神（蚕に似た虫）を広めていた大生部多《おおふべのおお》という人物を、「葛野の秦造河勝」が打ち負かした。それを見た人々が河勝を誉めて、「太秦は、神とも神と聞こえ来る、常世の神を打ち懲《きた》ますも」とある。「太秦」こと河勝は、評判の高かった神をも打ち負かせた偉大な力を持つことよ、と讃えた。ここで出てくる「禹都麻佐」は地名としての太秦ではない。太秦の地にいた秦氏が、本家筋を主張し、それを文字で表わすために秦に太（大）を付け、ただの秦ではない偉大な秦ということで太秦として氏族名にした。

山背秦氏の本拠地は河勝の頃に深草（京都市伏見区）から葛野（京都市西部）に移り、やがて族長の居住地をも「太秦」（京都市右京区太秦）と称するにいたったらしい。

山背国葛野郡太秦付近の古墳群は六世紀頃のものである。したがって、秦河勝一族の太秦の起点は六世紀頃と推定される。蛇塚古墳（前方後円墳）は六世紀末から七世紀頃の築造とされる。被葬者は不明であるが、被葬者を秦河勝とみる説がある。

太秦は桂川の東北部に当たり、北に御室や宇多野、東に花園、西に嵯峨野、南に梅津が隣接する。平地部に北側から舌状にのびる段丘面の南端にあり、居住の適地として選ばれたようである。

式内社・木嶋坐天照御魂神社（右京区太秦森ヶ東町）は、双ヶ丘南方の御室川西岸にある神社である。祈雨の神として信仰を集めている。『続日本紀』大宝元年（七〇一）四月三日条に、神社名が記載されている古社である。秦氏による広隆寺創建とともに勧請されたという伝承もある。

創建は推古天皇時代頃。本殿東側に織物の始祖を祀る蚕養《こかい》神社があることから「蚕の社」の通称が広く知られている。秦氏の機職伝承と結びつけられている。本殿の西側には四季湧水する「元糺（もとだだす）の池」という神池があり、禊の行場とされる。当社の由緒書には、下鴨社の「糺の森」の糺の名はここから移したもので、そのため元糺というと記す。池の中には、日本唯一の石造三柱鳥居が建つ。鳥居の中心には組石の神座がある。三柱は稲荷大社・松尾大社と、秦氏と関わりがある双ヶ丘古墳群を指すという（谷川健一編『日本の神々』）。

図３（右）　一ノ井堰、図４（左）　一ノ井堰碑（ともに筆者撮影）

大酒《おおさけ》神社は広隆寺東隣の右京区太秦東蜂岡町に鎮座する。『延喜式』神名帳の山城国葛野郡に「大酒神社、元の名は大辟神」とあり、『広隆寺来由記』によれば、秦氏の祖功満王が来朝し、始皇帝の祖霊を祀ったのが当社であるという。ただ、『広隆寺縁起』には、「此神元是、石を祭る所也」とあり、当社の神体は石で石神信仰である。中世には広隆寺桂宮院の鎮守社であった。

②葛野大堰（罧原《ふしはら》町）

秦氏は先進技術を駆使して、葛野川（桂川）に葛野大堰《かどのおおい》を建造して、田畑耕作の基となる治水に努めた。

今でも嵐山あたりの桂川を大堰川と呼ぶが、かつて秦氏たちによって造られたこの堰にちなむものである。これによって流域を大幅に灌漑し、今まで水田農業のできなかった荒地の開発に成功したのである。

なお、従来は、渡月橋のすぐ上流の堰（一ノ井堰）が葛野大堰だといわれてきた（図３）。渡月橋南詰の東側川縁に「一ノ井堰碑」（高さ二〇二センチメートル、西京区嵐山西一川町）が建っている（図４）。

昭和五五年（一九八〇）に一之井堰並通水利組合が建立。碑文に「（大略）一ノ井堰碑　京都府知事　林田悠紀夫　豪族秦氏が葛野大堰をつくったとされている。五世紀頃と考えられ、その場所はこの地附近と推定されている」

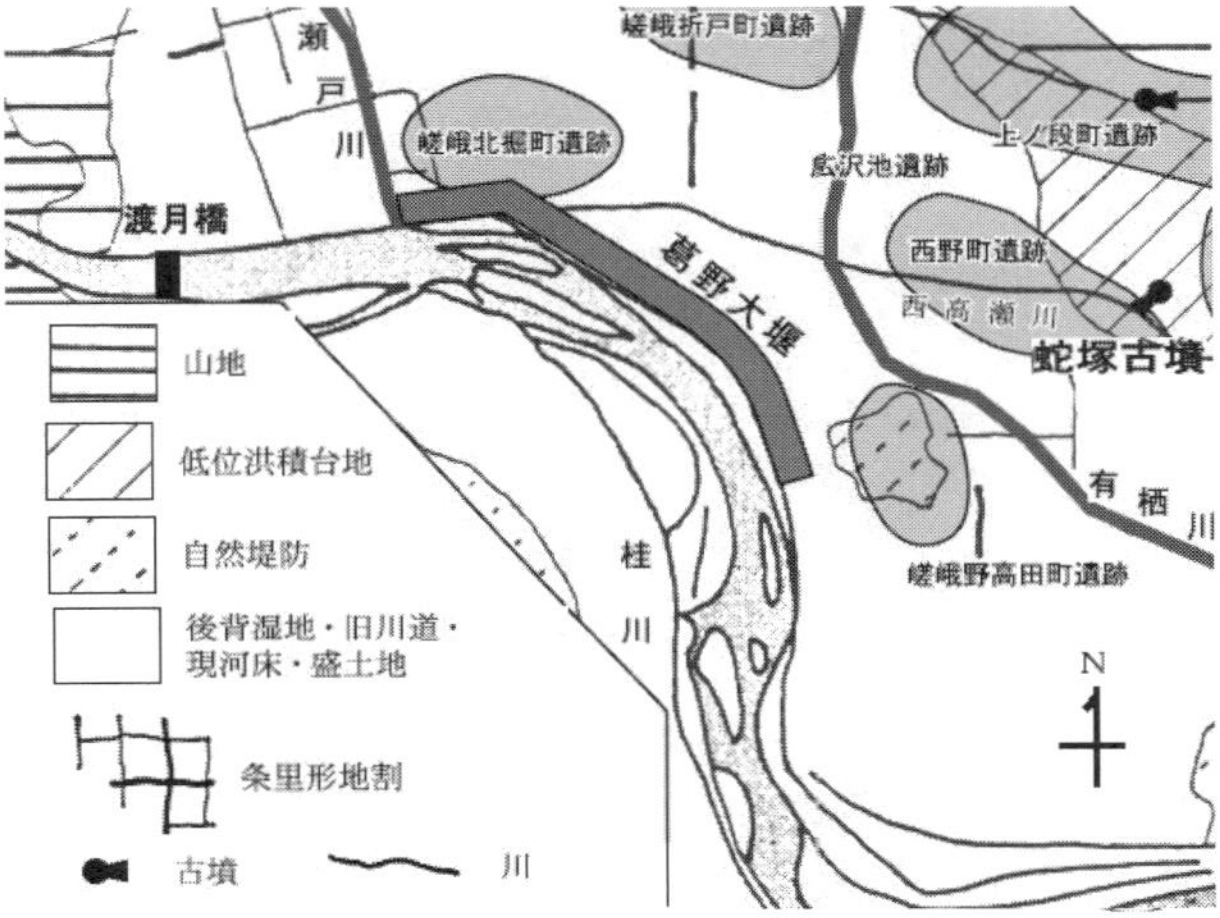

図５　葛野群北西部の地形と飛鳥時代以前の遺跡分布（東陽一・加納敬三「嵯峨野における秦氏の到来期について」（財）京都市埋蔵文化財研究所『研究紀要』第10号，p.184より改変）

とある。だが、次に述べるように場所が違う。

右京区嵯峨罧原町・梅津罧原町は罧原堤に由来する町名である。罧原堤は大堰川左岸に築かれた嵐山から松尾までの堤とされる。罧原の由来は従来、『雍州府志』に「古くこの辺り舟橋清家之領する所なり、今庶流伏原の称号有り、則ちこの由なり」とされてきたが、最近は、葛野大堰を築造した秦氏に関わる古代の事業にちなむとみられている。

葛野大堰の築造年代は、従来、嵯峨野の古墳築造年代をもとに六世紀前後といわれてきた。しかし、七世紀頃とする最近の研究報告がある（東陽一・加納敬二「嵯峨野における秦氏の到来期について」）。それによると、この時代の集落は、桂川東岸ではなく、すべて七世紀前後成立した広隆寺を中心とした範囲である。葛野大堰は秦氏により築造されたもので、七世紀に秦河勝が活躍する経済的基盤となったという。また、従来、嵯峨野の高燥地が秦氏の葛野大堰によって開発されたといわれたが、考古学上で標高四一メートル以上の嵯峨野への大堰からの用水は技術的に不可能で平安初期頃でも耕地として適さずまだ開発されていなかった。

前述の「嵯峨野における秦氏の到来期について」では、葛野大堰は、大堰川と呼ばれる区間に築堤された「罧原堤」と同一で、葛野大堰の場所を従来の渡月橋付近の川中でなく、瀬戸川河口から嵯峨罧原町辺りまでとしている（図５）。罧原堤とされてきた北半分と重なる。つまり、桂川の湾曲部で水の流れが強く当たる箇所・水衝部に設けられている。桂川東岸は広大で平坦な氾濫原・後背湿地が存在し、洪水を堤防で防げば水田として活用できた。なお、大堰川は葛野大堰ができた後の呼称で、それまでは葛野川などと呼ばれた。

『明治以前日本土木史』（社団法人土木学会、一九三六）によれば、上代の護岸は、「軽易なる杭工・柵工を施行したるに過ぎない」という。杭工は杭を打って斜面などを安定させる工法。柵工は切り取った木の枝・竹・柴、つまり粗朶《そだ》を編んで堤や堰を築く自然工法で、現在でも山間部でよく見かける。大阪府の狭山池は七世紀初めに築造されたわが国最古の灌漑用溜池であるが、その堤には土嚢の上に敷葉（葉のついた柴、粗朶）を交互に幾層にも人力で踏んで積み重ねたもの。柵工の一種である。

フシは柴の古語である。フシは、『類聚名義抄』（観智院本）に「桥《ふし》　カキ・カコフ」ともあり、木や柴などを編んで垣にして塞ぐ意である。ハラは、いっぱい詰め込んだ腹（肚）、あるいはハラ（原）は林の意で、『日本書紀』天武天皇七年一月一日条に「松林（マツバラ）」と読んでいる。罧原は、柴を編んだ垣を束ねて林立させて堤を築いた意味だろう。

秦大津父

『日本書紀』欽明即位前条によれば、欽明天皇は幼時夢をみて、秦氏の首長・秦大津父《はたのおおつち》を寵愛すれば壮大に及んで天下をとるであろうと告げられた。欽明は使を遣わして大津父を探し求めたところ山背国紀伊郡深草里に秦大津父がいた。宮廷に呼び寄せ近侍者とし、践祚するに当り大蔵の官に任命したという。欽明元年（五四〇）八月、秦人・漢人らの渡来者を召し集め、国郡に安置し戸籍に編貫し、七五一三戸の秦人を大津父に統制させ、大津父を秦伴造とした。

秦公伊侶（呂）具と伏見稲荷大社

秦氏が稲荷山を祭祀した理由について、『山城国風土記』逸文に、秦中家忌寸《はたのなかつやのいみき》の遠祖の秦公伊呂具《はたのきみいろぐ》は大変な富裕者で多くの稲米を貯えていたが、餅を的として矢を射ると、餅は白鳥となって飛び、山の峯で稲と化したので、それが社名になった。矢をもって稲米でつくった餅を射たというのは、天父神である雷光（矢）と稲との神婚の儀礼を物語っていると解釈されている。

稲荷社が最初に鎮座した地は、「逸文」の伝承にあるように稲荷山の山頂三ケ峰で、上・中・下の三社であったという。鎮座は和銅四年（七一一）とされる。秦大津父から約一七一年後だが、伊呂具との脈絡は不詳である。山上から現在地（伏見区深草藪之内町）に移ったのは永享一〇年（一四三八）と伝える（『稲荷谷響記』、『都名所図会』など）。現在全国に約三万社あるといわれる稲荷神社の総本社（式内社）である。

ところで、「稲荷」といえば「狐」説が敷衍している。稲荷社の主神・宇迦之御魂神《うかのみたまのかみ》の別名は御饌津神《みけつのかみ》であるが、その文字に、狐を使い三狐神《みけつかみ》と記したことによるといわれている。つまり、キツネの上方古語はケツネで（牧村史陽『大阪ことば事典』）、キツネの古語キツ→ケツである。やがて狐は稲荷神の使い、あるいは眷属に収まったという。

さて、稲荷信仰の原初形態は雷神信仰である。稲荷社の社家秦中家忌寸の遠祖秦大津父は、オオツチすなわち大地で、雷神（山神）の接触が落雷つまり雷神降臨の聖なる発儀を意味する。稲荷山の霊跡に雷岩がある。稲荷の有力社家荷田氏の先祖は竜頭太と称する竜神すなわち雷神であったという（星宮智光「稲荷信仰の成立と展開の諸相」）。竜神は河川源流の山岳・渓谷に存在して、降雨や水源を掌る。水神が竜神であることは古代中国でも顕著である（山上伊豆母「伏見稲荷大社」）。

稲荷山にはおよそ一八の峰と三〇余の谷があり、あたかも深山幽谷のごとき景観を呈していた。伏見の語源は伏水で、地下水が豊富な地域。稲荷山三ヶ峰各所に多くの滝があり、各所に祭祠がある。京都三山の中でも突出している。山麓は古代の水田耕作の適地である。

大森恵子は『稲荷信仰と宗教民俗』（岩田書院、一九九五）のなかで、稲荷信仰と「水」とのつながりを指摘している。全国の井戸や湧水の傍に稲荷社が祀られることが多く、灌漑や雨乞いに「水の神」として祀られているという。つまり、「稲荷」は水が湧き出る「水生《みなり》」の音通転訛だろう。水生は「みぶ」で水分・壬生・丹生に通じ、水源地を意味する水分（みくまり）の意であろう。つまり秦大津父は水源支配勢力の族長だとみられる（綱本逸雄「丹生・壬生と水源関連地名」を参照）。

なお、糸井通浩は、「稲荷」は平安時代以前は、「伊奈利」と表記し、「イナリ」は、雷神が「うなる（唸）」という動詞に通じる古語「いなる」の連用形とみて、「イナリ」山は雷神を祭祀する、秦氏以前の稲作農耕民の信仰の山だったという（「伏見稲荷の神々と丹後の神々」）。

秦忌寸都理《はたのいみきとり》と松尾神社

都理《とり》は松尾神社（西京区嵐山宮町）の創建伝承に関わる人物。川辺腹の秦氏の一族。山背国葛野郡（京都市西部）の在地有力者であったといわれる。川辺は、一帯が葛野郡川辺郷《かわのへ》であり、川辺は川沿いの地の意。『新撰姓氏録』（山城国諸蕃・秦忌寸《はたのいみき》）には、「別れて数腹《あまたはら》と為れり」とあり、川辺腹は川辺に住みついた秦氏の血筋をいう。

松尾山東麓に松尾大社は鎮座する。祭神は、市杵島《いちきしま》姫命と大山咋神《おおやまくいのかみ》。松尾山山頂には古くから信仰の対象だった磐座がある。磐座に坐す山の神（地主神）は大山咋神という。『古事記』神代・大国主神条によると、「大山咋神」は、「近江国の日枝山に坐し、亦葛野の松の尾に坐す鳴鏑を持つ神」で、別名を「山末之大主の神」ともいう。山上には古墳群がある。

また、『本朝月令』所引の『秦氏本系帳』によると、筑紫の胸形坐中都大神《むなかたにますなかつおおかみ》（福岡県宗像郡の宗像神社）が日埼《ひさきの》岑《みね》（松尾山山頂）に天下り、大宝元年（七〇一）秦忌寸都理が山頂よりさらに麓の松尾社に奉請したのだ、と伝えている。九州より航海の守護神が、磐座のある松尾山に降臨したという。中都大神とは市杵島姫命（水の女神）をいう。嵐山と桂川西岸に定着した秦氏が、当地の安泰と発展のために、山の神に加えて水の神をも祀ったという。

また、『秦氏本系帳』では、「初め秦氏の女子、葛野河に出で、衣裳を澣濯《すすぎあらひ》す。時に一矢あり。上より流下す。女子これを取りて還り来、戸上に刺し置く。ここに女子、夫なくして妊む。既にして男児を生む。（中略）而して鴨氏人は秦氏の聟なり」とある。このような神婚譚は賀茂氏にもあり（前述）、水源支配勢力同士の融合が示唆されている。なお、桂川西岸には乙訓郡に秦物集《もずめ》がおり、秦氏の繁延が知られる。

3、他の氏族と社寺

小野氏

小野氏は、かつて大和の和珥《わに》氏（旧大和国添上郡和邇、現天理市）から、琵琶湖西岸の和邇（大津市和爾）に勢力を移し、さらに現在の上高野一帯（愛宕郡小野郷）に移住し、小野氏の本拠地になっていた。近江国滋賀郡小野村（滋賀県滋賀郡志賀町小野）に住んだので小野氏と称するようになったとある。地名の小野《おの》は、オは接頭語、ノは「野」で野原をいう。

崇道《すどう》神社（左京区上高野）境内社には、『延喜式』に載る式内社・小野神社がある。『日本三代実録』貞観元年（八五九）正月二七日条に、「山城国（中略）小野神」とみえる。当初は境内の川向いにある崇道神社御旅所・里堂《さとんど》（神輿庫、上高野植ノ町）の二メートルほどの石垣の上に祠があり祀られていた。明治期まで「ズンショ」（神所）の森があり、ここが旧地ともいう。昭和四六年地元民の手で小野神社が崇道神社の境内に再建された。祭神は遣隋使として知られる小野妹子、その子小野毛人《えみし》。境内山中に、小野毛人の墓がある。慶長一八年（一六一三）、墓から丁丑《ひのとうし》年（天武五年〔六七七〕）の銘がある鋳銅製の「小野朝臣毛人墓誌」が出土した。墓誌には次のように書かれている。（表面）「飛鳥浄御原宮治天下天皇御朝任太政官兼刑部大卿位大錦上《だいきんじょう》」（裏面）「小野毛人朝臣之墓営造歳次丁丑年十二月上旬即葬」。ただしこの墓誌は、銘の「朝臣」が、天武六年当時はありえない八色《やくさ》の姓《かばね》である（当時はまだ臣姓）。『続日本紀』和銅七年（七一四）四月条の毛人の子毛野《けぬ》の死去の記事に「小錦中《しょうきんちゅう》毛人の子なり」とみえ、毛人の位階が死後に大錦上を贈られ、平安初期に墓誌が追納されたことを示すものであろう（藪田嘉一郎「小野毛人墓誌」ほか）。大正三年（一九一四）、墓誌は国宝に指定され、現在京都国立博物館に保管されている。妹子の子孫には、小野篁《たかむら》、小野道風、小野小町がいる。

出雲氏

賀茂川右岸一帯、古代の山背国愛宕郡出雲郷は出雲氏が勢力を持っていた。郷名は出雲国出身の人々が移住してきたことによる。壬申の乱（六七二）で大海人《おおあま》皇子（のちの天武天皇）方の将軍として軍功をあげた出雲臣狛がいる。狛は大宝二年（七〇二）九月に臣姓を賜わったが、『新撰姓氏録』左京神別中に「出雲臣、天穂日命《あまのほひのみこと》の五世の孫《ひこ》」とある。『正倉院文書』神亀三年（七二六）「山城国愛宕郡雲上《ものえ》雲下《ものしも》里計帳」には、約三四一人の民が記されているが、四分の三が出雲臣姓を名乗っている。寛仁二年（一〇一八）一一月、出雲郷は朝廷から下鴨（鴨御祖）神社に寄進された（『類聚符宣抄』）。

上京区の「出町」から加茂街道を北上していくと、「出雲路神楽町」「出雲路俵町」「出雲路松ノ下町」などの地名が残る。また、二〇〇四年、相国寺境内の下からまとまった形で出雲郷の遺構、遺物が検出している。氏族は出雲国（現島根県）から移住して、口丹波（亀岡市）に住みついた。丹波国一の宮「出雲大神宮」（元出雲、亀岡市千歳出雲無番地）があるが、その地から出雲路に出向いていったという。

出雲郷には式内社「出雲井於《いずもいのへ》神社」（現在・下鴨神社摂社）・「出雲高野神社」（現在・崇道神社摂社）、一族の氏寺であった「出雲寺」、さらに「出雲路幸神社《さいのかみやしろ》」（古名、出雲路道祖神《いづもじのさいのかみ》）が軒を並べていた。

郷域は賀茂川を越えて左京区高野付近まで及んでいたらしい。同志社大学や相国寺一帯も出雲郷に含まれる。この出雲郷は上と下に分かれ、賀茂川を挟んで左岸が上出雲郷、右岸は下出雲郷に比定される。

上御霊神社（上京区上御霊竪町《たてまち》）は、出雲氏の氏寺・上出雲寺の鎮守社（出雲社）として創建されたともいわれ、創建は奈良時代前期と考えられている。寺は平安時代後期に荒廃。さらに、高野の崇道神社境内にある出雲高野神社は、雲上里の人々により祀られていた。また、現在下鴨神社に祀られている出雲井於神社も、出雲氏の祖神として信仰されたとみられている。「井於」とは、川のほとりのことで、出雲郷の鴨川のほとりに坐す神社との意である。これらは、雲下里の人々によって祀られていたが、のち賀茂氏の進出で下賀茂祭祀圏に組み込まれた。

また、山科区安朱の毘沙門堂は、下出雲路寺が移転したもの。号は護法山出雲寺という。平安時代、延暦年間（七八二～八〇六）、伝教大師は、下出雲路で自刻した毘沙門天を安置し、下出雲路寺と名づけ、やがて、毘沙門堂と呼ばれるようになったという。

出雲路幸神社（上京区幸神町《さいのかみちょう》）は、賀茂川畔（上京区青竜町）に鎮座していたもので、創祀年代は不詳、祭神猿田彦神。社伝によると、天武天皇の白鳳元年に再興され、延暦一三年（七九四）平安京の鬼門除守護神として造営されたという古社。安土・桃山時代の女性芸能者で歌舞伎創始者とされる出雲阿国は、出雲路道祖神の稚児、巫女だったともいう。

粟田氏

小野氏らと同じく、和珥氏の同族の一つ。『古事記』孝昭段には、孝昭天皇の皇子天押帯日子命《あめのおしたらしひこのみこと》を始祖とするという。春日氏の一族が六世紀頃、本貫地大和国（添上郡）から山城国愛宕郡粟田郷（東山区）に移り住んだが、その地名によって粟田氏を称した。姓は初め臣、のち天武一三年（六八四）八色《やくさ》の姓《かばね》制定に際し、朝臣を賜わる。『古事記』・『日本書紀』に粟田臣、『正倉院文書』に粟田直・粟田忌寸の名がみえる。越前・美濃などにも粟田・粟田部の分布がみえる。越前は福井市森田の九頭竜川沿いの粟田島を遺称地と推定する（吉田東伍『大日本地名辞書』）。その後、粟田氏は熱田神宮の社人として一族全員で移り住んだ。

粟田神社は、粟田氏の氏神として創建された社ともいうが不詳。社名は近代の神仏分離後の呼称で、それ以前は粟田天王宮といい牛頭天王を祭った。

粟田は、古くから京への入口の一つ粟田口の名で知られる。地名由来は、従来説は交通地名としてきた。つまり、陸路の入口を示す動詞アフ（逢）→アハ、タ（田・手）は方向を示すテ（手）と同義。後に「口」がつくが重複語だといい、古来の交通の出入口の意とする。

だが、古代は愛宕郡粟田郷域にあった。平安中期の『和名類聚抄』（高山寺本）に「阿波太有上下」とある。もとは北白川までの広い範囲を指し、上粟田郷は岡崎あたりの白川流域より北白川まで、下粟田郷はそれより南の地域（粟田口以南）をいう。

上下粟田郷は、とくに東山山腹は連続して急傾斜地崩壊危険箇所、山間は土石流による被害想定箇所（京都府ハザードマップ）である。粟田口の三条通に面した南の山も、急傾斜地崩壊危険箇所である。『日本紀略』天暦三年（九四九）五月二二日条に、「粟田山路俄に頽破、已《すで》に損害となる。車馬の往還甚だ煩い多し」と山崩れする険路だった。したがって、アハは動詞アハク（褫、暴、発）の語幹で、崩壊した所、剥げた所とも考えられる（小川豊『あぶない地名』）。『岩波古語辞典』も、「アバケ（発け）」はげてくずれる。〔褫落・アハケ〕」、『大言海』は「あばく（荒廃）。剥げ崩ル」と記す。すなわち、アハ（褫）・タ（処）の意であろう。

八坂氏

東山区八坂の地は、東山山系が西へ緩く傾斜する地で、ヤは数多いことをいう接頭語、サカは「傾斜地」である。この地には高句麗系渡来氏族の八坂氏が現八坂神社あたりの一帯に居住した。氏族名は地名から採ったものとされる。『正倉院文書』天平五年（七三三）「山背国愛宕郡計帳」に、「女　八坂馬養造鯖売　年肆拾壱歳」が見える。八坂馬養造《うまかいのみやつこ》は、大和政権に奉仕して馬を飼養することを掌《つかさど》った。

東山区八坂に旧官幣大社八坂神社（東山区祇園町）・八坂法観寺（東山区八坂）がある。うち「八坂社旧記集録」

所載の「八坂郷鎮座大神之記」によると、八坂神社は斉明二年（六五六）、朝鮮半島より来朝した調進副使伊利之使主《いりしおみ》が新羅国牛頭山に鎮座する須佐之雄尊《すさのおのみこと》（牛頭天王）を祀り、天智天皇六年（六六七）に社号を感神院《かんじんいん》と定めたとする。『新撰姓氏録』（山城国諸蕃）には、「八坂造　狛国人の之留川麻乃意利佐《しるつまのいりさ》より出ずるなり」と記す。この「意利佐」と先に記した「伊利之」は同一人物で、八坂造の祖と考えられている。

八坂神社は近代以前、祇園感神院または祇園社と称した。平安中期以降、御霊会《ごりょうえ》の中心地となり、日本三大祭の一つといわれる祇園祭（祇園御霊会）に継承される。明治以後は神仏分離で現社名となる。

また、八坂法観寺は八坂の塔で知られる。一説に聖徳太子の造立と伝える。しかし、境内地から飛鳥時代（六世紀半～七世紀半）の瓦を出土しており、八坂造が創建に関わったと考えられている。

茨田氏

茨田《まむた》氏は、『正倉院文書』紀伊郡拝志郷《はやし》（現久御山町）に茨田石男・茨田大垣・茨田久比麻呂、同郡大里郷には、「東南院文書／寧楽遺文」天平勝宝元年（七四九）一一月三日条に「大里郷主茨田連族智麻呂」の名がみえる。ただし、大里郷は従来、所在地不詳とされている。

この氏族は河内国茨田郡出身。『新撰姓氏録』に彦八井耳命《ひこやいみみのみこと》の後裔とし、太安万侶を輩出した多朝臣と同祖で、多氏は出雲国意宇《おう》郡の名を負う出雲系の古い氏族である。河内から淀川を遡り旧巨椋池湖畔に定着したとみられる。『日本書紀』仁徳天皇一一年一月条に、「天皇は、北の河の澇《こみ》を防がむとして茨田堤を築く（天皇は浸水を防ぐことを目的として、淀川に茨田堤を築いた）」。また、『日本書紀』同条に、茨田連衫子《ころもこ》が、茨田堤の築堤にあたって危く人柱になるところを、機知をもって免れたとある。この人物は当時の河内国茨田郡の茨田一族の族長であったと思われる。

氏族名の由来は、河内国茨田郡の地名に由来する。河内平野には、当時、草香江（河内湖）と呼ばれる広大な湖・湿地帯が横たわっており、北東からは淀川の分流が、南からは平野川（現代の大和川）が草香江に乱流しながら流入していた。マムタ（茨田）の由来は、マ（間）は入江の意、ムタはヌタ（湿地、沼地）の転訛。上町台地の東に広がる広大な河内湖を意味したのだろう。現在も大阪市鶴見区には、茨田《まった》という地名が残り、大阪市旭区あたりから、守口、寝屋川、枚方のあたりの淀川沿いの広い範囲が「茨田」と呼ばれていたのだろう。

『延喜式』神名帳の山城国乙訓郡条に茨田神社と記す。神社名を茨田《またの》と称しているが、関祖衡編『山城志』（一七三四）は、乙訓郡条で、「茨田神社　在所未詳。或は上久世村に在りと云う。今、綾戸明神と称す」とあり、現・綾戸国中神社（南区久世上久世町）に比定する。神社の所在からして大里郷は南区吉祥院・久世あたりと思われ、淀川というルートで紀伊郡に進出したのだろう（井上満郎『京都　躍動する古代』）。

土師氏

山城国乙訓郡大江郷（現在の西京区大枝）を本拠としていた土師《はじ》氏がいた。この氏族は埴輪や土器の製作、葬礼・陵墓などを管理した。土師氏の名は、ハニ（埴、土器や瓦などの製作に適した粘土）に由来する。『行基年譜』天平一三年記（七四一）によると、行基が乙訓郡大江里に民衆の簡易宿泊地「大江布施屋」を設けたとあり、「大江」の地名が出る。「大江」の語源は、江は、川や海の入江を指すが、とくに陸の入りこんでいる部分を指すことが多い（『日本国語大辞典』）。つまり、山の谷口で「山が大きくくぼんだ所」の意である。当地は、老ノ坂を下りたった小畑川源流の両岸に位置する。

桓武天皇の生母高野新笠はこの地に住んだ土師氏の出であった関係から、延暦九年（七九〇）正月大枝山陵《おおえみささぎ》に葬られた。『続日本紀』延暦九年一二月一日条には、桓武天皇は勅して、「朕の母方の祖父の高野朝臣乙継と祖母の土師宿禰真妹に正一位を追贈する。また、祖母の氏の土師氏を改めて大枝朝臣とする」とある。

高野新笠の母真妹の家系は土師氏の一派、毛受《もず》の系統に属していた。毛受腹は和泉国の百舌鳥《もず》の地が本貫地である。姓は初め連、天武一三年（六八四）八色の姓制定に際し、宿禰を賜わる。

その後、子孫の大枝音人や大枝氏雄等が奏上して、「大枝」を「大江」に改姓することを願い出た。『日本三代実録』貞観八年一月一五日条によると、改姓希望の理由は、『漢書』が記す「枝が大きいと、本体の木の幹が折れて不吉である」という故事から、読みはそのままにして、「大きな川のように家が繁栄する」という意味から「大江」と改名が許された。

大江氏は、のち平安時代の歌人・儒者である大江匡衡《まさひら》や、鎌倉幕府草創期の政所初代別当・大江広元等を輩出した。

大枝神社（西京区大枝沓掛町）は、大枝氏の氏神の社。旧山陰道（国道九号線）から、北へ約五〇〇メートル程の山沿いに位置し、約一〇〇メートル西には、桓武天皇の生母、高野新笠の御陵（大枝陵）もある。大枝神社の由緒書によると、現在の祭神は、高美計《たかみのけ》神で、大枝氏の祭祀神という。つまり、水の神を祀り、高は尊（タカ）、ミケ（美計）はミキ（水生）の転訛で水分《みくまり》（→水生《みぶ》）の意、水田の水分配を掌る尊い水分神をいう。

同社は、『延喜式』では、乙訓郡一九座（大五座　小一四座）」の一つ、「乙訓郡大井神社」とされるが詳細は不詳（右京区嵯峨天竜寺造路町の大井神社説もある）。

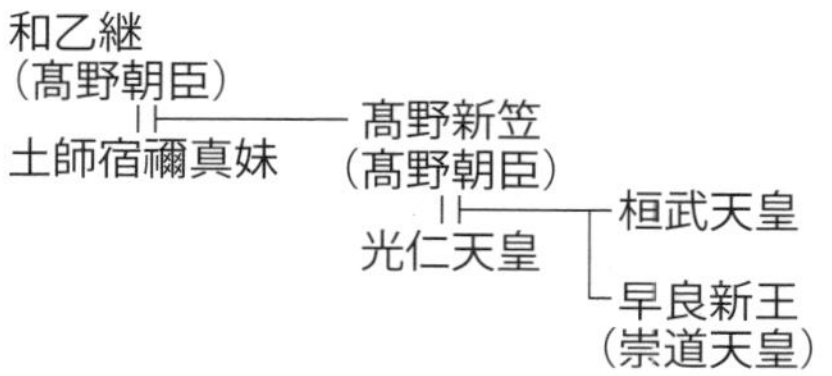

図６　恒武天皇の母の家系

二、木簡にみる山城の郡郷名

糸井通浩

昭和三五年に始まった平城京跡の発掘調査で四〇点の木簡が出土、翌年になって早々文字資料として貴重なものであることが判明した。その後各地で木簡出土が相次ぎ、昭和六三年には長屋王家跡から約三五、〇〇〇点という大量の木簡が出土するなど、五〇年余りで出土片は約三八万点に達し、現在（二〇一五年九月）奈良文化財研究所の「木簡データベース」には五万点余りが登録されている。

文字資料は従来、専ら文献史学が扱う紙媒体による「文献文字資料」が主であった。しかし、最初に文字で書き記されたものがそのまま現代まで残っている文献は、古く遡れば遡るほど、いわゆる原本は失われていて、多くが後世の写本類や逸文であり、その間にさまざまな本文の異同が生じてしまっていることが多い。その点木簡は「出土文字資料」とも言うべきもので、文字が記された時代をそのまま背負って残されてきた文献である。これまでも墨付き土器や金石文、墓碑銘、落書きなどがそうした資料的史的価値を持ったものとして注目されてきたが、質と量で木簡はそれらを圧倒する、歴史の証言者としての価値をになう資料となっている。木簡は、地名の研究にとっても貴重な資料で、「初出例」を重視する地名研究にとって、初出例を大幅に塗り替えてきているのである。

本節では、「木簡データベース」を活用して、平安京以前の山城国に、どういう地名があったかを確認し、どのように漢字表記され、どういう土地であったか、などについて考察する。

1、データベースの扱い上の注意

「木簡データベース」を「山城国」で検索すると、一八八点が登録されている（二〇一五年九月現在）。多くは「荷札木簡」という、現地から宮都などに送る荷物に付けられていた木の付札で、発送地、発送先、荷物の内容や日付などが記されていた。木簡にはその他、文書木簡、習書木簡、歌木簡と呼ばれるものがある。中には使用済みになった木簡を文字を書く練習に使ったと思われるものもある。

いずれにせよ、木簡（データ）の扱いについては次の注意が必要である。

（1）検索語「山城国」で検索できたとしても、所属地の候補の一つとして山城国が考えられているに過ぎない場合がある。例えば、「錦部里身人部」の文字面を持つ木簡が「山城国」に登録されているが、「詳細データ」によると、以下の国・地域が比定地の候補に挙げられている。「（山城国愛宕郡錦部郷）・（河内国錦部郡錦部郷）・（河内国若江郡錦部郷）・（近江国滋賀郡錦部郷）・（近江国浅井郡錦部郷）・（信濃国筑摩郡錦服郷）・（美作国久米郡錦織郷）」

（2）木簡の文字の訓み・判読、および検索語の範疇に所属させるかどうかの判定は、研究者によるものである。研究の進展によって、データ処理が改訂されることがある。例えば、「山背御薗」という文字面の地名を含む木簡が数点存在するが、数年前までは「山城国」に所属もしていたが、現在は外されている。河内国石川郡の「山代」郷を「山背」と書いたものとみて、こちらを適切と判断したものと思われる。河内国石川郡山代郷は、『和名類聚抄』（高山寺本、以下『和名抄』とする）には見られないが、正倉院の古文書や昭和二七年に発見された「墓誌」などから、かつて河内国に「山代郷」が存在したことがわかる（平凡社『大阪府の地名』）。

2、国名「やましろ」の表記

さて、現在の京都府は旧国名でいうと、山城国、丹波国（一部は兵庫県）、丹後国からなる。山城国は、京都府南部に位置し、旧平安京や南山城地区を含んでいる。国名の「山城」という表記は平安以降のもので、下記の通り、奈良時代以前は異なる漢字表記であったが、元来口頭言語として伝えられてきた日本語が中国伝来の漢字という文字で記録されるようになると、地名の漢字表記から、その土地をどういう所と認識していたかが窺える場合がある。ただし「風土記」編纂にともなって出された詔勅によって、好字による「漢字二字化」が浸透するようになると、地名の本来の意味が辿りにくくなってしまったことには注意しなければならない。

本節では、「山城国」を検索語として「木簡データ」を検出した場合を扱うが、平安京以前の木簡に国名「山城」の文字面は見られない。言うまでもなくこの文字面は桓武天皇によって平安京が開かれたときに漢字表記が改められたものであるからである。平安京以前には、山代、山背と表記されたが、木簡の一八八点の範囲においては、どちらが先かは決めかねる。単純に点数では「山背」の方が圧倒的に多い。藤原宮跡からの出土の木簡が中でも古いものであるが、一例「山代」の例が見られる。しかし河内国のものか山城国のものかは決定はできない。京都市編『京都の歴史』第一巻に、「山代、山背の用字は、古く山代で、天武朝の頃から「山背」が書かれ始める。しかしなお流動的で（中略）山背という字に固定化を見るようになるのは、大宝令以後」と考えられている。『古事記』は「山代」と表記し、『日本書紀』は「山背」である。

なお、『万葉集』には「やましろ」を「開木代」（巻七・一二八六）と書く「人麻呂集」の戯書があり、当時の「やましろ」の語源意識を反映したものと感じさせる。「伐木地・採木地として開かれた所」の意とみる説があるが、「山代」はその意味を伝えた表記ということになる。「山背」という表記については、僧契沖《そうけいちゅう》の「やまのうしろ」説などがあるが、文字面の意味はその意味であろうが、「うしろ」の「う」を略して「しろ」としたと解するのは、疑問である。桓武天皇はさらに「山城」と国名表記を変えたが、「城」の字はそれまで「き」という和語に当ててきた（葛城《かずらき》や筒城《つつき》など）。「城」の字を和語「しろ」に当てるのは、この国名からである。

木簡の「山背御田」についても、河内国の「山代郷」のものである可能性が残る。「御薗」にしても「御田」にしても、「御」の字がついていることは、朝廷直轄か皇族の領地であることを意味しているのであろう。「山代国相楽郡　泉」、「山背国相楽郡里」など、「山代」「山背」に「国」のついたものは、明らかに後に「山城」になった国を指したものである。

3、地区割り単位名の変遷

律令制の確立にともない、領土支配のために土地の行政区画が整えられたが、それを「国郡郷」制という。この「国郡郷」の全地名が日本全土にわたって記録された最古の資料が『和名抄』に撰述されたものである。『和名抄』は平安時代になって編まれた辞書（第二章三参照）で、「国郡郷」制についてはそれ以前においてすでにいくつかの変遷を経てきている。

「こほり」の表記

「郡」の訓読みは「こほり（コオリ）」であるが、大宝元年（七〇一）以降「郡」と表記するようになる以前は、「評」と書いていた。飛鳥の藤原宮跡から出土する木簡は、より古い時代のもので、すべて「評」となっているようだ。後の山城国のものであることが明確な例に「弟国評鞆岡三」（藤原京跡）がある。「評山田里丈部」（飛鳥・石神遺跡）も古い例であろうが、比定地は各地にわたる。また藤原京跡出土でも「……田郡長岡里（略）」とすでに「郡」になっているものもある。ただし、これは近江国坂田郡の木簡の可能性が大きい。

「さと」の表記

次は郷に相当したものであるが、最も古く飛鳥藤原時代には「五十戸」と表記し「さと」と呼ばれている。『日本書紀』孝徳紀白雉三年条に「戸籍造る。凡そ五十戸《いそへ》を里とす」とある。やがて「里」と表記するようになる。「五十戸」と表記するのが確認できるものに「多可」・「加毛」（以上、飛鳥池遺跡）、「川嶋」・「山田」（以上、石神遺跡）などが山城国で検索されるが、いずれも各地に候補地が多く、山城のそれとは確定できない。

「里」の例では、「錦部里（略）」・「山科里（略）」・「可毛里矢田部三国（略）」（以上、藤原京跡）や「石原里五斗堅井里五斗」などがあり、藤原京跡出土以外の木簡にも「里」を称するものが見られる。もっとも「里」のあと「郷」が導入されるが、しばらくは、「郷」の下部集落としていくつかの「里」を設けるという「郷里」制をとっていたが、その「里」であることも考えられる。この「郷里」制によるものと思われるものに「郡《》郷山本里（略）」（《》は判読不明の箇所）がある。綴喜郡の「山本」（郷）である可能性がある。『京都の歴史』第一巻によると、霊亀元年（七一五）に「里」が「郷」に改められた（『出雲国風土記』（総記）に「件郷字者、依霊亀元年式、改レ里為レ郷」とある）

が、その後二五年間は「郷里」制であったという。もっとも和語「さと」（里、郷とも表記）には、「ふるさと（故里）」などにみる、人々の住居地を指す一般語としての用法がある。都であれば「うち→さと→の→やま→うみ」と認識される、中心から周辺へという空間識別の観念をもつ中の「さと」である。行政区画地名の「里」とは別とみるべきであろう。この意味で「＊＊（の）里」と呼ぶ場合もあるのである。

木簡の作成時期については、粗々ながら出土した場所がどういう歴史を持っているかによって推定することが可能である。また、行政地名の呼称、評か郡か、五十戸か里か郷・里か郷かと言った違いによっても木簡制作の時期が推測できる。

4、通常の表記と異なる地名

地名の表記は、『和名抄』（高山寺本）などで安定してくるが、木簡には後世の通常の表記と異なるものが見られる。

（1）相楽郡水泉郷を「出水郷（略）」と表記する（『続日本紀』などにもあり）。また「・背国相楽郡水（略）」もあるが、「出」の上略か「泉」の下略かは不明。また「泉津」や「泉」という表記でも確認できる。

（2）通常「久世郡」と書くが、木簡には「山背国久勢郡」、「山背国久勢郡（略）」とある。おたぎ郡は、通常「愛宕郡」と表記するが、「乙当郡」と表記した例もあり、葛野郡を「葛濃郡」と書いた木簡もある。その他注目すべきものに久世郡「栗前」（高山寺本『和名抄』も同じ）や久世郡「奈貴」は「那記郷（名木とも）」の異表記であろう。宇治も「宇遅郷（略）」の例がある（『古事記』では、菟道稚郎子《うじのわきいらつこ》を「宇遅能和紀郎子」と表記）。また、「汗カ？治」を「木簡データベース」では、久世郡宇治郷としている。

（3）「おとくに」については、藤原京跡出土の木簡に「弟国評」とあり、「弟国」（平城京跡）もそれであろう。「山背国乙訓郡石作郷」では「乙訓」になっている。他にも「乙訓」の表記の木簡は見られる。「弟国」の表記は、地名の意味（語源）を伝えると見られていて、葛野郡から分割されて誕生した郡である。葛野郡のままである元の土地を「兄国」と意識してのネーミングであろうという説が有力である。また、分割されたころではまだ、郡レベルの規模の土地でも「国」で呼ばれていたことは、他にもその事例が存在することから頷ける。かなり早い時期の分割であったに違いない。しかし、母体となった「葛野郡」が「兄国」と呼ばれた形跡はない。枝別れして誕生したものについてのみ「弟」と意識した、分家の意味であろう。後の「郡」相当の土地を「国」で捉えている例に、「久我国」（『山城国風土記』逸文）があり、北区紫竹の久我神社を中心とするあたりを指したとみられている。また「許国《このくに》」（同上）もあり、後の宇治のこととされている。こうした「国」地名はより古い頃の呼称であったと思われる。ちなみに、宇治郡の地名「木幡」は郷名にないが、「許（こ）（の国の）はた（端）」の意で「こはた」と称した古い広域地名であったとも考えられる。

（4）なお地名「葛野」が指す範囲について『図説　京都府の歴史』（森谷尅久、河出書房新社）は、「そのうち葛野、愛宕、乙訓、紀伊の四郡に該当する北山城地方が古くは全体が葛野と称されていたらしい」と記しているが、「記紀」の伝える、応神天皇が宇遅野《うじの》（莵道野）で詠んだとされる国誉め歌「千葉の葛野を見れば百千足る家庭も見ゆ国の秀も見ゆ」の「葛野」は、そう解することで頷けるところがある。

5、土地と産物

「葛野河年魚二百五十隻四月十九日昨」と書かれた木簡が平城京跡から出土している。葛野河《かどのがわ》（大堰川・桂川）では、「年魚（鮎）」が特産であったことを思わせる。

土地の特産物を示す内容が書かれた木簡で注目されるのは、紀伊郡からの「米」の送付である。先にも触れたが、まず「石原里五斗堅井里五斗」がある。「五斗」は「米」であろう。平城京址出土であるが、「石原」「堅井」が「里」と記されている。「石原里俵一石」も紀伊郡のそれの可能性がある。さらに「鳥羽里俵一斛」、「紀伊里俵一石」、「大里俵一斛」、「岡田里俵一石」なども紀伊郡にあった郷地名（高山寺本『和名抄』）を記した木簡である。これらも平城京址出土であるが、「郷」でなく「里」と表記している。稲荷山の麓あたりは早くに農耕地として開かれたところで、稲作農耕の神としての稲荷の信仰も古くに遡る。これらはほとんどが長屋王家跡の出土木簡である。

「山背御田」と表示される木簡があるが、どこを指すのか判明しないが、紀伊郡あたりであった可能性は残る。いずれも長屋王家址の出土で「御」がついているのは、長屋王の領地であったことによる。

もっとも「米」の供給地は紀伊郡以外にも見られる。「賀茂郷赤米五」（愛宕郡か、相楽郡か）、「櫟原白米一石」（葛野郡か）、「狛里俵一斛」（相楽郡）など山城の可能性が大きい。なお「田寸里日下部否身五斗」については比定地が多いが、葛野郡田邑《たむら》である可能性も、そのうちの一つである。

6、木簡と地名研究の課題

その他注目すべきものを列挙しておく。「山階寺《やましな》」と記す木簡。「背国葛……郡川辺郷」があるが、「川辺里白米五斗（略）」も山城の葛野郡か。「水主社」は久世郡水主郷の神社であろう。「・国相楽郡大狛里人道守臣末呂一両」もある。「中村郷戸主丸部今赤戸口真魚女米五戸」は綴喜郡か（候補地多し）。「川嶋五十↓赤俵」、これは候補地が多い。

木簡によって、これまで文献によって知られていた初出例を遡らせることのできる地名があったり、地名の表記の実態とその変遷や行政区画地名としてどのように活用されたか、また、送られた産物名から各地の土地柄を推測したりすることができるのである。今後も木簡の発掘は続くことであろうし、また以上取り上げてきた木簡の中には、確定地として山城国に絞りきれない例もあったが、今後の研究で山城国の地名として確定してくるものもあろう。地名研究にとっても「木簡」は貴重な資料で今後も注目していきたい。

三、平安京周辺の条里と地名——広隆寺付近の葛野郡条里を事例として

片平博文

一二〇〇年以上の歴史を持つ平安京の周辺部には、現在でもなお、古い条里地割の遺構が断片的に残されている。平城京や平安京に代表される条坊制が都市区画として位置づけられるのに対して、条里制は農村計画ないしは農地区画に関する土地システムであった。もちろん、平安京周辺部の条里地割は当初から条坊の区画を避けるように計画されたものではなく、京域の部分も含めて平安時代以前から、この付近一帯に広がっていたものである。しかし一般に、条里地割の施工方法や施工単位は地域によってかなりのばらつきや特色が認められ、土地表示等も郡レベルで異なっていることが多い。それは、律令国家の中心であった大和国や山城国など畿内においても決して例外ではなかった。

本節では、広隆寺に伝えられてきた二つの史料を手がかりに、当時の地名と土地利用の実態および微地形との関連性を分析することによって、葛野郡条里についての新たな知見を提示してみたい。

1、平安京周辺部の条里

図1からも明らかなように、京都盆地にみられる条里地割は平安京を中心にみると、その東部から北東部にかけて

は愛宕郡、その西部から北西部が葛野郡、また南部が紀伊郡、そして南西部が乙訓郡のそれぞれ区域に分けられ、地割の方位は概ね東—西、南—北方向に沿って計画されていた（金田章裕「郡・条里・交通路」）。そのうち愛宕郡（ただし現在では、正方形地割として復原することが一部困難）と紀伊郡、乙訓郡の各条里は、条が「一条」「二条」と南から北に向かって順に配列されていたのに対して、葛野郡のそれは西から東へと数えられるものであった。また愛宕郡や葛野郡では、何条までの施工単位となっていたかについても明確にはなっていない。

一方、京都盆地にみられる条里の場合、「条」が数詞を用いて呼称されていたのに対して、「里」の方は固有名詞（地名）によって表示されているため、これまでその具体的な場所の完全な位置比定を困難にしてきた。さらに、郡内の条里区画やその呼称をすべて明示・一覧したような田図も現存していないのが現状である。以下、事例として取り上げる広隆寺付近の葛野郡条里についても、「里」の具体的な位置比定について同様の課題が残されていると考えられるので、本節ではその配置について一部再検討を行ってみたい。

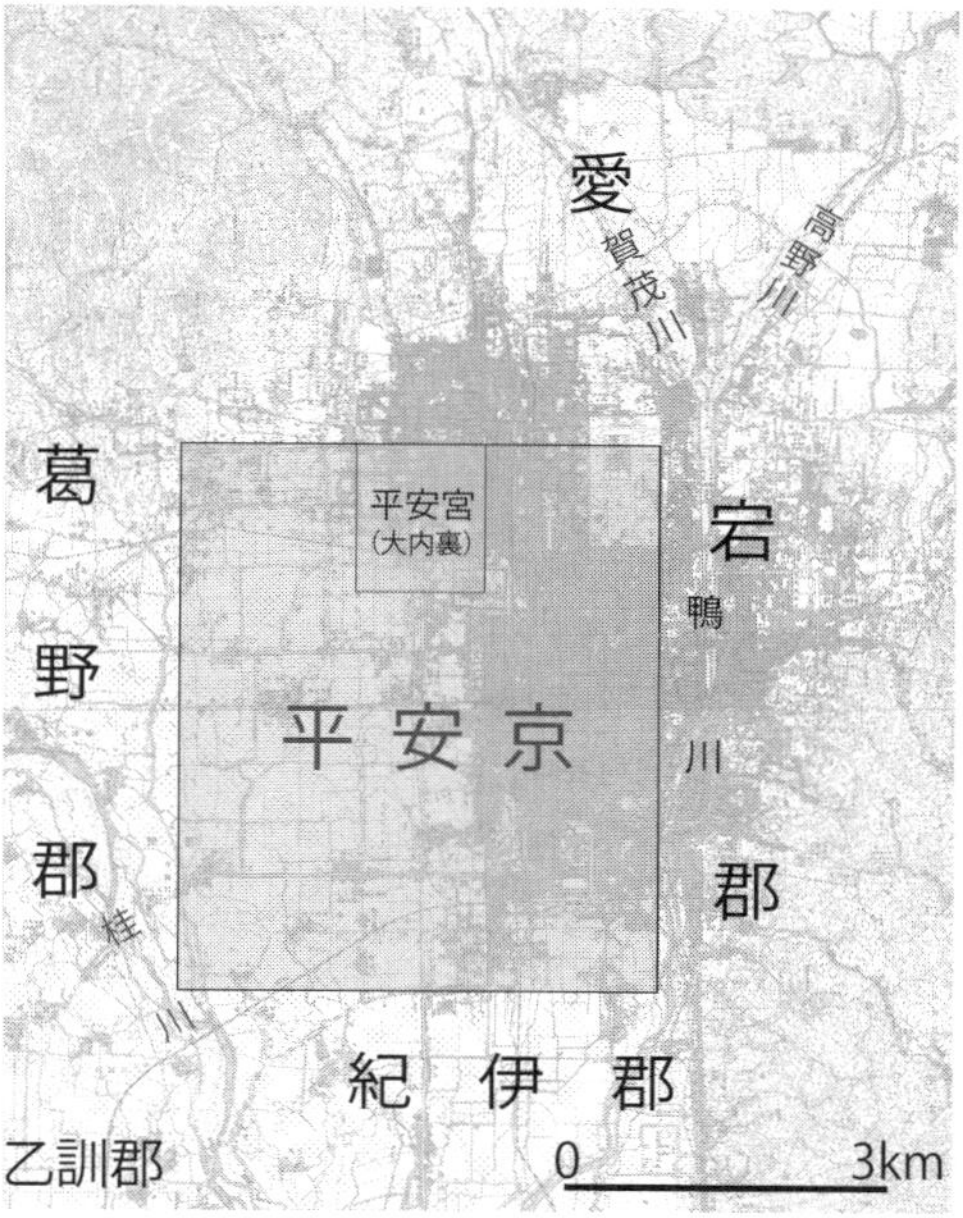

図１　平安京周辺部における郡の分布（大日本帝国陸地測量部正式２万分の１地形図〔1909年測図〕を元に作成）

2、広隆寺付近の葛野郡条里

葛野郡の条里については、喜田貞吉の研究（「山城北部の条里を調査して太秦広隆寺の旧地に及ぶ」）をはじめとして、これまでさまざまな条里プランが先学によって検討されてきた（福山敏男「山城国葛野郡の条里について」、米倉二郎「山城の条里と平安京」、杉山信三『藤原氏の氏寺とその院家』、金田章裕『条里と村落の歴史地理学研究』など）。そのうち金田の復原案は、桂川右岸地域の配置や嵯峨野地区の分析も踏まえた全体的なもので、葛野郡の条里の実態をほぼ反映しているものと考えられる。

桂川左岸地域の葛野郡条里の分布を知る有力な史料として、貞観一五年（八七三）の『広隆寺資財帳』（以下『資財帳』、『平安遺文』一六八号）と、寛平二年（八九〇）の作成（川尻秋生『日本古代の格と資財帳』）と考えられている『広隆寺資財交替実録帳』（以下『実録帳』、『平安遺文』一七五号）とがあり、その「水陸田章《すいりくでんのしょう》」の項目には当時広隆寺が保有していた耕地の坪付と耕地面積、土地利用状況、坪単位の地名等が記入されている。それらの記述内容と葛野郡条里に関連したいくつかの史料とを参考にしながら、桂川左岸地域の条里を確認してみよう。復原の手がかりは、①五条荒蒔《あらまき》里八・九・十・十五・十六・十七坪の六ケ坪に広隆寺の寺院地が位置すること、②市川の里名が明治初期まで存在していた「太秦市川村」の場所にほぼ比定できること、③五条市川《いちかわ》里の十坪「下堤本田」・十一坪「上堤本田」（以上、太秦土本町）、十八坪「松本田」（太秦松本町）、廿一坪「上荒木田」・廿八坪「下荒木田」（以上、太秦荒木町）、廿四坪「川所田」（太秦川所町）の地名が現在の町名とそれぞれ対応が可能なこと、④『日本三代実録』貞観一三年（八七一）四月三日条に出てくる「市河神」の鎮座地が現在の市川神社の場所に比定が可能なこと、

⑤七条牛養《うしかい》里（ただし里の場所は不明）の十三坪「上狭木田」の二一六歩と同里廿四坪「狭木田」の二段七二歩の耕地がそれぞれ平安京の建設以降に京域に含められている事実によって、六条と七条との境界線が西京極大路の西側付近に設定できること、などである。

さらに、⑥平野神社に社地（これは「社地」であって、神社の鎮座地の意ではない）一町分の所領を認めた貞観一四年（八七二）一二月一五日の太政官符（『類聚三代格』巻一）に、葛野郡上林郷九条荒見西河里廿四坪の四至（境界）が「東は荒見河を限る、南は典薬寮園を限る、西は社前東道を限る、北は禁野地を限る」と明記されていること、⑦葛野郡六条久受原里にあった葬送及び放牧地の東側境界が平安京南西部の西京極大路と極めて近い位置関係にあったこと（貞観一三年閏八月二八日太政官符『類聚三代格』巻一六）、⑧時代はやや下るが、天永元年（一一一〇）年七月二八日付の「東寺解」に「桑原里三坪二段内除一段、梅宮」（『平安遺文』一七二八号）とあって「梅宮」が桑原里に位置していたこと、また康安元年（一三六一）の「上桂庄坪合内検帳」（上島有編『山城国上桂庄史料』上巻）に桑原里二坪が「梅宮西」となっていることなどの記述がみられる。

このうち⑥の史料からは、平野社領としてこの時認められた社地の西限、すなわち廿四坪の西端が平野社の「社前」を南北に走る道路と解釈できることより、葛野郡の八条と九条との境界は平野社付近に位置することがわかる。現在の平野神社の本殿は東を向いて鎮座しているが、当時も同じ方向を向いていたとすれば、「社前東道」は社の前、すなわち社の東側を通過していた道路と想定することが可能である。また⑧については、桑原里の二坪がおそらく梅宮社の西側に位置することより、同社のすぐ北側に桑原里の界線が東西に走っていなければならない。以上、これらの条件をすべて当てはめることによって完成したのが図2である。

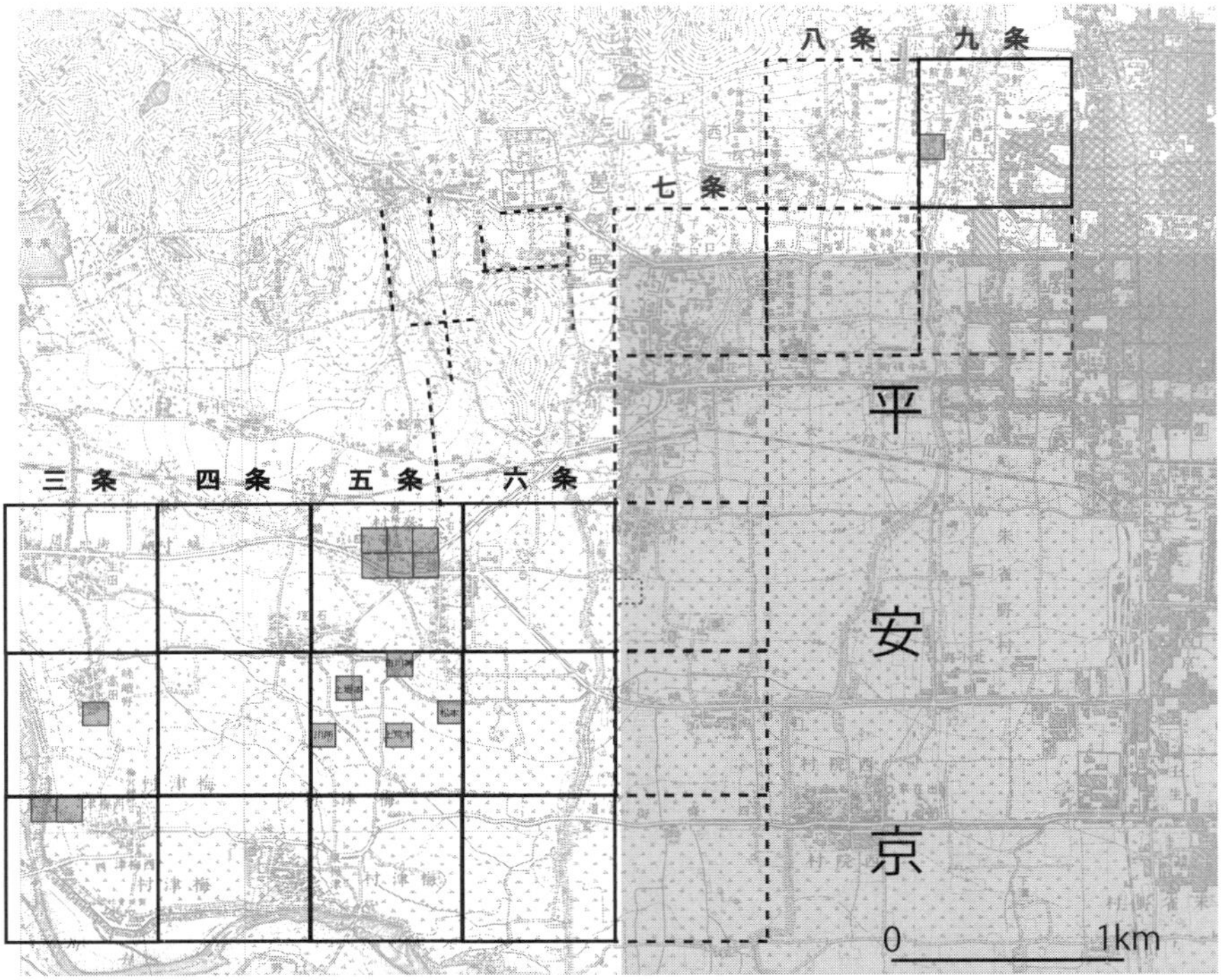

図２　桂川左岸地域における葛野郡条里の復原図（正式２万分の１地形図〔1909年測図〕を元に作成）

なお近年の発掘調査によって、広隆寺が含まれる荒蒔里北側の地域や仁和寺周辺では、やや西辺した方位を持つ南北方向の溝や道路の遺構が複数発見されており、これらの傾きがN五～六度W程度であることから葛野郡の条里との関連が指摘されている（平田泰・小檜山一良「広隆寺境内２」など）。確かに、広隆寺の北側から常盤・仁和寺にかけての地域には、こうした傾きを持って平行に走る複数の道路や灌漑水路が明治～大正期の旧版地形図によっても確認できる（図２では斜めの破線で表現）。さらに、『実録帳』の「水陸田章」には「池一所在六条竝里十七坪」とあって、六条並《ならび》里の十七坪には池があったことを伝えている。双池《ならびのいけ》というのがそれで、雙ヶ岡三ノ丘と五位山との間に位置しており、すでに平安時代の初期にはたびたび天皇がそこに行幸し、水辺の風景を楽しんでいた（京都地名研究会編『京都の地名検証』）。『実録帳』に記載された「竝里十七坪」

がこの辺にあたることは間違いないが、正方位の条里プランをそのまま北に延長して雙ヶ岡付近に当てはめると、十七坪の位置は現在の法金剛院北側に位置する五位山の南西斜面を中心に復原され、池とは大きくかけ離れた場所となる。しかし、この付近に配置される六条北部の里に関して、五条の北部に想定されるそれとともに北から五度程度西に傾けて復原すれば、条里地割はそのまま周辺部を走るその他の道路と対応するばかりでなく、十七坪もほぼ二ノ丘と三ノ丘との間の東側、すなわち五位山の北西側に比定されることになる。正方位のプランに基づいて「竝里」の場所を比定しようとする試みもみられるが（吉野秋二「平安初期の広隆寺と周辺所領」）、広隆寺北側の地域や仁和寺周辺地域の条里界線・坪並の復原に関しては、今後、このことを考慮する必要があろう。

3、広隆寺付近における「里」の配置

広隆寺付近の葛野郡条里については現在、広隆寺を含む里が五条荒蒔里、その南側に五条市川里、その西側に四条殖槐《ふえかい》里、さらにその南側に四条郊田《こうだ》《（おかだ）》里を配置する案がほぼ定説とされている。ところが、①九世紀末における郊田里内部の土地利用、②「水陸田章」にみられる条ごとの里の記載順序、③郊田里と現存する幹線水路との関係、④安養寺分の耕地と安養寺との位置関係、などの項目について検討する限り、郊田里の場所は殖槐里の北側、すなわち広隆寺のある荒蒔里西側の里に配置するのが妥当となる。

まず①についてであるが、貞観一五年の『資財帳』に比べて土地利用の状況がより詳しく書かれていると考えられる『実録帳』（寛平二年）の「水陸田章」を用いて、郊田里・殖槐里・荒蒔里・市川里の計四ケ里における耕作状況をみてみよう。この「水陸田章」に記載されている土地利用の内容であるが、同項目の末尾に「已上水陸田、其町段

常　荒	畠	暫入安養寺	野・林	寺院
7段075歩	2町2段200歩	2町2段334歩	0	
2段	0	5町3段127歩	0	
3町0段314歩	3町9段290歩	0	1町2段060歩	6町
9町9段153歩	3町5段328歩	0		
13町9段182歩	**9町7段098歩**	**7町6段101歩**	**1町2段060歩**	**6町**

歩数、依図帳勘知之、荒廃見熟依実挍之、図者天長図也、四證図之」と書かれていることから、農地等の面積は約六〇年も前の天長年間に作成された図（班田図）によって校合しているのに対して、農地の耕作実態は実際に現地に赴いて確認していることが明らかとなる。ここに記された耕作の実態は、寛平二年頃のある年の実績を具体的に示したものであろう。

表1は、『実録帳』の「水陸田章」に基づいて、上記の四ケ里における地目ごとの土地利用面積を示したものである。耕作実態に関する記述は、現作田を意味する「田・熟（見熟）」（以下「熟田《じゅくでん》」）、恒常的な非耕作地とみなされる「常荒《じょうこう》（道成を含む）」、実検した年の非収穫地と考えられる「年荒《ねんこう》」、そして畠作地を意味する「畠《はたけ》」の四地目に分けられている。さらに未耕作地である「野・林」、非農地の「寺院地」、そして年限を限って安養寺の領地として充てられた「暫入安養寺」の具体的な面積も知ることができる。表1は坪ごとの細目から集計してあるため、文書中の合計欄と一部合致しない部分がみられる（例えば荒蒔里の「常荒」面積は、文書中に計「四町三段一四歩」とあるが、これには「野・林」の「一町二段六〇歩」分も含められている。ここではより正確に記載当時の耕作実態を分析するため、両者を分けて示した）。

『実録帳』に記載された土地利用面積が最も多いのは市川里で、以下荒蒔里、殖槐里、郊田里の順となっている。また安養寺に充てられた分は、いずれも四条の郊

条	里名	土地利用面積	熟田	年荒
四条	郊田里	6町2段127歩	1段170歩	8段068歩
四条	殖槐里	10町7段205歩	5町2段078歩	0
五条	荒蒔里	15町2段152歩	9段208歩	0
五条	市川里	26町3段217歩	12町7段096歩	1段
合計		58町5段341歩	19町0段192歩	9段068歩

表1　四か里の土地利用別面積

田里と殖槐里とに集中していることがわかる。荒蒔里だけに確認される「野・林」は、広隆寺の寺院地の北側と南側とに分かれてみられるが、いずれも貞観の『資財帳』には無かったものであり、広隆寺が寛平年間までに取得した新たな保有地と考えられる。

さらに、「熟田」「常荒」などの面積および分布から知られる耕作実態についてであるが、里ごとの土地利用面積に大きな違いが認められるため、絶対数での比較が必ずしも適切ではない。そこで、「熟田」「年荒」「常荒」「畠」の四地目について、それぞれの割合（%）で示したものが表2である。市川里については「市川里(1)」と「市川里(2)」の二つに分けて集計結果が明示されているが、そのうち前者は坪ごとの記載内容に基づいてそのまま合計した数値である。ところが、同里の七・八・九・十七・十八の五ケ坪の「常荒」計二町四段二二四歩については、いずれも貞観年中に請け入れられているにも関わらず「未領」となっており、おなじく元慶年中に請け入れた五坪の一町分（「不載図」と記載）についても同様の状態であったとみなし得る。未領状態にあったそれらの耕地については、直接広隆寺の手によって管理・耕作することができなかったと考えられることから、そこの土地利用がすべて「常荒」となるのは当然であるといえる。したがって、自然条件に基づいた実質的な「常荒」の状態を分析するためには、後者の「市川里(2)」のように、未領扱いとなっていた計三町四段二二四歩を差し引いた分（すなわち、九町九段一五三歩から三町四段二二四歩を差し引いた六町四段二八九歩）を基準として、他の三ケ里と比較する必要がある。

市川里に関する「常荒」分の修正を加えた上で、改めて上記の四地目を里ごとに比べてみたのが図3である。まず「年荒」「常荒」のうち、「年荒」については郊田里に集中していることが読み取れるのに対して、「常荒」は最も割合の低い殖槐里も含めると、四ケ里ともに認められる。むしろ、こうした状況が、当時の普遍的な耕作実態であったの

条	里名	熟田	年荒	常荒	畠
四条	郊田里	3.73	20.77	18.28	57.21
四条	殖槐里	96.31	0	3.69	0
五条	荒蒔里	11.93	0	38.47	49.6
五条	市川里（1）	48.27	0.38	37.72	13.62
	市川里（2）	55.58	0.44	28.3	15.68
	修正後四ケ里	**52.52**	**2.53**	**17.86**	**27.09**

表２　四か里における土地利用の割合（%）

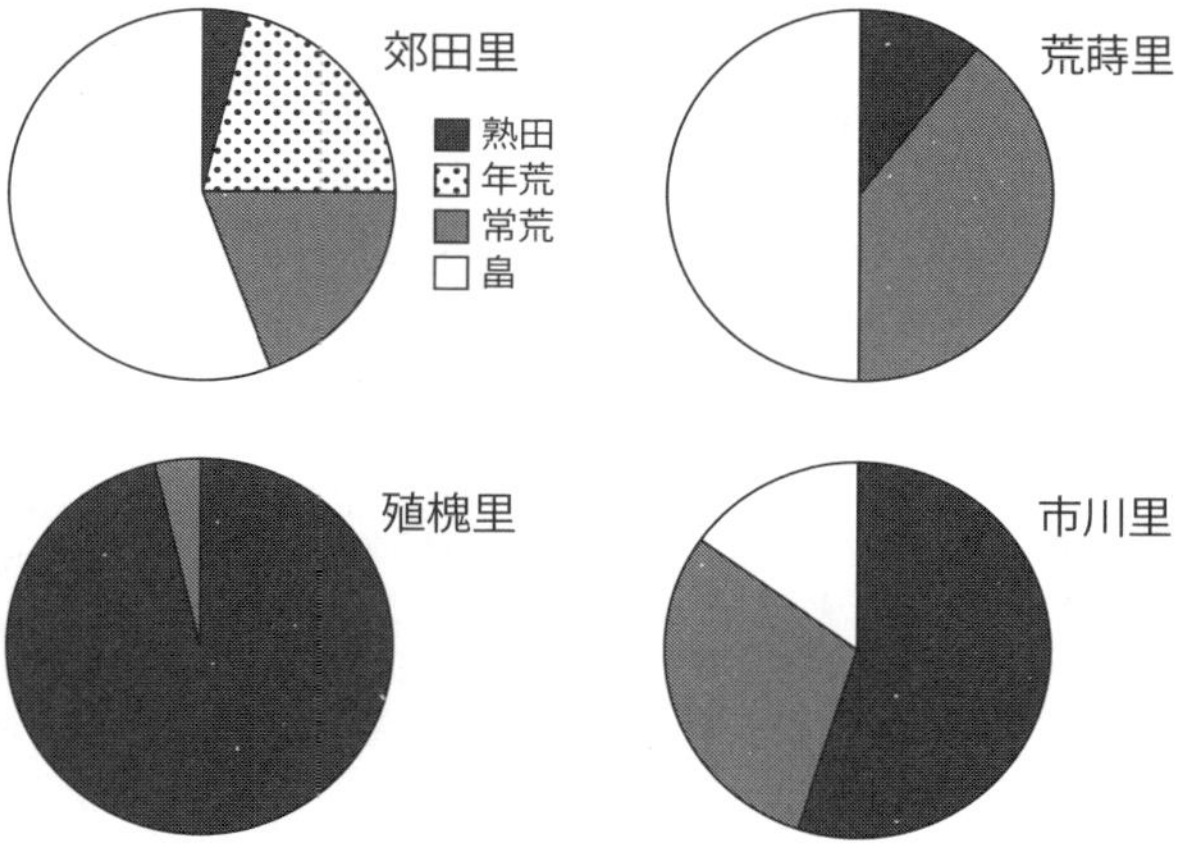

図３　『実録帳』「水陸田章」に記載された四ケ里における土地利用の割合（%）

だろう。また「熟田」については、殖槐里や市川里の割合が高いのに対して、郊田里・荒蒋里のそれは極端に低くなっていることが一目瞭然である。これとは逆に、「畠」に関しては郊田里と荒蒋里の高さが目立っており、「熟田」にみられる傾向と全く対照的であることがわかる。すなわち、「熟田」「畠」に関する土地利用の割合を比較した場合、郊田里と荒蒋里、殖槐里と市川里はそれぞれ極めてよく似たパターンを示しているのである。この事実は、四ケ里付近における微地形の分布と大きく関係しているものと考えられる。

図4は、広隆寺付近における地形分類図に、四ケ里の具体的な場所を重ね合わせたものである。ただし郊田里については、殖槐里の南側（郊田里A）と北側（郊田里B）とに復原案を示している。この地形分類図は元来、京都盆地全域を対象に作成されたものであるが（植村善博『京都の地震環境』）、条里の界線レベル（約六五四メートル四方）の地形的特徴を読み取るには十分有効である。図からは、広隆寺付近が段丘と沖積平野との境界付近に立地していることが判読される。四ケ里のうち、その場所が明確な五条荒蒋里と同市川里の微地形を比較すると、前者は背後の山麓部から広がる高燥な低位段丘や扇状地がそのほとんどを占めているのに対して、後者ではより低湿な氾濫原や旧河道・自然堤防が主流となっていることが明らかであり、この違いがそのまま農業的な土地利用のパターンの違いとなって現れていると考えることができる。そのことを裏付けるかのように、今度は市川里とその西隣に位置する殖槐里とを比較すれば、両者とも氾濫原や旧河道・自然堤防などの微地形上に立地していることが確認され、さらに「熟田」の割合が高く「畠」の割合が低い、といった両者の土地利用パターンもまた共通していることがわかる。

仮に郊田里が殖槐里の南側に配置されるのであれば（郊田里A）、そこには殖槐里と同様、氾濫原や旧河道・自然堤防が卓越していることから、土地利用の実態もまた殖槐里ないしは市川里と同様のパターンとなるはずである。ところが表2や図3を改めて確認すると、郊田里の農業的な土地利用は、「畠」の割合が高く「熟田」が低いといった

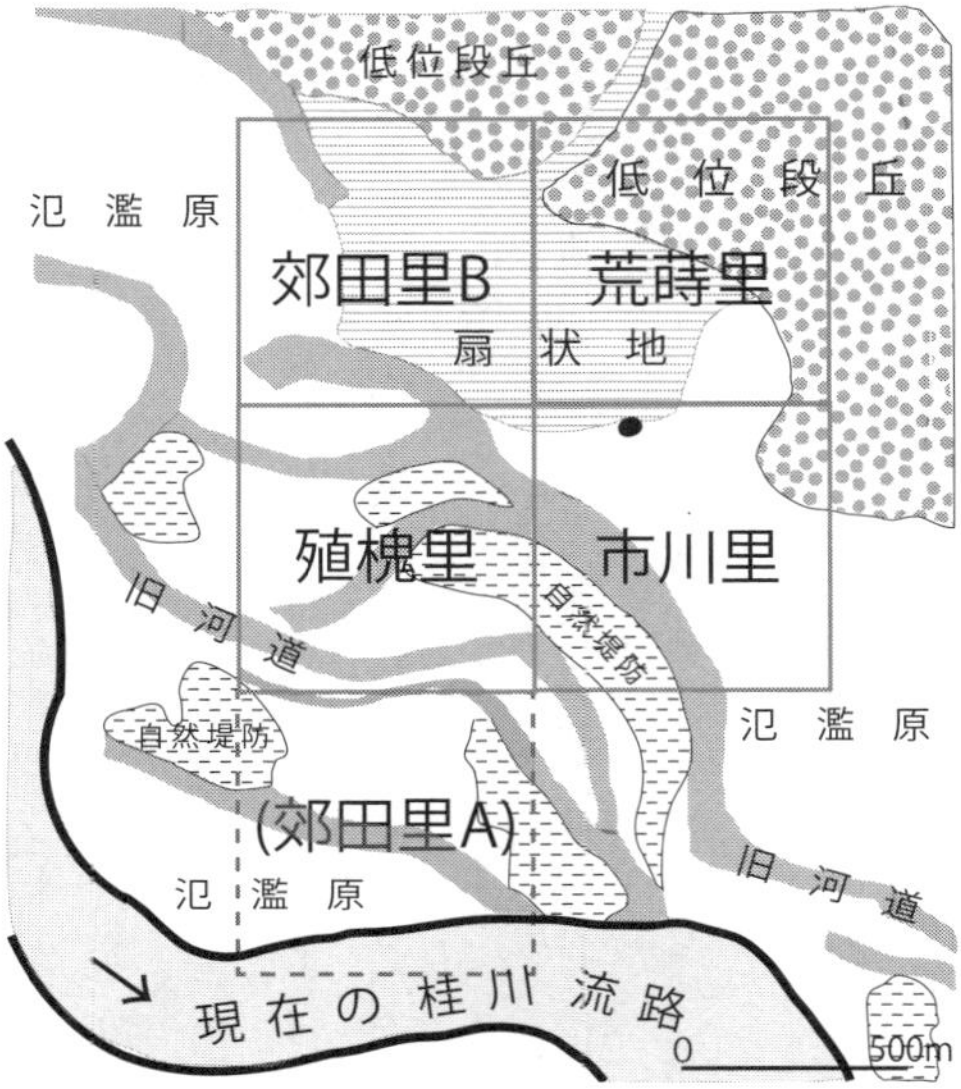

図4　広隆寺及び四ケ里付近における微地形（植村善博『京都の地震環境』ナカニシヤ出版、1999を元に作成）

全く逆の特徴を示しており、さきにみたように荒蒔里と極めてよく似たパターンとなっている。一方、郊田里を殖槐里の北側に配置すれば（郊田里B）、『実録帳』の「水陸田章」に記載された耕地の具体的な場所のほとんどすべてが高燥な扇状地上に位置することとなり、土地利用の実態と微地形とが矛盾なく対応している事実が確認される。

次に②の里名記載についてであるが、『資財帳』『実録帳』両史料の「水陸田章」に出てくる里の記載順序はすべて条の配列にしたがっており、具体的には四条が郊田里↓殖槐里、五条が荒蒔里↓立屋《たてや》里↓市川里、六条が並里↓上木嶋《このしま》里（ただし上木嶋里は『資財帳』にはない）、七条が牛養里の順で記されている。このうち五条の記載は、広隆寺が位置する最も重要な里から記載されたのだろう。中心的とみなされる荒蒔里を除けば、その記載順序は立屋里↓市川里の順となる。

なお立屋里については、光孝天皇陵の所在に関して『延喜式』巻第二一「諸陵寮」に、「在山城国葛野郡田邑郷立屋里小松原、陵戸四烟、四至、西限芸原岳岑、南限大道、東限清水寺東、北限大岑」（陵墓の東の境界が「清水寺東」にあるというのはおかしい。あるいは、「東」は大岑《おおみね》にかかって「東（と）北の境界が「大岑」である」の意か）とあって、陵墓の具体的な場所が立屋里に含まれていたことを伝えている。また、同陵墓の所在に関して『中右記』嘉承元年（一一〇六）二月二八日条では、大同三年（八〇八）図帳の「葛野郡五条立屋里四坪」に「清水田一段餘歩」が存在することから、ここが陵墓の東側境界付近にあった清水寺の位置ではないかと推定している。そうだとすれば、光孝天皇陵（後田邑陵《のちのたむらのみささぎ》）は立屋里の三坪付近に位置していたことになるが、この頃すでに清水寺自体の所在は失

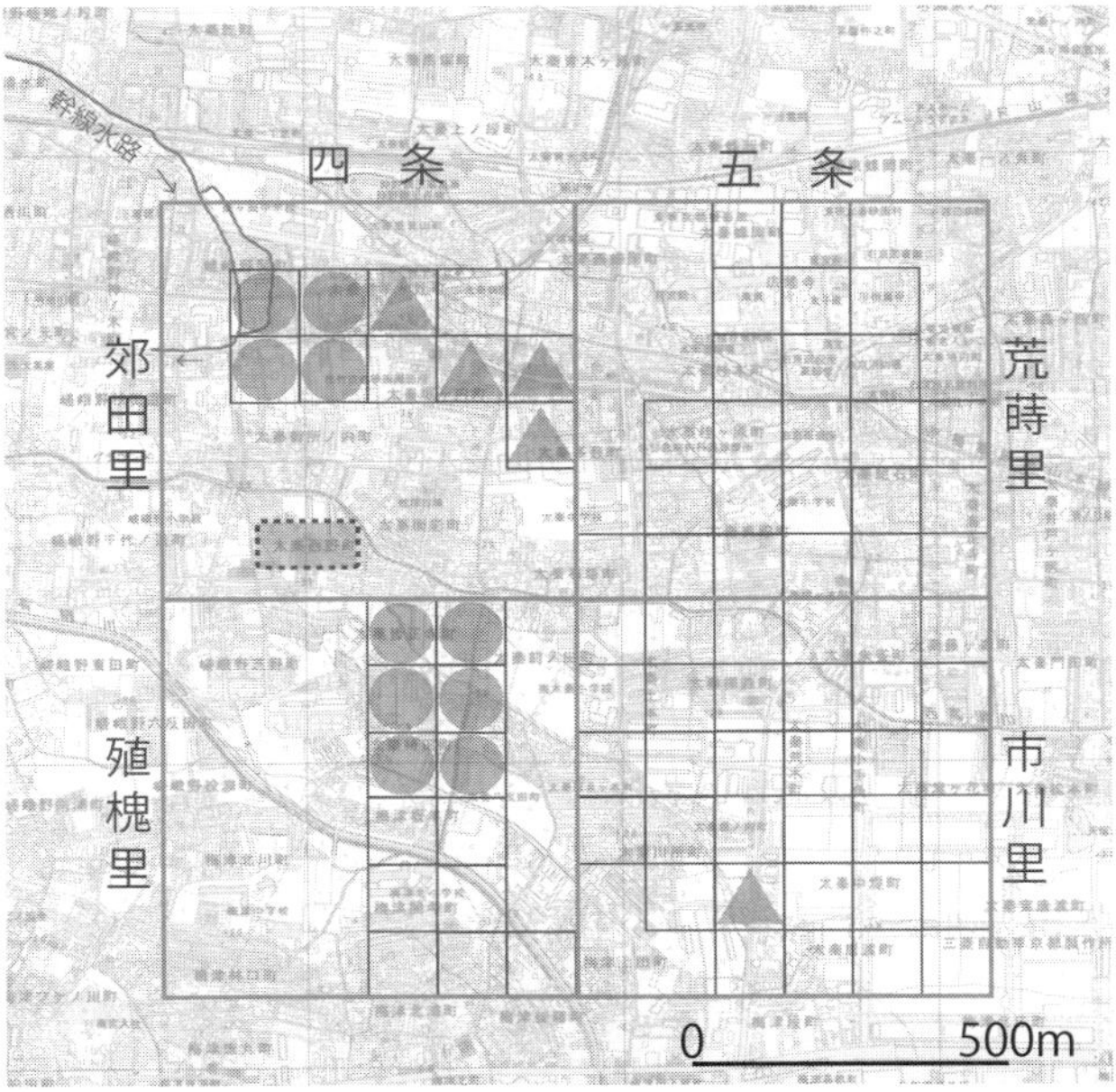

図５　四ケ里の場所と郊田里に注ぐ幹線水路（１万分の１地形図（太秦）を元に作成）里の中の小さな正方形は、『実録帳』の「水陸田章」に記載されている坪である。また、坪内の●は「暫入安養寺」の耕地がある坪、▲は「年荒」の記載がみられる坪をそれぞれ示す。四条郊田里にある▒部は、太秦西野町の場所。幹線水路については、大正11年（1922）の3000分の１「京都市都市計画図」によって復原した。

われていたらしく、この記載が陵墓比定の決め手とはならない。しかし、『中右記』には立屋里が「在廣隆寺邊之由、寺僧等所申上也」と書かれており、また仁和寺喜多院の造作の間、同天皇陵の別名である「小松山陵時々鳴動之由、僧都　被語也」という挿話を伝えていることから判断すると、少なくとも立屋里が荒蒔里の北に位置していたことは間違いない。六条の記載順序については、並里が双ヶ岡周辺に、また上木嶋里が式内社（『延喜式』巻第九「神祇《じんぎ》九」）の木嶋座天照御魂《このしまにますあまてるみむすび》神社付近にそれぞれ位置していたと想定すれば、並里の方が北側となる。すでに①で検討した結果を踏まえれば、四条についても実は北側に位置

していた郊田里から殖槐里へと、北→南の順序で記載されたものと考えるのが自然であろう。

さらに、③の郊田里と現在も機能している幹線水路との関係については、図5に示したとおりである。北嵯峨や広沢池などを水源とする有栖川から分かれて現在も残る幹線水路が、ちょうど郊田里の一坪の北辺付近から十一坪・十二坪付近に向かって流れ込み、南流していくようすが読み取れる。大正一一年（一九二二）測図の三、〇〇〇分の一「京都市都市計画図」（「嵯峨」・「花園」）によると、この幹線水路は現在の嵯峨野嵯峨ノ段町と嵯峨野清水町との間を段丘や扇状地の縁辺部に沿って流れ、蜂ヶ岡中学校の西・南西部に至って南へ流れ下るものである。『資財帳』『実録帳』ともに、「水陸田章」の郊田里には七・八・九・十・十一（十一坪は『実録帳』のみ）・十四・十五・十六・十七・十八・十九坪に安養寺分を含む耕地の記載が認められるが、この場所が高燥な地形上に位置しているにもかかわらず、この幹線水路などによって耕作は十分可能であったものと考えられる。

また、すでに見た『実録帳』の「水陸田章」には、「年荒」と記載された耕地が四ケ里で計九段六八歩確認されるが、そのうちの約九〇%にあたる八段六八歩が郊田里の九坪・十七坪・十八坪・十九坪に集中している（残りは市川里廿七坪に一段）。その西側に位置する安養寺分の耕地については具体的な地目が記載されていないため、その部分の土地利用の実態は残念ながら知ることはできない。しかし「年荒」が極度に集中している事実は、継続的な水田耕作にとって、郊田里がそれだけ栽培環境に対するリスクを大きく抱えていたことを裏付けるものであり、①でみた土地条件と深く結びつくものであると判断できる。

最後に、④の安養寺分の耕地と安養寺との位置関係についてであるが、近年の考古学的な成果によれば、安養寺は現在の太秦西野町付近にあったのではないかとする考え方がなされている（財）京都市埋蔵文化財研究所編『京都嵯峨野の遺跡　広域立会調査による遺跡調査報告』、京都市文化市民局文化財保護課編『飛鳥白鳳の甍　京都市の古代寺院』）。そうだとすれば、安養寺は広隆寺の南西部に位置し、西高瀬川を挟んで蛇塚古墳の対岸付近にあったことになる。一方「水陸田章」には、天長年間をもって安養寺に暫入された耕地の坪付と面積とが明記されており、具体的には郊田里の十・十一・十四・十五坪、殖槐里の四・五・八・九・十六・十七坪の計一〇か坪にまたがっている。安養寺の推定位置と同寺分の耕地坪付とを比べてみると、結果的に耕地は寺院の北側と南側とに集中して分布することになる。耕地が寺院の南側二ケ所に分かれて分布することになる案（図4郊田里A）よりも、寺院と耕地とが近接したこの配置を想定するほうがむしろ自然であろう。

以上、①～④の分析結果より、四条郊田里は殖槐里の北側、すなわち荒蒔里の西側（図4郊田里B）にあったものと考えるのが妥当となる。

4、仁和～寛平年間頃の気候と「年荒」

表3は、『日本三代実録』や『日本紀略』などに基づいて、「水陸田章」の内容が実検・校合された頃の異常気象ないしは気象災害の発生についてまとめたものである。表中の番号6や30を除けば、この記録の大要は、平安京やその周辺部における特徴を示しているものと考えて差し支えない。仁和元年（八八五）から寛平元年（八八九）までの五年間については、大雨・大風・干ばつ・霖雨・飢饉・落雷などの発生記録が頻繁にみられ、合計三八回に及ぶ何らかの異常な気象現象や災害が確認されている。しかし寛平二年については、それまでの期間とは裏腹に、とくに顕著な気象災害は記録されていない。表を一覧すれば、この間における気候は比較的寒く、また稲の生育期から成熟・収穫期に相当する初夏～盛夏～初秋を中心として霖雨（長雨）が毎年のように続いたことなどが読み取れる。ただ番号4

番号	西暦	和 暦	和暦月日	新暦月日	記事の内容	気象現象・災害	史 料
1	885	仁和1	閏三月二十日	5月12日	大風暴雨	大風・大雨	三代実録
2	885	仁和1	五月十四日	7月4日	霖雨止まらず、止雨奉幣	霖雨（今月一日より）	三代実録
3	885	仁和1	五月二十日	7月10日	霖雨により京城の飢民に賑給	霖雨・飢饉	三代実録
4	885	仁和1	七月十三日	8月30日	祈雨奉幣	干ばつ	三代実録
5	885	仁和1	十月六日	11月20日	雪降る	降雪	三代実録
6	885	仁和1	十月九日	11月23日	肥前国六月より雨降らず	旱魃	三代実録
7	886	仁和1	十二月十四日	1月26日	大雪降る	大雪	三代実録
8	886	仁和2	三月八日	4月19日	大風雨雹	大風・大雨・落雷	三代実録
9	886	仁和2	三月十三日	4月24日	暴風雷雨	大風・大雨・落雷	三代実録
10	886	仁和2	四月十八日	5月29日	この頃天気陰寒、綿衣を着る	異常低温	三代実録
11	886	仁和2	四月二十日	5月31日	雷雨	落雷	三代実録
12	886	仁和2	五月七～十日	6月16～19日	大雨、河水漲溢（七日より）	大雨・洪水	三代実録
13	886	仁和2	五月二十三日	7月5日	大雨	大雨	三代実録
14	886	仁和2	五月二十六日	7月5日	雨降る（火山噴火による雷鳴も？）	大雨	三代実録
15	886	仁和2	六月十三日	7月22日	今月朔より霖雨、京師飢困、賑給	霖雨・飢饉	三代実録
16	886	仁和2	八月七日	9月12日	四日より大風雨洪水	大風・大雨・洪水	三代実録
17	886	仁和2	八月二十七日	10月2日	大雨	大雨	三代実録
18	886	仁和2	九月四日	10月8日	辰時雷雨	大雨・落雷	三代実録
19	886	仁和2	十月二十六日	11月29日	雷電暴雨	大雨・落雷	三代実録
20	887	仁和2	十二月十四日	1月15日	終日、風雪惨烈	大風・大雪	三代実録
21	887	仁和3	一月三十日	3月2日	大雨	大雨	三代実録
22	887	仁和3	六月十一日	7月9日	五月より霖雨、京師飢饉・賑給	霖雨・飢饉	三代実録
23	887	仁和3	六月二十三日	7月21日	霖雨初めて晴る	霖雨いったん晴れる	三代実録
24	887	仁和3	六月二十七日	7月25日	昨日より雷雨止まず、降雹、水潦奔溢	大雨落雷・降雹・洪水	三代実録
25	887	仁和3	六月二十九日	7月27日	雷大鳴	落雷	三代実録
26	887	仁和3	七月十五日	8月11日	雨水、霖雨止雨奉幣	霖雨	三代実録
27	887	仁和3	八月二十日	9月15日	大風雨、鴨水・葛河氾溢	大雨・大風（台風）・洪水	三代実録
28	888	仁和4	一月十八日	3月8日	東二条院にて飈風	竜巻	日本紀略
29	888	仁和4	三月十三日	5月1日	暴風雷雨	大風・落雷	東宝記
30	888	仁和4	五月八日	6月24日	信濃国大水、山頽河溢	洪水・土砂災害	日本紀略
31	888	仁和4	七月一日	8月15日	止雨奉幣	霖雨	日本紀略
32	888	仁和4	七月二十三日	9月6日	止雨奉幣	霖雨	日本紀略
33	888	仁和4	七月二十七日	9月10日	羽蟻雲の如し、北野に満つ	虫害	日本紀略
34	888	仁和4	八月二日	9月15日	色白粉飛ぶ、これ雪なり	降雪	日本紀略
35	888	仁和4	この年		この年、諸国実らず	→飢饉に？	日本紀略
36	889	寛平1	四月十日	5月17日	風雨雷鳴、雹降る	大風・大雨・落雷・降雹	日本紀略
37	889	寛平1	四月二十九日	6月5日	今月下旬より霖雨晴れず	霖雨	日本紀略
38	889	寛平1	六・七月	7月6日～9月2日	この間霖雨洪水、東西京中餓死者多	霖雨・洪水・飢饉	扶桑略記
39	890	寛平2	冬	11月下～2月中旬	冬、雷電	落雷	日本紀略

表３　仁和元年～寛平二年に発生した異常気象と気象災害

や6のように、仁和元年に限って干ばつやその発生を示唆する記録が一部認められるが、この年の前半にはむしろ霖雨やそれが原因となった災害が記録されている。

一般に、長雨が続いたとしても、一度に大量の降水がもたらされたと考えられる「大雨」などの記録が少なく、間に何度か日照も期待できたような範囲での降水量であれば、むしろ稲の生育には良好といえるが、実際にはこの五年間にしばしば「大雨」や「雷雨」も記録され、また何度か洪水も発生したと認められることから、必ずしも稲の生育に適した期間ではなかったことが推測される。しかも、このような傾向は、少なくとも元慶五年（八八一）頃から継続していたことが前掲史料から知られる。『実録帳』「水陸田章」の最後に「荒廃見熟依実挍之」とあったように、土地利用の実態はこのような気候が続いていた期間に実検され、校合されたのである。

すでに見たように、『実録帳』は寛平二年に作成されたものと考えられており、またその「佛物章」以下に記載された資財項目中に「初帳」「後帳」を用いて確認されたものが存在することから、資財の校合は『貞観一五年帳』と『仁和二年帳』（ただし、仁和二年の資財帳は現存していない）の両資財帳（両度帳）を用いて行われたことがわかっている（川尻前掲書）。例えば、「常住僧物章」中の板葺僧房の記載が「板葺僧房一宇（中略）今挍初帳十一間、後帳九間者、見挍九間戸六具」などがそれである。この「初帳」と「後帳」がそれぞれの年代の資財帳であることは、「雑公文」の項目に「資財帳二巻貞観十五年一巻、仁和二年一巻作」と記載されていることからも明らかである。これに対して、頻繁に出てくる「今挍」というのは、『実録帳』の作成年である寛平二年の校合を意味するのであろう。それは、「通物章」の末尾近くにみられる草葺きの倉に関する記載からも明らかとなる。すなわち、そこには、

草葺倉参宇

東一倉壹宇長二丈二尺二寸、廣一丈六尺八寸

東二倉壹宇長二丈一尺二寸、廣一丈一尺二寸
已上二倉、今挍遭去仁和三年八月廿日大風崩伏
一宇寛平元年作立、全、
一宇今年今月作立、全
東三倉壹宇長、廣、今挍丸木作、有戸各一具、並在寺家以西畠也
已上三倉、今挍改板葺之、小破

とあり、仁和三年の災害（表3の番号27）や一宇の倉の完成年に年号が付されているのに対して、もう一つの倉には「一宇今年今月作立、全」のように「今年」の語句が使用されているからである。

では、「水陸田章」の最後尾に書かれた「已上水陸田、其町段歩数、依図帳勘知之、荒廃見熟依実挍之」の「依実挍之（実に依りて之を挍す）」もまた、寛平二年の実検とみなしてよいのだろうか。この疑問に答えるためには、表3から知られる異常気象・災害の発生状況と、郊田里に集中して分布する「年荒」との関連を考える必要がある。

四ケ里の中で、その年の非収穫地を意味する「年荒」のほとんどすべてが郊田里に集中している原因は、同里に流入する灌漑用水をコントロールする幹線水路にあったとみて間違いないだろう。なぜなら、干ばつや強風などによって生じる耕地への影響を想定した場合、四ケ里の範囲をはるかに上回るスケールでの被害が発生するはずである。また桂川など大河川やその支流などの洪水によって耕地が冠水した場合なども、その実被害は殖槐里・市川里など氾濫原や旧河道などの微地形が卓越した範囲に、より大きく及ぶはずである。しかも、郊田里北西部から流入する水路の水源は、広沢池とその背後の小谷や、有栖川の源流となる嵯峨野の観空寺北部の渓谷となっており、郊田里の南部から市川里へと流れ下る西高瀬川とは全く水系が異なっている。表3をみれば、仁和四年には稲の成熟期に相当する新

暦の八月から九月にかけて霖雨の兆候が見られ、また五月初旬にも不安定な天気が記録されている。また、翌寛平元年の新暦五月から九月初めにかけても、「水」に関係する不安定な天候の継続が確認される。

一方、異常気象に関するこれほど詳細な事実が記録されているにもかかわらず、寛平二年に関しては全く稲作の被害に影響を及ぼすような現象が残されていない。ただ、寛平二年の六月一日（新暦六月二五日）と六月一六日（同七月一〇日）に地震の発生が記録されており、とくに一六日のそれは、「舎屋が傾いてほとんど倒れかかり、人々が驚きのあまり魂を失う」ほどの規模であった（『日本紀略』）。あるいはこの地震によって郊田里北西側の段丘崖下を流れる幹線水路が土砂の崩落で埋積され、用水の供給が妨げられたという可能性も考えられるが、そうであるならば同様の土地条件を有する荒蒔里の南東部や市川里の北東部でもまた、「年荒」の被害が出ていても不思議ではない。「年荒」の被害のほとんどすべてがただ郊田里に集中してみられるのは、おそらく霖雨の傾向が続く中で、水路に大量の水が一時的に流入することによって、生育〜成熟期にあった稲が冠水または水損したことによって生じた結果、とみるのが妥当なところではないだろうか。

以上の分析を総合的に判断するならば、「依実挍之」として記載されたのは、寛平二年というよりも、それに近い寛平元年もしくは仁和四年の実績ではなかったかと考えられるのである。『実録帳』にある「水陸田章」以外の項目に多用されている「今挍」、すなわち寛平二年の校合を意味する語句がここでは使われていないのも、上の考え方を傍証する一つの材料となろう。

5、条里地割の復原と地名

筆者は以前に殖槐里四坪・九坪に残る「上道邊田」「下道邊田」の地名の場所、昭和初期に撮影された空中写真の画像解析から得られる広隆寺南西部の道路痕跡、発掘調査によって検出された広隆寺境内に残る側溝とみられる痕跡、法金剛院付近から広隆寺にかけて南西―北東方向に走る現存の道路などに関して総合的に分析した結果、それらが一本の直線上に位置づけられることから、実際の道路が松尾社と、秦氏に関係の深い北野廃寺との間に通じていたのではないかとする考え方を提示した（片平博文「山背の古道を地名から探る―広隆寺を通過する『斜めの道』の存在」）。そこではまた、松尾社と現在の白梅町付近に比定される北野廃寺とのちょうど中間点に広隆寺が位置していることも、飛鳥時代の尺度を用いて計測を行った。さらに、上でみた斜行道路の痕跡とその延長線上となるラインが走る方向には、近江国の「日枝の山」と葛野郡の「松尾」とにあって、「鳴鏑を用つ神」（『古事記』）である二ケ所の大山咋神《おおやまくいのかみ》の鎮座地が位置していることなどを指摘した。

条里の復原と場所比定された地名から導かれる成果の一つとして、本節と合わせ参照していただければ幸いである。

地名の分析を手がかりに得られる過去の事実は、計り知れないほど広範に及び、また多様でもある。

四、「記紀」『万葉集』にみる山城

糸井通浩

本節では、奈良時代の歴史・地誌資料や文学書（歌集）などに登場する「山城国」の地名を検証することによって、平安時代以前の山城地区がどのような土地柄であったか、どのような関心をもって捉えられていた土地であったか、を確かめてみたい。

1．平安京以前の記録文献

六世紀、日本でも中国から伝来した漢字を用いて歴史が記録されるようになるが、王権は大和地方に確立していて、漢字を用いての記録は、大和を中心とする「ものごと」であり、また中央の大和王権と国内外の各地方との関係のことが主な内容であった。その現存する主な歴史的文献は、『古事記』『日本書紀』『続日本紀』、そして『万葉集』、各地の『風土記』ということになろう。

これらの文献に、平安京以前の山代、あるいは山背の国（以下、「山背（国）」とする）が登場することは、意外に少ないと言うべきであろう。山城地域は、政《まつりごと》において大和王権と関わることが薄く、専ら東国や日本海側地域、およびそこを介しての大陸（韓半島・中国大陸）との交流の通過点として無視できない土地というに過ぎない地域であったからである。

国名「やましろ」を、当初「やましろ」の語源を反映して「山代」と表記した。「代」は「田代」「苗代」などの「代」に通ずる。「やましろ」の枕詞「つぎねふ」もそのことを証している。のちに「山背」と書くようになるが、「山代」「山背」いずれの表記も、王権をなす大和が「やましろ」をどういう土地と見ていたかを暗示しているように思われる。特に南山城地区は、大和にとって木材を供給してくれる裏山的存在であった。『万葉集』の歌に、「やましろ」を「開木代」（巻七・一二八六）と表記する歌があり、また「泉の杣《そま》」（巻一一・二六四五）「真木積む泉の川」（巻一一・二四三二）や「和束杣山」（巻三・四七六）が詠まれている。「記紀」の歌謡では「やましろ」の枕詞「つぎねふ（や）」が多く用いられているが、『万葉集』では一首のみで「つぎねふ山背道を」（巻一三・三三一四）と用いられ、原文では「次嶺経」と表記する。

また、数点の木簡に「山背御薗」とあり、現在河内国石川郡の山代（郷）のものと判断されている。しかし、この「御薗」が南山城にあったものである可能性があるとすると、南山城は大和にとって裏庭的存在でもあった。八幡地区に奈羅《なら》御薗があったことも考え合わされる。南山城地区に限ると、恭仁京《くにきょう》を始め、奈良時代以前にも比較的よく登場してくるのである。

『京都の歴史』（京都市編）第一巻に『万葉集』に納められた山背の歌について「『万葉集』における山代なり山背なりに関係する地名を求めるとき、その数五四に及ぶことが知られている。しかしそのうち現在の京都市域に直接にかかわるものは、山科にかかわる四と、伏見に関する一にすぎない」と述べる。ただし、「大江山」（巻一二・三〇七一）は老ノ坂の山で、現在西京区に属している。

2、『古事記』の山城地名

『古事記』（上中下の三巻）は、和銅五年（七一二）に完成。天武天皇の命により稗田阿礼《ひえだのあれ》が暗唱したものを太安万侶《おおのやすまろ》が撰録した歴史書。現存最古の歴史書。ここでは岩波書店の日本古典文学大系本による。地名「やましろ」は「山代」と表記されている。

（1）上巻は、神統譜や神話を叙述した巻である。「葛野《かどの》の松尾」が、大山咋神《おおやまくいのかみ》の鎮座地の一つとして登場する。松尾神社の神である。また大年神《おおとしのかみ》の子として「白日神」を挙げるが、『古事記伝』は「白日」は「向日」の誤りとし、乙訓郡向神社の祭神と見ている。

（2）中巻は、神武天皇から応神天皇までの巻で、英雄伝承などが記述されている。「開化記」に、開化天皇と旦波《たにわの》大県主由碁理《おおあがたぬしゆごり》の女竹野比売《たかのひめ》の間に生まれた子の一人比古由牟須美命《ひこゆむすびのみこと》の子として「大筒木垂根王《おほつつきたるねおう》」を掲げる。「筒木《つつき》」は綴喜（郡）のことと見られる。また、「山代之大筒木真若王《やましろのおほつつきまわかおう》」の名も見える。さらに開化天皇の子の日子坐王《ひこいますおう》が「山代の荏名津比売《えなつひめ》、亦の名は苅幡戸辨《かりはたとべ》」を娶って子をなしたとする。「荏名津」は今の江津（京田辺市三山木）、「苅幡」は今の綺田《かばた》（蟹幡郷・木津川市山城町）に比定される（吉田・糸井・綱本編『京都地名語源辞典』）。旧丹波国と大和の王権との交流に南山城地区も深く関わっていたことを思わせる系譜伝承である。

「崇神記」の、いわゆる四道将軍派遣の項には、高志国に派遣された大毘古命が、山代国の建波邇安《たけはにやす》王の反逆を鎮圧したという伝承が語られていて、南山城の地名がいくつか出てくる。反逆の予言の歌を少女が謳《うた》った「山代の幣羅《へら》坂」（『紀』では「和珥《わに》坂」あるいは「山背平坂」）、「和訶羅《わから》河」（泉川・木津川の旧名）、「伊杼美《いどみ》」（泉、水泉郷のこと)、「波布理曽能《はふりその》」(相楽郡祝園)などが見られ、後の二つについては地名起源譚になっている。
「垂仁記」の皇統譜に、「大筒木垂根王」の女・迦具夜比売命《かぐやひめのみこと》を召したこと、「山代の大国の淵の女・苅羽田刀辨《かりはたとべ》」を娶ったことを挙げる。「苅羽田」を先の「苅幡」と同じと見て「綺田」(山城町)に比定される。しかし、「大国」の方は『和名抄』の宇治郡大国郷と思われるが、それでは「綺田」とは土地が合わない。存疑の課題であろう。

垂仁帝は、丹波国から美知能宇斯王《みちのうしおう》の女達「四柱」を召す。うち比婆須比売命《ひばすひめのみこと》は后にするが、円野比売《まとのひめ》だけは姿醜きことを理由に丹波に返される。恥じた比売は深い淵に身を投げて自害するという伝承のゆかりの地として「相楽」「弟国(乙訓)」を挙げる。これらはともに地名起源譚になっている。

倭建命の系譜(「景行記」)に、妃の一人として「山代の玖玖麻毛理比売《くくまもりひめ》」がいる。「玖玖麻」を地名とみて「栗隈《くりくま》」(宇治市)の古名とする説(本居宣長『古事記伝』)がある。

「応神記」には、「宇遅《うじ》」(宇治)を舞台とする伝承が語られ、まず御子に宇遅能和紀郎子《うじのわきいらつこ》が取り上げられ、兄弟の大山守命や大雀命《おおさざぎのみこと》(後の仁徳天皇)らとの皇位継承争いの伝承が語られる。なお、応神帝の御子に宇遅之若郎女《うじのわかいらつめ》もいる。何よりも、応神帝が近江国に行く途中「宇遅野」に立って「葛野」を詠んだ歌謡が注目される。

千葉の葛野を見れば百千足る家庭も見ゆ国の秀も見ゆ

「葛野《かどの》」は万葉仮名で「加豆怒」と表記されている。もと「かづの」であったことを示す。「かどの」はのちの変化形ということになる。栗隈郷から宇治郷へと越える高台から京盆地を見遣っての国見・国誉めの民謡であったと思われるが、「葛野」はかなり広域を指して言ったものであろう。この後応神天皇は「木幡《こはた》村」に至り、宮主矢河枝比売を見初め、宇遅能和紀郎子を生むと語る。大山守命の反逆の項では、「宇治の渡り」や「訶和羅《かわら》(の前)」などの地名が語られる。特に後者は地名起源譚になっている。「訶和羅」(「崇神紀」では「伽和羅」)は、綴喜郡甲作《かわらつくり(?よろいつくり)》郷のことで、今の京田辺市河原が遺称地とされるが、「かわら」と「かはら」、歴史的仮名遣いを異にすることに注意が必要である。

（3）下巻は、仁徳天皇から、推古天皇までの巻で、仁賢天皇以降は、系譜的記述にとどまっている。「仁徳記」には、仁徳天皇が新しい愛人八《や》田若郎女《たのわかいらつめ》にうつつを抜かしていることを知った大后石之日売《いわのひめ》命が恨み怒りて難波宮によらず大和に帰ってしまうという伝承を語るが、帰路は「（つぎねふや）山代川」を遡るコースを取っている。「山代川」は淀川も含めた今の木津川のことである。大和から引き返してきて「筒木」（綴喜）の韓人（奴理能美《ぬりのみ》）の家に立ち寄ったという。

「安康記」では、市辺之忍歯《おしわ》王が近江で殺されたことを知って、その子等、意祁《おけ》王・袁祁《おけ(をけ)》王の兄弟が逃げる途中「山代の苅羽井《かりはゐ》」に来たとき「粮《かれひ》」（食料）を奪われたことを語る。「苅羽井」は「樺井《かばい》」（城陽市水主）と見る説が有力で、渡しがあり、「樺井渡瀬」と言われた。水主《みぬし》神社の境内には樺井月神社がある。意祁・袁祁の王子兄弟は、播磨の国まで逃れていくが、この伝承は『日本書紀』に詳しい。

『古事記』が、神代の巻を重視し、神話や皇統譜、伝承説話的な記事が多いのに対して『日本書紀』は「政《まつりごと》」の記録的記述や朝鮮半島との交流史に重きを置いている。

3、『日本書紀』の山城地名

『日本書紀』（『日本紀』とも）は、勅撰の六国史の最初になった歴史書。三〇巻。養老四年（七二〇）、舎人《とねり》親王、太安万侶《おおのやすまろ》らによって成立。神代二巻に続いて神武天皇から持統天皇までの歴代の天皇紀を編年体で記述している。

地名「やましろ」は「山背」と表記する。『古事記』の意祁・袁祁の王子兄弟の伝承までは、重なる事項や山背地名も多い。以下では、重なる地名については、事項の紹介にとどめ割愛することにする。

（1）**神武紀**　神武二年、功賞として県主を定めたが、その一つとして「葛野主殿県主部《かづののとのもりのあがたぬしら》」がある。神武を大和へと道案内した頭八咫烏《やたのからす》の苗裔としてである。「県」は大和王権が四、五世紀に直轄地に設定した行政上の単位と言われる。葛野県と栗隈県（仁徳紀）とがあり、賀茂（鴨）県、宇治県（神社）も見られる。

（2）**崇神紀**　四道将軍として派遣される大彦命《おおひこのみこと》が山背で武埴安彦《たけはにやすひこ》の反逆を鎮圧した伝承が詳しい。「輪韓《わから》河」（木津川の古名）「羽振苑《はふりその》」（祝園）など『古事記』と表記を異にするが、登場する地名はほぼ重なる。和邇《わに》坂については「和珥《わに》の武鐰坂《たけすきのさか》」とある。

垂仁紀　天日槍《あまのひほこ》が「宇遅河」を遡って近江国吾名邑《むら》へ行ったとある。丹波の五女の末娘「竹野媛」が葛野で自害したという伝承、「弟国」（乙訓）地名起源譚が続く。また、垂仁帝が「綺《かにはた》戸辺」、「苅幡《かりはた》戸辺」を娶《め》した伝承を記す。

仲哀紀　越国の、白鳥を送る使いが「菟道《うぢ》河」のほとりに宿ったとする。

神功紀　武内宿禰等が「菟道」に至りて河の北に駐屯し、そこで唱った歌謡の冒頭に「彼方《をちかた》のあらら松原、松原に……」とある。「彼方」を、単に遠方の意味に採る解が一般的かもしれないが、宇治大橋の北側の地名「彼方《おちかた》」（後、「乙方」）と見ることも可能か。式内社「彼方神社」も存在する。地名「彼方」の意味も勿論「遠方」の意であるが、大和から見て宇治川の向こう岸の土地であることによる命名であろう。

応神紀　帝が近江へ行く途次、宇治の「菟道野」で詠んだ歌謡「千葉の葛野……」を記している。

仁徳紀　御子の「菟道稚郎子」のこと、大山守皇子との諍《あらそ》い譚が語られ、「記」では「訶和羅」が「仁徳紀」では

「考羅済（かわらのわたり）」（京田辺市河原か）と表記されている。「山背の栗隈県」に「大溝《おおうなて》」が掘り開かれて田を潤したとある。今の「古川」がその遺構と見られている。なお、推古紀一五年条にも「栗隈」に大溝を掘ったとある。皇后磐之媛《いわのひめ》命が怒って大和へ帰ったという歌謡物語は『古事記』に同じ。「筒城《つつき》岡」「筒城宮」にも触れている。

（3）**雄略紀**　秦酒公が登場し、天皇から秦の民の統括を許され、庸調の絹縑《きぬかとり》を沢山に奉納したことによって、姓「禹豆麻佐」（太秦）を賜ったという地名起源譚も語られている。また、日常の御膳を盛る器を献上せよとの詔を受けて、土師連らが、贄土師部を設けたが、そのうちに山背国では、「内《うち》村」「俯見《ふしみ》村」が見える。前者の「内」は綴喜郡有智郷と見られる。「宇治」とする説もあるが、清濁の違いは無視できない。「俯見」（伏見）は紀伊郡の地名であろう。「村」とあることに注意（『和名抄』に郷名としては見えない）。

顕宗紀　阿閉臣事代《あへのおみことしろ》が任那《みまな》に使わされたとき、壱岐の月神（式内社月読神社の祭神）の「民地《かきところ》をもて我が月神に奉れ」という託宣を受けた。帰国後、帝に報告すると、「歌荒樔田《うたあらすだ》」を奉ることになった。分注に「歌荒樔田は、山背国の葛野郡にあり」とある。松尾神社の南側に式内社葛野坐月読神社がある。「歌」は旧葛野郡宇太村の「宇太」に当たる。「荒樔田」については諸説あるが、地名であるという確たる根拠はない。桂川沿いの土地に想定する説があり、また松尾神社背後にある「嵐山」の「あらし」の語源に取り上げられることがあるが、かなり無理があろう。

（4）**継体紀**　継体元年に樟葉《くずは》宮に入り、五年に都を「山背の筒城」に遷し、一二年には「弟国」に遷して、二〇年にやっと大和の磐余《いわれ》に宮を遷すことができる。

欽明紀　帝、夢の告で「山背国の紀郡の深草里」の秦大津父を探し出す。稲荷山の麓周辺に移住した秦氏の存在を物語る。先の応神紀一四年条に弓月君が韓国の「人夫百二十県」を引き連れて渡来したという記事がある。五世紀頃とみられている。秦氏の渡来も同時期であろう。「欽明紀」三一年条、および「敏達紀」元年条には、「相楽の館」で高麗の使者を饗応したと記す。

推古紀　秦造河勝《かわかつ》、皇太子（聖徳）から仏像を譲り受けて「蜂岡寺」（後、広隆寺）を建立する。三一年条にも新羅と任那の使者が献上した仏像を「葛野の秦寺」に納めたとある。秦寺は広隆寺のこと。

皇極紀　蘇我入鹿に追われる山背大兄王、「深草屯倉《みやけ》」に移ることを勧められるが、斑鳩寺に籠もり、そこで自害する。

孝徳紀　帝、間人皇后、皇太子と別れて「山碕《やまさき》」（乙訓郡大山崎）に宮を造る。

天智紀　七年条の皇統譜を見ると、忍海造小龍の女色夫古娘や「栗隈」首徳萬《おびとくま》の女黒媛娘等が生んだ子の名に山城地名のついた子ばかりであることが注目される。「大兄皇女」「川嶋皇子」「泉皇女」「水主皇女」等である。

天武紀　元年条に「菟道の守橋者に命じて」とあり、宇治橋の橋守の存在がわかる。八年、帝は藤原内大臣（鎌足）らをつれて「山科野」で猟をしている。

以下に持統紀の終わりまで、山城国に関わるめぼしい記事は見られない。また、人名についている山城地名やすでに触れた地名についてては省略しているものが多い。

4、『山城国風土記』逸文の山城地名

逸文では、『山城国風土記』に言うとして旧風土記の原文を引用するものが多いと思われる。旧風土記自体は現在残っていないが、残っていれば『山背国風土記』と表記されていたであろう。「記紀」が中央の都で撰述されたものであるのに対して、「風土記」は各地方で編纂されたものである。それだけに地元の情報をより詳しく知ることがで

きる点で貴重である。（参考）（存疑）とされるものも含めて、『山城国風土記』逸文に見られる山城地名を取り上げてみる。各逸文名および本文は、岩波書店の日本古典文学大系によって、地名を中心に取り上げる。

賀茂社　「可茂社」の祭神伝承を伝えている。賀茂建角身命《たけつぬみのみこと》が大和の葛城から「山代国の岡田の賀茂」に至り、そこから「山代河」を下って「葛野河」と「賀茂河」との合流点から賀茂河を遡って、「石川の瀬見の小川」に至り、さらにその川を遡って「久我国」（賀茂川上流の古地名、「国」の呼称が注目される）の北の山本に鎮座したという。そこでの丹塗矢《にぬりや》の神婚神話が語られ、上賀茂神社の祭神「可茂別雷《いかづち》命」の誕生を語る。丹塗矢は「乙訓郡」の社の神だという。賀茂建角身命ら三柱は「蓼倉《たでくら》里」の「三井社」に鎮座するという。

賀茂乗馬　「賀茂県主」とある。賀茂県が存在したのである。

三井社　式内社三井神社に比定される。元「三身《みみ》社」と言ったとする。三柱の神で「三」とするが、三津、三坂、三井などの例から、「三《み》」は「御《み》」であったかもしれない。

木幡社　「宇治郡木幡社」、式内社に許波多神社がある。

水渡社　「久世郡水渡社」、式内社に水度神社三座がある。

南郡社　「雙栗《なみくり》社」、風土記に「南郡《なみくに》社」とあるとする。「南郡」は「なみくり」の訛伝か。さらに「里は竝栗と号す」とある。『和名抄』の郷名に「殖栗」があり、高山寺本では「名栗」と訓注がある。式内社に雙栗神社三座とあり、『延喜式神名帳』（九条本）では「ナクリ」と傍注を付す（池辺彌『倭名類聚抄地名考證』による）。ちなみに名古屋市博物館本『和名抄』では「エクリ」と傍注をつけている。久御山町佐山に「双栗神社」があり、「さくり」と読む。「新訂増補国史大系」本の延喜式では「サクリ」（九条本）としている。

可勢社　「岡田国神の社」は式内社、「風土記」に「相楽郡内」の「久江里」にあり、とする。「久江」は木津川市鹿背山付近の古称と言う。

伊勢田社　「伊勢田社」とある。『延喜式神名帳』にも伊勢田神社三座とある。

荒海社　「荒海社」とある。『延喜式神名帳』には「荒見神社」があり、久御山町田井の荒見神社、または城陽市富野荒見田の荒見神社が比定されている。「荒海」「荒見」は異表記の関係であろう。

宇治　応神天皇の御子宇治若郎子が「桐原の日桁の宮」を造ったことから、その地を「宇治」と号したと述べ、「本の名は許之国」と言ったとする。地名「宇治」の由来はともかく、古称は「この国」だったという指摘は、「国」を称しているなどとともに注目される。宇治川北岸（右岸）一帯を指したのであろう。その西部は木幡に当たる。

鳥部里　「南鳥部里」とある。『和名抄』の郷名に「鳥戸」（愛宕郡）がある。

伊奈利社　この逸文は『延喜式神名帳』頭注にあるもので、「伊禰奈利」から社名「いなり（伊奈利）」（平安以降「稲荷」と表記）が生まれたとする。しかし、「伊禰奈利」については、「頭注」の本文校訂に問題があるという指摘がある。

桂里　「桂里」の由来譚である。『和名抄』の郷名にはない。月読神社との関係を物語っている。「桂」と「葛《かつら》」「葛野《かどの》」との関係については存疑。

5、『万葉集』にみる山城地名

『万葉集』二〇巻、現存の形にまとめ上げた編者は大伴家持と考えられていて、納められている歌は、仁徳天皇の歌など歌謡的な歌を始め、家持の天平宝字三年（七五九）に至る約四、五〇〇首を収録する。大和朝廷を中心に大和地方に生きた人々の歌がほとんどであるが、東歌や防人歌など地方の人々の歌もあり、関わる地名も広域にわたっている。

しかし、山城国については、冒頭に述べたように、隣国ながら大和国に比べて格段に少なく、しかも多くの歌が南山城地区に集中している。国府も当初は、木津川北岸の山城町あたりにあったとも推定されるが、「やましろ」という国名自体も大和との関係において木材供給地としての南山城を意識した命名であったかもしれない。

この節にとって、芳賀紀雄『万葉の歌—人と風土7 京都』（保育社）は学ぶところの多い書で、以下の記述においても大いに参考にさせていただいた。

（1）地名と風物　『万葉集』の地名は、題詞・詞書あるいは左注にも見られるが、なんと言っても和歌に詠み込まれているものが多い。ただし、どこで詠まれたか、どこのことを詠んでいるかが詞書等で分かってもその地名が必ず歌に詠まれているとは限らない。ここでは両者に気を配りながら、『万葉集』に取り上げられた山城の地名を整理してみたい。

特に和歌においては、「記紀」などと異なって、同じ地名が取り上げられても、その地の自然・風土や風物に注目することが多い。地名研究にとっても土地柄を知る手がかりになる。

例えば「宇治（宇遅・菟道）」の場合、「宇治川」「宇治の渡り」「宇治の宮処・宮所」が取り上げられ、宇治川についても、「網代（木・人）」「速き瀬」「舟」「菅藻」「旅行く人」などが詠み込まれている。しかし、『万葉集』に日本最古の大橋（大化二年架橋・宇治橋断碑による）の「宇治橋」が詠まれていないのが注目される。もっとも「宇治川は淀瀬なからし網代人舟呼ばふ声をちこち聞こゆ」（巻七・一一三五）など、宇治川渡河に「舟」は後々までも活用されたのである。

（2）都と各地方を結ぶ街道

大和に拠点を置く王権・朝廷が全国支配を固めていく上で、地方との交流を密にする各地と結ぶ街道の整備は重要で早くから着手されていた。その点、南山城の地は、大和から諸地方へと赴くとき必ず通過する交通の要衝であった。平城京（大和）の北面の奈良山を越えた後、山背を通過していく道を「山背道」（巻一三・三三二四）と言った。「山背道」には、まず泉川を東へと遡上して、岡田駅を活用し伊賀を越え東海道を目指す道がある。

恭仁《くに》京は泉川を取り込んで京域をなしていた。「久邇《くに》の都」（巻一七・三九〇七他）、「三香原布当《ふたぎ》の野辺」（巻六・一〇五二）では瓶原《みかのはら》（「みか」は「水処（みか）」の意か）を詠み、「布当」は恭仁京のあった土地の名のようで、「布当の宮」、「布当の原」、「布当山」（「鹿背山」の別名とみる説や「鷲峰山系の山々」とみる説などがある）などとも詠まれている。後にイ音便化して「ふたい（ゐ）」とも。「ふたぎ」の語源を、「二滝《ふたぎ》」とみる説や「二処《ふたぎ》（城《き》）」とみる説などがあるが、確定できない。「狛山」（巻六・一〇五八）もある。なお催馬楽に「山背の狛のわたり」の瓜作りが詠まれている。「狛（こま）」は渡来人の高麗人の居住地であったことからついた名であろう。また、「和束《わつか》山」「和束杣《そま》山」（巻三・四七五、四七六）、「活道《いくぢ》山」「活道の道」（巻三・四七八、四七九）などもある。

幹線としては、泉川（木津川）の右岸を北上する道と左岸を北上する道と二つがあった。人の往来ばかりでなく、木材を始めとする物資の輸送には、水運によるのが効率的で、その点泉川は重要な役目を果たしていた。「記紀」に見える「山代（山背）川」の名称は、『万葉集』には見られない。「鴨川」（巻一一・二四三一）があるが、相楽郡賀茂郷あたりの古称であろう。なお、催馬楽に「沢田川」の曲があり、「沢田川……浅けれど恭仁の宮人高橋渡す……」とある。泉川の別称か、泉川の支流の名か、意見が分かれている。

（3）旧山陰道・旧山陽道の地名

平城京から渋谷《しぶたに》越え、あるいは歌姫越えをして北上する左岸を行く道は、旧丹波道（旧山陰道）、旧山陽道であった。「相楽山」（巻三・四八一、挽歌）は相楽郷の山（木津川市木津町相楽）という。「咋山」（巻九・一七〇八）は今の飯岡に比定される地で、元の式内社咋岡神社と言われる神社もある。「春草を馬咋山ゆ越え来なる……」と詠まれているため、古くは「馬咋山」を歌枕と捉えていた。「咋《くひ》」が掛詞になっている。「入野」（巻七・一二七二ほか）を式内社入野神社（西京区大原野）に由来する地名と見られているが、普通名詞とみる説もある。「大江山」（巻一二・三〇七一）は先にも触れたが、丹波道の今の「老ノ坂」あたりの山で、乙訓郡大江郷に因む名である。

（4）旧北陸道の地名　街道に沿って通過していく要所要所の地名を文章に織り込んだり歌に詠み込んだりする技法を「道行き」という。その代表的な歌の一つに、巻一三・三二三六の歌がある。奈良山を越えて「山背」の国に入り、「筒木の原」「宇治の渡り」「岡屋の阿後尼《あごね》の原」そして「山科の石田の社」で幣を手向けて逢坂山を越えて、近江へ行く旅を詠んだ長歌と分かる。木津川の右岸を北上していく旧北陸道であるが、しかし「筒木の原」は左岸のはずである。つまり、旧北陸道には、綴喜郡山本郷あたり（山本駅が置かれていた）までは左岸を北上し、山本郷あたりで木津川を東へと渡河して、右岸の旧北陸道と合流するルートもあったようだ。

「泉の里」（巻四・六六九）で渡河して泉川の右岸を行く旧北陸道では、「棚倉の野」（題詞・巻一九・四二五七、木津川市山城町に比定されるが、異説もある）、「可爾波《かには》の田居」（巻二〇・四四五六、山城町綺田と推定されるか）、「高（の槻村）」（巻三・二七七、井手町多賀）があり、「久世（の若子）」（巻一一・二三六二）「久世の社」（巻七・一二八六）などの「久世」は久世郷であろう。「鷺坂」（巻九・一七〇七）、「鷺坂山」（巻九・一六八七他）、「名木川にして作る歌」（題詞）が「名木の川辺」（巻九・一六九六）などを詠んだ五首がある。ただし、「杏人の浜」（巻九・一六八九）の遺称地は不明で、「杏人」の訓みも、「からびと」「からもも」「ももさね」の諸説があるが、未詳。「名木川」

とは、久世郡那紀《なき》郷を流れることに由来する。「なき（那紀）」は、「奈葵園」（延喜式）があったことから「水葱（なぎ）」の生産地であったことに由来するとみる説がある。そして「宇治」、先にも触れたが、「宇治の宮処」（巻一・七）と言われるほど重要視された土地であった。「今木の嶺」（巻九・一七九五）は、朝日山（宇治市宇治）かとも言われるが、不詳。「山吹の瀬」（巻九・一七〇〇）は宇治川の瀬であるが、地名かどうか不詳。「巨椋の入江」（巻九・一六九九）、宇治川右岸では、「彼方《をちかた》」（巻一一・二六八三）、「山科の木幡の山」（巻一一・二四二五）など「木幡」が数例あり、山科地区では、「石田《いはた》の社」（巻九・一七三一他）、「石田の小野のははそ原」（巻九・一七三〇）がある。

（5）その他　なお、題詞に「賀茂神社を拝み奉る時」と記述する、大伴坂上郎女が天平九年に詠んだ歌（巻六・一〇一七）がある。また、天智天皇の御陵を詠んだ、額田王の歌に「山科の鏡の山」（巻二・一五五）とある。

奈良時代の主要な文献に登場する山城国の地名を見てきたが、総じて大和にあった王権（大和王朝）との関わりで登場する地名であり、多くが山城国の南部との関わりに集中していたと言えよう。その点「逸文」ながら、山城国の「風土記」の記事には注目すべき地名の記録が存在しているのである。

古代に記録されている地名を調べるには、以上の他に「正倉院文書」や『寧楽《なら》遺文』『続日本紀』『日本後紀』『類聚国史』『新撰姓氏録』「本朝月令」（「秦氏本系帳」などを引用）などを用いて、さらに多角的に検証していく必要がある。

五、桓武天皇登場と長岡京造営

中尾秀正

天応元年（七八一）四月、桓武天皇は光仁天皇の譲位により四五歳で第五〇代天皇となった。桓武天皇が登場する奈良時代は、律令体制が整えられ、藤原氏が天皇家と婚姻関係を結んで政治の主導権を握りその勢力を伸ばす中で、反藤原氏の氏族たちと政治の主導権をめぐり争いが繰り返された時代であった。称徳天皇の崩御後、激しい皇位継承争いの中で藤原永手《ながて》・百川《ももかわ》らに支えられて、天智天皇の孫にあたる光仁天皇が即位した。光仁天皇は仏教統制と蝦夷対策に力を注ぎ、桓武天皇の政治改革の先鞭をつけた。

桓武天皇は、まず奈良の平城京からの遷都を決意した。その背景には、天命にかなう新王朝は必ず新都を造営するという古代中国の「天命思想」に影響を受けた天皇の新王朝樹立への強い意識があった。桓武天皇は父・光仁天皇の即位をもって、天武系皇統から天智系皇統へ変わったことを新王朝の創始とみなし、新都の造営を正当化した。そして、遷都により平城京で約七〇年間続いた天武系皇統の政治体制を変革するとともに、政治に大きな影響力をもつ僧侶や寺院を政界から排除して新しい政治環境をつくることを大きな目的とした。もう一つの目的は、流通経済の発展を図ることであった。陸路を使わざるを得なかった平城京の弱点を解消するため、水陸交通の便の良い土地に遷ることにより全国から集まる税物や物資の輸送をスムーズに行うことだった。これらの目的にかなったのが長岡京の地であった。都の東には桂川が流れ、南で宇治川、木津川と合流して淀川となり、瀬戸内海へ注ぐ巨大河川があった。また、新都の周辺には渡来系氏族の本拠地があり、桓武天皇の母・高野新笠《たかののにいがさ》の先祖の土師《はじ》氏（のちの大枝氏）や秦氏一族が住み、新都造営に大きな役割を果たした（井上満郎『桓武天皇と平安京』）。

長岡京は、東西約四・三キロメートル、南北約五・三キロメートルで、平城京や平安京とほぼ同じ規模で、現在の向日市、長岡京市、大山崎町と京都市の一部に広がっていた。京の北側中央にある宮　城《きゅうじょう》（大内裏《だいだいり》）は、天皇の住まいである内裏と官庁街からなり、中央に大極殿と朝堂院がおかれた。京内には、離宮や小規模な役所、貴族の邸宅、都人の住まいのほか、都の公設市場である市《いち》が東西二ケ所に設けられた。淀川など大河川から物資輸送を行う港は、山崎津（現大山崎町）や淀津（現京都市伏見区）などがあった。

1、遷都の経緯

長岡京の遷都が断行されたのは、延暦三年（七八四）一一月一一日であった。桓武天皇が即位して三年半が経っていた。遷都には、平城京に拠点をおく旧勢力をはじめとして大きな抵抗があったが、周到な準備の下で秘密裏に進められ、長岡京遷都が公にされたのは延暦三年五月のことであった。天皇は遷都先の視察のため、藤原小黒麻呂・種継らを山背国乙訓郡長岡村に派遣し、翌月から遷都工事を始めた。難波宮（現大阪市）の建物を解体し、淀川を使って運び、六ケ月間の猛スピードによる工事で遷都が行われた。また、寺院や僧侶に対しては、遷都の前年に太政官符を出し、私的な寺院の新設と移転を全面禁止しており、平城京にあった寺院は長岡京へ移転されることはなかった。

長岡京は、一〇年間にわたり日本の都として栄えたが、桂川などの大洪水や早良親王《さわらしんのう》（桓武天皇の弟）の死による怨霊などから、天皇は長岡京廃都を決意し、延暦一三年（七九四）一〇月二二日に平安京へ都が遷されることとなった。廃都後、都の跡地は徐々に元の田畑に姿を変え、条坊制で区画されていた土地は条里制が一部で再施工された結果、現在の地表には条坊と条里の地割が混在して残っている。

昭和二九年（一九五四）暮れに朝堂院南門（平安宮では会昌門）で始まった長岡京の発掘調査は、今日までに約二二〇〇回に及び、都の規模や構造が明らかにされてきている。

2、遺存地名の探求

長岡京に関する研究は、平安遷都一一〇〇年の時、『平安通史』を執筆した湯本文彦によって本格的に行われ、その成果は『平安通史』、『京華要誌』、『長岡京旧址略考』にまとめられた。湯本は乙訓郡町村会が行う長岡京大極殿址の顕彰の取組みを指導するため委員として長岡京跡を訪れたが、湯本の来訪を前に、地元には顕彰碑を建てる長岡宮大極殿跡の位置探しに情熱を注ぐ人たちがいた。その先頭にたった新神足村《しんこうたり》（現長岡京市）の岡本爺平《おかもとやへい》は、江戸時代の地誌類を調べるとともに、江戸時代中期に伴蒿蹊《ばんこうけい》が書いた「閑田耕筆《かんでんこうひつ》」に「西岡《にしのおか》鶏冠井《かいで》という里の田地の字に大極殿という地名があり、そこから古い瓦が出てくる」という一文を見つけた。岡本は現地に出向き、地面を掘ると古瓦が本当に出てきた。その地が大極殿跡だと確信した岡本は、調査成果を「長岡宮城私考」としてまとめ、来訪した湯本に説明して大極殿跡と認めてもらったのであった（玉城玲子「長岡宮大極殿跡の探究と岡本爺平」）。その用地は湯本の努力により購入され、明治二八年（一八九五）に「長岡宮城大極殿遺址」の石碑が建立されて大極殿公園（今は大極殿北公園と呼ぶ）として保存された。また、湯本の著書には、近傍の字地に御垣本《いかきもと》・御屋敷・宮ノ前・鞠場《まりば》・

射場垣内《いばかきうち》・猪隈院《いのくまいん》・島坂など宮城に縁故ある名称が存在することも記している。ただ、湯本は江戸時代発行の多くの地誌類が長岡京跡を京都市西京区大原野地区に比定する考えを否定し、根拠となった地名を弟国宮の関連地名としたため、長岡京の右京区域については全く触れなかった（中山修一「長岡京の発見」）。その後、長岡京は喜田貞吉や吉田敬市らによって研究が進められた。

ところで、遺存地名の研究を本格的に行ったのは、「長岡京発掘の父」といわれる中山修一であった。中山は長岡京の条坊復原を契機に、文献史料や村絵図、聞取り調査をはじめ、地元の地の利を生かして自ら踏査により現地比定を行った。その後、地名研究は数多く発掘調査の成果をもとに中山の研究を検証する形で行われてきた。ただ、多くの発掘調査が小面積によるため、官衙名など遺構の性格をなかなか断定できず、地名との関連を明らかにすることはむずかしい面がある。一方、発掘調査で出土した墨書土器「長岡」の意義（向日市埋蔵文化財センター『向日市埋蔵文化財調査報告書』）に関する考察が行われている。

中山の地名研究は、昭和二八年（一九五三）に京都大学地理学教室の助手だった吉田敬市から『乙訓郡史』の奈良時代の項の執筆依頼があり、長岡京を解明するために乙訓地域の地名に関心をもったことが発端となった。中山はまず長岡京関係の文献史料の調査から始めた。『続日本紀』や『日本紀略』にある記事を奠都・建物・条坊・廃都関係の体系的に整理し、「長岡京復原のための文献資料」（一九五五）をまとめて「長岡京は幻や計画だけでない」ことを確信したのだった。そして、中山は現地踏査や聞取りとともに、絵図や地図による地籍や地形の調査を精力的に行い、長岡京をはじめ地域史の解明に大きく寄与することとなった。

次に、都城の名となった「長岡」と長岡京関係の主な遺存地名について発掘成果をもとに検討を加えたい。

3、都城の名となった「長岡」

「長岡」の地名は、現在、長岡京市の市名をはじめ、「長岡天満宮」、「長岡天神駅」など長岡京市域で主に使われているが、もともと長岡京市域より北側に位置する現在の向日市や京都市の一部の地域を指していた。これを証明する墨書土器が向日市森本町佃《つくだ》で平成一六年八月に発掘調査で出土した。須恵器の坏蓋の内側に「長罡□」の三文字が書かれていた。「罡」の字は岡の異体字で、藤原宮跡出土の木簡「弟国評鞆罡三」にも同じ「罡」が使われており、当時は「岡」よりも「罡」と書く方が一般的だったことがわかる。この土器は七世紀後半のもので、弥生時代の川跡の窪んだ所に堆積した土中から、同時期の土器片数点とともに出土した。出土地の約二五〇メートル北側の発掘調査では、河川を利用した長岡京時代の港跡とともに飛鳥時代から奈良時代前期までの三五〇本以上の斎串（ヘラ状の祭祀具）が出土した。この結果、墨書土器の出土地周辺には、大規模な祭祀場に関連する施設や識字層の住まいなどがあった可能性が高い。

ところで、「長岡」は、文字どおり長い丘（岡）という意味で、全国各地に「長岡」という地名は多く、人名にも見られる。乙訓地域の人名をみると、文献史料で天平勝宝元年（七四九）一一月三日に乙訓郡羽束里《はづかしのさと》の長岡坂本国麻呂の名が初出する。地名では、『続日本紀』延暦三年（七八四）五月一六日の条に「乙訓郡長岡村」が遷都視察の記事の中で初めて登場し、それ以降、「長岡京」「長岡山陵」「長岡寺」がみえる。この墨書土器の発見によって「長岡村」の地名が長岡京遷都より約一〇〇年前に使用されていたことが明らかになった。また、出土した向日市森本町佃を含む一帯が、一〇世紀前半の『和名類聚抄』に登場する乙訓郡の郷名「長岡郷」の区域内にあった可能性が高くなった。

さて、都城名となった「長岡」は、現在の向日丘陵（長岡丘陵ともいう）に由来するもので、北は嵐山の大堰川（桂川）西岸から向日神社辺りまで伸びる長い丘陵である。歴史地理学者の喜田貞吉は、「長岡京の名は、北方より長く延びて、今の向日町のあたりまで来ておる長々しい丘陵から起こったものであろう」（『帝都』）とした。

都城名には、平城京や平安京のように遷都の思いを込めて新しく命名したものと、長岡京のように地名を冠したものがある。恭仁京《くにきょう》は山背国相楽郡恭仁郷、紫香楽宮《しがらきのみや》は近江国甲賀郡紫香楽村とそれぞれの地名を冠している。ただ、この二つの宮都は、聖武天皇が五年間に点々と都遷した所で、いわば離宮的なものであった。それに対して長岡京は桓武天皇が一大決心によって約七〇年間続いた平城京から遷都したもので、都の名前にも遷都への深い意味を込めていた可能性が高い。

4、宮域内の地名

大極殿

向日市鶏冠井《かいで》町、阪急西向日駅北側に広がる静かな住宅街の中に「朝堂院公園」、さらに北に行くと「史跡長岡宮跡大極殿《だいごくでん》・小安殿公園」がある。この区域は天皇が政務を執り、朝賀や国家的な重要な儀式を行う所であった。中山修一は長岡京復原図作成の中で大極殿の位置を明らかにした。その手掛かりともなった明治六年の鶏冠井村古地図は明治初期の地租改正前のもので、現在の小字名に整理・統合される前の旧小字名を知ることができる貴重な資料だ。

中山は同じ明治六年（一八七三）の上植野《かみうえの》村古地図や江戸時代の寺戸村古絵図などで旧小字名や地籍を調べて地名研究を行った。

大極殿の地名は、鶏冠井村古地図では字「大極天」として残っていたが、明治初期の地租改正で「大極天・祓所・坊の後・牛廻り（南半部）」の旧字名が統合されて新しく小字「祓所」となった。道を隔てて北側にあった「興隆寺・山開・牛廻り（北半部）」は統合されて新しく小字「大極殿」となった。こうして「大極殿」の地名は北側に移動して地名の消失をまぬがれ、長岡宮の存在を示す由緒ある地名は後世へ受け継がれることとなった。

図１　長岡京関係地名（長岡宮城周辺）
①殿長　②射場　③鞠場　④猪隈院　⑤いかき本　⑥荒内　⑦大極殿　⑧島坂　⑨馬立　⑩神内　⑪蔵町　⑫西小路　⑬北小路（国土地理院発行１／25,000京都西南部を元に作成）

大極殿跡の発掘調査は昭和三六年から行われ、規模や範囲が解明されてきた。その結果、本当の大極殿跡は現在の小字で「祓所」と「大極殿」にまたがるが、旧小字では「大極天」「山開」にまたがる狭い区域にあったと判明した。大極殿跡を探すために聞取りした中山は、「山開の一番南の部分を家では大極殿の畑でごんぼを作ろうなどいいますなあ」と地元の古老が「指摘した部分に大極殿は正しく埋もれていた」と当時を振り返っている（中山修一「長岡京の発見」）。

なお、当初に旧字名「山畑」の西北部に建てられた「長岡宮城大極殿遺址」の碑は、発掘成果に基づき本来の旧字名「大極天」であった現在地に移建されている。また、大極殿の南には朝堂院があり、朝参や朝賀などの国家的儀式で親王・諸臣が臨席していたが、現小字は「山畑」、旧小字は「山開・祓所・外山・向畑・山畑」で、由来を示すような地名はみられない。

荒内

向日市鶏冠井町の大極殿跡北方にある小字名である。「荒内《あらうち》」は喜田貞吉によれば荒内裏に由来し、荒れ果てた内裏の意という。内裏は天皇や皇后の住まいであるが、難波宮や平城宮など旧都では大極殿の北側に位置していた。長岡宮でも「荒内」の地名が大極殿跡北方にあることから、従来の都と同様に内裏は大極殿の北側にあったと考えられてきた。

ところで、長岡宮の内裏は大極殿とともに、延暦四年（七八五）正月一日までに完成していたことが文献史料からわかる。また、『続日本紀』延暦八年二月の条に「西宮より遷って東宮に御す」とあり、天皇は西宮（当初の内裏）から四年後に東宮へ移っており、長岡宮の内裏は二ケ所あったと考えられている。

そのうち、東宮（第二次内裏）は、発掘調査によって大極殿東方にあることが明らかにされた。その規模は、一五九メートル四方の築地回廊で囲まれた方形区画（内郭）とこれを一回り大きく囲んだ区画（外郭）があり、内郭に天皇と皇后、女官たちの住まいがあったと推定されている。その範囲は現小字では「御屋敷・東井戸・祓所・荒内」に及ぶが、「荒内」の範囲は旧小字「今開」のみが含まれている。そうなると、「今開」の北側に位置する旧小字「荒内」は範囲外となり、内裏が荒れ果てて荒内裏から「荒内」となったとする直接的な根拠がなくなってきた。

一方、遷都当初に造営された西宮（第一次内裏）はどこにあったのだろうか。有力視されてきた大極殿北方をみると、西から東に広がる大きな開析谷《かいせきだに》があり、第二次内裏の規模（一辺一五九メートル四方）の空間を確保することが立地条件から不可能であり、これまでの発掘調査でも顕著な遺構は確認されていない。もう一つの候補地は、大極殿西方で東宮（第二次内裏）とほぼ対称の位置にあたる向陽小学校周辺区域である。向陽小学校敷地内（向日町南山）で、内裏など特別な施設でしか用いない特殊な構造をもつ複廊の掘立柱回廊跡が発掘された。その規模は後期難波宮内裏と同規模であり、大極殿や朝堂院と同様に後期難波宮の資材を用いてこの地に築造された可能性が指摘されている（國下多美樹『長岡京の歴史考古学研究』）。しかも、当地は大極殿西方の高台にあり、長岡京内はもちろん、淀川や平城京や難波宮など旧都の方向が遠望でき、遷都間もない天皇の住まいに相応しい場所といえる。

殿長

向日市寺戸町にあり、京都西山高校北方で、西の丘ローンテニスクラブから南に殿長《でんちょう》の小字名が残る。この地名は明治初期の地租改正により統合されたもので、江戸時代の寺戸村古絵図では「とのおさ・中溝・脇田・樋ノ上・梅ノ木の西半部」に分かれていた。平安京では、この位置に「長殿《ながとの》」という大蔵省の倉庫群があり、諸国からの貢ぎ物を国別に収納した長倉《ながくら》が建てられていた。殿長の地名はこの長殿が転じたものと注目されてきた。昭和五八年（一九八三）に当地から南約二〇〇メートルの京都西山高校敷地から「大蔵」とみられる築地塀に囲まれた礎石建物跡と合わせて池や石組みの溝が発見された。また周辺でも、国の財政や税に関する仕事を担う民部省の主計寮や主税寮に関

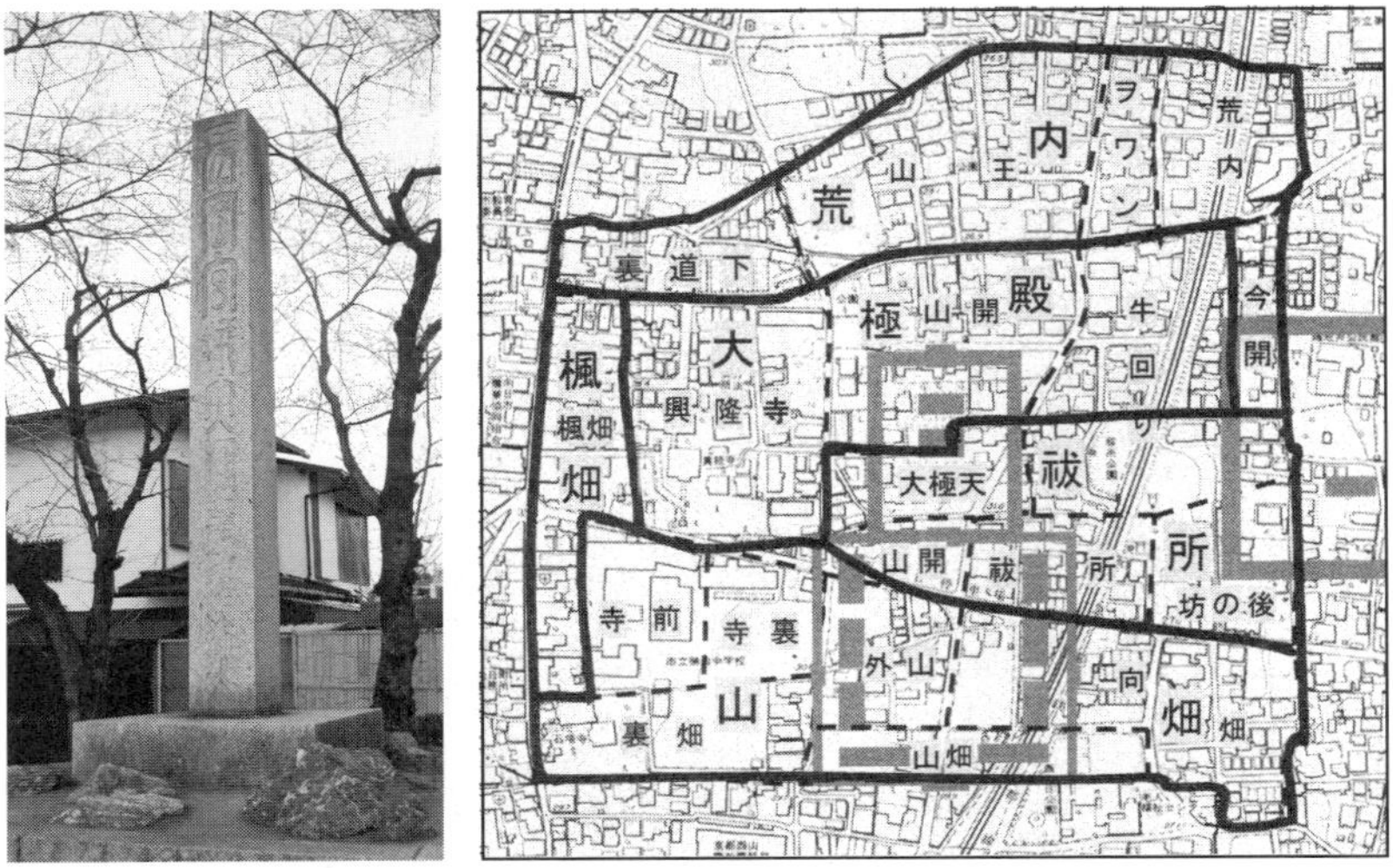

図２　明治６年の鶏冠井村古地図にみる大極殿・荒内の地名（右、筆者作成）　明治６年（1873）以降に地租改正に伴い江戸時代以来の小地名（旧小字）が整理統合されて現小字となる。「大極天」は長岡宮の大極殿があった所を示す地名で、明治初期まで残っていた。大極殿跡には、明治28年に建立された「長岡宮城大極殿遺址」の顕彰碑（左）がある。

わる「主計」や「主税」の墨書土器が発見され、北方の「殿長」にかけて平安京と同様に大蔵・長殿の建物が建ち並んでいた可能性が高くなってきた。

島坂

向日市上植野町御塔道に伝わる地名で、勝山中学校の西にある石塔寺を境に南東一帯が小字「石塔道」である。その西側を西国街道が通り、緩やかな下り坂となり、地元ではこの付近を「島坂《しまさか》」と呼んでいる。島坂の名は紀貫之の『土佐日記』承平四年（九三四）二月一六日条に登場し、「しまさか」でもてなしを受けたと記す。また、明治六年（一八七三）上植野村古地図にも統合前の小字として「嶋坂」の地名が残る。さらに、延暦四年九月に造長岡宮使藤原種継が暗殺された所が「長岡宮嶋町」（『日本霊異記』）とあり、島坂付近と考えられている。この「島坂」の地名は『続日本紀』延暦四年（七八五）三月三日条にある「嶋院《しまのいん》」に由来するものと注目されてきた。

ところが、発掘調査で「嶋院」と書かれた木簡が向日市鶏冠井町草田から出土し、「嶋院」の候補地は二ケ所となった。出土した木簡は、「嶋院」の造営に関わる飛騨匠の飯を請求したものだが、木簡一枚の発見だけでは「嶋院」の所在地を断定できない。先にみた延暦四年の記事によると、「嶋院」では曲水の宴が催されており、院内には自然の山水の景色を写した庭園があり、天皇や貴族たちが盃を浮かばせて和歌を詠む優雅な遊びのできる池や川がある、いわゆる池泉庭園があったと考えられ、豊富な水の調達が必要となる。候補地の一つ「島坂」の地形をみると、向日丘陵南西端の段丘崖下を蛇行しながら旧小畑川が流れ、段丘崖下には「滝ノ下」の地名が残るなど湧水地があった。一方の木簡出土地は、宮南東隅に接する左京三条二坊一町に当り、向日丘陵を東に下りきった地で、昭和四五年（一九七〇）頃まで湧水地があり一面の湿地であった。いずれの場所も池泉庭園を設け易い場所であり、今後の検討が待たれる。なお、嶋院をはじめ長岡京にあった離宮の位置は平城京や平安京に所在した庭園との検討も行われている（國下多美樹前掲書）。

馬立

向日市上植野町の向日町郵便局の南にある小字名である。明治六年上植野村古地図では「上川原」とあり、「馬《うま》立《だて》」は統合後の新しい地名である。平安京では、宮内の南西隅にあたるこの位置に「右馬寮《うめりょう》」という役所があった。「立」は「りょう」とも読み、「寮」を当て字したもので、「馬立」は右馬寮の略ではないかと中山修一が注目した地名である。ただ、周辺での発掘調査では、小畑川の旧流路は確認されているが、長岡京関係の遺構は確認されていない。

射場

向日市寺戸町東野辺の南部、向日市立保健センター付近に明治初期まであった地名で、小字「東野辺」に統合されて消滅した地名として中山が注目した。「射場《いば》」は『日本逸史』延暦一二年（七九三）正月一七日条に「射を停む。射場に怪あるをもつてなり」と記されている。なお、江戸時代の寺戸村古絵図には、「射鶴《いずる》」の地名が推定地より西方約三〇〇メートルの向日市民会館付近（現小字「中ノ段」）にあったが、明治初期の統合により消滅した。

鞠場

向日市寺戸町東ノ段にあった地名で、西国街道と愛宕道の分岐点の東側に位置しており、長岡京時代に蹴鞠を行った場所として中山が注目した。江戸時代の寺戸村古絵図には「東鞠場《まりば》」とあり、明治初期に「東ノ段」に統合された。

いかき本

向日市森本町の最南端の現小字「薮路」の東半部にあった地名で、明治初期の統合以前は小字「いかきもと」で、元和九年（一六二三）の白井村御指出帳では「みかきもと」と記される。中山は「みかきもと」が「御垣本」で、御所の外垣の内側を意味する地名だとした。そして、御所の外垣とは延暦三年一二月の史料にみえる秦足長《はたのあしなが》らが築いた長岡宮城の垣のことで、その東側を東一坊大路（平安京では大宮大路）が通ると考えた。隣接地での発掘調査で宮域の東を画す東一坊大路と西側溝（幅三メートル、深さ〇・三メートル）が発見され、溝の中から「春宮坊」と記された木簡が出土した。春宮坊とは東宮（皇太子）の生活を支えた役所のことで、木簡の年代から安殿皇太子時代のものと判明した。調査の結果、「春宮坊」は東一坊大路の西方つまり宮城の内側にあり、「いかき本」の地名が残る周辺にあったと考えられ、地名との関連が注目される。

5、京域内の地名

猪隈院

『続日本紀』延暦一一年（七九二）一月九日条に、天皇は諸院を巡行し、猪隈院《いのくまいん》にて五位以上のものに射を行わせるという記事がある。中山修一は猪隈とは「井戸のほとり」の意とし、向日市森本町春日井に清水がよく湧く井戸があった泉福寺（現森本町四ノ坪）を猪隈院跡と考えた（『長岡京の史脈』）。その裏付けとして、平安京の猪隈小路（大宮大路と堀川小路の間の南北小路）に相当する長岡京の東二坊坊間西小路が推定地の泉福寺付近を通ることをあげる。また、当地周辺に「猪熊庄」（「田中教忠氏所蔵文書」宝徳二年三月二六日）、「猪鹿里《いのしかのさと》」（久我家文書の久我荘付近の里名指図）など史料に関連地名がみられることにも注目した。なお、「猪隈院」を約七〇〇メートル南に推定する説もある。JR向日町操車場東の鶏冠井町門戸付近での発掘調査において、左京二条二坊五・六・一一・一二町の四町域を占める大規模な離宮跡が確認されている。この離宮の西を通る東二坊坊間西小路が平安京の猪隈小路に相当することから「猪隈院」と推定するが、確たる証拠がないと否定的な見解が示されている（國下多美樹前掲書）。

こうろ

外国の使臣が泊まる施設を鴻臚館《こうろかん》という。鴻臚館の初見は、大同五年（八一〇）に渤海使を平安京の鴻臚館（当初は羅城門の両脇におかれていた）で饗したとする『日本紀略』の記事であるが、長岡京の時代にも外交上必要な施設

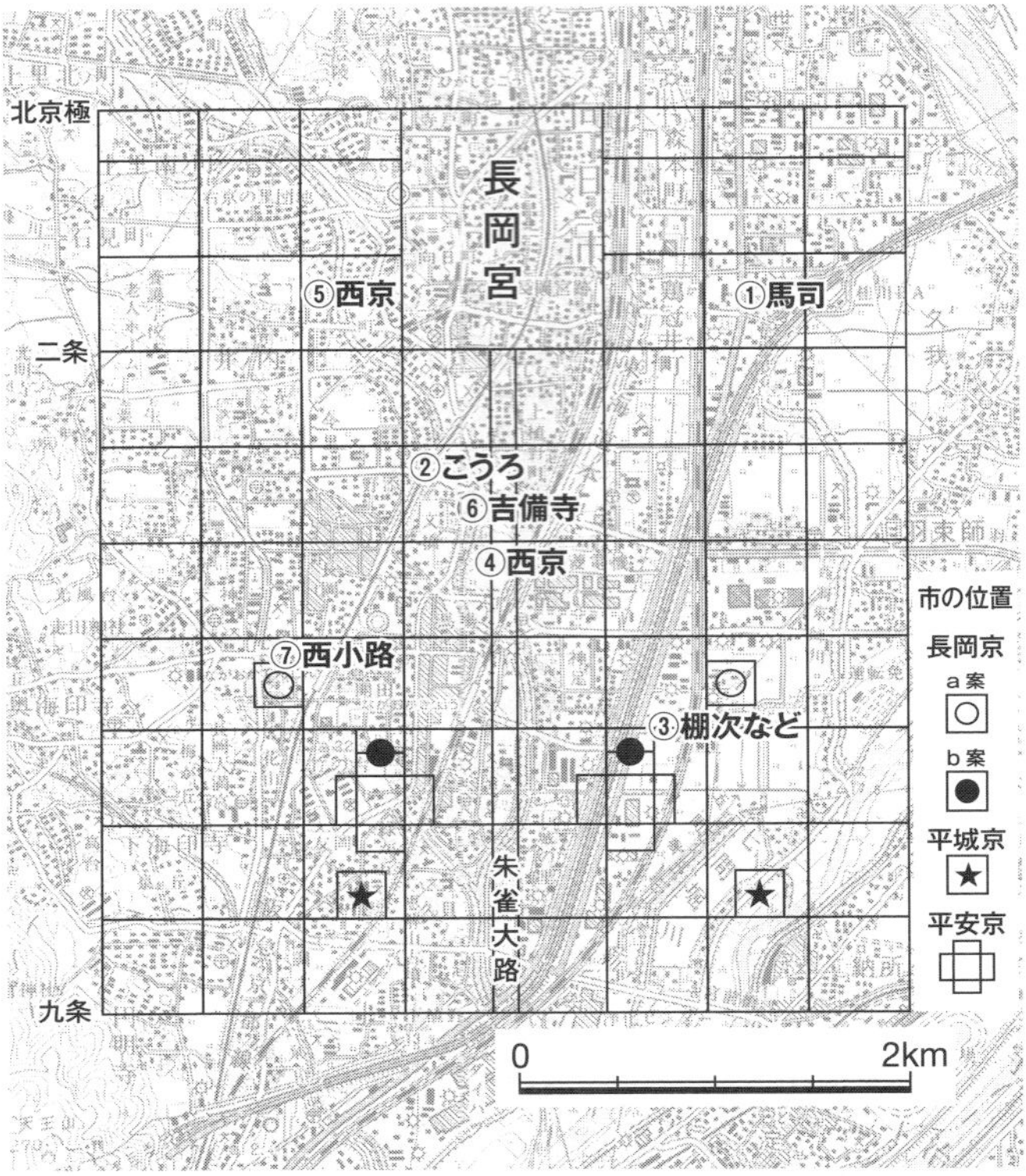

図３　長岡京関係地名（長岡京域）　①馬司　②こうろ　③古市・棚次など東市関係　④西京　⑤西京　⑥吉備寺　⑦西小路

であった。中山は小畑川の両側（長岡京市今里と向日市上植野町）に「こうろ」の地名があり、長岡京時代の鴻臚館跡ではないかと注目した（「長岡京の史脈」）。

「こうろ」地名は、上植野町ではわからないが、今里《いまざと》では現小畑川に近い現在の柴《しば》の里《さと》公園付近（旧今里川原）にあり、長岡京では右京三条二坊付近にあたる。未だ発掘調査で確認されていないが、今後、この付近が候補地の一つとなってくる。なお、地元の柴の里自治会では、「鴻臚館」の再現を町おこしの一つとして、平成二〇年（二〇〇八）に「鴻臚館伝承地」の碑文モニュメントを柴の里公園へ設置するとともに、「鴻

臚の郷《さと》 鴻臚祭り」として夏祭りを行っている。

古市など市関係の地名

都の市《いち》は朱雀大路をはさんで右京と左京にそれぞれ西市《にしいち》・東市《ひがしいち》が設けられ、公設市場として生活に必要な物資の大半が流通・販売されていた。長岡京の市は、『続日本紀』延暦五年（七八六）五月三日条に東西の市人に物を賜うとあり、延暦五年には市がすでに完成していたことがわかる。市の場所は、長岡京では未だ定まっていないが、平城京では東市が左京八条三坊、西市が右京八条二坊にあり、平安京では東西市とも七条二坊に設けられていた。

長岡京では中山は長岡京市神足に残る「古市」の地名や「乙訓郡条里坪付図」（九条家文書九四号）に記載される「たなつき（棚次）」「あやをり（綾織）」「はし元（橋本）」などの字名が市に因むものとして左京六条三坊付近（長岡京市神足棚次付近）を東市の候補地にあげ、西市は朱雀大路をはさんだ対称位置を候補地とした（図3のa案）。

ところが、発掘調査で候補地より南方で市に関係する遺構や遺物が発見され、東西市とも七条二坊付近とする考え方が有力になってきた（図3のb案）。これらの推定地周辺では、「市」の墨書土器や「司」の木簡、銭貨などとともに、工房跡の存在を推定させる遺物も出ている。また、西市推定地周辺では、幅広い溝で囲われた四町域の大規模な施設（右京六条一坊一一〜一四町）も発見されているが、市の場所を確定するまでには至っていない。なお、中山が東市の候補地とした神足棚次周辺での発掘調査では、市に関係する建物跡や土器は少なく、菜園（野菜などを作る畑）とみられる遺構が検出されている（左京六条三坊二〜五町）。「たなつき」「あやをり」などの地名の由来はわからないが、東市との直接的な関係はないようである。

この他に京域内では、鶏冠井町の馬司《うまのつかさ》、上植野町の西小路・北小路・南小路・蔵町《くらのまち》・神内《こうない》・西京《さいきょう》・吉備寺《きびでら》などの地名が注目されている（中山修一「長岡京の史脈」）。

第二章　平安王朝時代

一、平安京への遷都と造都

笹川博司

『日本紀略』によると、延暦一二年（七九三）正月一五日、桓武天皇は、都を遷す目的で、大納言藤原小黒麿《おぐろまろ》・左大弁紀古佐美《こさみ》等を遣わして、山背国《やましろのくに》葛野《かどの》郡《ぐん》宇太《うた》村の地相を調査させた。その六日後には、桓武自身が「東院」と称する離宮（京都府向日市教育委員会、二〇一二年三月三一日発行「歴史探検マップ」三八・三九頁に紹介される「東院公園」〔離宮跡〕が一つの比定地）に遷御し、長岡宮および長岡京解体の準備に入っている。

その後、桓武は繰り返し新宮・新京を巡覧し、延暦一三年（七九四）一〇月二二日、辛酉《かのととり》の日を選び、新京に遷った。「辛酉」は陰陽道でいう革命。天下草創の大事業である遷都に相応しい日次《ひなみ》が選ばれたのである。一一月八日に出された詔《みことのり》には、都が遷った場所は、もはや大和国の背後にある国「山背国」ではなく「山城国」と称すべきこと、子が親を慕うように、高徳の主君のもとに喜び集まった民衆が「平安京」というようになったこと、そして桓武の曾祖父天智の都だった近江京の古津が平安京にとって重要な港（東海、東山、北陸、山陰への湖上交通の起点）として「大津」と改称されたこと、などが宣言されている。

しかし、桓武が新京に遷った延暦一三年の段階で、平安京全体が完成していたわけではない。翌年の正月に「朔。廃朝。大極殿ノ未ダ成ラザルヲ以テ也」（『日本逸史』第四）とある通りである（廃朝とは天皇が政務を執らない事）。

本節では、現在もその名残をとどめる平安京の姿を地名から探りたい。

1、条坊制と大路小路

造都は遷都後に本格化する。

平安京の京域は、『延喜式』巻四二・左右京職「京程」によると、南北一、七五三丈（約五、三一二メートル）東西一、五〇八丈（約四、五七〇メートル）の広さである。

その平安京に大路小路を縦横に通し、区画を決めた。南北は、北辺および一条から九条（南極）まで「条」で表し、東西は、左京・右京それぞれ中央から京極へ、一坊から四坊までの「坊」で示した。そして各条坊は一六町（北辺は八町）に均等区画され、さらに東西四行、南北八門の三二戸主《へぬし》に細分されて宅地の基準とした。いわゆる条坊四行八門制である。

『平安遺文』には「左京七条一坊十五町西一行北四五六七門」（延喜一二年（九一二）の土地売券）などと行政上の地籍の標示が見える。『日本紀略』天徳二年（九五八）四月一四日条の「今夜右京一条二坊千二百七拾八町失火」という火災記事における地点標示も同じである。こうした地点指示の方法は平城京時代の方法に倣ったものであった。

しかし、火災記事などの場合、『権記』寛弘八年（一〇一一）一一月四日「上東門南、陽明門北、帯刀《たちはき》町東、西洞院路西、焼亡」などのように、大路小路の名称を使用し、その南、その北、その東、その西などと標示する方がイメージしやすく、また行幸や行啓その他の道順の記録には、『小右記』天元五年（九八二）五月七日「東（洞）院ノ西路ヨリ北行、三条大道ヨリ更ニ西ニ折レ、大宮大路ヨリ北行、陽明門ヨリ入ル」などのように、大路小路の名称で示すのが便利である。

ところが、平安京遷都後一〇〇年以上経過した延長五年（九二七）に撰述された『延喜式』においても、平安京中央を南北に走り左京と右京を分ける朱雀大路以外、大路小路の具体的な名称が見えない。巻四二・左右京職「京程」に「北極大路」（一条大路）、「南極大路」（九条大路）、「東極大路」（東京極大路）、「宮城東西大路」（大宮大路・西大宮大路）、「宮城南大路」（二条大路）などと見えるに過ぎない。九条家本には「大宮」「東西洞院也」などの注記が見えるが、これらは後に書き込まれた注記であろう。

平安京の構想段階から大路小路の名称が決められていたわけではない。前に挙げた『小右記』天元五年五月七日条の「東（洞）院ノ西路」は「西洞院大路」の、『権記』寛弘八年一一月四日条の「帯刀町」は「油小路」の異称である。平安京で暮らす人々の生活上の要求から、大路小路のさまざまな名称が生まれ、しだいに、それが一つに固定化していくという形で、大路小路の名称が決まっていったらしい。川勝政太郎は「凡そ一条天皇の頃を以て街路名のほゞ出揃つた時としてよからう」（「平安京の街路名と地点指示」『史迹と美術』第一四八号・一九四三年三月）と指摘し、その指摘に対して朧谷寿は「文献に徴してみて妥当な見解であろう」（角田文衛監修『平安京提要』第四章二）と評価する。

固定化された大路小路の名称が一覧できる古い文献として、三善為康《みよしのためやす》（一〇四九〜一一三九）の著した『掌中歴』（『続群書類従』第三二輯上）がある。「一正土北辺　鷹近勘中一条　春炊冷二条　押坊姉三条　角坊錦四条　綾坊高五条　樋坊桃六条　牝坊北七条　塩坊梅八条　針坊信九条」を挙げて「之ヲ横条路ト謂フ」とし、また「朱雀坊美匣大宮猪堀油　西洞町室烏　東洞高万富」を挙げて「之ヲ縦小路ト謂フ」とする。

ただし、この標題が「条路左京」とするように、右京の大路小路の実状はよくわからない。天元五年（九八二）に記された慶滋保胤《よししげのやすたね》『池亭記』（『本朝文粋』巻一二）の「西京《せいけい》は、人家がだんだん疎らになって、ほとんど幽墟に近い。人は、去ることがあっても来ることがない。家屋は、崩壊することがあっても建造されることがない」という西京すなわち右京「衰退」の実態をどう見るかという問題も存在するのである。

以下、天文二三年（一五五四）奥書のある『拾芥抄』（『新訂増補故実叢書』二二）に見える平安京の大路小路の一般的名称について、文献上確認できる初出を挙げ、現在の街路名が確認される文献を対照して一覧表にして示すと、表一、表二のとおりである。

表一　東西道路

平安京街路名	初出文献	現在の街路名	確認文献
一条《いちじょう》大路	『小右記』天元五（九八二）四・二四	一条通	『立入左京亮入道隆佐記』天正九（一五八一）
正親町《おおぎまち》小路	『権記』長保三（一〇〇一）一・一	中立売《なかだちうり》通	『京雀』寛文五（一六六五）
土御門《つちみかど》大路	『御堂関白記』長和元（一〇一二）一〇・二七	上長者町《かみちょうじゃまち》通	『京雀』「今は上長者町通といふ」
鷹司《たかつかさ》小路	『権記』寛弘八（一〇一一）一〇・七	下長者町《しもちょうじゃまち》通	『京羽二重』貞享二（一六八五）
近衛《このえ》大路	『御堂関白記』長保六（一〇〇四）五・一一	出水《でみず》通	『京雀』「今は出水通といふ」
勘解由《かげゆ》小路　※1	『本朝世紀』寛和二（九八五）二・二六	下立売《しもだちうり》通	『京雀』「今は下立売通といふ」
中御門《なかみかど》大路	『西宮記』巻一八（延喜一四（九一四）三）	椹木《さわらぎ》町通	『雍州府志』天和二（一六八二）「今号椹木《サハラキ》町」
春日《かすが》小路	『日本紀略』寛弘元（九八四）七・一八	丸太《まるた》町通	『京雀』「世には丸太町通といふ」
大炊御門《おおいみかど》大路	『日本紀略』長徳四（九九八）三・二八	竹屋町《たけやまち》通	『京雀』「世に竹や町通といふ」

冷泉《れいぜい》小路　※2	『小右記』永観三（九八五）四・二八	夷川《えびすがわ》通	『京雀』「今は夷川通と名つく」
二条《にじょう》大路	『日本紀略』貞元元（九七六）四・二〇	二条通	『享禄以来年代記』寛永一九（一六四二）五
押《おし》小路	『中右記』大治二（一一二七）一二・九	押《おし》小路通	『京雀』「押小路通」
三条坊門《さんじょうぼうもん》小路	『日本紀略』正暦元（九九〇）一〇・四	御池《おいけ》通	『京雀』「御池通と云」
姉《あね》小路	『水左記』承暦四（一〇八〇）八・一七	姉《あねや》小路通	『京雀』「姉小路通」
三条《さんじょう》大路	『類聚三代格』寛平八（八九六）四・一三官符	三条通	『京雀』「三條通」
六角《ろっかく》小路	『御堂関白記』長和六（一〇一七）三・一一	六角《ろっかく》通	『京雀』「六角通」
四条坊門《しじょうぼうもん》小路	『日本紀略』天元四（九八一）七・七	蛸薬師《たこやくし》通	『京雀』「世にたこやくし通といふ」
錦《にしき》小路	『水左記』承保四（一〇七七）閏一二・八	錦《にしき》小路通	『京雀』「錦小路通」
四条《しじょう》大路	『類聚三代格』昌泰四（九〇一）四・五官符	四条通	『京雀』「四條通」
綾《あやの》小路	『中右記』承徳二（一〇九八）九・一六	綾《あやの》小路通	『京雀』「綾小路通」
五条坊門《ごじょうぼうもん》小路	『中右記』寛治六（一〇九二）三・六	仏光寺《ぶつこうじ》通	『雍州府志』「仏光寺通新町西」
高辻《たかつじ》小路	『中右記』寛治六（一〇九二）七・九	高辻《たかつじ》通	『本朝諸社一覧』（続々群書類従 第一）
五条《ごじょう》大路	『権記』長保三（一〇〇一）七・一七	松原通	『百椿集』安楽庵策伝（一五五四-六四二）著
樋口《ひぐち》小路	『中右記』康和五（一一〇三）一・二七	万寿寺《まんじゅじ》通	『京雀』「今は万寿寺通といふ」
六条坊門《ろくじょうぼうもん》小路	『三代実録』貞観元（八五九）一二・二五	五条通	訂正増補版『京町鑑』宝暦十二（一七六二）
楊梅《やまもも》小路	『親信卿記』天承元（一一三一）一二・二	楊梅《ようばい》通	『京雀』「楊梅通」
六条《ろくじょう》大路	『権記』長徳四（九九八）一二・二五	六条通	『京雀』「六條通」

左女牛《さめうし》小路	『権記』長保三（一〇〇一）七・一七	花屋町《はなやちょう》通	『京羽二重』「花や町通と云」
七条坊門《しちじょうぼうもん》小路	『水左記』承暦五（一〇八一）九・一三	正面《しょうめん》通	『京都坊目誌』大正四（一九一五）
北《きた》小路	『春記』天喜二（一〇五四）五・二	北《きた》小路通	『京雀』「北小路通」
七条《しちじょう》大路　※3	『太上法皇御受戒記』寛和二（九八六）三・二一	七条通	『京雀』「七條通」
塩《しお》小路	『中右記』永久二（一一一四）六・二七	木津屋橋《きづやばし》通	『京都坊目誌』「木津屋橋通…古の塩小路」
八条坊門《はちじょうぼうもん》小路	『中右記』承徳元（一〇九七）九・二七	塩《しお》小路通	『京雀』「塩小路通」
梅《うめ》小路　※4	『七仏薬師法現行記』保延五（一一三九）	梅《うめ》小路通	『京雀』「梅が小路通」
八条《はちじょう》大路	『中右記』永長元（一〇九六）一一・二七	八条通	『京雀』「八條通」
針《はりの》小路	『掌中歴』三善為康（一〇四九-一一三九）著	針《はり》小路通	『東寺長者補任』寛永五（一六三四）
九条坊門《くじょうぼうもん》小路	『掌中歴』「九条坊門号唐橋小路」	九条東寺前《とうじまえ》通	文献例なし
信濃《しなの》小路　※5	「京都東九条坪付案」仁平三（一一五三）一二・二六	該当通路なし	
九条《くじょう》大路　※6	『侍中群要』平安中期成立か	九条通	『京雀』「九條通」

※1　『本朝世紀』の表記は「神解小路」。「勘解由小路」という表記の初出は『水左記』承暦五年（一〇八一）七月二五日条。『殿暦』永久五年（一一一七）正月八日「カテノ」とあり、勘解由小路は「かでのこうじ」とも訓まれたらしい。『顕広王記』治承二年（一一七八）一〇月二一日には「雷解小路」、『拾芥抄』中には「雷解由小路」と書かれ、「か（み・む・ん・無）（げ・で）（ゆ・無）（の・無）こうじ」などと呼称に揺れがあったと考えられる。

※2　冷泉小路以北の東西道路は、平安宮によって東と西とで途切れることになるので、西京では「西土御門大路」「西近衛大路」「西中御門大路」のように「西」を冠して呼ぶほか、東京の「正親町」「鷹司」「勘解由」「春日」「大炊御門」「冷泉」に対して、西ではそれぞれ「音町」「筑紫町」「松井」「木蘭」「馬寮（ムマツカサ）大路」「経師町」などの別称があったことが『拾芥抄』西京図で確認できる。

※3　『太上法皇御受戒記』は、円融法皇が東大寺に御幸して受戒した記録で、『大日本史料』第一編二四・二〇三頁に「木辻大路ヨリ出デ南ニ折レ、七条大路ニ到ル」とある。

※4　『続群書類従』第二六輯上・九七頁に「梅小路東洞院第ニ於テ之ヲ修ス」とある。
※5　『平安遺文』第一〇巻・一四二頁に「富小路以西、信濃小路以南」とある。
※6　『続々群書類従』第七・四二頁に「一条大路　上東門大路　陽明門大路　待賢門大路　郁芳門大路　二条大路……九条大路」とある。

表二　南北道路

平安京街路名	初出文献	現在の街路名	確認文献
東京極大路《ひがしきょうごく》	『類聚三代格』昌泰四（九〇一）四・五官符	寺町通	寛文二（一六六二）板本『三好記』
富《とみの》小路	『権記』長保三（一〇〇一）一〇・九	麩屋町《ふやちょう》通	『雍州府志』「在今麩屋町通南」
万里《までの》小路	『権記』長保二（一〇〇〇）七・二〇	柳馬場《やなぎのばんば》通	『京雀』「柳馬場通といふ」
高倉《たかくら》小路	『貞信公記』天暦二（九四八）五・一五	高倉通	『京雀』「高倉通」
東洞院《ひがしのとういん》大路	『日本紀略』正暦元（九九〇）一〇・四	東洞院通	『京雀』「東洞院通」
烏丸《からすま》小路	『権記』寛弘三（一〇〇六）正・一〇	烏丸通	『京雀』「烏丸通」
室町《むろまち》小路	『小右記』天元五（九八二）二・二六	室町通	『京雀』「室町通」
町《まち》小路　※1	『権記』長保四（一〇〇二）九・八	新町通	天正一一（一五四二）六『玄以法印下知状』「一条西洞院通新町西輪事」
西洞院《にしのとういん》大路	『小右記』天元五（九八二）二・二六	西洞院通	
油《あぶらの》小路	『日本紀略』正暦五（九九四）五・一六	油小路通	『京雀』「油小路通」
堀川《ほりかわ》小路	『日本後紀』延暦一八（七九九）六・二三	堀川通	『京雀』「堀川通」
猪熊《いのくま》小路　※2	『左経記』長元元（一〇二八）四・五	猪熊通	『京雀』「猪熊通」
大宮《おおみや》大路	『日本紀略』天元四（九八一）四・七	大宮通	『惟房公記』永禄元（一五五八）五・一九

櫛笥《くしげ》小路　※3	『小右記』長元五（一〇三二）八・二九	櫛笥通	『京雀』「くしげ通」
壬生《みぶ》大路　※4	『中右記』元永元（一一一八）一一・二三	壬生通	『雍州府志』「其西曰壬生ミブ」
坊城《ぼうじょう》小路	『日本紀略』正暦五（九九四）五・一六	坊城通	『雍州府志』「其西曰坊城」
朱雀《すざく》大路	『日本三代実録』貞観一〇（八六八）一二・二二	千本《せんぼん》通	『京雀』「千本通といふ」
西坊城《にしぼうじょう》小路	「沙弥法道田地譲状」弘長三（一二六三）一・一八	六軒町《ろっけんまち》通	訂正増補版『京町鑑』「六軒町通」
皇嘉門《こうかもん》大路	『拾芥抄』天文二三（一五五四）西京図	七本松《しちほんまつ》通	『皇年代略記』寛文九（一六六九）一・二〇
西櫛笥《にしくしげ》小路	『拾芥抄』西京図「西匣」	該当通路なし	
西大宮《にしおおみや》大路	『貞信公記』天慶三（九四〇）三・七	御前《おんまえ》通	『京羽二重』「此すぢおまへ通とも云」
西靭負《ゆげい》小路	『拾芥抄』西京図「西靭負」	天神通・仲町《なかまち》通	文献例なし
西堀川《にしほりかわ》小路	『中右記』天永三（一一一二）八・一三	西土居《どい》通	文献例なし
野寺《のでら》小路	『拾芥抄』西京図「野寺町」	該当通路なし	
道祖《どうそ》大路	『今昔物語集』「道祖《サイ》大路」	佐井《さい》通	文献例なし
宇多《うたの》小路	『拾芥抄』中・京程「宇多小路」	佐井西通	文献例なし
馬代《ばだい》小路	『大内裏図考証』所引古文書弘安七（一二八四）六・一九	馬代《うましろ》通	文献例なし
恵止利《えとり》小路	『拾芥抄』「恵立（止利イ）小路」	西小路通	文献例なし
木辻《きつじ》大路	『太上法皇御受戒記』寛和二（九八六）三・二一	木辻通	文献例なし
菖蒲《あやめ》小路	『拾芥抄』「菖蒲小路」	該当通路なし	
山《やま》小路	『拾芥抄』「山小路」	該当通路なし	

無差《むさの》小路	『拾芥抄』「無武（差イ）小路」	葛野《かどの》大路通	文献例なし
西京極《にしきょうごく》大路	『類聚三代格』貞観一三（八七一）閏八・二八官符	該当通路なし	

※1　『拾芥抄』中・京程「京都小路異名」によれば、「町」は、土御門以北を「町口」、中御門以南を「町尻」という。『権記』長保四年（一〇〇二）九月八日「火事有リ。中御門ヨリ南、町尻小路ヨリ東…東院路ニ及バザルカト云々」、『大鏡』花山院に「そのいゑ土御門町口なれば」（平松本）などと見える。

※2　『拾芥抄』「京都小路異名」によれば、「猪熊」（イノクマ）は、中御門以南を「靫負」（ユキエ〔ユゲヒ〕）、二条以北を「藍園」（アイソノ）、七条ノ坊門以南を「市門」（イチカド）、同「東京図」によれば、七条大路以南を「南市門」という。しかし、『小右記』長和五年（一〇一六）六月二日に「母后（彰子）…上東門大路・靫負小道ヲ経テ、一条院ノ東門ニ到リ給フ」と中御門大路よりさらに北の「上東門大路」（土御門大路）以北を「靫負小路」と記している。『拾芥抄』中の「中御門以南」は「以北」の誤りか。

※3　この記録の表記は「匣小道」。『中右記』康和五年（一一〇三）一一月四日「櫛気小道」とも。『拾芥抄』東京図には「櫛笥」「匣」両方見える。

※4　この記録の表記は「美福大路」。『中右記』永長元年（一〇九六）八月一六日「美福門大路」とも。平安宮の朱雀門の一つ東にある美福門から南へ向かう大路。「びふくもん」が「びふく」と略され、「みぶ」と音転したか。『本朝世紀』仁平二年（一一五二）七月一九日「壬生大路」と見える。

2、平安宮——中務省・主税寮・式部省・左馬寮・右馬寮

平安京の中央を南北に走る道幅二八丈（約八五メートル）の朱雀大路を、平安京の表玄関である羅城門から北上すると、平安京の宮城（大内裏）すなわち平安宮の南辺を東西に走る道幅一七丈（約五二メートル）の二条大路で行き止まりとなり、平安宮に入る朱雀門の正面に立つことになる。平安宮は、一条大路・大宮大路・西大宮大路で囲まれた南北四六〇丈（約一、三九四メートル）東西三八四丈（約一、一六三メートル）の範囲を占める空間であり、そこには、朝堂院（八省院）、豊楽院《ぶらくいん》、内裏と二官（神祇官・太政官）八省（中務省・式部省・治部省・民部省・兵部省・

刑部省・大蔵省・宮内省）の諸官衙が配置されていた。

　陽明文庫蔵『宮城図』（思文閣出版）によれば、内裏の南に、詔勅の作成や総務に関することを取り扱う重要な役所である中務省《なかつかさしょう》の所在地が記され、東西幅「五十六丈余」（一七〇メートル余）、南北幅「卅七丈余」（一一二メートル余）と朱書されている。平安宮の美福門から北へ上がる道（壬生大路の延長線）の西、待賢門から西へ行く道（中御門大路の延長線）の南にあたる。中務省跡については、これまで数十ケ所の発掘調査が実施され、京都市埋蔵文化財研究所『平安京跡発掘調査概報』（昭和六一年度）によると、平安時代の遺構や多くの土器の遺物が出土すると共に、奈良時代の瓦類も多く出土し、平安宮造営時の建物は多量の搬入瓦が用いられていたことが知られる。また、同書の平成二年度、三年度に見える計四回の発掘調査から検出された遺構によって、宮城古図に記された朱書の数値も追認されている。中務省の南には、太政官《だいじょうかん》を挟んで、租税や賦役を扱う役所である民部省の主税寮《しゅぜいりょう》と主計寮《しゅけいりょう》の所在地が記されている。郁芳門《ゆうほうもん》から西へ行く道（大炊御門大路の延長線）の南にあたる。さらに、民部省の南には、選叙や考課などを扱う役所である式部省《しきぶしょう》の所在地が記されている。平安宮の中央最南端、朱雀門を入って東側に位置する。

　現在、千本通の東方、下立売通から押小路通までの間、二条城の西側に「中務町《なかつかさちょう》」「主税町《しゅぜいちょう》」（以上、上京区）「式部町《しきぶちょう》」（中京区）という町名が並び、名残をとどめる。

　また、平安宮の南西には、前述の陽明文庫蔵『宮城図』によれば、談天門を入って北側に左馬寮《さめりょう》、南側に右馬寮《うめりょう》の所在地が記されている。諸国から馬の貢進を受け、直属の牧や厩舎で飼育したり、諸国に飼育を委任し、必要な時に牽進させ、儀式に供したり、衛府その他、馬を必要とする所へ供給した。

　現在、御前通（西大宮大路に該当）の東側、丸太町通（春日小路に該当）の南に「左馬寮町《さまりょうちょう》」「右馬寮町《うまりょうちょう》」（以上、中京区）という町名が並び、これもその名残である。

3、諸司厨町――正親町・左近衛町

地方から一年を単位に徴発されて衛士府、衛門府などに配され、雑事にあたった衛士《えじ》・舎人《とねり》ら課役民、ならびに下級官人の居住区は、寝食起居する宿所であったことから厨町《くりやまち》と呼ばれた。そして官司ごとに設けられていたので諸《しょ》司《し》厨町と称され、平安宮周辺の三条以北に集中して存在した。『拾芥抄』中に「諸司ノ厨町《クリヤマチ》」として掲出し、所在が割注で示されている。初見は『日本後記』大同三年（八〇八）一〇月八日「左衛士坊失火。百八十家ヲ焼ク」で、平安京造営と併行して設けられたらしい。

『拾芥抄』東京図によると、左京北辺三坊一町（一条南・西洞院東・町口西）には、諸司厨町の一つである「正親《おおぎ》町《まち》」の名が見える。皇室関係の戸籍を司る役所である正親司《おおきみのつかさ》（所在は平安宮北西）の官人の宿所である。南面する道路が「正親町小路」と呼称されるのは、この厨町に由来する。現在、一条新町辺に「正親《おおぎ》町《ちょう》」（上京区）という町名が付けられているのも、この厨町の名残である。

また、同図によると、左京一条二坊九・一〇・一五・一六町（土御門南・近衛北・堀川東・西洞院西）の四町には、天皇の親衛隊である左近衛府の厨町である「左近衛町」の名が見える。左近衛府の役人は、弘仁式及び貞観式の逸文を集録した書『式逸』巻上・弘仁式（『続々群書類従』第六）に「左近衛府四百二十五人〈大将一人、中将一人、少将二人、少監四人、将曹四人、府生六人、医師一人、番長六人、近衛三百人、駕輿丁一百人、右近衛府准此〉」（〈 〉は割注。以下同様）とあるように、大勢いたので、四町を占めるような大きな厨町が必要だったのである。『小右記』

寛仁元年（一〇一七）一〇月一七日条に見える「上東門（土御門）大路以南、堀河以東ノ方一町、又更ニ油小路、陽明門（近衛）大路北辺ニ起コリ、小宅少々焼亡」という火災の記事は、まさに左近衛町の火事であった。現在、堀川通と西洞院通の中間を南北に走る油小路通の両側、出水通（近衛大路に該当）に面する地域に「近衛町《このえちょう》」（上京区）という地名が付けられ、名残をとどめる。

なお、『平安京提要』（六八・六九頁）には『拾芥抄』と六国史を史料に作成した「諸司厨町一覧」（村井康彦）が掲載されている。

4、邸第と苑池

平安京内の大路小路で区切られた敷地には、さまざまな貴族の邸第や苑池が造られた。『拾芥抄』東京図・西京図を見ると、その様相が概観できるし、同書の中・諸名所部には簡潔な割注もある。主要な貴族の邸宅については太田静六『寝殿造の研究』（吉川弘文館、一九八七）に詳しく、『平安京提要』（角川書店、一九九四）「第二部　平安京の構造」、「第三章　左京と右京」（一七一～三七二頁、山田邦和）は、最新の成果を盛り込んで詳細である。ここでは、現在も地名がその存在を伝える、いくつかの邸第や苑池を紹介する。

染殿

『日本三代実録』には、貞観五年（八六三）一一月二六日、文徳天皇中宮であった藤原良房《よしふさ》女明子《あきらけいこ》が「染殿第《そめどのだい》」において父太政大臣の六十の賀を行った記録がある。明子は、清和天皇母「おほみやすん所」で、『伊勢物語』第六五段によれば、「そめどの、后」（学習院大学蔵本）と呼ばれている。「染殿第」は、『日本三代実録』貞観六年二月二五日「車駕ニテ太政大臣ノ東京染殿第ニ幸シ、桜花ヲ観ル」とあるように、太政大臣藤原良房の邸第であり、清和天皇が行幸して観賞するほど桜の美しい所であったらしい。「染殿花亭」と称する建物が造られていたことも同書に見える。その後、染殿は、良房の養子基経、忠平、師輔、安子（村上天皇皇后）を経て、安子の子である為平親王の御所となり、為平親王は「染殿の式部卿の宮」（『枕草子』および『本朝皇胤紹運録』）、その為平親王室も「染殿上」（『小右記』寛仁二年一二月二五日）と呼ばれることになる。

さて、「染殿」の所在地だが、『二中歴』（改定史籍集覧）第一〇「名家」は「正親町南、富小路東、清和皇后清和院北（或本京極西）」とするが、『拾芥抄』中「諸名所」には「正親町北、京極西、二町、忠仁公家、或本、染殿清和院同所」とある。正親町小路の「南」なのか「北」なのか、清和院の「北」なのか「同所」なのか、微妙な相違がある。『権記』長保六年三月一四日条には、行成が霊山寺に詣で、帰途、桃園（世尊寺）に至った経路として「一条ヲ経テ、染殿北路ニ於テ」という記録があるので、「染殿」が正親町小路の「北」だと「染殿北路」は一条大路そのものになってしまい、「一条ヲ経テ」との関係が不都合になる。『二中歴』の「正親町南」に従うべきであろう。また、『枕草子』に「いへは……そめどの、宮、せがい院」（大東急記念文庫本）と、染殿と清和院とが別々に挙げられているところから、『拾芥抄』のように「染殿清和院同所」とは考えられない。やはり『二中歴』の「清和院北」が相応しい。なお、『枕草子』の「せがい院」という本文は、能因本・前田本に「せがゐ」とあり、三巻本の「院」は「ゐ」の注記が本文に紛れ込んで形成されたものと推察される。

なお、「染殿」は、『拾芥抄』に「二町」とあることから、もともと正親町南、京極西、土御門北、万里小路東の東西二町が「染殿」の敷地だったと考えられる。『権記』寛弘六年（一〇〇九）五月二九日条に「染殿（中務宮〈具平親王〕」とあるのは、具平親王の妻が為平親王女だった関係で「染殿」西一町が具平親王の所有となったのであろう。具平親王男の源師房が「土御門右大臣」（後拾遺和歌集）と呼ばれるように、その邸第は「土御門第」と呼ばれ（角田文衞「村上源氏の土御門第」『王朝文化の諸相』）、『二中歴』のいう「富小路東」の東一町が「染殿」となり、その南半町が「清和院」ということになったのであろう。

現在、京都御苑の清和院御門を出た北側に「染殿町《そめどのちょう》」（上京区）という町名が残っている。

土御門内裏

『拾芥抄』東京図には、烏丸西、土御門南の一町に「土御門内裏」と記されている。そこは、鳥羽・崇徳・近衛の皇居となった所謂「土御門烏丸内裏」である。『百練抄』永久五年（一一一七）一一月一〇日「天皇、新造ノ土御門皇居ニ遷幸ス。殿舎、大略、大内ヲ模ス。但シ承明門代無シ。件ノ地、本是、師時朝臣領也」とあるとおり、鳥羽天皇が村上源氏の源師時《もろとき》の領地に新しく造られた里内裏に遷っている。待賢門院璋子《たまこ》の入内（永久五年一二月一三日）、待賢門院腹の崇徳天皇への譲位（保安四年（一一二三）正月二八日）、さらに美福門院得子《なりこ》腹の近衛天皇への譲位（永治元年（一一四一）一二月七日）の舞台となったのも、この「土御門御所」（『殿暦』元永元年（一一一八）一一月二九日条）であった。

平安京跡研究調査報告第一〇輯『平安京土御門烏丸内裏跡—左京一条三坊九町—』（古代学協会、一九八三）によると、発掘調査で一一～一二世紀の宅地割の溝などが確認され、中国越州窯製青磁碗などが出土している。現在、KBS京都放送会館の敷地となり、当該地には「元土御門町《もとつちみかどちょう》」（上京区）という町名が付けられ、名残をとどめる。

近衛殿

その「土御門内裏」の南、烏丸西、近衛北の一町には、『拾芥抄』東京図によると、「近衛殿」があった。『本朝世紀』康治元年（一一四二）一二月二二日「新院（崇徳）、皇太后宮（聖子）御所〈摂政（忠通）近衛第〉ニ御幸ス」と見える摂政藤原忠通の「近衛第」である。忠通女聖子《きよこ》は、崇徳天皇の中宮となったが、崇徳天皇は永治元年（一一四一）に近衛天皇へ譲位。実子のなかった聖子は、近衛天皇を養子とし、皇太后となったのである。久安六年（一一五〇）院号宣下、皇嘉門院と号した。「近衛殿」は、忠通から基実、基通、家実、兼経へと、近衛家代々の家長に伝領された藤原氏近衛家の本邸であり、崇徳上皇、近衛天皇、後宇多天皇の御所となった邸第である。

京都市編『史料 京都の歴史』第二巻（平凡社、一九八三）によると、昭和五一年（一九七六）の発掘調査で、平安前期の溝から土師器、須恵器、緑釉陶器、越州窯系青磁椀、白磁皿などが出土したほか、室町・桃山時代の遺構群が検出されたという。豊臣秀吉の命により、天正一九年（一五九一）近衛家は内裏の東北の地に移るが、現在、上京区室町通出水上ルの当該地には「近衛町《このえちょう》」という町名が付けられ、名残をとどめる。

大炊殿

大炊御門大路（現在の竹屋町通に該当）に多くの邸第が立ち並んでいたことは、『平安時代史事典』（角川書店、一九九四）に「大炊御門京極第」「大炊御門高倉第」「大炊御門富小路第」「大炊御門西洞院第」「大炊御門東洞院第①②」「大炊御門万里小路第①②」と立項されていることからも窺えよう。

ここでは、『拾芥抄』東京図の、西洞院大路東、大炊御門大路南の一町に記された「大炊殿《おおいどの》」を取り上げる。『百錬抄』永保三年（一〇八三）七月三日条に「関白、新造大炊御門第ニ移徙《いし》ス」と見える関白藤原師実《もろざね》の「大炊御門西洞院第」である。『中右記』によると、寛治元年（一〇八七）八月二八日「院并ビニ前斎宮、摂政殿ノ大炊殿ニ遷御ス」と、白河上皇と皇女媞子《やすこ》内親王が御所とし、同四年（一〇九〇）正月三日、堀河天皇がここに朝覲《ちょうきん》行幸している。『伏見宮御記録』諸院宮御移徙部類記所収「中右記」寛治七年（一〇九三）六月一〇日に「今夜大后、初メテ大炊殿ニ渡ラシメ給フ〈件ノ大炊殿、大后ノ御領ト成リテ後、今夜初メテ行啓有ル也〉」とあり、「大炊殿」は、師実の姉で、後冷泉天皇皇后、当時太皇太后だった寛子《ひろこ》の御所となったことが知られる。寛子は、四条大路南、西洞院大路東に居処があったことから四条宮と呼ばれるが、「其ノ路、西洞院ヲ経テ、大炊御門・町尻ヨリ東御門ヲ入ル」というのが行啓ルートだった。『中右記』寛治八年（一〇九四）一〇月二四日条によると、堀河院が焼亡し、「大炊殿」が堀河天皇の里内裏となる。その「大炊殿」の割注には「近日太后ノ御座也。大炊御門南、西洞院東」とある。しかし、『百錬抄』承徳二年（一〇九八）六月二五日条に「前大相国（師実）ノ大炊御門第焼亡ス」とあるのを最後に、以後確かな記録はない。

平成元年の立会調査では、平安時代の土杭が確認されているという（『平安京提要』二二四頁）。現在、当該地に近い竹屋町通新町通（平安京の町小路に該当）上ルには「大炊町《おおいちょう》」（中京区）という地名が付けられ、名残をとどめる。

なお、中京区にはもう一ケ所別に、竹屋町通富小路通下ルにも同じ「大炊町《おおいちょう》」という町名がある。これは、平安京の「大炊御門富小路第」に由来する町名である。『百錬抄』大治元年（一一二六）一二月二七日「両院女院、新造ノ春日殿〈伊予守基隆、之を造進ス〉ニ渡御ス」、『中右記目録』同日「三院、大炊御門万里小路新造第ニ渡御ス」の二つの史料を合わせると、「春日殿」と「大炊御門万里小路第」は同一の邸第で、大炊御門北、春日小路南、富小路東、万里小路西の一町を占めたと考えられる。白河院の乳母子で、院の近臣だった伊予守藤原基隆《もとたか》が新造して奉った邸第に、白河・鳥羽両院と待賢門院璋子が渡御したのである。『百錬抄』大治五年（一一三〇）七月一〇日「上皇御所大炊御門万里小路焼亡」、『中右記』同日「大炊御門万利小路ノ院御所……大炊御門殿……一町御所、煨燼ト為ル」、『長秋記』同日「大炊殿焼亡」と、その「大炊殿」は焼亡した。その後、『玉葉』文治二年（一一八六）四月七日「此ノ日、御方違ニ依リテ左大臣ノ大炊御門富小路亭ニ幸ス」と、後鳥羽天皇が左大臣藤原経宗《つねむね》の「大炊御門富小路第」に行幸した記事が見える。

京都市編『史料 京都の歴史』第二巻によると、昭和五六年（一九八一）の発掘調査によって、平安前期から後期にかけての、富小路の側溝や路面、井戸、建物跡、須恵器、緑釉陶器などが出土している。

少将井

『拾芥抄』東京図には、東洞院西、大炊御門南の一町に「惟喬親王家少将井」と見え、烏丸小路を挟んだ西隣の一町に「小野宮」とある。文徳天皇第一皇子惟喬親王の居所「小野宮」は、清慎公藤原実頼を経て、右大臣藤原実資に伝領された。彼の日記『小右記』長和三年（一〇一四）条には、正月二日に「今日、南山ノ下ノ泉、初メテ垣外ニ流出ス」とあり、二月二四日には源俊賢が来て「臨見」し「未ダ京中ニ新泉ノ沸出スルヲ聞カズ。稀有ニシテ又稀有ナリ」と「感歎」し、三月二〇日には藤原公任も泉を見に来たことが記録されている。長保三年（一〇〇一）八月以前の成立とされる『枕草子』の「井は」という章段には既に「少将井」の名が挙げられていて、長和三年正月二日の小野宮の「新泉」とは別なものであるが、小野宮の地下には豊かで清冷な水脈があり、それは烏丸小路を越えて東隣の名泉「少将井」の水脈と繋がっていたらしい。『日本紀略』長和五年（一〇一六）一二月一〇日「今日、早旦、修理大夫通任卿家焼亡〈皇后宮御領也。大炊御門南、東洞院西也〉」とあるので、当時、当該地には、三条天皇皇后藤原娍子《すけこ》の御領もあり、皇后の弟である修理大夫藤原通任《みちとう》が住んでいたことが知られる。いつしか「少将井」の側には祠が建てられ、祇園祭の神輿の渡御が行われる御旅所となった（『百錬抄』永久五年〔一一一七〕正月一三日、文暦元年〔一二三四〕六月七日条）。

現在、竹屋町通（大炊御門大路）南の、烏丸通の両側町として「少将《しょうしょう》井《い》町《ちょう》」（中京区）、その東に「少将《しょうしょう》井《い》御《お》旅《たび》町《ちょう》」（同）があり、京都新聞社社屋や地下鉄烏丸線などの建設に伴う発掘調査によって、平安・鎌倉時代の遺構・柱穴群などの遺跡が確認されている（『少将井遺跡発掘調査報告』平安博物館・昭和四七年、『京都市高速鉄道烏丸線内遺跡調査年報』Ⅰ～Ⅲ・昭和五五～七年）。

神泉苑

『拾芥抄』東京図には、二条南、大宮西、三条北、壬生東の八町を占める場所に「神泉苑《しんせんえん》」の名が見える。東西八四丈（約二五五メートル）、南北一七二丈（五一三メートル）の広大な敷地であり、桓武天皇が平安宮に付属する苑池「天子遊覧所」（『拾芥抄』）として造営したものである。

『日本紀略』延暦一九年（八〇〇）七月一九日および八月一三日に「神泉苑ニ幸ス」と見えるので、早くから完成していたことが知られる。同弘仁一〇年（八一九）五月一九日には「神泉苑ニ幸シ、貴布禰社ニ奉幣シテ雨ヲ祈ル」と見え、神泉苑には貴船社が勧請されて祀られ、祈雨の場としての性格がすでに顕れている。『拾芥抄』中には「善女龍王、常ニ此所ニ見（現）ル」とあり、『今昔物語集』巻一四第四一には弘法大師が「神泉ニシテ請雨経ノ法ヲ令修メ給フ」と雨を降らせた話が見え、「此ヨリ後、天下旱魃ノ時ニハ」「神泉ニシテ此ノ法ヲ被行《おこなは》ル、也」とある。

神泉苑の沿革は、太田静六『寝殿造の研究』に詳しいが、中世、神泉苑は荒廃し、南半分は失われ、北半分も徳川家康による二条城造営によって大半はその敷地に繰り入れられた。現在、二条城の南にわずか一町足らずの面積に縮小されてしまった神泉苑が跡をとどめ、その南に「神泉苑町《しんせんえんちょう》」（中京区）という町名が残る。二条城と神泉苑の間の押小路通に地下鉄東西線が走り、その敷設工事に伴う発掘調査において、神泉苑の池の汀や船着場と見られる遺構が検出された（『平安京提要』）。

勧学院

『拾芥抄』東京図には、三条北、姉小路南、壬生西、坊城東の一町に「藤氏勧学院」とある。

『帝王編年記』淳和天皇・天長二年（八二五）条に「左大臣冬嗣……勧学院〈三条北、壬生西〉ヲ建ツ。子孫ヲ勧メンガ為也……是レ南曹ト謂フ」、『類聚三代格』巻一二所収貞観一四年（八七二）一二月一七日太政官符「勧学院一区《トコロ》〈左京三条一坊ニ在リ〉」に「件ノ院、是レ贈太政大臣正一位藤原朝臣冬嗣ノ去ル弘仁十二年建立スル所也。即チ大学寮ノ南曹為リ」と見え、冬嗣が藤原氏の教育機関として弘仁一二年（八二一）に建立し、大学寮の南にあったために「南曹」と呼ばれたことが知られる。北畠親房（一二九三～一三五四）『神皇正統記』（『群書類従』第三輯）が「冬嗣の大臣……子孫親族の学問をすゝめんがために勧学院を建立す。大学寮に東西の曹司あり。菅江の二家是をつかさどる。人をしふる所なり。彼大学の南に此院を立られしかば南曹とぞ申める」（六六頁、白山本）というとおりである。

昭和二三年、古代学協会が姉坊城児童公園の敷地を発掘調査し、大量の緑釉陶器、須恵器、土師器などが出土した（「勧学院址の発掘調査」『古代文化』第一巻第五号）。現在、当該地には西ノ京「勧学院町《かんがくいんちょう》」（中京区）という町名が残る。

河原院（塩竈）

『本朝文粋』巻一四には、延長四年（九二六）七月四日、左大臣源 融《とおる》没後追善供養するために、宇多法皇が紀在昌に作らせた諷誦文が収められ、「河原院ハ、故左大臣源朝臣ノ旧宅也」と始まる。その場所は、林泉の近隣として選び定め、喧騒とは隔絶されているという。「東都ノ東ニ在リト雖モ、門ヲ入リテ居レバ、北山ノ北ニ遁ルルガ如シ」と見える。左大臣源融の邸第「河原院《かわらのいん》」は「東都ノ東ニ在」ったというが、具体的な所在地はどこか。『拾芥抄』中・諸名所「河原ノ院」の割注に「六条ノ坊門南、万里小路東、八町云々。融大臣家。後、寛平法皇御所〈六条院ト号ス〉。本四町、京極西、東六条院ト号ス」とある。六条坊門南、万里小路《までの》東の四町分の敷地は確かだが、「八町云々」をどう見るか。残り四町分を、六条を南に越えると考えるか、それとも京極を東に越えると考えるか、である。六条を南に越えると考えて「南は七条坊門小路（現正面《しょうめん》通）」に及ぶとする説が『京都市の地名』（日本歴史地名大系二七、平凡社）や『国史大辞典』（吉川弘文館）に見えるが、『二中歴』第一〇にある「河原院」の割注「元六条院、六条北、京極東、融大臣家」に従って、源融の邸第は、六条北に、京極大路を挟んで東西に、それぞれ四町の敷地を持つ二つの屋敷があり、京内の屋敷が六条院で、京極を東に越えて鴨川の河原に及ぶ地にあったのが本来の河原院であると考える説（増田繁夫「河原院哀史」『論集平安文学 一』）を採るべきだろう。

そもそも「河原院」という名称から考えて京極東の鴨川の河原にあったとしなければならないのである。『伊勢物語』八一段にも「昔、左の大臣《おほいまうちぎみ》、いまそかりけり。鴨河のほとりに、六条わたりに、いとおもしろく造りて住み給ひけり」とあり、当時の鴨川は、現在よりかなり東を流れていたと考えられる。現在の大和《やまと》大路《おおじ》通と渋谷《しぶたに》通（汁《しる》谷《たに》、苦集滅道《くずめじ》）の交差点に立って西側を眺めると、現在の大和大路通が当時の鴨川の東堤だったか、と感じられる地形が今も残っているのである。

『古今和歌集』に「河原の左のおほいまうちぎみの身まかりてのち、かの家にまかりてありけるに、塩釜《しほがま》といふ所のさまを造れりけるを見て、詠める／君まさで煙たえにし塩釜のうらさびしくも見えわたるかな」（哀傷・八五二、貫之）とあるように、河原院は陸奥の歌枕「しほがまの浦」を模して造られた苑池として有名になった。現在、五条通（六条坊門小路）と柳馬場通（万里小路）の交差点付近に「塩竈町《しおがまちょう》」（下京区）、六条通北、河原町通西に「本塩竈町《もとしおがまちょう》」（同）という町名が付けられ、名残をとどめる。

淳和院

『続日本後記』によると、天長一〇年（八三三）二月二八日、淳和は「淳和院ニ於イテ」仁明に譲位し、同年八月二五日、嵯峨上皇は「淳和院ニ御シテ」淳和上皇と「遊讌」（遊宴）。翌承和元年（八三四）正月二日、仁明が淳和上皇を「淳和院《じゅんないん》」に「朝覲《ちょうきん》」し、同七年（八七〇）五月八日、淳和上皇は「淳和院ニ崩」じている。その間にも、『村上天皇御記』康保三年一二月二九日条所引「承和六年正月二日外記日記」には、「公卿共、嵯峨院ニ参リ、次デ淳和院ニ参リ、次デ東宮ニ参ル」と見え、「淳和院」が淳和上皇の御所であったことが知られる。

応保二年（一一六二）六月から長寛二年（一一六四）二月までの成立と考えられる『本朝無題詩』（『群書類従』第九輯）には、「淳和院」を詠じた藤原在良・惟宗孝言・大江佐国の七言律詩が収載され、在良の詩句に「仏閣年深香火旧。禅窓秋暮衲衣寒」「今到勝形仙洞地。放遊終日感心肝」などと見える。また、弘安二年（一二七九）正月二三日の奥書をもつ承澄著『諸寺略記』（『続群書類従』第二六輯下）には「淳和院ハ、西院ト号ス。淳和皇后御所」とあることなどから、仙洞御所だった「淳和院」は、淳和崩御後は皇后御所となり、やがて寺院となり、「西院《さいいん》」と号されたことがわかる。

現在、右京区西院に、四条北、蛸薬師通（四条坊門小路）南、西土居通（西堀川小路）西、佐井通（道祖大路）東の四町相当地域に、西大路通を挟んで「東淳和院町《ひがしじゅんないんちょう》」「西淳和院町《にしじゅんないんちょう》」という町名が付けられ、当該地の発掘調査では平安前期の遺跡が確認されている（『史料 京都の歴史』第二巻、『平安京提要』）。

二、平安京起源の地名

井上満郎

平安京には当然その当初から道路の、また各地域の地名はあった。今もその多くが残っていて、ごく普通に市民によって使用されている。三条通《さんじょうどおり》や四条通《しじょうどおり》などがそれだし、いうまでもなくこれは平安京の三条大路《おおじ》・四条大路などの道路名が現在に伝えられ、使用され続けて今にいたっているものだ。地域に残る町名についてもそうで、式部《しきぶ》町《ちょう》や左馬寮町《さまりょうちょう》・右馬寮町《うまりょうちょう》（いずれも中京区《なかぎょうく》）などは、それぞれ式部省《しきぶしょう》・左馬寮《さまりょう》・右馬寮《うまりょう》といった平安京の官庁に関わる地名である。まさに京都には一二〇〇年前の平安京がそのままに生きているということになる。

蛇足だが、左京区《さきょうく》・右京区《うきょうく》も平安京の左京・右京に起源を持つ。地名としては平安京建設当初のそれが伝えられて、現在にいたっているということになる。

もっとも、右京区は確かに平安京右京に重なる部分もあるが、実は左京区はまったく平安京左京と一致しない。地名の起源は平安京にあるにしても、平安京左京に一致するから左京区という地名ができたのではなかった。

京都の区は、まず上京区《かみぎょうく》・下京区《しもぎょうく》が明治二二年（一八八九）にできた。室町時代以来の上京《かみぎょう》・下京《しもぎょう》という京都の古くからの街区が、京都市の成立とともに区に編成されたのである。以後京都は発展の一途をたどり、昭和四年（一九二九）にこの上京区が分区される。この時にかつての平安京では東に左京、西に右京が位置したものだからこれにちなんで東側になるということで左京区と命名された。つまりは平安京とは何の関係もないのだが、地名そのものの起源だけは平安京にあった。右京区も実はそうで、こちらは昭和六年（一九三一）に郡部の村を編入して区をつくるときに、同じ原理でもって西に位置するので右京区と名づけられた。結果として平安京右京と重なる部分もできたが、本来的には平安京とは関係しない平安京起源地名ということになる。

1、大内裏の「内野通」化

実は平安京に起源を持たない京都の地名も多い。右に述べたように地名は歴史のなかで発生するものだから、歴史が動けば地名も動く、とでもいおうか。京都の街の暮らしの変貌とともに、たえず新しい地名が生じるのである。『今昔物語集』の中にそのような地名発生の生き生きとした例を見いだすことができる。

平安時代中ごろのこと、「西《にし》ノ京《きょう》」に住む男がいた（『今昔物語集』二七‐三三）。父はすでになく、「老《おい》タル母」とともにそこで暮らしていた。この「西ノ京」は平安京の右京のことで、西側になるので「西京《さいきょう》《にしのきょう》」と呼ばれることもあった。

この男には弟がいて、僧侶として延暦寺で修行していたが、老母が病気になったので「西ノ京」の自宅に帰り、兄弟二人して母の看病にあたった。少し回復したかに見えたので弟の僧侶は、「三条京極《さんじょうきょうごく》」にあった師匠の僧侶のもとに出かけた。ところが病は再発、危篤状態におちいった母は「此ノ僧ヲ見テ死ナバヤ」、つまりひと目弟のほうにあってから死にたいといった。時間は夜、「三条京極ノ辺ハ遥《はるか》」に遠かったが兄がこれを迎えに行く。当時は盗賊が跋扈する平安京、武器をたずさえて家を出た。

この時兄は「内野通《うちのどおり》」を通っている。そしてこの「内野通」は「応天門《おうてんもん》ト会昌門《かいしょうもん》トノ間」を通過するものだったといい、そこで奇妙な光を見るという恐怖の体験をし、数日寝込むほどだったともいう。むろんこの話を掲載する『今昔物語集』はフィクションではある。しかしそこに登場する地理は正確で、そこに「内野通」が見えていることが注意される。

大まかにいえばこの話は、平安京が荒廃していく頃を舞台としていて、芥川龍之介が『羅生門《らしょうもん》』で描いたような時代だったが、この時代は地名の成立にとってもたいへん重要な時代であった。応天門と会昌門はともに大内裏《だいだいり》、つまりは皇居・官公庁地域の内側にあって、ここは合計一四の門で厳重に警備されているはずの国家の中枢地域である。容易に一般人が立ち入ることはできないはずであり、そこをこの兄は通っている。しかも「内野通」という地名までできているのであり、ということは市民たちが自由に往来できる道路であったということを物語る。「内野」はいうまでもなく大内裏が野原化したところからついた地名だが、庶民の立ち入りを拒絶した大内裏という地域が、庶民の通行できる道がそこにできたとき、それが「内野通」という地名となったのである。まさに暮らしのなかから地名が成立することをよく示していよう。

2、商品名道路の成立

京都には商品の名のついた道路名がいくつもある。タテ小路では油《あぶらの》小路《こうじ》、ヨコ小路では塩《しお》小路《こうじ》・錦《にしき》小路《こうじ》・綾《あやの》小路《こうじ》などである。いずれも小路なのが注意されるが、これらの道路名は平安時代にさかのぼることのできるものだ。しかし平安京が建設された当初にはこうした名はなかった。三条大路・四条大路などのように数字とか、あるいは南・

北で呼ばれていた。たとえば次に触れる錦小路は、平安京の当初には条坊制により「四条坊間《ぼうかん》南小路」と称されていた。それがある段階で錦小路と呼ばれるようになったのである。平安京の地に暮らしが積み重ねられていき、そうした暮らしのなかで「四条坊間南小路」といった無機質的な名でなく、おそらくは綺麗な錦を売っている店があったものだから人々が「錦」小路と呼び始め、それが定着していったのだろう。暮らしのなかから地名が発生した好例といえよう。

『宇治拾遺物語』に興味深い説話が載っている。

清徳《せいとく》という聖、つまり特定の寺院に所属しないで独自に修行している僧侶がいた。母が亡くなったので遺体を棺に入れて洛北の愛宕山《あたごやま》に持って行き、成仏を祈ってひたすら経を唱えて三年になった。すると夢に母が現れてもう成仏したからと告げたので火葬に付し、清徳は山を降りる。途中で「西京《にしのきょう》」を通って街に戻るのだが、なにしろ三年間も絶食で空腹にたえず、そこに栽培されていた「なぎ」を食ったという。なぎとは水葵《みずあおい》のことで、食用にする。とにかく夢中で食い続けたので畑の持主は気の毒がっていくらでも食べていいと言ったところ「三町」も平らげ、これを聞きつけた右大臣が今度は「白米十石」を炊きだしてやると、これも軽々と平らげた。人の目には清徳ひとりが食べているように見えたが、実際には愛宕山でかれに取り付いた「餓鬼、畜生、とら、おほかみ」たちが食っていたのだ、というオチになる。

この清徳一行が行進して「四条の北なる小路」に来たとき、そこに「ゑど《え》」、つまり大便をした。それがたくさん散らばってしまったので「下衆《げす》」、すなわち庶民たちはその小路に「糞《くそ》の小路」という名を付けた。それを耳にした天皇はいくらなんでも汚いからと思い、では「四条の南」を何と呼んでいるかと尋ね、綾小路だと答えるとそれでは「四条の北」だからこれにちなんで「錦小路」と改名しなさいと命じ、そこで錦小路という今に使われる道路名が成立したという。

この話もむろんフィクションで、糞小路は本来具足小路《ぐそくこうじ》といい、この「グソク」（クソク）を糞《くそ》に結び付けて作られたものである。当時の道々に糞が散らばっていたことは事実なのだがこれは触れないにしても、そこに暮らす庶民が道に名を付けたのだということは注意されねばならない。具足小路という名はそこに具足を売る店があり、それが記念的であるが故の名だった。ごく自然に具足屋さんがある道だからと具足小路と呼びはじめ、それが暮らしのなかで定着していったのである。錦小路・綾小路もまったく同様で、錦を売る店がある道だ、綾を売る店がある道だと呼んでいるうちに、ごく自然に地名として定着していった。誰が付けたのでもなく、暮らしのなかで成立してきたのである。

本書序章において現在の「京都」という呼び名が成立した過程を取り上げた。ただその時々の首都を示すだけの一般名詞だった「京都」も、まさにこうした市民生活の全面的展開とともに今の京都を指す固有名詞になったのであり、京都に暮らす市民たちが生活のなかから作りだしたものだということが見逃されてはならないだろう。

三、平安京の周縁

笹川博司

都としての平安京が王朝貴族の中心的な生活の場となるのは当然であるが、その周縁にはさまざまな奥深い世界が広がっていた。平安京は、北山・東山・西山に囲まれ、鴨川と大堰《おおい》川（桂川）とが東西から南流する山紫水明の土地柄であったから、平安京の郊外には、離宮や別業が造営された。平安王朝初期の天皇は、郊外へ行幸し、自然豊かな世界で遊猟を楽しみ、自然美を遊覧して心を癒した。平安京の周縁は、同時に、葬送・墓地でもあり、天皇の御陵が築かれた。離宮や別業は、その主人が亡くなると、その菩提を弔うため寺院となることも多かった。

本節では、それらの歴史を物語る地名をみていこう。京都には、現在もそうした地名がそこここに残っているのである。

1、行幸・遊猟・遊覧

行幸とは、天皇が宮城を離れ、他所へ行くこと。かつては、国見《くにみ》として国を支配する者の支配の象徴的行為だったが、平安時代に入ると、天皇が畿外に行幸することはなくなって、わずかに平安京近郊への行幸が遊猟・遊覧という形で見られるに過ぎない。遊猟も、もともとは土地の領有権を主張し、その土地が支配下にあることを世に知らしめる意味があったかと思われるが、やがてその意味が薄れ、遊猟自体が行われなくなっていく。平安時代は、平安京遷都直後の桓武天皇の行幸・遊猟からその後の天皇の遊覧へ、と推移していく。『日本紀略』や『類聚国史』からは、桓武天皇が「北岡」「康楽岡《カグラガヲカ》」（ルビは『日本逸史』）「大原野」「山階野《やましな》」「日野」「大堰《おおい》」「佐比津《さひ》」「柏原野《かしわばら》」「北野」「栗栖野《くるすの》」などへ遊猟した記録が確認できる。このうち、「北岡」「大堰」「佐比津」に限り、少し詳しく見ておこう。

北岡

延暦一三年（七九四）一〇月二二日「新京ニ遷リ」、桓武がまず遊猟に出かけた場所である。一一月二日「北岡ニ遊猟ス」と『類聚国史』に見える。その後、史書に見えず、問題にされたこともないが、この「北岡」は、おそらく平安京の中心軸である朱雀大路の基準となった船岡山《ふなおかやま》であろう。標高一一一・六メートルの小丘陵だが、平安京の北の玄武の山とみなされ、ここを基点に平安京全体が設計されたものと考えられる。平安京に遷都してきた桓武が、平安京造営の進捗状況を確認するため、遊猟と称してその「北岡」に立ったのであろう。

『清原系図』（『続群書類従』第七輯上）によると、天武天皇第二皇子舎人親王の曽孫「夏野」には「右大臣正二位兼左近衛大将。本名繁野。始賜清原姓。号双岡大臣。或号北岡大臣。又或号野路大臣」という傍注がある。清原夏野は、天長年間に造営した双岡《ならびがおか》の山荘に数度、嵯峨太上天皇や淳和天皇を迎え、詩筵を張って「双岡大臣」と呼ばれたことは有名だが、「北岡大臣」という呼称もあった。「北岡」（船岡山）に山荘を持っていたのであろう。

大堰

『日本紀略』によると、桓武天皇は、延暦一四年（七九五）六月二七日「大堰ニ幸ス」と見えるのをはじめ、閏七月七日・八月三日、一七年（七九八）一〇月二三日、一八年（七九九）八月一二日、一九年（八〇〇）九月二一日、二〇年（八〇一）二月二八日・六月一四日、二一年（八〇二）七月九日、二三年（八〇四）六月一九日・七月四日・二七日・八月一日・九月四日と繰り返し「大堰」に行幸し、その回数は計一四回に上る。平城天皇は、大同三年（八〇八）七月二七日の一回。嵯峨天皇は、弘仁三年（八一二）六月二四日、四年（八一三）六月二四日、七年（八一六）六月二六日、八年（八一七）七月一七日の四回。淳和・仁明・清和・陽成・光孝の各天皇は無し。桓武が繰り返し「大堰」に行幸した理由は何だったのか。

『日本三代実録』貞観一六年（八七四）一二月二六日条に検非違使が起請した文章が見え、「奸猾《かんかつ》ノ輩、城辺ノ地ヲ好ミ、使等ノ検察ヲ避ケ、亦類ニ触レ弾ニ応ズルノ事、多ク山埼《やまさき》・与渡《よど》・大井《おおい》等ノ津頭ニ在リ」とある。すなわち、「大堰」は、「山埼」「淀」と同等あるいは平安京にとってはそれ以上に重要な「津」であり、河川交通によって築城途上の平安京に集まってくるさまざまな物資・人・情報に溢れた窓口であった。その管理を怠ると、さまざまな権益を手に入れようと悪事も蔓延るし、陰謀も生まれかねない。秦氏の築いた「大堰」は、秦氏による在地支配の拠点で、中央と地方の交易を行う結節点であった。桓武の王権強化には、秦氏の協力が不可欠だったにちがいない。だからこそ、桓武はたびたび「大堰」に足を運んで秦氏との信頼関係を確認したのであろう。

しかし、平安京遷都後百年が経過すると、「大堰」も大きく様相が変わり、大堰川《おおいがわ》は遊覧する場となる。『日本紀略』延喜七年（九〇七）九月一〇日「法皇、文人ヲ召シテ眺望九詠ノ詩ヲ賦セシム」、一一日「天皇、大堰河ニ幸ス」の記事は、『躬恒集』（西本願寺本）によれば「亭子のみかどの大堰におはしませるときに、九つの題の歌」という詞書と「秋水にうかべり」（泛秋水）「秋山に望む」（望秋山）「もみぢ落つ」（紅葉落）「きぎく残れり」（黄菊残）「つる洲に立てり」（鶴立洲）「旅の雁ゆく」（旅雁行）「かもめ馴れたり」（鷗馴人）「さるかひに啼く」（猿啼峡）「江の松老いたり」（江松老）という九つの題で詠まれた歌が並び、宇多法皇の大堰遊覧に際して、文人や歌人を召して九題で詩歌を作らせたことが明らかになる。『躬恒集』（書陵部蔵御所本（五一〇・一二））の詞書は、もっと端的に「大井行幸和歌延喜七年寛平法皇御幸なり」とある。躬恒が各題二首ずつ、貫之・忠岑・頼基・是則・伊衡が各題一首ずつ詠じ、和歌は計六三首あったらしい。仮名序は、貫之作のものが『古今著聞集』、忠岑作のものが『忠岑集』に見える。既に延喜五年（九〇五）四月一五日に撰進されていた『古今和歌集』にも、次の二首が増補された。

　法皇、西《にし》河におはしましたりける日、つる洲に立てり、といふことを題にて、詠ませたまひける

あしたづの立てる河辺を吹く風に　寄せて返らぬ浪かとぞ見る（雑上・九一九、貫之）

　法皇、西河におはしましたりける日、さる山のかひにさけぶ、といふことを題にて、よませたまうける

わびしらにましらな啼きそ　あしひきの山のかひある今日にやはあらぬ（誹諧歌・一〇六七、躬恒）

平安京の東を流れる鴨川《かもがわ》を「東河」というのに対して、平安京の西を流れる大堰川を「西河」というのである。保《ほ》津川《づがわ》の下流、嵯峨・松尾を流れる辺り、嵐山の麓、渡月橋付近をいう。今日では、桂川《かつらがわ》という呼称に吸収されてしまったが、かつては桂辺りから下流が桂川であった。

『貞信公記』延長四年（九二六）一〇月一〇日「法皇、西河ニ幸ス。召シニ依リテ追従ス」とあり、この時の忠平詠が、小倉百人一首にも採られて有名になった『拾遺和歌集』所収の、

　　亭子院大井河に御幸ありて、行幸もありぬべき所なり、と仰せたまふに、
　　ことのよし奏せん、と申して

小倉山峯のもみぢば心あらば　今ひとたびのみゆき待たなん（雑秋・一一二八、忠平）

であった。この歌を契機として大堰川は、紅葉の名所として歴代天皇の行幸・遊覧の地となっていくのである。

佐比津

『日本紀略』によると、桓武は、「大堰ニ幸シ」た後、日を置かず、延暦一四年（九一四）七月一三日「佐比津ニ幸シ」、翌一五年（九一五）八月一〇日「佐比川橋ヲ造ラ」せている。『日本後紀』延暦一八年（七九九）一二月四日「山城国葛野川ハ、近ク都下ニ在リ。洪水有ル毎ニ、徒渉スルヲ得ズ。大寒ノ節ハ、人馬共ニ凍ユ。来往ノ徒、公私同ジク苦シム。宜シク、楓《かつら》・佐比《さひ》二ツノ渡シニ、各々度子（渡守）ヲ置キ、以テ民ノ苦ヲ省クベシ」との勅を出している。これらによれば、平安京近傍の葛野川《かどのがわ》沿岸に「佐比津」があり、陸上交通で葛野川を渡って平安京へ入る場合、「桂」や「佐比」が渡し場だったことが知られる。

淳和は、弘仁一四年（八二三）一〇月二四日「佐比河ニ幸ス。禊ギノ事ヲ修スル也」（『日本紀略』）とあり、大嘗会の御禊のために行幸した。清和は、『日本三代実録』貞観七年（八六五）五月一三日「佐比寺ノ僧恵照ヲシテ、疫神祭ヲ修シ、以テ災疫ヲ防ガシム」とあり、「佐比寺」の存在も確認できる。一一年（八六九）一二月八日にも「佐比大路南極橋」と共に「佐比寺」の名称が見える。「佐比大路」（道祖《さい》大路）は、現在「佐井通《さいどおり》」として名前が残り、西大路通の一本西に南北に走る通りで、この佐比大路を南に延長して桂川と交差する辺りに「佐比津」「佐比寺」があったと考えられる。現在の南区吉祥院石原《きっしょういんいしはら》あるいは上鳥羽塔ノ森《かみとばとうのもり》辺りか。

『小右記』天元五年（九八二）四月三〇日条には「西京佐江大道」という表記も見え、「佐比」は「さへ」とも呼ばれ、「さへの神」「さひの神」は「道祖神」「賽神」で、境にあって外部から村落へ襲来する疫神や悪霊などを防ぎ止めたり、追い払ったりする神で、そうした神が祭られていた地域であったらしい。また、そうした地域に繋がる道ということで、「さへの大路」「さひの大路」「道祖大路」という通り名が付いたのであろう。

2、葬送と墓地

宇多野と御陵地

『日本後紀』大同元年（八〇六）三月一七日、桓武天皇は七〇歳で崩御した。一九日「山城国葛野郡宇太野《うたの》ヲ以テ山陵地ト為ス」と見えるが、災異が相次いだため、結局は四月七日「山城国紀伊郡柏原山陵《かしわばらのやまのみささぎ》」（伏見区桃山ヵ）に葬られ、さらに一〇月一一日「柏原陵ニ改葬」（『日本紀略』）された。

はじめに定められた山陵地「宇太（多）野」には、その後、光孝天皇（仁和三年〈八八七〉八月二六日崩、五八歳、右京区宇多野馬場町《うたのばばちょう》にある「後田邑陵《のちのたむらのみささぎ》」）。宇多天皇（承平元年〈九三一〉七月一九日崩、六五歳、右京区鳴滝宇《なるたきう》多野谷《だのたに》にある「大内山陵《おおうちやまのみささぎ》」）。村上天皇（康保四年〈九六七〉五月二五日崩、四二歳、右京区鳴滝宇多野谷にある「村上陵《むらかみのみささぎ》」）。円融天皇（正暦二年〈九九一〉二月一二日崩、三三歳、右京区宇多野福王子町《ふくおうじちょう》にある「後村上陵《のちのむらかみのみささぎ》」）などが次々と埋葬された。

なかでも、「宇多野」に通じる道路として平安京内に通された「宇多《うたの》小路」の西方、馬代《ばだい》小路西、木辻《きつじ》大路東、一条大路南、土御門大路北に位置する四町を占める「宇多院」を後院として居住し（『貞信公記』延長三年（九二五）八月二三日条など）、「宇多院」と諡《おくりな》された宇多天皇は、宇多野との関わりが深い。天皇は、寛平九年（八九七）七月三日、三一歳で皇太子敦仁親王に譲位し、仏教を篤信し、昌泰二年（八九九）一〇月一四日、宇多野にある仁和寺で出家。太上天皇の尊号を辞して法皇と称した。法皇は、『貞信公記』によると、延喜一九年（九一九）八月一六日「大内山ニ登リ、陵地ヲ定ム」と早くから自分の墓地を決めていて、承平元年（九三一）七月一九日「戌一剋許」仁和寺で崩御すると、そのままその夜のうちに、仁和寺の裏山である大内山に遷されている。九月六日未明、火葬された。六五歳だった。

その他、平安京周縁に御陵のある平安時代の天皇を表にして一覧すると、表のとおりである。

表　御陵地一覧

天皇	崩御年月日	年齢	御陵名	所在地
嵯峨天皇	承和九年（八四二）七月一五日	57歳	嵯峨山上陵《さがのやまのえのみささぎ》	右京区北嵯峨朝原山町《あさはらやまちょう》
淳和天皇	承和七年（八四〇）五月八日	55歳	大原野西嶺上《おおはらのにしのみねのえの》陵	西京区大原野南《みなみ》春日《かすが》町《ちょう》
仁明天皇	嘉祥三年（八五〇）三月二一日	41歳	深草《ふかくさの》陵	伏見区深草東《ひがし》伊達《だて》町《ちょう》
文徳天皇	天安二年（八五八）八月二七日	32歳	田邑《たむらの》陵	右京区太秦三尾《さんび》町《ちょう》
清和天皇	元慶四年（八八〇）一二月四日	31歳	水《みずの》尾山《おやまの》陵	右京区嵯峨水尾《みずお》清和《せいわ》
陽成天皇	天暦三年（九四九）九月二九日	82歳	神楽《かぐら》岡《おかの》東《ひがしの》陵	左京区浄土寺真如町《しんにょちょう》
醍醐天皇	延長八年（九三〇）九月二九日	46歳	後山科《のちのやましなの》陵	伏見区醍醐古道町《ふるみちちょう》
朱雀天皇	天暦六年（九五二）八月一五日	30歳	醍醐《だいごの》陵	伏見区醍醐御陵東裏町《ごりょうひがしうらちょう》
冷泉天皇	寛弘八年（一〇一一）一〇月二四日	62歳	桜本《さくらもとの》陵	左京区鹿ヶ谷法然院町《ほうねんいんちょう》
花山天皇	寛弘五年（一〇〇八）二月八日	41歳	紙屋上《かみやのほとりの》陵	北区衣笠北高橋町《きたたかはしちょう》

一条天皇	寛弘八年（一〇一一）六月二二日	32歳	円融寺北《えんゆうじのきたの》陵	右京区竜安寺朱山《しゅうやま》
三条天皇	寛仁元年（一〇一七）五月九日	42歳	北山《きたのやまの》陵	北区衣笠西尊上院町《にしそんじょういんちょう》
後一条天皇	長元九年（一〇三六）四月一七日	29歳	菩提樹院《ぼだいじゅいんの》陵	左京区吉田神楽《かぐら》岡町《おかちょう》
後朱雀天皇	寛徳二年（一〇四五）正月一八日	37歳	円乗寺《えんじょうじの》陵	右京区竜安寺朱山
後冷泉天皇	治暦四年（一〇六八）四月一九日	44歳	円教寺《えんきょうじの》陵	右京区竜安寺朱山
後三条天皇	延久五年（一〇七三）五月七日	40歳	円宗寺《えんしゅうじの》陵	右京区竜安寺朱山
白河天皇	大治四年（一一二九）七月七日	77歳	成菩提院《じょうぼだいいんの》陵	伏見区竹田浄菩提院町
堀河天皇	嘉承二年（一一〇七）七月一九日	29歳	後円教寺《のちのえんきょうじの》陵	右京区竜安寺朱山
鳥羽天皇	保元元年（一一五六）七月二日	54歳	安楽寿院《あんらくじゅいんの》陵	伏見区竹田内畑町《うちはたちょう》
近衛天皇	久寿二年（一一五五）七月二三日	17歳	安楽寿院南《あんらくじゅいんのみなみの》陵	伏見区竹田内畑町
後白河天皇	建久三年（一一九二）三月一三日	66歳	法住寺《ほうじゅうじの》陵	東山区三十三間堂廻《まわ》り町《ちょう》
二条天皇	永万元年（一一六五）七月二八日	23歳	香隆寺《こうりゅうじの》陵	北区平野八丁柳町《はっちょうやなぎちょう》
六条天皇	安元二年（一一七六）七月二二日	13歳	清閑寺《せいかんじの》陵	東山区清閑寺歌《うた》ノ中山町《なかやまちょう》
高倉天皇	養和元年（一一八一）正月一四日	21歳	後清閑寺《のちのせいかんじの》陵	東山区清閑寺歌ノ中山町

天皇の御陵は、平安京を取り囲むように西山・北山・東山の山麓に点在する。ただし、平安京から見れば東山の彼方にある山科《やましな》、その南の醍醐《だいご》、さらに高い山のない平安京の南方の竹田《たけだ》にも造られたことが知られるのである。

「あだし野」と「とりべ野」

一般に、京都における葬送の地といえば、『徒然草』第七段の「あだし野の露消ゆる時なく、とりべ野の烟たち去らで」という一節で有名な「あだし野」と「とりべ野」が思い浮かぶ。

「あだし野」は、愛宕《あたご》山《やま》南西、小倉《おぐら》山《やま》東北麓一帯の総称。現在、右京区嵯峨鳥《とり》居《い》本《もと》に「化野町《あだしのちょう》」という町名が残る。

兼好法師の時代には、死骸を捨てて風葬にした墳墓地として有名だったが、元来「あだし野」は、特定の場所を指す地名でもなく、またその語の持つイメージも異なっていたと考えられる。

『源氏物語』手習に見える中将が浮舟に贈った歌、

　あだし野の風になびくな女郎花《をみなへし》　われしめ結《ゆ》はん道遠くとも

のように、「あだし野」の「あだし」には、「他国（あたしくに）」（『古事記』上巻・兼永本訓）、「別本（あたしふみ）」（『日本書紀』雄略一〇年九月・前田本訓）などと同様「ほかの、別の、異なった」の意や、「あだし心」（『古今和歌集』東歌・一〇九三）、「あだし世」（天満宮本『拾遺和歌集』雑下・五七四）などと同様「移ろいやすい、儚い」あるいは「浮気な、心の変わりやすい」の意がこもる。他の浮気な男に靡かないでおくれ、という「あだし野の風になびくな」は、心変わりしやすい女性のイメージをもつ「女郎花」に呼びかけたもので、以後、

　あだし野の心もしらぬ秋風に　あはれかたよる女郎花かな（堀川百首・六一九、顕仲）

　あだし野の露ふきみだる　秋風になびきもあへぬ女郎花かな（金葉和歌集・秋・二三七、公実）

などと、「あだし野」は「秋風（「飽き」を掛ける）」「女郎花」と共に詠まれていく。

そもそも、「あだし野」が和歌に見える早い例は、天禄三年（九七二）八月に催された女四宮歌合（規子内親王前栽歌合）において、「紫蘭《しらに》」の題で詠まれた、

　あだし野の草むらにのみ混じりつる　にほひをいまや人に知られむ（八）

だが、これに対して「あだし野は、野の名高からねばにや、有りどころ知る人すくなし」という源順の判詞がある。「あだし野」という地名は、無名で所在地を知る人が少ないというのである。『能因歌枕』は「山城国」ではなく「河内」とする。また、書陵部本『能宣集』に見える、

　おなじ日、初瀬に参るに、知りたる女の、おくれて、野にやすむところにやる

　夏の野の草したかくれ女郎花　色に出でねどしるくもあるかな（一〇六）

　　かへし

　うちつけに知り顔なせそ　あだし野の人も結ばぬ草にやはあらぬ（一〇七）

などは、初瀬詣における詠歌なので「あだし野」を「あだし心をもった野」という意味の普通名詞と解すべきだろう。『源氏物語』の用例も、玉上評釈などは「中将の歌の『あだし野』に必ずしも地名を考える必要はない。女郎花でまとめようとしたから、それに縁のある『野』に、他のつまらない男の意をこめて『あだし野』といったのである」（第一二巻・四一八頁）とする。

「あだし野」が嵯峨野《さがの》の地名として固定されていくのは、「浮気な、心の変わりやすい」という属性から「女郎花」とが結びつき、『古今和歌集』の、

　　寛平御時、蔵人所のをのこども、嵯峨野に花見むとてまかりたりける時、
　　かへるとて、みな歌よみけるついでによめる

　花にあかで何かへるらむ　女郎花おほかる野べに寝なましものを（秋上・二三八、平さだふん）

をはじめ、「女郎花」が多く咲く野辺といえば「嵯峨野」が連想されたことが大きい。

また、「あだし野」の所在地が固定化していく上で、「嵯峨野」にあった野宮の斎宮周辺で「あだし野」が詠まれたことも無視できない。『斎宮女御集』の「みや／あだし野の草もねながらあるものを　とこなつにのみ露のおくらむ」(二四〇)は、移ろいやすい「あだし野」の草でも根がついたまま(枯れず露もおかず)あるのに、(伊勢下向を控えてここで寝ている)私の寝床にばかり、どうして露がおくのであろうか、という。斎宮女御徽子《よしこ》女王は、『日本紀略』貞元二年(九七七)九月条によると、娘の斎宮規子《のりこ》内親王に従い、禁を破って伊勢へ下向している。その直前の心細さを詠んだ歌である。

「あだし野」は、中世に入り、「移ろいやすい、儚《はかな》い」という属性から『新古今和歌集』の、

暮るる間も待つべき世かは　あだし野の末葉の露に嵐立つなり(雑下・一八四七、式子内親王)

のように、「露」との結びつきを強め、無常所というイメージに傾斜していくのである。

一方、「とりべ野」は、「あだし野」とは異なり、「鳥戸《とりべ》(部)寺《でら》」以南の野が葬送の地として早くから文献に登場する。『日本後紀』大同元年(八〇六)四月一五日「四七斎ヲ佐比・鳥戸・崇福寺ニ行フ」と「鳥戸寺」の存在が確認でき、『日本紀略』天長三年(八二六)条によると、淳和天皇第一皇子恒世《つねよ》親王が二二歳の若さで薨去して「天皇悲痛」のなか、五月一〇日「恒世親王ヲ山城国愛宕郡鳥部寺以南ニ葬ル」とある。また、同年六月八日、嵯峨上皇皇女俊子《としこ》内親王が薨去し、一〇日「山城国愛宕郡愛宕寺以南ニ葬ル」とある「愛宕寺《おたぎでら》」も「鳥部寺」を指すとみられる。『源氏物語』の女君、夕顔や葵上も「鳥べ野」で火葬されている。

3、御霊信仰

御霊会の始まり

『日本三代実録』貞観五年（八六三）五月二〇日「神泉苑ニ於テ御霊会《ごりょうえ》ヲ修ス。……所謂御霊ハ、崇道《すどう》天皇・伊予《いよ》親王・藤原夫人（吉子《よしこ》）・及ビ観察使（仲成《なかなり》カ）・橘逸勢《はやなり》・文室宮田麻呂等、是レ也。……近代以来、疫病繁ク発リ、死亡甚ダ衆シ。天下以為《おも》ヘラク、此ノ災ヒ、御霊ノ生《う》ム所也ト」とあるように、疫病の流行を、政治的な問題で犠牲となった人々の祟りと考え、その怨霊を「御霊」として祀って慰撫することによって、解決しようとする御霊信仰が行われた。

早良親王・伊予親王・藤原吉子・藤原仲成

「御霊」として名前の挙がっている崇道天皇は、『日本紀略』延暦一九年（八〇〇）七月二三日「故皇太子早良親王、崇道天皇ト追称セラル」と見える桓武天皇の同母弟、廃太子早良《さわら》親王である。延暦四年（七八五）九月二三日の藤原種継暗殺事件で皇太子だった早良親王に累が及び、乙訓寺《おとくにでら》に幽閉されて飲食を拒否し、淡路への移送中に憤死し、屍が淡路で葬られたことなどが、正史『続日本紀』からは削除されているが、『日本紀略』には詳しく記録が残っている。

伊予親王は、桓武天皇皇子で、母は夫人藤原吉子。『日本紀略』によれば、大同二年（八〇七）、藤原宗成《むねなり》が伊予親王に「潜ニ不軌ヲ謀ル」ことを勧めていると情報があった（一〇月二七日）が、宗成は「首謀叛逆、是レ親王也」というので「兵百五十人ヲ率ヰテ親王第ヲ囲ミ」（二九日）、「親王并ビニ母夫人藤原吉子ヲ川原寺《かわらでら》ニ徙シテ之ヲ一室ニ幽ス」（一一月一日）、「親王母子、薬ヲ仰ギテ死ス。時人、之ヲ哀レム」（一一日）、「宗成等ヲ配流ス」（一三日）という結果になった。

藤原仲成は、暗殺された種継の長子。大同四年（八〇九）四月一三日に嵯峨天皇が即位（『日本紀略』）すると、同日、仲成は「北陸道観察使」（『公卿補任』同年条）に任ぜられ、公卿の仲間入りを果たした。仲成は、妹の平城上皇寵妃薬子《くすこ》と朝政に干渉して平城遷都を謀り、『日本後紀』によれば、弘仁元年（八一〇）九月一〇日「右兵衛府に繋がれ」「佐渡権守」への左遷の詔勅があり、一一日、拘禁されたまま「射殺」されている。一二日、上皇は「剃髪入道」し、薬子は「自殺」した（薬子の変）。

橘逸勢・文室宮田麻呂

橘逸勢は、留学生として入唐し、嵯峨天皇・空海と共に三筆とされる能書家。『続日本後紀』によれば、承和九年（八四二）七月一七日「春宮坊帯刀伴健岑・但馬権守従五位下橘朝臣逸勢等ノ謀反ノ事、発覚」とあり、「捕獲」された。続いて「拷問」（二〇日）を受け、「逆謀ヲ構成シテ国家ヲ傾亡セムトス」（二三日）として「伊豆国」（二八日）に流され、下向途中に没した。しかし、その八年後には早くも、怨霊を恐れてか、『文徳実録』嘉祥三年（八五〇）五月一五日条には「流人橘朝臣逸勢ニ正五位下ヲ追贈ス。詔アリテ、遠江国ニ下リ、本郷ニ帰葬セシム」とある。また同条には、次のような逸話を伝える。

逸勢ノ配所ニ赴クヤ、一女有リ、悲泣シテ歩キ従フ。官兵ノ監《かん》（檻）送《そう》スル者、之ヲ叱リテ去ラシム。女《むすめ》、昼止マリテ夜行シ、遂ニ相従フヲ得タリ。逸勢、行キテ遠江国板築駅ニ到リ、逆旅《げきりょ》ニ終ハル。女、攀《よ》ヂリ号シテ哀レヲ尽クス。便チ駅下ニ葬リ、喪前（所）ニ廬《いおり》シ、屍《しかばね》ヲ守リテ去ラズ。乃チ落髪シテ尼ト為リ、自ラ妙冲ト名ノリ、父ノ為ニ誓ヒテ念ズ。暁夜苦シミ至リ、行旅《こうりょ》シテ過《よ》ギル者、之ガ為ニ流涕《りゅうてい》ス。詔アリテ帰葬《きそう》セシムルニ及ビ、女ノ尼、屍ヲ負ヒテ京ニ還ル。時人、之ヲ異トシ、称シテ孝女ト為ス。

こんな逸話が記されるのも、橘逸勢の御霊を鎮める意味があろう。仁寿三年（八五三）五月二五日には「流人」の修飾語も消え、「橘朝臣逸勢ニ従四位下ヲ加贈」している。橘逸勢の生前の第宅は「蚑松殿《ハイマツ》」（『拾芥抄』中・諸名所）と呼ばれて「姉小路北、堀川東」にあったが、『左経記』長元五年（一〇三二）三月二五日条に「堀河殿ニ参ル……故橘逸勢ノ怨霊、此ノ地ニ留マリ、代々ノ領主、快ク居住セズト云々」と見えるように、橘逸勢の第宅のあった周辺では、橘逸勢の怨霊が長く恐れられた。やがて逸勢の霊は祠に祀られ、『百錬抄』平治元年（一一五九）九月二日「橘逸勢社祭。上皇ニ御結構有リ。餝リ、金銀錦繍ヲ以テ、天下ノ壮観ナリ」と、後白河上皇によって祭礼が行われるに至る。

文室《ふんやの》宮田麻呂は、『続日本後紀』承和一〇年（八四三）一二月二二日「散位従五位上文室朝臣宮田麻呂ノ従者、陽《や》侯《この》氏雄、宮田麻呂ノ将ニ謀反セントスルヲ告グ」とあり、「京及ビ難波ノ宅」を捜索され、二四日それぞれの宅から「兵具」「兵器」を押収され、二六日「推問」され、二九日、本人は「伊豆国」へ、共謀とみなされた近親者・従者・連坐僧は「佐渡国」「土佐国」「越後国」「出雲国」へ「配流」された。同日、密告者の陽侯氏雄は、「特ニ大初位下ヲ授ケラレ、筑前権少目ニ任ゼラル。告グル所ニ端有ルヲ以テ也」と官位を手に入れている。

御霊堂・出雲寺・祇園

御霊信仰は一〇世紀半ばに盛んになり、『日本紀略』康保三年（九六六）七月七日条に「来ル十日ヨリ三箇日、諸寺ニ於テ読経有リ。七大寺・延暦寺・東西寺・御霊堂《ごりょうどう》・上出雲寺《かみついづもでら》・祇園《ぎおん》等也。天下疫病ニ依ル也」と、「七大寺」（東大寺・興福寺・元興寺・大安寺・薬師寺・西大寺・法隆寺）「延暦寺」「東寺」「西寺」に加え、「御霊堂」「上出雲寺」「祇園」において、疫病を抑えるための読経が行われるようになる。

『拾芥抄』下・霊所に「外記ノ日記ニ云フ、三所御霊云々〈西寺《さいじ》御霊堂、上和御霊堂、吉祥院《きっしょういん》等也〉」と見えるので、「御霊堂」は、「西寺」「仁和寺《にんなじ》」（「上和」は「仁和」の誤記とみる）「吉祥院」に設けられていたことが知られる。また、「上出雲寺」は、『中古京師内外地図』に「上出雲寺　大伽藍　鎮守ヲ上御霊ト称ス」とあるので、現在の上御《かみご》霊《りょう》神社に繋がる寺院であることが知られる。『古今和歌集』に「しもついづもでらに人のわざしける日、真せい法しのだうしにていへりける事を歌によみて、をののこまちがもとにつかはしける」（恋二・五五六詞書）という「あべのきよゆきの朝臣」の歌の詞書が見え、安倍清行（八二五～九〇〇）や六歌仙の一人小野小町が生きていた九世紀後半には、既に「下出雲寺」が存在したことが確認でき、「下出雲寺」と呼ばれているところから「上出雲寺」の存在が推察できよう。

船岡・紫野・衣笠・花園など、地域の拡大

『二十二社註式』（『群書類従』第二輯）によると「祇園社」で天禄元年（九七〇）六月一四日「御霊会」が始まり、その御霊会が「北野船岡」「紫野」「衣笠山」「花園今宮」「出雲寺」の広範囲な地域に拡大していく様子が、次の『日本紀略』や『小右記』から窺える。

『日本紀略』正暦五年（九九四）六月二七日　疫神ノ為ニ御霊会ヲ修ス。木工寮修理職、神輿二基ヲ造リ、北野船岡《きたのふなおか》ノ上ニ安置ス。……都人士女《しじょ》、幣帛《へいはく》ヲ齎持《せいじ》スルモノ、幾千万人カ知ラズ。礼了ンヌレバ難波ノ海ニ送ル。此レ朝議ニ非ズ。巷説ヨリ起コル。

同　長保三年（一〇〇一）五月九日　紫野《むらさきの》ニ於テ疫神ヲ祭リ、御霊会ト号ス。天下疾疫ニ依ル也。是ノ日以前、神殿三宇・瑞垣等、木工寮修理職ノ造ル所ナリ。又御輿、内匠寮、之ヲ造ル。京中ノ上中下、多ク以テ此ノ社ニ集会シ、之ヲ今宮《いまみや》ト号ス。

同　寛弘二年（一〇〇五）七月一八日　絹笠岳《きぬがさやま》御霊会也。去年、広隆寺別当松興、小屋ヲ門外ニ造レル、移シ奉ル所也。而ルニ、霊託有ルニ依リ、内匠寮ニ造リ奉ル。仍テ今日祭リ奉ル也。

同　寛弘五年（一〇〇八）五月九日　紫野御霊会。諸司諸衛、神供東遊走馬十列等ヲ調へ、参向ス。

『小右記』長和四年（一〇一五）六月二五日　西京ノ花園寺《はなぞのでら》ノ坤《ひつじさる》ノ方、帋《かみ》（紙）屋河《やがわ》の西頭《せいとう》ニ新タニ疫神社ヲトス。是レ西洛ノ人ノ夢想ト云々。或ハ云ク、託宣ト云々。今日、東西ノ京師ノ凡庶《ぼんしょ》、首ヲ挙ゲテ御幣具ヲ捧ゲ、神馬、社頭ニ向カフト云々。

同　同月二六日　将曹《しょうそう》正方云フ、昨ノ花園今宮《はなぞのいまみや》御霊会、始メテ行ハル。…両京ノ人、昨ヨリ夜ヲ通シ、今日終日、御幣・神馬ヲ奉リ、路ニ避クル無シ。垣内ニ帋ヲ積ミ、空虚有ル無シ。宛モ紫野神社ノ如シ、テヘリ。深ク命ヲ惜シムニ依リ、真偽ヲ尋ネザルカ。若シクハ、霊験有リテ最モ帰依スベキカ。

同　同月廿九日　花園ノ疫神ノ祟リノ祀リノ後、病患弥《いよいよ》倍スト云々。

同　同年八月一八日　伝へ聞ク、今日、出雲寺《いづもでら》御霊会ト。

藤原広嗣・他戸親王・井上内親王、御霊の拡大

しかし、『小右記』の筆者、小野宮右大臣実資《さねすけ》が記すように、疫神の祟りを抑えるために御霊を祀っても、疫病の流行はますますひどくなる場合もあり、疫病の原因となっている御霊の対象を他に拡げたり、差し替えたりしてみるというのも、自然のなりゆきであっただろう。前述の六所御霊の他に、藤原広嗣《ひろつぐ》・他戸《おさべ》親王・井上内親王などの怨霊も御霊に加えられていくのである。

藤原広嗣は、奈良前期の藤原宇合《うまかい》の長子で、橘諸兄《もろえ》・玄昉《げんぼう》・吉備真備《まきび》と対立して大宰少弐に左遷され、天平一二年（七四〇）大宰府で挙兵したが敗れ、斬殺された。『扶桑略記』天平一八年（七四六）六月五日「玄昉法師、大宰少弐藤原広継ノ亡霊ノ為ニ、其ノ命ヲ奪ハル。広継ノ霊ハ、今ノ松浦《まつら》明神也」とあり、『続日本紀』宝亀六年（七七五）一〇月二日条の吉備真備薨伝にも「逆魂《げきこん》未ダ息マズ」（広継の怨霊が祟りをなす）と見える。

また、光仁天皇皇子で皇太子だった他戸親王は、母聖武天皇皇女井上内親王の厭魅《えんみ》（まじないをして人を呪うこと）の罪に連坐し廃太子となり、幽閉されて『続日本紀』宝亀六年四月二七日「井上内親王、他戸王並《ならびに》ニ卒《しゅっ》ス」という事件があった。幽閉されていた母子の同日死は不自然で、服毒自殺あるいは暗殺が考えられる。他戸親王の廃太子も、『公卿補任』宝亀二年の「藤百川《ももかわ》」伝に「時ニ庶人他部、儲二位ニ在リ。公数奇計ニ出、遂ニ他部ヲ廃シ、桓武天皇ヲ太子ト為ス」とあり、山部《やまべ》親王（のちの桓武天皇）を擁立する藤原百川らの陰謀らしい。

『拾芥抄』下・霊所は、崇道天皇・伊予親王・藤原吉子・藤原広継・橘逸勢・文屋宮田麻呂に、吉備真備・菅原道真を加え、「八所御霊」とする。現在、中京区下御霊前町《しもごりょうまえちょう》に鎮座する「下御霊神社」が祀るのは、この「八所御霊」で、上京区上御霊竪町《かみごりょうたてまち》に鎮座する「上御霊神社」が祀る「八所御霊」は、伊予親王・藤原広継に替え、井上内親王・他戸親王を加える。

4、北野天神社の成立

天神信仰は平安京遷都以前からあった。

その場合の天神は、「昊天上帝《こうてんしょうてい》」（『続日本紀』延暦六年一一月五日「祭文」）で、天子が冬至の日に都南郊の天壇において天帝を祀るという中国の儀礼に基づくものである。文徳天皇も斉衡三年（八五三）一一月二五日、大納言藤原良相を交野天神社《かたのてんじんじゃ》に遣わして「昊天祭」（『文徳実録』）を行っている。

また、天地のすべての神々「天神地祇《てんじんちぎ》」への信仰もあった。『続日本後紀』承和三年（八三六）二月一日「遣唐使ノ為ニ天神地祇ヲ北野《きたの》ニ祠ル也」とあり、天地の神々を北野に祀り、遣唐使の安全を祈っているのが、それである。

さらに、『西宮記』裏書（『改定史籍集覧』、六二頁）には「延喜四年（九〇四）十二月十九日……雷公ヲ北野ニ祭ラシム。……此レ、故太政大臣昭宣公（基経）、元慶中、年穀ノ為ニ雷公ニ祈ルニ、感応有リ。因テ毎年秋ニ之ヲ祭ル。仁和中、祭ラズ。寛平初年、頻リニ祭ラザレバ、彼ノ時、元慶ニ雷公ヲ祭ルノ故事ヲ奏ス。太上法皇、之ニ因テ臨時ニ諸司ヲシテ祭ラシム。験有リ。爾レヨリ以来、之ヲ祭ルコト絶エズ」とあり、北野は、穀物の豊作を祈るため、雷神も、道真の怨霊とは無関係に、祭られてきたことも知られる。

こうした自然神である天神や雷神に対する信仰と、菅原道真の怨霊を御霊として祀る「御霊信仰」としての天神信仰とが結びつき、北野に天神社が作られることになる。

菅原道真の左遷と一家離散

菅原道真は、『日本紀略』昌泰四年（九〇一）正月二五日「右大臣従二位菅原朝臣（道真）ヲ以テ大宰権帥ニ任ズ。……又、権帥子息等各以テ左降」、二月一日「今日権帥、任ニ向カフ」とあるように、右大臣から大宰権帥に左遷された。その理由は、『政事要略』巻二二に、この時の宣命が見え、「佞諂《ねいてん》（おもねりへつらう）ノ情ヲ以テ、前上皇ノ御意ヲ欺惑」し、「廃立ヲ行ハント欲ス」「詞ハ辞《あざな》ヒ順ハシテ、心ハ逆。是レ皆天下ノ知ル所ナリ。大臣ノ位ニ居クニ宜シカラズ」という。しかし、『大鏡』左大臣時平伝は次のように伝える。

醍醐の帝の御時、このおとゞ（時平）左大臣の位にて、年いと若くておはします。菅原のおとゞ右大臣の位にておはします。その折、みかど御年、いと若くおはします。左右の大臣に、世の政《まつりごと》を行うべきよし宣旨下さしめ給へりしに、その折、左大臣、御年廿八、九ばかりなり。右大臣の御年五十七、八にやおはしましけん。ともに世の政をせしめ給しあひだ、右大臣は、才《ざえ》よにすぐれ、めでたくおはしまし、御心掟て（気性）も、ことのほかに、かしこくおはします。左大臣は、御年も若く、才もことのほかに、劣り給へるにより、右大臣の御おぼえ、ことのほかに、おはしましたるに、左大臣やすからずおぼしたるほどに、さるべきにやおはしけん、右大臣の御ためによからぬ事（時平の讒言）出できて、昌泰四年正月廿五日、大宰権帥になしたてまつりて、流され給ふ。

これによれば、道真の重用を嫌う藤原時平側の陰謀と考えられる。なお、道真一人の左遷にとどまらず、

このおとゞ、子どもあまたおはせしに（尊卑分脈によれば一一男三女）、女君達はむこどり、男君達はみな、ほ

どくにつけて位どもおはせしを、それもみな、かたぐに流され給て、悲しきに、幼くおはしける男君女君達、慕ひ泣きておはしければ「ちいさきはあへなむ」と、おほやけも（太宰府へ連れて行くことを）赦させ給ひしぞかし。みかどの御おきて（処置）きはめてあやにくに（厳しくて）おはしませば、（もう幼くない）この御子どもを同じかたに遣はさゞりけり。

と道真一家は離散した。『大鏡』は、大宰府へ下向する前に道真が「いと悲しくおぼしめして、御前の梅花を御覧じて、こち吹かば匂ひおこせよ梅の花あるじなしとて春を忘るな」と詠んだと伝える。

北野に道真の怨霊を祀る

『日本紀略』によれば、延喜三年（九〇三）二月二五日「従二位大宰権帥菅原朝臣、西府ニ薨ズ。年五十九」と、二年後、道真は大宰府で薨去するが、時平側も、延喜九年（九〇九）四月四日「左大臣藤原朝臣時平薨ズ。年卅九」、延長元年（九二三）三月二一日「皇太子保明《やすあきら》親王（時平女所生）薨ズ。年廿一」と不幸が続き、この時「天下庶人、悲シミ泣カザル莫シ。其ノ声、雷ノ如シ。世ヲ挙ゲテ云ク、菅帥霊魂宿忿ノ為ス所也」と、早くも道真の怨霊のせいと噂されたことが知られる。それで、四月二〇日には「故従二位大宰権帥菅原朝臣、本官右大臣ニ復シ、兼ネテ正二位ヲ贈ル」が、翌二年（九二四）六月一九日「皇太子慶頼《よしより》王（保明男）、職曹司ニ薨ズ。年五」、延長八年（九三〇）六月二六日「午三刻、愛宕山上ヨリ黒雲起コリ、急ニ陰沢有リ。俄ニシテ雷声大イニ鳴リ、清涼殿ノ坤《ひつじさる》第一柱上ニ堕チ、霹靂神火有リ。殿上ニ侍ルノ者、大納言正三位兼行民部卿藤原朝臣清貫、衣焼ケ胸裂ケテ夭亡ス。年六十四。……哭泣ノ声、禁止スレドモ休マズ。是レヨリ天皇不予ナリ」、九月二二日「天皇、位ヲ逃レ皇太子寛明《ゆたあきら》親王ニ譲ル。

……先帝御春秋四十六、今上（朱雀）八」、二九日「太上皇崩ジ給フ」と不幸は続いた。

菅原道真の怨霊を祀る天神社が北野に創建されたのは、『大鏡』によると「かしこにて失せ給へる、夜のうちに、この北野にそこらの松をおほしたまひて（おはやしになって）、渡りすみ給ふをこそは、只今の北野宮と申て、あら人神（人が神になったもの）におはしますめれば、おほやけも行幸せしめ給ふ。いとかしこく崇めたてまつりたまふめり」というが、実際は『荏柄《えがら》天神縁起』（『群書類従』第二輯）に「天暦元年（九四七）六月九日ぞ北野へはうつしたてまつる」、『年中行事抄』（『続群書類従』第十輯上）に「天暦元年歳次丁未六月九日、件ノ処ニ移シ奉ル」というとおりである。現在、北区北野白梅町の北西に「小松原《こまつばら》」、北に「天神森町《てんじんもりちょう》」などの町名が見られる。

『菅家御伝記』（『群書類従』第二輯、嘉承元年（一一〇六）一二月一八日奥書）には「天徳三年（九五九）二月二十五日、右大臣正二位藤原師輔、神殿屋舎ヲ造リ増シ、神宝数品ヲ献上ス」とあるが、そんなことで道真の怨霊は鎮まらなかった。『扶桑略記』によれば、天徳四年（九六〇）九月二三日に灰塵に帰した平安京内裏を再建するため、翌年二月一六日「始メテ内裏殿舎門廊柱ヲ立テ、并テ梁ヲ上グ。同日、改メテ天徳五年ヲ応和元年ト為ス。天徳ハ是レ火神ノ号也。其ノ忌有ルベシ。仍リテ改元スル也。世ニ伝ヘテ云ク、新造内裏ノ柱、虫、三十一字ヲ食フ。其ノ歌ニ曰ク、作倫（ツクルトモ）又母屋計南（マタモヤケナン）菅原舎（スガハラヤ）棟之板間（ムネノイタマノ）不合奴限者（アハヌカギリハ）、ト」という。『大鏡』も同じ逸話を次のように語る。

> 工（たくみ）ども、裏板《うらいた》どもを、いとうるはしく鉋《かな》かきて、まかり出でつゝ、又のあしたに、まゐりて見るに、昨日の裏板に、もの、すゝけて見ゆるところの有りければ、梯《はし》（はしご）にのぼりて見るに、夜の内に、虫の食《は》めるなりけり。その文字は、つくるとも、またもやけなん、すがはらや、むねのいたまの、あはぬかぎりは、と

こそ有りけれ。それも、この北野のあそばしたるとこそは申すめりしか。

そうした道真の怨霊を鎮めるため、『日本紀略』正暦四年（九九三）条には、六月二〇日「故右大臣正二位菅原朝臣ニ左大臣正一位ヲ贈」り、閏一〇月二〇日「重ネテ故正一位左大臣菅原朝臣ニ太政大臣ヲ贈ル」とある。『菅家御伝記』には「外記日記ニ曰ク、一条天皇、永延元年（九八七）八月五日、始メテ北野聖廟祭祀ヲ行フ。宣命ニ云ク、掛ケマクモ畏キ北野ニ坐ス天満宮天神ト云々。天満天神ノ勅号、始メテ此ニ起コルカ。寛弘元年（一〇〇四）十月廿一日、始メテ行幸有リテ、幣帛ヲ奉ル」とある。一条天皇の行幸の記事は、『権記』同日条によっても確かめられる。

5、別業と寺院

別業《べつぎょう》とは、古代貴族の別荘である。はやく『日本書紀』継体天皇即位前紀に「近江国高嶋郡三尾之別業」と見える。『日本書紀』の「別業」には「なりどころ」という古訓が付されている。「なりどころ」とは、生産のための場所という意味で、舒明紀では「蘇我ノ田家《なりどころ》ニ退《まか》リテ仕ヘズ」（岩波古典大系、下・二二四頁）、持統紀では「飛鳥皇女ノ田荘《なりどころ》ニ幸《いでま》ス」（同・五一七頁）などのように「田家」「田荘」にも「なりどころ」と訓が付されている。「別業」には、田園に建てられた廬（いおり）を意味する「たいほ（田廬）」という別訓もある。すなわち、古代、豪族が農園を営む私有地にあった別宅・別荘の称であった。

『続日本紀』天平一二年（七四〇）五月一〇日条には「天皇、右大臣相楽別業ニ幸ス」などと見え、聖武天皇が右大臣橘諸兄の山背国相楽《さがらか》郡にあった別荘に行幸したことが記録されている。「別業」は、岩波新古典大系『続日本紀』

では「別業《べちごふ》」（二・三六三頁、五・二七九頁、三九一頁）「別業《べつごふ》」（五・五一一頁）と音読する一方、「難波《なには》の別業《いへ》」（四・一〇五頁）と訓読する。すなわち、都以外の場所にある別宅の謂である。

『懐風藻』や『文華秀麗集』などの漢詩文においては、「煩瑣な政治的都市ないし宮廷と、山水の自然とを対置する発想」が見られ、『古今和歌集』はその発想を継承して「憂き世の中」（官僚知識人に即していえば「都」の不如意や煩わしさ）との対比によって「山里」という概念が形成される（小島孝之「『山里』の系譜」『国語と国文学』一九九五・一二）。「山里は物の憀慄《わびし》き事こそあれ世のうきよりはすみよかりけり」（『古今集』九四四）と詠まれるとおりである。それでも「わびしい」世界だった「山里」が美的空間として詠まれていくのは、一条朝前後の『拾遺和歌集』『後拾遺和歌集』を待たねばならず、貴族社会が徐々に崩壊に向かう平安後期、末法思想も拡がる時代の中で、「山里」という歌語は、白居易に代表される山居趣味への憧れや、仏教的色彩を帯びた月と結びつき、歌人たちの想像力を刺激し、様々な自然美を発見し、「山里」を詠みこむ歌の季節は春夏から秋冬へ大きな変容を遂げつつ、次第に陰影を深めていく（笹川博司「『山里』の自然美の形成」『隠遁の憧憬――平安文学論考』）。

『古今和歌集』には「宮づかへ久しくつかうまつらで山里にこもり侍りけるによめる」という詞書をもつ藤原関雄の一首が見えるが、この「山里」は、『文徳実録』に「性、閑退ヲ好ミ、常ニ東山ノ旧居ニ在リ、林泉ヲ耽愛ス。時人呼ビテ、東山進士ト為ス」（仁寿三年（八五三）二月一四日条、関雄卒伝）といわれた関雄の山荘である。『日本三代実録』貞観五年（八六三）九月六日条には、関雄没後、空海の弟子真紹が「関雄ノ東山家」を買って真言道場とし、名を「禅林寺」と賜ったことが見える。

このように、平安貴族の山荘がその主人の死後に寺院となる例が多く見られる。嵯峨上皇が隠棲していた嵯峨院において五七歳で崩御する（『続日本後紀』承和九年（八四二）七月一五日条）と、その後「嵯峨院」が「大覚寺」となった（『日本三代実録』貞観一八年（八七六）二月二五日条）。同様の例をいくつか挙げる。

清原夏野山荘から双丘寺・天安寺へ、そして法金剛院へ（右京区花園双ヶ丘付近）

『日本紀略』によれば、天長七年（八三〇）九月二一日、淳和天皇は「大納言清原真人夏野ノ新造山庄」に行幸し、「詞客卅人ヲ撰ンデ詩ヲ賦セシム。製ニ応ズル也。侍従及ビ文人ニ禄ヲ賜フ」ということがあった。また、同年閏一二月二日にも「北野ニ幸シ、便チ大納言清原真人夏野ノ双岡宅ニ幸ス」と再度行幸した。淳和を迎えて詩筵を張った清原夏野の山荘は、「双岡《ならびがおか》（丘）」にあり、「双岡宅」と呼ばれている。『続日本後紀』によれば、承和元年（八三四）夏四月二一日、仁明天皇の治世下、嵯峨院に隠棲していた嵯峨「先ノ太上天皇」も「右大臣清原真人夏野ノ双岡山庄」に御幸して「水木ヲ愛賞」している。

その三年後の承和四年（八三七）冬一〇月七日、夏野が五六歳で薨去する（『続日本後紀』）と、まもなく寺に改められ、所在地に因んで「双丘寺《そうきゅうじ》」と呼ばれ、その後、天安年間（八五七～八）に「天安寺《てんあんじ》」と改称されたらしい。天安二年（八五八）八月二七日文徳天皇が崩御し、九月六日「田邑山陵《たむらのやまのみささぎ》」（山城国葛野郡田邑郷真原岳）に葬られた（『文徳実録』）が、『日本三代実録』同年一〇月一七日条に「陵辺ニ三昧ヲ修スル沙弥廿口、双丘寺ニ住マシム。元、是レ右大臣清原真人夏野ノ山庄ニテ、今謂フ所ノ天安寺也」と見える。しかし、「双丘寺」という呼称は暫く残っていたようで、貞観元年（八五九）八月二一日と二七日、故文徳天皇の一周忌の御斎会が行われたが、その場所は『日本三代実録』によると「双丘寺ニ於テ」と記されている。

その七年後の貞観八年（八六六）正月五日には、文徳天皇のために金剛般若経千巻、般若心経万巻の転読が行われたが、その場所は同じ『日本三代実録』でも「天安寺ニ於テ」となっている。天安寺は、『小右記』長元四年（一〇三一）七月一一日「諷誦《ふじゅ》、天安寺ニ修シ、精進ス」と、実資が女の忌日に天安寺で追善供養を行っている記事が見えるが、これを最後に暫く記録が見えない。

ほぼ一〇〇年後、『長秋記』大治四年（一一二九）九月一二日条によると、鳥羽天皇中宮待賢門院璋子《たまこ》が参議源師《もろ》時《とき》を「天安寺趾」に遣わし、堂舎造立場所の地相をみさせるという記事が見え、翌五年一〇月「法金剛院」として落慶供養が行われた（『中右記』）。

藤原氏宗山荘から円成寺へ（左京区鹿ヶ谷宮ノ前町付近）

貞観一四年（八七二）二月七日「正三位守右大臣藤原朝臣氏宗《うじむね》」が薨去（『日本三代実録』）し、その三日後、清和天皇は参議在原行平を「東山白河第」に遣わして「正二位」を贈っている（『日本紀略』）。氏宗薨去後、山荘「東山白河第」は、「右大臣氏宗室」だった藤原長良《ながら》女「淑子《よしこ》」（『尊卑分脈』）の所有となり、淑子の猶子となっていた光孝天皇第七皇子で元慶八年（八八四）四月一三日臣籍に降った源定省《さだみ》（『日本三代実録』）は、この山荘で育った。仁和三年（八八七）八月二五日、源定省は図らずも皇籍に復して「親王」に列し、二六日「皇太子」となって「是日」光孝天皇は崩御（『三代実録』）、一一月一七日「即位」（『日本紀略』）して皇位を継承した。宇多天皇は、仁和四年（八八八）四月七日、淑子の深く帰依していた益信《やくしん》を「権律師」に任じ（興福寺本『僧綱補任』）、寛平元年（八八九）三月二五日、「尚侍淑子」は「円成寺」を建て（『日本紀略』）、益信を開基とした。興福寺本『僧綱補任』仁和四年（八八八）条の「益信」の割注に「円成寺根本」と見えるのである。

『類聚三代格式』巻二・経論并法会請僧事に収められる寛平元年七月二五日付太政官符「円成寺ヲ以テ定額ト為シ、仁王三昧安居講経ヲ修メ、并《なら》ビニ三会ノ聴衆ヲ請ズルニ応ズル事」が「権律師法橋上人位益信申状」によって出され、同巻三・定額寺事に収められる延喜六年（九〇六）九月一九日付太政官符「師資相伝シテ寺中雑務ヲ領知セシムルニ応ズル事」は、益信が同年三月七日八〇歳で入滅した後、「円成寺」が「故右大臣贈正二位藤原朝臣氏宗ノ終焉ノ地」に「故尚侍贈正一位藤原朝臣淑子ノ発願」で建てられた寺であることを明示するものである。

宇多天皇の孫で、菅原道真女を母とする源英明《ふさあきら》は、承平三年（九三三）一一月六日、同寺に遊び「冬日、円城（成）寺上方ニ遊ブ」（『本朝文粋』巻第一〇・山寺）と題する詩序を作っている。「鳳城ノ左ニ一道場有リ。天ハ煙霞ヲ借リテ、地ハ水石ヲ与フ。所謂円城寺也」と始め、「紅葉ヲ踏ミテ遥ヲ尋ネ、青苔ヲ占メテ階ヲ昇ル」と続け、「僧ニ逢ヒテ談ズル処、漸ク世俗ノ皆空ナルヲ知ル」と言いながら、やはり「心ノ信有リテ、仏経ニ帰スト雖モ、習ノ未ダ除セズ、何ゾ盃酌ヲ抛《なげう》タン。請フ、十分ノ満盞ヲ引キ、将ニ三冬ノ落輝ヲ惜シマントスルヲ」と結ぶ。二年前に宇多法皇が崩御して庇護者を失った英明は、不遇をかこちながら詩酒に憂さをまぎらす毎日が続いた。そんな日常を離れ、俗念を払おうと山寺を訪ねたのである。

棲霞観から棲霞寺へ、そして清涼寺へ（右京区嵯峨釈迦堂藤ノ木町付近）

『日本三代実録』によると、元慶四年（八八〇）八月二三日、水尾《みずお》で仏堂が営造されるので、清和上皇は水尾山寺より「嵯峨棲霞観《せいかかん》」に遷御した。「棲霞観ハ左大臣ノ山庄也」とある通り、左大臣源融《とおる》の山荘である。『菅家文草』巻第一二には、寛平七年（八九五）八月二五日に七四歳で薨去した故左大臣源融の一周忌にあたって、参議源湛《たたう》・昇《のぼる》二人の子どもが亡父の遺志をついで、嵯峨の「棲霞観」を寺とし、経典を納めたときの願文「両源相公（湛・昇）ノ為ニ先考ノ大臣（源融）ノ周忌法会ニ願フ文　寛平八年八月十六日」が収録され、「仮使《タトヒ》、暫ク風月優遊ノ家タリトモ、唯ダ願ハクハ、終ニ香華供養ノ地ト作ラムコトヲ。是故ニ弟子等、新タニ堂構ヲ彼ノ観ニ添へ、全テ経典ヲ其ノ中ニ納ム」と見える。大納言源昇女は、醍醐天皇の皇子重明《しげあきら》親王を儲け、重明親王は「棲霞寺」に参詣し（『李部王記』天慶八年（九四五）六月一〇日）、室であった藤原忠平二女寛子の周忌法会を「棲霞寺」で営んで「新堂院」を建立、「金色等身釈迦如来像一体」を安置している（同一二月二七日）。『本朝文粋』巻第一〇には、李部王重明親王が「栖霞寺《せいかじ》」に遊んで作文の会を催したときの源順の詩序が収められ、「栖霞寺ハ、本栖霞観也」と始まる。

天元五年（九八二）一一月に宋に赴いた天台僧奝然《ちょうねん》（『百錬抄』、『本朝文粋』巻第九「仲冬餞奝上人赴唐同賦贈以言詩序一首」）は、永延元年（九八七）二月「摺本一切経論、并霊山第三伝釈迦等身立像、十六羅漢絵像」（『扶桑略記』）などを持って帰朝した。『清涼寺《しょうりょうじ》縁起』（『続群書類従』第二七輯上）には「大極殿にあむちし奉り、毎日一斗の白飯を供養す。三年をへて大内北野蓮台寺《れんだいじ》に安ず。いく程なくして嵯峨栖霞寺にうつし奉る。しかれば奝然奏聞を経て愛宕護山をもて五台山に准じて更に清涼寺をたて、、この瑞像を遷座し奉らんとて、先一宇の小堂をつくりて安置し奉る。いまの釈迦堂これなり」とある。『御堂関白記』寛仁二年（一〇一八）正月一五日条には「西（栖）霞寺ノ一切経、渡シ奉ル。是レ、故法橋奝然ノ唐ヨリ持チ渡ル経也。而シテ遺弟、献ズル也。二条ノ西廊ニ安置ス」、『小右記』長元四年（一〇三一）三月一〇日条には「栖霞寺ニ向カヒ、文殊像ヲ拝ス」、同五年一二月一八日条には「栖霞寺ニ向カヒ、十六羅漢ヲ拝シ奉ル」などと見える。やがて『本朝無題詩』巻九所収、藤原敦基《あつもと》（一〇四六〜一一〇六）作「春日於栖霞寺即事」には「茲寺ニハ釈尊第三伝ノ像ヲ安ズ」という割注が見え、『長秋記』永久元年（一一一三）一〇月三日条には「西（栖）霞寺釈迦供」とあるように、釈迦如来に対する信者を得ていくのである。

『源氏物語』に「おとゞぞ猶つねなきものに世をおぼして……み堂をつくらせ給」（絵合）「つくらせ給ふ御だうは大かく寺のみなみにあたりて」「さがの、みだう」（松風）などと見え、源氏が建立した嵯峨野のこの「御堂」について、文明四年（一四七二）成立の一条兼良著『花鳥余情』は「御堂は棲霞寺におもひなずらへ侍り。故に大覚寺の南にあたりて、と下にみえたり。棲霞観は左大臣融公の山荘なり。後に寺になりて棲霞寺といふ。今の清涼寺の東にある阿弥陀堂これなり」とある。室町中期になると、棲霞寺に代わって、融通念仏の大道場として「清涼寺」の名がよく知られるようになる。

道長頼通の宇治別業から平等院へ（宇治市宇治蓮華付近）

『日本紀略』によると、天慶九年（九四六）一二月三日「太上皇、朱雀院ヨリ宇治院ニ幸シ、遊猟ス」、天暦二年（九四八）一一月一一日「上皇、宇治院ニ幸ス」、同三年三月二八日「上皇、宇治院ニ幸ス」などと、朱雀上皇が「宇治院」にたびたび御幸するように、宇治の地は、山水の景勝として平安貴族の別業の地であった。

『小右記』によれば、永延元年（九八七）三月二八日、兼家が春日社に参詣し、その帰路、三〇日「六条大納言（源重信《しげのぶ》）ノ宇治ノ家」で接待を受けているように、宇治は、平安京から大和の春日社参詣や初瀬詣の旅に出た時の立ち寄り所でもあった。長保元年（九九九）八月九日「左府、払暁人々ヲ引率シテ宇治ノ家ニ向カフ」とあり、その「宇治ノ家」の割注に「六条左府（源重信）ノ後家（藤原師輔女）ヨリ手ヅカラ領処ヲ買フ也」とある。道長は、左大臣源重信の未亡人から「宇治ノ家」を買い取り、別業「宇治第（殿）」とした。そこは、長和三年（一〇一四）一〇月二五日「帥宮（敦康《あつやす》親王）左相府ノ宇治第ニ向カハル。卿相・殿上人、首ヲ挙ゲテ追従ス」、寛仁元年一〇月二五日「大殿、宇治ニ遊ブト云々」などと遊覧の場となり、やがて治安三年（一〇二三）八月一一日「今日、禅室、宇治殿ニ於イテ八講ヲ行ハル」と修行の場となった。

『扶桑略記』によると、「始メテ末法ニ入ル」とされる永承七年（一〇五二）三月二八日「左大臣（頼通）宇治別業ヲ捨テテ寺ト為ス。仏像ヲ安置シ、初メテ法華三昧ヲ修ス。平等院ト号ス」と、宇治別業が平等院となり、翌年の天喜元年（一〇五三）三月四日「関白左大臣（頼通）平等院内ニ大堂ヲ建立シ、丈六ノ弥陀仏像ヲ安置ス。……仏像荘厳、古今ニ双ビ無シ」と、平等院阿弥陀堂供養が行われ、同年一〇月一三日「上東門院（彰子）宇治平等院ニ参詣ス」と、彰子も御幸している。

以後、阿弥陀堂に加え、『伊呂波字類抄』の「平等院」の項目をみると、「法華堂」（天喜四年〔一〇五六〕一〇月二二日供養）「御塔」（康平四年〔一〇六一〕一〇月二五日供養）「五大堂」（治暦二年〔一〇六六〕一〇月一三日供養）「不動堂」（延久五年〔一〇七三〕供養）「御経蔵」（永久元年〔一一一三〕五月二九日一切経会）「護摩堂」（宇治殿建立）「円堂」（大治元年〔一一二六〕八月九日供養）などが次々と境内に建立されて伽藍が整備されていったことが知られる。なお、『康平記』（『群書類従』第二五輯）康平四年（一〇六一）一〇月二五日条には「平等院御塔供養」のことが詳しく記録されている。

四、『和名類聚抄』にみる国郡郷名

糸井通浩

『和名類聚抄』（以下『和名抄』）は、同時代の『延喜式（神名帳）』と並んで、地名研究にとっては手放せない基本文献の一つである。

平安中前期・承平四年（九三四）頃、源　順《みなもとのしたごう》が醍醐天皇の皇女勤子《きんし》内親王のために撰述した、百科事典的な漢和辞書。この時期の日本語（和名）を知る上でも貴重な「国語辞書」であり、一部の伝本には、アクセントとしての資料になっているものもある。一〇巻本と二〇巻本の二系統の伝本があるが、二〇巻本の巻六〜巻九が各国の「国・郡・郷」名を余すところなく記録した巻であることから、地名研究の貴重な資料になっている。一〇巻本には該当する同内容の巻が存在していない。

「国郡郷」制は、王朝の領地支配のために各地を行政上の区画化によって整備してきたものである。日本全土を「国」に分割し、その行政の中心地に「国府」（国衙《こくが》）が置かれ、「国司」が行政を行った。「国」はいくつかの郡に分かれ、それぞれ「郡衙」という役所が設けられ「郡司」がいた。各郡はいくつかの「郷」に区分されていて、今の「町村」レベルの行政区画地区であったと言えよう。この行政区画化は飛鳥・藤原京時代以降発達してきたが、「国」も「郡」も「郷」も再編成されたりして、数の増減の変化が見られることに注意しておきたい。

1、「国郡郷」の巻を持つ伝本

「国郡郷」名を列挙する巻の現存する二〇巻本の伝本には、最古の写本である高山寺本（平安末期）、大東急記念文庫本（室町中期・一五世紀中期か。以下「大東急本」とする）、名古屋市博物館本（永禄九年〔一五六六〕。以下「名古屋本」とする）、元和古活字本（一六一七。以下「古活字本」とする）、およびその他版本がある。なお、伊勢本（室町初期写本）があるが、国郡郷を掲げる巻は巻九のみで、「南海道の紀伊、淡路以下四国、九州だけが納められている」（池辺彌『和名類聚抄郷名考證』）という。山城国の部分は欠けている。なかでも高山寺本は、現在天理図書館所蔵で、善本叢書として影印本が刊行されている。源順の原本がどれだけ引き継がれているかは不明であるが、現存最古の写本として貴重な伝本である。

これらの伝本の関係を、地名の漢字表記や訓み（万葉仮名、またはカタカナで示された）の一致不一致によって、二つの系統（グループ）に分けることができる。

A　高山寺本に最も近いのは名古屋本

B　古活字本および江戸版本は、温故堂本が底本と言われるが、大東急本の系統を継いでいると見ることができる。

余談ながら、Bの系統については、偽書とされる『丹後国風土記　残欠（加佐郡）』に関係して、次のような問題がある。当「残欠」では、加佐郡の郷のうち、木簡や高山寺本で「椋橋郷」「田辺郷」とされるものを「高橋郷」「田造郷」としているが、これは明らかに誤りで、同様に「高橋郷」「田造郷」とする古活字本（および以降の江戸版本のすべて）以降を資料にして、古風土記の「残欠」であるかのように記述された偽書だとされ、江戸時代になって作成されたものと説かれている。しかし、「高橋郷」「田造郷」という誤伝は、室町中期の写本とされる大東急本にもすでに見られるのである。しかし、なぜこの誤伝が生じたのか、いつ頃まで遡るのかは判明しない。なお、高山寺本系の名古屋本では「椋橋」「田辺」とあるが、「田辺」の「辺」には「イ造」と傍注があり、その頃「田造」とする伝本のあったことを示している。

2、郷の増減

現存の伝本間にはさまざまな異同が見られる。列挙する郷名について、あるもの・ないものの違いや漢字表記が異なるもの、また「訓み」の付されているもの・いないもの、「訓み」の異なるものなどである。こうした違いが何によるのか、またいずれが正しいのかは慎重に見極めねばならない。特に各写本の書写の時代の「郡郷」の実態が反映していると思われる場合には注目すべきである。

高山寺本の地名

まず以下に高山寺本掲載の山城国の「郡郷」名を、天理図書館善本叢書本に基づいて、すべて翻刻しておく。

乙訓郡　山埼　鞆岡止毛乎賀　長岡　大江　物集毛都米　訓世群世　榎本
羽束波津加之本用羽束志三字　石作以之都久利　石川　長井

葛野郡　橋頭　大岡於保乎賀　山田　川辺賀波乃倍　葛野賀止乃　川嶋加波之万
上林加无都波也之　櫟原　高田　下林　綿代　田邑多无良

愛宕郡　蓼倉多弖久良　栗野久流須乃　粟田阿波太有上下　大野　小野乎乃
錦部尒之古利　八坂也佐賀　鳥戸度利戸　愛宕於太支　賀茂　出雲以都毛有上下
紀伊郡　岡田乎賀多　大里　紀伊　鳥羽止波　石原　拝志波夜之　深草不賀乎佐
宇治郡　宇治　大國　賀美　岡屋乎賀能也　餘戸　小野　山科　小栗乎久流須
久世郡　竹渕太賀布智　那羅奈良　水主　那紀奈美　久世　殖栗名栗
栗前久利久万　冨野止无乃　拝志
綴喜郡　山本　多可　田原　中村　綴喜　志磨　大住　有智　甲作　餘戸
相楽郡　相楽佐賀良賀　水泉以豆美　賀茂　大狛

地名表記の漢字二字化

「国郡郷」制は、律令制を施行していく上でベースとなる、地域空間の行政区画であった。大宝元年（七〇一）から霊亀元年（七一五）にかけて整備され、確立した。和銅六年（七一三）「風土記」編纂の詔が発せられたが、その際「地名」の表記を漢字二字で好字（嘉字）を用いるよう勅が下った。この表記規制が難読地名の生ずる一因となっている。

乙訓郡の「物集」は「もずめ」と読むが、本来「物集女」と表記するものであり、その「女（め）」を略して二字にしたものである。「羽束《はつかし》」も、上記本文の訓注にある通り「志」を略した表記になっている。「栗野《くるすの》」（愛宕郡）は本来「栗栖野」、「小栗《おぐるす》」（宇治郡）は「小栗栖」である。どちらも「栖」の字を略して二文字化している。「錦部」（愛宕郡）は「にしこり」と読むが、「錦織」の「織」を略しているし、本来読みも「にしこりべ」であったと思われる。

「部」はその名残である。ちなみに、「服部《はっとり》」の場合は、「はたおりべ↓はとりべ↓はっとり」となったが、「部」が残ったものである。逆に「紀伊」（紀伊郡）は本来「き」であるが、「き」の母音「い」を添えることで二字化したもの。「いずみ」と読む「水泉」（相楽郡）も、「いずみ」を漢字「泉」で表すと一字で済んでしまうので、意味を考え「水」を加えたものと考えられる。『続日本紀』では、「出水郷」とも表記する。「和泉（国）」のような例もある。

二音節地名（「かな」だと二文字で書く地名）は、ほとんどが一音一字の万葉仮名表記になっており、漢字が地名の意味を伝えているものはないと言っていいだろう。「賀茂」「鳥羽」「宇治」など例は多い。

一つ疑問なのは、（久世郡）「殖栗」（郷）についている訓注が「名栗」とあることである。訓注は「訓み」を示すもので、万葉仮名によって「よみ」の音を伝えているはずである。しかし「栗」は「くり」と二音節表示の訓真名（訓よみ漢字・二合仮名とも）になっている。B系統の伝本には訓注がないが、A系統の名古屋本では「殖栗」に「エクリ」と傍書がしてある。

高山寺本にない郷名

高山寺本は平安末期の写本で、いうまでもなく原本ではなく、原本から二〇〇年あまりが経っている。原本との差異が生じていても不思議ではない。高山寺本にはないが、原本作製時以前に存在の確認できる「郷」がある。池辺彌『和名類聚抄郷名考證』によると、以下の郷が存在したことが各文書の記録からわかるとする。

餘戸郷（愛宕郡）、小野郷（乙訓郡）、伏見郷（紀伊郡）、石田郷（宇治郡）、狭山郷・麻倉郷（久世郡）、岡田郷・恭仁郷・久江里（相楽郡）

なお、相楽郡については、蟹幡・祝園・下狛の各郷が高山寺本にはないが、このことについては後述する。また、大川原郷、有市郷、鹿鷺郷の名も他の史料にみえる（平凡社『京都府の地名』）

これらの郷名が、『和名抄』撰述以前に消えていたものなのか、高山寺本が写し落としたものなのか判断しにくいが、前者が多いであろう。ただし、それぞれの存在の実証はひとつひとつ確かめてみる必要がある。

諸本にみる相違

逆に高山寺本にはなく、後の写本、版本には見いだすことができる郷名がある。高山寺本に「栗田阿波太有上下」（愛宕郡）とあったものが、大東急本、古活字本では、上栗（田）郷、下栗田郷となっているし、紀伊郡には「石井郷」がみえる。これは木簡や「知識優婆塞等貢進文」で確認できる「堅井郷」ではないかと、池辺彌（前掲書）は見ている。とすると、むしろ高山寺本が落としてしまっていた可能性がある。

大東急本が久世郡で「奈关」郷として挙げ、古活字本が「奈美」とする郷がある。また同郡で高山寺本が「那紀奈关」とするものを、大東急本では「那記」とし訓注をつけていない。さらに久世郡では、名古屋本で「宇治」郷が加わり、大東急本では「宇治」郷、「羽栗」郷が加わっている。また大東急本では「栗前」を「栗隈」と表記し、また位置を変えたものもあるなど、久世郡の項はかなり混乱が見られる。

高山寺本の相楽郡にはないが、B系の大東急本・古活字本には「蟹幡加无波多　祝園波布曽乃　下狛之毛都古末」が加わっているし、A系の名古屋本にも同様掲載されている。この三郷名の掲載されている順序からみても、これはむしろ高山寺本が写し落としたものとみるべきであろう。『和名抄』以前の文献でも確認できる地名であるから、高山寺本の写本時に、最後の一行を写し落とした可能性が高い。

存疑の郷名

高山寺本の乙訓郡の「石川」郷、「長井」郷が大東急本では共になく、古活字本では「石川」郷はないが、「長岡」郷が消えてその位置に「長井」郷の方がはまっている。これは古活字本の誤認によるものと思われる。

総じて後世の伝本に訓みを示す訓注が増えているが、そうした違いなどその他はここでは割愛する。高山寺本やB系統本のすべてにおいて葛野郡に記載されている「大岡」郷、「山田」郷が、高山寺本系の名古屋本では乙訓郡に記載されている。理由は不明。

3、『和名類聚抄』以外でみられる公式の地名

国郡郷名を網羅した『和名抄』以外で行政的に定められていた土地について知られる資料がある。それをここで確かめておきたい。

国府と駅の地名

山城（古くは山代、山背）国の国府（律令制下の、国の官庁にあたる国衙の所在地）の場所については、以下のように見られている。まず奈良時代までは、「律書残篇」（平安時代初期）の記事に「山代国、（略）去京（注・平城京）行程半日」とあることから、国府は南山城の相楽郡の木津あたりにあったとみられ、都が山城国に移ってからは、『日本紀略』（延暦一六年条）の記事「遷山城国治於長岡京南、以葛野郡地勢狭隘也」などから、まず北山背の繁栄を支えた葛野郡に遷り、ついで延暦一六年（七九七）長岡京南に移ったと考えられる。そして最後に『日本三代実録』貞

観三年（八六一）の記事「山城国司奏言、河陽離宮、久不行幸、稍致破壊、請為国司行政処」から大山崎の河陽離宮（離宮八幡）に遷っていることがわかる。

大和政権と各地方を結ぶ街道の整備にともない設けられた「駅《うまや》」について、平安京以前における状況を確認すると、『続日本紀』和銅四年（七一一）条に「始置都亭駅、山背国相楽郡岡田駅、綴喜郡山本駅」とあり、その他に「山科駅」、「山崎駅」（乙訓郡大山崎）が確認できる。駅名には、既存の土地名をそのまま用いたと考えられる。七街道の出発点が大和から長岡京・平安京に変わると、前二者（岡田駅・山本駅）及び「山科駅」は廃止されたようである。『和名抄』（高山寺本）巻一〇によると、山城国では西国街道の「山崎」駅のみで、「大枝」駅は「丹波国」に属している。

『延喜式』と地名

醍醐天皇の命により延喜五年（九〇五）に着手され、延長五年（九二七）に完成した三代式の一つ『延喜式』、その「神祇」篇（巻九・一〇）は、いわゆる「延喜式神名帳」と言われるが、当時官幣あるいは国幣であった神社の名称が、国郡別にすべて掲載されている。郡の名がすべてわかるばかりでなく、神社名に、その神社の存在する土地の名がついている場合があって、主として郷レベル以下の地名の存在を知ることができるのである。

例えば、乙訓郡では、「向《むかえ（むこう）》」「與杼《よど》」「入野《いりの》」「神足《こうたり》」など、宇治郡では「許波多《こはた》」、久世郡では「水度《みと》」「伊勢田《いせだ》」「日椋《あさくら》」などの地名を負った神社名が確認できる。

ただし、地名が先か神社名が先かについては、慎重に見極めなければならないだろう。

4、まとめと課題

各地の行政区画地名にあたる「国郡郷」名が網羅的に記録されている、最古の資料として『和名抄』は貴重な文献であるが、編纂は一〇世紀前半で奈良時代以前の「国郡郷」の存在については、「記紀」「風土記」などの文献や木簡に頼るしか方法はないのである。

しかし、平安以降については各地区でどのような行政区画がされていたかが推定できる。

ただ、「郡郷」名としては存在しなかった「伏見」「木幡」「太秦」「紫野」「嵯峨」などの古代地名について、どのような区域を指した地名だったのか、など、別途考えなければならない課題であろう。

最後に『和名抄』についての研究書で、今後も地名研究において貴重な参考文献になる二著のことを記しておきたい。

①狩谷棭斎『箋注倭名類聚抄』……『和名抄』にとても詳しい「箋注」を施したもので、後世の学問にとって大きな功績となっている。棭斎は、国郡郷の巻を含む二〇巻本は、源順によるものでなく、後世に増補されたものと考えている。

②池辺彌『和名類聚抄郷名考證』（吉川弘文館、一九六六）……高山寺本を底本に江戸版本と校合していて両者の違いがよくわかる。また両本通じて記載がないが、奈良時代後期、平安時代に他の文献や文書類、確実な資料に記録されている「郷名」を参考として取り上げていて、意義がある。また、平安末期までの主だったほとんどの、確実な資料に基づいて編まれた「古代郷名集成」はありがたい資料である。

五、院政と京域の拡大

笹川博司

平安京の周縁には、本章三「平安京の周縁」で見てきたように、行幸・遊猟・遊覧のための場所、葬送や墓地、別業や寺社があったが、やがてそこが周縁ではなく、中心となっていく地域が生まれてくる。白河《しらかわ》と鳥羽《とば》である。周縁ではなく中心という所以は、もちろんそこが御所となったということである。それが院政という政治システムと深い関係があるのは言うまでもない。「みやこ」という語は、元来「天皇（上皇・法皇を含む）の御所のあるところ」（御《み》屋《や》処《こ》）の意であり、白河天皇や鳥羽天皇の御所が造営された白河や鳥羽の地は、もはや洛外とは言えず、京域が拡大したとみるべきである。

白河と鳥羽が政治的・文化的中心地として栄えるまでの経緯を辿ってみる。

1、白河

白河と呼ばれるのは、言うまでもなく白川《しらかわ》流域であることに由来する。白川は、比叡山《ひえいざん》と如意ケ岳《にょいがたけ》の間を水源とし、山中越《やまなかごえ》の峠道沿いに京都盆地に流れ落ちて北白川で扇状地を形成し、浄土寺《じょうどじ》・鹿ケ谷《ししがたに》を南流、南禅寺《なんぜんじ》・岡崎《おかざき》から南西に向かい、鴨川《かもがわ》に合流する。平安京造営当時、洛外だった鴨東《おうとう》は、北白川の扇状地に粟田氏の集落とその氏寺（北白川廃寺）が建つ以外、人家は稀で、東山山麓の緑のなかを白川が一筋に流れ、自然美を形成していたと想像される。白川の名は、流域が花崗岩地帯で、川砂が白砂であることによる。平安貴族は、白川流域の景勝地に憩いを求め、遊覧に出かけたり、別業を営んだりした。

藤原氏宗の「東山白河第」については本章三「5、別業と寺院」で触れたが、白川の別業で特に有名なものは、藤原良房の「白河院」である。基経・忠平・師尹・済時・道長・頼通・師実が次々と伝領し、藤原氏代々の別業となった。『本朝文粋』巻一一所収の「白河院ハ、故左相府ノ山庄也」と始まる源順の詩序（三二三）の対句「南ノカタ望メバ則チ関路《かんろ》ノ長キ有リ、行人征馬《こうじんせいば》、翠簾《すいれん》ノ下ニ駱駅《らくえき》ス。東ノカタ顧ミレバ亦タ林塘《りんとう》ノ妙ナル有リ、紫鴛白鴎《しえんはくおう》、朱檻《しゅかん》ノ前ニ逍遥ス」は、『和漢朗詠集』巻下・山家にも採られ、白河院のあった場所を特定する上で参考になる。すなわち、白河院から南に「関路」（粟田口《あわたぐち》から山科《やましな》へ抜けて逢坂関《おうさかのせき》に至る道）の長い道を行き交う旅人や馬の姿が青簾を通して望まれ、東をふりかえると「林塘」（白川に近い林中の池）の朱塗りの手すりの近くでのんびり彷徨う紫の鴛《おし》鴦《どり》や白い鷗《かもめ》が見えるというのである。「白河院」は、「関路」に近い故に東国へ旅立つ人を送別する場所にもなった。

（笹川博司「白川」『京都の地名検証３』）

法勝寺と六勝寺の造営

『扶桑略記』によると、承保元年（一〇七四）二月二日「宇治前大相府（頼通）薨ズ。年八十三」一〇月三日「上東門院、法成寺阿弥陀堂ニ於テ崩ズ。年八十七也」と、栄華を極めた道長の一男一女が没し、摂関政治は終焉を迎え、院政期に入る。翌年、左大臣師実から「白河院」を献上された白河天皇は、その土地に法勝寺《ほっしょうじ》の造営を開始する。『水左記』によると、承保二年七月一一日「今日、白河御堂ノ木作始《こづくりはじ》メ也」とあるのがそれで、二年後に完成し、承暦元年（一〇七七）一二月一八日「今日、法勝寺供養也」と見え、白河天皇も法勝寺に行幸し「金堂」「講堂」「五大堂」「阿弥陀堂」「法華堂」の落慶供養が営まれている。さらに、永保元年（一〇八一）九月二七日「法勝寺ニ参ル。今日、御塔ノ礎ヲ居《す》（据）ヱラルル也」、一〇月二七日「此ノ日、法勝寺ノ御塔ノ心柱ヲ立テラル」と塔の建立も進められ、二年後『扶桑略記』永保三年一〇月一日「法勝寺ノ九重塔、并ビニ薬師堂・八角堂ヲ供養ス。請僧《しょうそう》百六十口。行幸有リ」と、九重の塔が完成した。当日の「法勝寺御塔会」次第については『江家次第』が詳しく記録する。九重塔の威容については『元亨釈書』巻第二五に「法勝ノ塔、其ノ層九級、皇城ニ比《たぐ》ヒ無シ」というとおりである。

この法勝寺に始まる「勝」の字の六ケ寺が白河の地に次々と建てられた。これを六勝寺《ろくしょうじ》と称している。法勝寺に続く御願寺は表のとおりである。

表　法勝寺以外の六勝寺

寺名	発願者	落慶供養	史料
尊勝寺《そんしょうじ》	堀河天皇	康和四年（一一〇二）六月二九日	殿暦・中右記
最勝寺《さいしょうじ》	鳥羽天皇	元永元年（一一一八）一二月一七日	殿暦・諸寺供養部類（続群書類従二十六輯下）
円勝寺《えんしょうじ》	待賢門院	大治三年（一一二八）三月一三日	中右記目録・百錬抄
成勝寺《じょうしょうじ》	崇徳天皇	保延五年（一一三九）一〇月二六日	百錬抄・諸寺供養部類
延勝寺《えんしょうじ》	近衛天皇	久安五年（一一四九）三月二〇日	本朝世紀・百錬抄・伊呂波字類抄

白河御所

六勝寺の出現によって鴨東の白河の様相は一変したが、京域の拡大という視点でより重要なのは、「白河南殿」や「白河北殿」などと称された白河法皇の御所の建築である。

白河南殿は、北殿造営後の呼称で、当初は「白河殿《しらかわどの》」あるいは「白河（法勝寺）泉殿《いずみどの》」「白河（法勝寺）御所」などと呼ばれた。『為房卿記』寛治四年（一〇九〇）六月六日「今夕上皇、法勝寺泉殿ニ御幸ス」や『中右記』嘉保二年（一〇九五）五月一〇日「上皇、同ジク法勝寺御所ニ渡御ス」に付けられた割注「前大僧正覚円《かくえん》ノ坊也。本、御所ト為ス。御寺ノ西ノ別処、水石風流ノ地也」とあるのが、それである。上皇の御願寺である法勝寺の西側に御所を造営し、そこに滞在することが多くなったのである。

白河北殿は、『殿暦』元永元年（一一一八）七月一〇日「院、白河ノ新御所ニ渡リ給フ」とあり、『中右記』同日条がもっと詳しく「今夕、法王白川北新小御所ニ渡御スベキ也」と見え一件ノ御所ハ、本御所ノ北、大路ノ北辺ニ新タニ作ラル小□□、是レ越前気比宮ノ神主ノ成サルル成功テヘリ。造進也」という割注を付す通り、白河御所の北に新たに越前国気比神宮の神主の造進によるもので、同書大治四年（一一二九）正月三日「今夕、本院初メテ白河北新造御所ニ遷御スト云々。是レ法橋信縁《しんえん》、受領ノ功ヲ募リ、造リ奉ル也。……今度、作リ弘メラルル也」によれば、それが一〇年後に拡張されたことが知られる。

こうした白河の名残は、左京区岡崎の「法勝寺町《ほうしょうじちょう》」「最勝寺町《さいしょうじちょう》」「円勝寺町《えんしょうじちょう》」「成勝寺町《せいしょうじちょう》」「南御所町《みなみごしょちょう》」「北御所町《きたごしょちょう》」などの町名に見られる。（吉田金彦他編『京都地名語源辞典』）

2、鳥羽

鳥羽は、『和名抄』に山城国紀伊郡鳥羽郷と見える地名で、高山寺本が「止波」、大東急本が「度波」と読みを示す。奈良文化財研究所の木簡データベースによると、藤原宮跡から「下鳥羽瓱難酒《かめかたざけ》（濃い濁酒、煉酒《ねりざけ》の類か）三斗一升」、平城京の長屋王邸跡から「鳥羽里俵一斛《こく》」と記された荷札が見つかっていて、地名「鳥羽」は平安京以前に遡る。桂川に鴨川が合流する地域で、水運にとっては利用度の高い土地であった。「とば」の地名の語源は「船泊場」「渡場」あるいは「つには（津庭）」かとされる（前掲『京都地名語源辞典』）。平安京造営に伴って羅城門から南下する道として建設された直線の計画道路「鳥羽の作り道」によって、平安京と鳥羽は早くから結ばれていた。『日本紀略』延喜元年（九〇一）九月一五日条に「左大臣（時平）城南水閣ニ於テ大蔵善行七旬ノ算ヲ賀シ、詩ヲ賦ス」とあり、「城南水閣」なる施設も鳥羽周辺に所在したらしいが、詳細は不明である。羅城門から三キロメートル以上も南に隔たった鳥羽の地は、鴨川を東に渡るだけで平安京に隣接する白河の地とは異なる。

鳥羽殿の造営

白河天皇は応徳三年（一〇八六）一一月二六日、位を堀河天皇に譲り、自らは上皇となって院政を開始した。それに先立ち、院政を執り行う場所として鳥羽殿《とばどの》の造営を開始している。『扶桑略記』同年一〇月二〇日「公家、近来九条以南鳥羽山荘ニ新タニ後院ヲ建ツ。凡ソ百余町ヲ卜《えら》ベリ。近習《きんじゅ》ノ卿相・侍臣・地下・雑人等、各々家地ヲ賜リ、舎屋ヲ営造ス。宛《あたか》モ都遷リノ如シ」という大規模なもので、「讃岐守高階泰仲《たかしなのやすなか》、御所ヲ作ルニ依リ、已ニ重任ノ宣旨ヲ蒙リ、備前守藤原季綱《すえつな》、同ジク以テ重任セラル。山荘ヲ献ズル賞也」とあるように、備前守藤原季綱が鳥羽山荘を寄進し、その地に讃岐守高階泰仲が御所造営の中心的な働きをし、彼らはその見返りに受領の重任を得ている。「五畿七道六十余州、皆共ニ課役シ、池ヲ掘リ、山ヲ築ク。去ル七月ヨリ今月ニ至ルモ、其ノ功未ダ了ラズ。洛陽営々トシテ此ヨリ過グル无シ。池ノ広サ南北八町、東西六町。水ノ深サ八尺ニ余リ有リ。殆ド九重ノ淵ニ近シ。或イハ蒼海ヲ模シテ嶋ヲ作リ、或イハ蓬山ヲ写シテ巌ヲ畳ム。船ヲ泛ベテ帆ヲ飛バセバ煙浪渺々トシテ、棹ヲ飄シテ碇ヲ下ロセバ池水湛々タリ。風流ノ美、勝ゲテ計フベカラズ」という壮大な造営であった。

『栄花物語』巻第四〇・紫野は「いかにおぼしめすにか、九条のあなたに、鳥羽といふ所に、池・山ひろう、おもしろうつくらせ給は、おりさせ給べき御心まうけにや、など申おもへるほどに、十一月廿六日に、二宮（善仁　堀河院）に御位譲申させ給」といい、その「鳥羽院」の様子を「十余丁をこめてつくらせ給。十丁ばかりは池にて、はる〴〵とよもの海のけしきにて、御船うかべなどしたる、いとめでたし」と語る。「十余丁」は『扶桑略記』の「百余町」と合わせると「十町四方」ということだろうし、「十丁ばかり」の池は「池の広さ南北八町、東西六町」に対応しよう。いずれにせよ、広大な鳥羽殿の造営は、白河天皇の「おりさせ給べき御心まうけ」（御譲位なさる準備）と一般に推察されていたことが知られる。鳥羽殿は、当初から院政の場として構想され、『神皇正統記』に「城南ノ鳥羽ト云所ニ離宮ヲタテ、土木ノ大ナル営アリキ。昔ハオリ位ノ君ハ朱雀院ニマシマス。コレヲ後院ト云。又冷然院ニモオハシケルニ、彼所々ニハスマセ給ハズ。白河ヨリノチニハ鳥羽殿ヲモチテ上皇御坐ノ本所トハサダメラレニケリ」とあるように、「朱雀院」や「冷然院」に代わって、「上皇御坐ノ本所」（常に御座あるように定められた御所）となったのである。京域の拡大と位置づけられる所以である。

北殿・泉殿

『中右記』によると、寛治元年（一〇八七）正月二九日「院ニ於テ鳥羽殿御渡リノ定メ有リ」、二月五日「夜ニ入リ、上皇初メテ鳥羽水閣ニ御幸ス」と御所がいったん完成し、寛治二年（一〇八八）三月五日「上皇・斎宮、鳥羽殿新御所ニ遷御」と「新御所」が完成している。同日条の『後二条師通記』には「鳥羽殿北殿ニ初メテ御度（渡）リアル也」とあり、「上皇、始メテ鳥羽北殿ニ御ス」という朱書きも付記されているので、最初に完成した御所を「鳥羽南殿」、後で完成した御所を「鳥羽北殿」と称している。鳥羽殿では「前栽堀逍遙」（『中右記』寛治元年七月一〇日）「逍遙和歌興」（同一〇月二九日）「御乗船之興」（寛治二年三月一〇日）などが行われ、熊野詣《くまのもうで》の基地として「鳥羽御精進所」（寛治四年正月一六日）が設けられ、正月二二日から旅を終え、翌月二六日「上皇、此ノ暁、熊野ヨリ鳥羽殿ニ還御」している。同年「鳥羽辺花ヲ御覧」（三月一〇日）になり、「鳥羽殿馬場」で「競馬」が催され「馬場殿ニ渡御」（四月一五日）している。また、鳥羽殿は水路を通じて大堰《おおい》や宇治《うじ》と繋がり、「太上皇、鳥羽殿ヨリ御船ヲ以テ大井河ノ紅葉ヲ歴覧」（寛治五年一〇月一日）、「上皇、鳥羽殿ヨリ宇治ノ平等院ニ御幸、御船ニ乗リ網代ヲ覧ル」（同一二日）という記事も見える。その後も、寛治六年（一〇九二）二月一七日「今夜、太上皇、鳥羽殿ニ還御、是レ新御所御渡リニ依ル也」、四月一五日「上皇、未時許ニ鳥羽殿ニ御幸スルコト有リ。是レ新御所御渡リニ依ル也」と「新御所」（泉殿か）が造営され、承徳二年（一〇九八）一〇月二六日「今日又鳥羽殿御堂ノ事始云々」と「御堂」（証金剛院）も建設されていく。

成菩提院・田中殿・秋の山

鳥羽上皇の時代になると、白河院の菩提を弔う泉殿の御堂「成菩提院《じょうぼだいいん》」（『長秋記』天承元年〔一一三一〕八月二五日）、宇治平等院を模した北殿の御堂「勝光明院《しょうこうみょういん》」（『長秋記』長承三年〔一一三四〕四月一九日、『中右記』保延二年〔一一三六〕三月二三日）、鳥羽上皇の離宮となった「鳥羽東殿」の御堂「安楽寿院《あんらくじゅいん》」（『百錬抄』保延三年〔一一三七〕一〇月一五日）、鳥羽殿のなかでも最後に造営される御所「田中殿《たなかどの》」（『兵範記』仁平二年〔一一五二〕六月四日）とその御堂「金剛心院《こんごうしんいん》」（久寿元年〔一一五四〕八月九日）が次々と造営されていく。

『古今著聞集』巻第一四・遊覧第二二に「馬場殿へ御幸ならせ給て、秋の山のかたへいらせ給けるに」、『平家物語』巻第三・城南之離宮に「秋ノ山ノ嵐ノミ激シクテ」（屋代本）などと鳥羽殿の庭に造られた築山「秋の山」の呼称が見え、それを含め、鳥羽殿に由来する地名が伏見区中島には「秋ノ山町《あきのやまちょう》」「御所ノ内町《ごしょのうちちょう》」「鳥羽離宮町《とばりきゅうちょう》」、伏見区竹田には「浄菩提院町《じょうぼだいいんちょう》」「田中殿町《たなかでんちょう》」「鳥羽殿町《とばどのちょう》」などと、多くの町名が現在も名残をとどめる。

六、歌枕の成立と文学にみる地名

笹川博司

平安貴族にとって和歌の教養は極めて重要だった。もちろん、平安京が長安や洛陽の都を意識して造営され、嵯峨朝時代には勅撰漢詩集が編纂されていたことからも明らかなように、平安時代前期は、漢詩文から日本人は多くを学んでいた。しかし、遣唐使も廃止され、文化が国風化してくると、和歌が平安貴族のコミュニケーション・ツールとして大きな機能を発揮するようになる。しかも、自然の景物や季節の風情に託して心情を表現するという和歌の方法は、日本人の美意識や感受性を育てることになった。

現代の日本人が「吉野」という地名を耳にすると、千本桜を連想し、桜の美しい山をイメージするだろう。しかし、それは西行という歌僧が吉野山に籠もって桜の和歌を数多く詠んで以降のことで、平安時代の前期・中期は「吉野」といえば寒く雪深い所というイメージが一般的であった。『小倉百人一首』にも採られ有名な「あさぼらけ有明の月とみるまでに吉野の里に降れる白雪」（『古今集』冬・三三二、坂上是則）の通りである。そうした特定のイメージをもつ地名も心情表現に利用しようという趣向が和歌には強いのである。『源氏物語』薄雲冒頭近くで、大堰《おおい》の山荘で暮らす明石の君が、娘とその乳母と別れる日も近い「雪かきくらし降り積もる朝」、娘とあなたが、源氏の君のいらっしゃる二条院に移ってしまって私が独りぼっちになったら、今日みたいな雪の日はどんなにか心細いでしょうね、と嘆き、「雪ふかみ深山の道は晴れずともなほふみかよへ跡たえずして」と歌を詠む。それにもらい泣きをした乳母が「雪間なき吉野の山をたづねても心のかよふ跡たえめやは」と慰める場面がある。物語の舞台が平安京とその郊外の大堰なのに、なぜ突然「吉野」が出てきたのか。大堰川のほとりの雪深い山荘どころか、あの絶え間なく雪が降っているという吉野の山であっても、と雪の名所「吉野」を持ち出して「雪」など厭わない気持ちを強調したのである。

1、歌枕の成立

歌枕とは、『新撰髄脳』に「いにしへの人おほく本（上の句）に歌まくらを置きて、末（下の句）におもふ心をあらはす」と見えるように、和歌に詠みこまれる名所のみならず、序詞、枕詞を含む歌語一般をいうが、狭義には、『梁塵秘抄』に「近江にをかしき歌枕《うたまくら》、老曽《おいそ》、轟《とゞろき》、蒲生野《がもうの》」（三二五）などと、和歌にしばしば詠みこまれる名所、旧跡の地名を指す。ここでは、狭義の歌枕が対象になる。

「泉川」「鹿背山」「みかの原」を例に挙げよう。天平一二年（七四〇）の藤原広継の乱に衝撃を受けた聖武天皇は、橘諸兄の勧めで、平城京から恭仁京《くに》へ遷都する。恭仁京は「泉川」（木津川）を臨む景勝地「みかの原」に造営され、「鹿背山」の東西をそれぞれ左京右京とし、官人に宅地を与えた。それゆえ、『万葉集』には「久迩《くに》の新京を讃めし歌」として「……山代乃《やましろの》　鹿脊山《かせやま》　際尓《のまに》　宮柱《みやばしら》　太敷奉《ふとしきたてて》　高知為《たかしらす》……」（巻六・一〇五〇）、「泉河《いづみがは》　徃瀬乃水之《ゆくせのみづの》　絶者《たえば》許曽《こそ》　大宮地《おほみやところ》　遷徃目《うつりもゆかめ》」（同・一〇五四）などと、山背国の「鹿背山」の山間に宮柱を太く立ててお治めになる恭仁京は、「泉川」の水が絶えない限り永続すると詠まれた。しかし、恭仁京の造営には莫大な費用がかかり、未完成のままにされ、天平一六年（七四四）難波京へ遷都してしまう。すると、「春日、三香原《みかのはら》の荒墟を悲傷して作りし歌」

として「三香原《みかのはら》　久迩乃京《くにのみやこ》者《は》　荒去家里《あれにけり》　大宮人乃《おほみやびとの》　遷《うつり》去礼者《いぬれば》」（巻六・一〇六〇）と、「みかの原」の荒廃が詠嘆された。平安時代に入り、貴族の生活の場が平安京中心となると、「泉川」「鹿背山」「みかの原」が都から遠い南山城の地として日常から遊離した空間になる。すると、『古今和歌集』では「題しらず」として「都いでて今日みかの原いづみ河かは風さむし衣かせ山」（羇旅・四〇八、よみ人しらず）と、それぞれの名所旧跡は歴史的事実から離れ、「みかの原」は「三日」、「鹿背山」は「貸せ」と掛詞として機智に富む詠風を生む歌枕となった。さらに『新古今和歌集』では、『小倉百人一首』でも有名な「題しらず」の恋歌「みかのはらわきてながるるいづみ河いつみきとてかこひしかるらむ」（恋一・九九六、中納言兼輔）と詠まれ、「みかの原」や「泉川」は、「いつ見き」を導く序詞の構成要素として機能していく。（笹川博司「古今集の山々」〔『深山の思想』〕、「歌枕と名所意識」〔倉田実他編『王朝文学と交通』〕参照。）

平安時代の和歌に詠みこまれた山城国の歌枕を、その前後も含めて、概観するために『万葉集』と八代集に見える地名の初出を一覧しておくと、次頁の表のようになる。山城国の歌枕について、具体的な情報を手軽に得たい場合は、表に挙げた歌枕について、片桐洋一著『歌枕歌ことば辞典　増訂版』（笠間書院、一九九九）や久保田淳・馬場あき子編『歌ことば歌枕大辞典』（角川書店、一九九九年）の当該頁を開いてみればよい。的確かつ詳細な情報が得られるだろう。片桐洋一編『歌枕を学ぶ人のために』（世界思想社、一九九四）も参考になる。

2、文学にみる地名

和歌に詠みこまれる地名である歌枕以外に、多くの文学作品には地名が数多く登場する。和歌・歌論、物語・日記、

表　山城国の歌枕（万葉集と八代集における初出）

歌集	歌枕
万葉集	泉川《いずみかわ》 石田小野《いわたのおの》 宇《う》治《じ》 大江山《おおえやま》 鹿背山《かせやま》 賀《か》茂《も》 鷺坂《さぎさか》 伏見《ふしみ》 みかの原《はら》
古今集	井手《いで》・大堰《おおい》 大原野《おおはらの》・小倉山《おぐらやま》 小塩山《おしおのやま》・男山《おとこやま》 音羽山《おとわやま》・小《お》野《の》 笠取山《かさとりやま》・桂《かつら》 賀茂川《かもがわ》・清滝《きよたき》 暗部山《くらぶやま》・嵯《さ》峨《が》 白河《しらかわ》・橘小島《たちばなのおじま》 常盤《ときわ》・鳥《と》羽《ば》 深草《ふかくさ》・御手洗川《みたらしがわ》 淀《よど》
後撰集	大原《おおはら》 北野《きたの》 鞍馬山《くらまやま》 芹川《せりかわ》 羽束師森《はづかしのもり》 美《み》豆《づ》
拾遺集	愛宕《あたご》 嵐山《あらしのやま》 稲荷《いなり》 岩倉《いわくら》 梅津《うめづ》 木幡《こはた》 高雄《たかお》 鳥部山《とりべやま》 平野《ひらの》 船岡《ふなおか》 松崎《まつがさき》
後拾遺集	石清水《いわしみず》 神山《かみやま》 亀山《かめやま》 貴船《きふね》 月輪《つきのわ》 鳥部野《とりべの》 中川《なかがわ》 柞森《ははそのもり》 広沢《ひろさわ》 松尾《まつのお》
金葉集	化野《あだしの》 天橋立《あまのはしだて》 生野《いくの》 戸《と》無《な》瀬《せ》
詞花集	初出ナシ
千載集	有栖川《ありすがわ》 入野《いるの》 柞原《ははそがはら》 氷室山《ひむろのやま》
新古今集	朝日山 糺森《ただすのもり》 楢小川《ならのおがわ》

歴史物語・史論、軍記、説話・伝記、随筆・紀行・その他、あらゆるジャンルの上代から南北朝期頃までの、ほぼ全ての日本文学作品に登場する日本国内の地名の総索引である加納重文編『日本古代文学地名索引』（ビクトリー社、一九八五）が先駆的な業績として貴重である。ただし、この索引が作成されてから三〇年が経過し、その間に、新しい文学大系や全集が出版され、調査文献がいささか古くなってしまった。現段階で新しく、かつ入手しやすく、一定の信頼の置ける本文を有するのは、『新日本古典文学大系』（岩波書店）と『新編日本古典文学全集』（小学館）であろう。これらには一部、地名索引が付録されているものもあるが、まだまだ十分とは言えない。現在、この新大系あるいは新編全集の本文が、日本古典文学を読むときの最も一般的な通行の本文かと思われるので、是非、これらの本文に基づく地名索引が完備されることが望まれるところである。

同時に、本文が妥当かどうかの検討が必要な場合もある。そうした本文研究がこの間十分に進んだとは言えない。文学にみえる地名、特に散文作品にみえる地名は、古写本の残存状況が心許ないため、その伝本の本文の妥当性の検討を要する場合もあるのに、本文研究や訓詁注釈という従来、学問の王道だった研究方法が軽視されてしまっている現状がある。一例を挙げてみよう。

「あはゝのつし」とは何処か

『大鏡』師輔伝に「この九条殿は、百鬼夜行にあはせたまへるは。……いみじう夜ふけて、内よりいでたまふに、大宮より南ざまへおはしますに、あは、のつしのほどにて……」という一節がある。九条右大臣藤原師輔《もろすけ》が百鬼夜行に遭遇した時のことを、世継《よつぎ》が語る場面である。夜更け、内裏を出、大宮大路を南へ進み、「あは、のつしのほど」で百鬼夜行に遭遇したというのである。多くの注釈書は「あは、のつし」に「あは、の辻」と漢字を当て、二条大宮とするが、はたしてそれは、妥当な解釈であろうか。

「あはゝのつし」が二条大宮であるなら、「大宮より南ざまへおはしますに、二条のほどにて」と語ればすむところを、なぜ世継はそう語らなかったのであろうか。「二条のほどにて」と言わず「あは、のつしのほどにて」と世継が語る理由として考えられるのは、次の二つの場合である。

①「あは、のつし」が二条大宮の別称であって、しかもそれが当時の人々にとって周知の事実である場合

②「あはゝのつし」が二条大宮と異なる場所である場合

多くの注釈書が①の場合を想定し、それを事実として受け入れているのである。

まず、『大鏡』諸本で本文を確認してみる。東松本・桂甲本は「あは、のつし」、平松本・桂乙本・久原本は「あは

らのつし」で、「ゝ」と「ら」の誤写による異同がある。最古の写本である天理図書館蔵建久本はいずれにも読めそうな字体である。増補本系統の大鏡本文は「あはの、つし」。東松本や建久本などには「二条大宮」という傍記がある。この傍注をそのまま疑わず多くの注釈書は受容したのである。しかし、「二条大宮」の交差点が別称として「あは、（ら）の辻」と呼ばれていた形跡が他にない。もしこの別称が定着していたなら、『大鏡』の用例以前にも「あは、の辻」という用例が文献に見えてよさそうなものだが、「あは、の辻」はこの『大鏡』以前に用例が見えず、『大鏡』が初出なのである。後世、『大鏡』から引用された『宝物集』巻第四に「九条右大臣殿〈師輔〉あはらのつしにて百鬼夜行にあひて、尊勝陀羅尼みてゝ、鬼難をまぬかれたまへり」、『康頼宝物集』中（『続群書類従』三二輯下）に「九条右大臣師輔ハアホノツ（アノ、ツヂイ）ニシテ百鬼夜行ニ相給テ、尊勝陀羅尼ヲミテ、鬼難ヲ免給」、『真言伝』第四（『大日本仏教全書』百六）に「九条右大臣〈師輔公〉イミジウ夜深テ内ヨリ出給テ大宮ヨリ南様ヘヲハシマス。アハハノ辻ノホドニテ百鬼夜行ニ相ヒ給ケルニ……」などと、引き継がれていくに過ぎない。『宝物集』でも、古鈔本や瑞光寺蔵本では「あはらのつし」に「二条大宮」と傍記され、他本ではその傍記が本文化して「二条大宮あはらのつし」となっている。応仁の乱以前の平安京の復元をめざして寛延三年（一七五〇）に作製された「中古京師内外地図」（『新訂増補故実叢書』所収）には二条大宮に「アハノ辻」と記されているのも、やはり『大鏡』由来の記事に拠るものであろう。

「つし」は「つじ」か「づし」か

このように「あは、の」については、「あはらの」「あはのの」「あはの」などと本文に揺れがあり、また語義についても明確ではない。しかし、「つし」については、少しは推察する材料がある。すなわち、「つじ」と読んで交差点と解するか、それとも「づし」と読んで路地と解するか、である。通説では、「づし（辻子）」は「平安末期から現れた」（『角川古語大辞典』）とされ、「辻」とみて何ら疑わず「つじ」と読んでいるが、はたして妥当か。『拾芥抄』中・諸司厨町（『新訂増補故実叢書』所収）をみると「大舎人ノ町」には「鷹司北、靫負東半町、大舎人町辻子西也」、「内豎町」には「鷹司北、堀川西半町、内豎辻子東」という割注があり、左京一条二坊八町には、中央を「大舎人町辻子」あるいは「内豎辻子」と呼ばれた辻子《づし》が南北に通り、その東側が「内豎町」、西側が「大舎人町」だったことが知られる。一町が広すぎる場合、「辻子」と呼ばれる路地を設けて区切り、区切られた土地を使いやすくする工夫がなされたのである。本章第一節の「条坊制と大路小路」において解説した「条坊四行八門制」では、一町を東西に四区画、南北に八区画に分割するため、縦に三本、横に七本の細い路地が設けられることがあった。大路小路で区切られた平安京の空間は大きすぎて、一町を分割する工夫は部分的には中世以前から既に行われていたのである。『平安遺文』第一〇巻所収の保元二年（一一五七）正月一一日付「鹿王院文書」（補八五）は「南北参丈、東西拾丈」という一戸主《へぬし》にも満たない小さな「私領地」を「進上」する文書だが、その所在地が「右京四條南室町東辻子」とある。この「辻子」も「づし」にちがいない。『小右記』寛仁三年（一〇一九）四月四日「蓮花十字東西、富小道東西、大炊御門以南、冷泉院小道南北、人々宅々焼亡」の記事に見える「蓮花十字」も「蓮花の辻子《づし》」かと思われる。「十字」を「辻子」とみるべきことは、『権記』長保二年（一〇〇〇）七月一〇日に見える「今十字」が『平安遺文』第八巻所収の治承四年（一一八〇）二月二八日付「宝鏡寺文書」（三九〇四）にも「従今辻子南」と見え、その相博券が「いますしのけん」と仮名書されているので、「今十字」が「いまずし」と読まれていたことは明らかである。『伊呂波字類抄』にも「十字〈ツシ／東西南北分道其中央也〉」とあり、「ヅシ／辻子」と解しているらしい。

一方、『大鏡』における「辻《つじ》」の用例を見ると、伊尹伝に「二条町尻のつじ」のように、二条大路という東西道路と、町尻小路という南北道路を示し、その交差点という意味で「辻」という。あるいは、忠平伝に見える用例のように、いま通過している「勘解由の小路」という東西道路をまず示し、その道路が南北道路と交わる交差点を「洞院・小代《コシロ》（烏丸の中御門以北の名称）のつじ」（東洞院大路との辻、烏丸小路との辻）というように用いられている。後者の用例とみると、師輔が通過している「大宮（大路）」という南北道路が示されているので、「あはゝ」という東西道路の大路小路があったことになる。しかし、二条大路をはじめ大路小路に「あはゝ」という別称があったという形跡は見えない。「あはゝ」「あはら」「あはの」が二条大路その他、東西に走る大路小路の別称である確かな証拠がない限り、ここは「辻子《づし》」と考えておく方が妥当であろう。

大宮大路を南下し、師輔の九条殿に辿り着くまでの途中には、一町を占める大きな邸第ではなく、「辻子」で区切られた地域で、しかも百鬼夜行に遭遇してもおかしくない、荒廃して寂しい場所もあったにちがいない。「鬼」の出現といえば、私には『伊勢物語』第六段「芥川」の「あばらなる蔵」が思い起こされるのである。「ゝ」を「ら」の誤記とみて「あはら」の本文を採用し、形容動詞「あばらなり」の語幹に格助詞「の」の付いた「あばらの辻子《づし》」（家などが破れくずれて荒れている路地）と解するのも一案か。

もちろん、この一案が妥当かどうか、即断はできない。こうした推論の妥当性を判断する意味でも、現段階での最も信頼できる本文に基づく地名総索引が求められるのである。

第三章　武士・庶民の躍動——鎌倉・室町前期

一、武家政権と六波羅

齋藤幸雄

古代以降の政権の変遷は、天皇親政―摂関政治―院政―武家政権という流れでとらえるのが一般である。摂関政治はもちろん貴族政治であるが、院主導とされる院政も貴族政治とのかかわりが深い。また武家政権は平氏政権（六波羅政権ともいわれる）にはじまるが、これまで鎌倉政権を武家政権のはじまりとみなし、平氏政権を貴族政治の延長あるいは貴族から武家へ政権が交代する過渡期ととらえられてきた経緯がある。ここでは、貴族政権から武家政権への推移を視野に入れつつ、武家政権の成立を、六波羅という地名を中心として考察してみたい。

1、六波羅政権の成立

平清盛以前

武家政権の成立を、当代の史家がみごとに喝破した有名な史書の一節がある。よく紹介されているものだが、いうまでもなく慈円《じえん》の『愚管抄』からである。

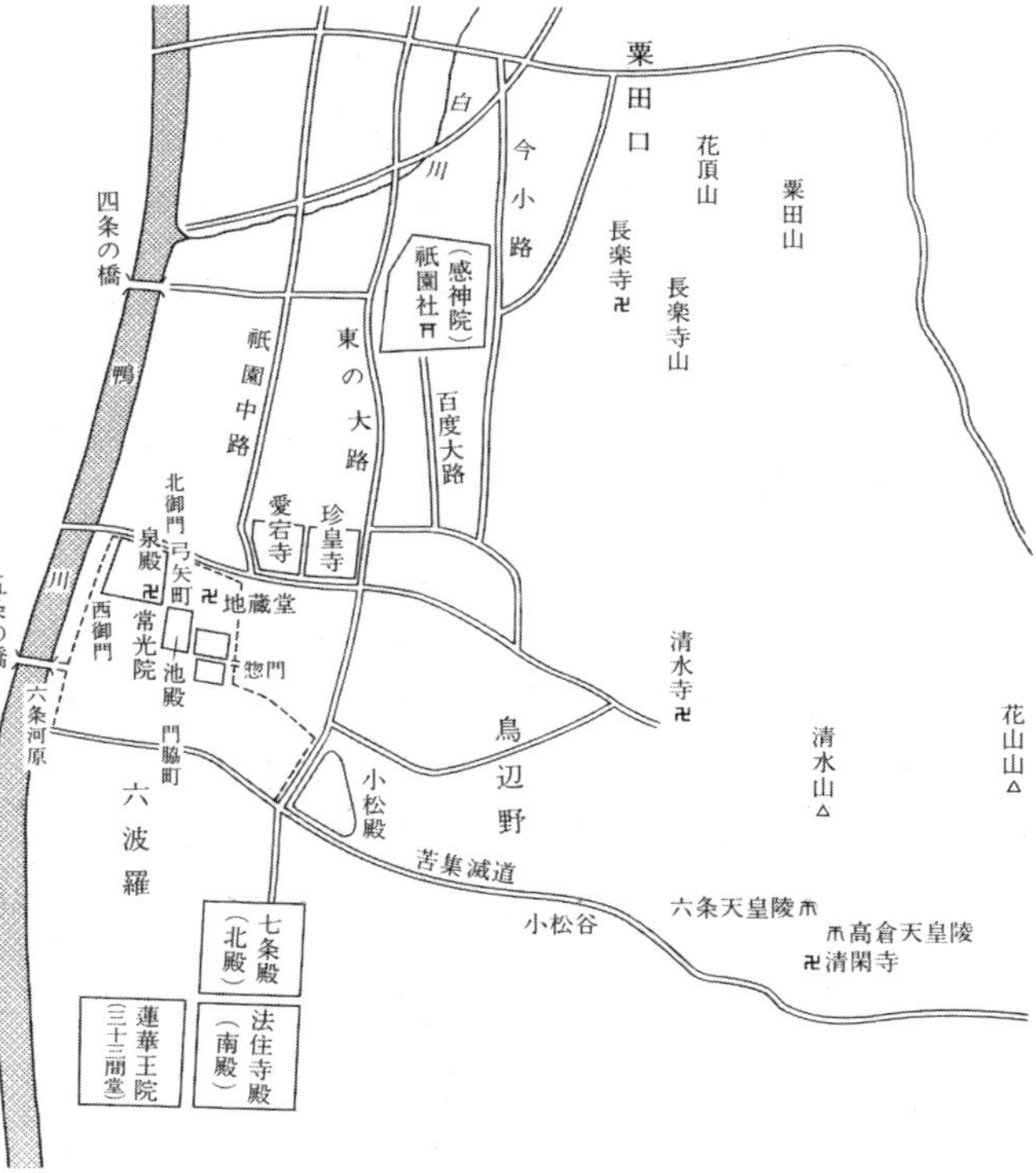

図1　六波羅周辺（新日本古典文学大系44『平家物語 上』梶原正昭・山下宏明校注、岩波書店、p.407より）

> 保元元年七月二日、鳥羽院ウセサセ給テ後、日本国ノ乱逆ト云コトハヲコリテ後ムサ（武者）ノ世ニナリニケルナリ。

すなわち保元の乱以後を武士の時代の到来とみて、武家の政権を示唆しているわけである。ここでは保元平治の乱以後に成立した平清盛政権をまずいうことになるが（平氏政権の成立は、治承三年〔一一七九〕の清盛による後白河法皇鳥羽殿幽閉、院政停止の軍事クーデタ以降とみなされている）、これまで否定的に評価されてきた清盛だが、大正時代に肯定的にとらえていた著名な史家がいる。それは辻善之助である。彼はその「平清盛論」（大正八年〔一九一九〕の講演、『日本文化史　別録二』所収）において、「清盛の非凡なる人格」の一として「武家政治の創始」をあげ、「最も彼れの偉大を示す所以であらう」と評価している。その後の調査ですでに明治時代にも清盛を、「武家の政治を開始したる創業者としては頼朝も亦彼の足跡を歩みたるものなりと謂はざるべからず。彼は真に日本の歴史が生みたる偉大なる人格の一なりとすべし」と評価した史家山路愛山《やまじあいざん》がいた（『源頼朝』明治四二年〔一九〇九〕。引用は東洋文庫、一九八七刊より）。現在では平氏政権を貴族政治から武家政治への過渡期あるいは移行期とみるより、辻のいう「武家政治の創始」とみるほうが有力である。その「創始」が京都六波羅において始まったのはまちがいない。

というのは、清盛の祖父正盛が内蔵《くらの》安富《やすとみ》の仮名《けみょう》で珍皇寺から畑一町を借り受けた文書があり、それによると六波羅と平氏とのかかわりは正盛の時代にさかのぼることが明らかにされている（髙橋昌明『清盛以前—伊勢平氏の興隆—』その他）。清盛の父忠盛が、伊勢から兵を率いて上洛した時の宿所が六波羅の地で、忠盛出世の吉所とされてきたが（長門本・延慶本『平家物語』、後述）、その由来は実はそれより古いことがわかる。

六波羅堂（正盛堂）とその位置

平正盛といえば、天仁元年（一一〇八）、配流地の隠岐から出雲に渡って国衙《こくが》を襲った源義親（義家の子）を討って都に凱旋、一躍天下に武名を響かせたことで知られるが、この追討事件以後、平氏が武士の棟梁として台頭してきた事件でもあった。当時因幡守だった正盛はその功により但馬守に出世、白河上皇の院の近習《きんじゅう》（北面の武士）として急速に頭角をあらわす（彼らを「軍事貴族」と史家はいう）。上皇の故愛娘媞子《ていし》内親王の菩提所六条院御堂に伊賀の所領を寄進（国守を歴任して豊かな財を築いていた）して上皇を喜ばせたが、一方で摂関家とも関係を結び、正衡

―正盛父子は藤原氏師実―師通―忠実と続く摂関家当主に、親子二代にわたっての奉仕を怠っていない。

さて前述正盛の文書というのは、「丹後守平正盛朝臣請文」(「丹後守珍皇寺地請文」、『平安遺文』一七八一号)をいうが、正盛が東寺末寺珍皇寺の寺領畠二ケ所、合わせて一町八段の借地を申請したものである。そのうちの「壱処壱町」のところに「東は限る清水寺領」ともみえるが、いうまでもなく珍皇寺は現在東山区松原西入ル小松町に所在の六道珍皇寺をいい、六波羅蜜寺東北すぐ近くの位置である。正盛はこの借地に堂(阿弥陀堂)を建てている。「紫城の東面、清水の西端に、一つの名区あり、もとこれ霊泉粛条の地なり、いま三宝に献じ、改めて仁祠となす」と大江匡房《おおえのまさふさ》の『江都督納言願文集』中に正盛の私堂造立供養のために匡房が代作した願文にある。この「正盛堂」は藤原忠実の日記『殿暦』に、

今夜院の御方違《かたたがえ》有り、丹後守正盛が六波羅堂と云々(天永四年(一一一三)、二月五日条)

方違により上皇六波羅の辺に御《おはし》ます　丹後守正盛堂云々(同年閏三月二日条)

とあるように、「六波羅堂」呼ばれ、「六波羅の辺」にあった。またこの六波羅堂は、「六波羅蜜堂」とも呼ばれ白河上皇寵愛の祇園女御の一切供養が行われたりしている(『殿暦』)。上皇の方違行幸といい、「六波羅堂」の存在の大きさを語っている。そこには正盛の政治的な動きが反映されているといえるのであろう。その六波羅堂の位置について、高橋昌明は前掲書において、六点に整理してその筋道を以下のように示している。

①六波羅堂(常光院・常光寺)は寿永二年(一一八三)七月二九日、平氏の都落ちの直後に炎上した(『吉記』・『百練抄』)。

②常光院は清盛の私亭泉殿内巽の角にあった（『山槐記』）。
③清盛の異母弟頼盛の亭池殿は、泉殿の「南を去ること一町余」の位置にあった（『山槐記』）。
④池殿の所在地は、現在の六原池殿町のあたりとみなされる。
⑤池殿町の北一町の位置に清盛の泉殿（正盛堂）があった。
⑥以上から正盛堂の位置は、現在の薬師町・北御門町のあたりと想定される。
以上のように、かなり具体的に正盛堂の位置を提示されたのである。

六波羅の由来

白河院院政の武力的支柱であった正盛の死後、伊勢平氏の家督は忠盛に移る。忠盛は白河院の信任もいよいよあつく、白河院の死後は鳥羽院の信頼を得て、院所領の神崎庄（肥前国神崎郡）の預所をつとめ、日宋貿易で財力を蓄えていく。得長寿院建立の功により院の昇殿も許される。忠盛の子清盛は、この得長寿院にならい蓮華王院（三十三間堂）を建てている。前掲の辻善之助もすでに注目しているように、清盛は兵庫の港を築き日宋貿易をますます推し進め、平氏の繁栄をいっそうもたらし、全盛期を迎える。その本拠地がいうまでもなく六波羅なのである。

六波羅は、鴨川の東域である。平安京は鴨川を以って東の境としていた。したがって六波羅地域は平安京の域外、いわばはずれの地ということになる。東山三十六峰の山麓であり、平安京成立以来の葬送地として知られる鳥辺山・鳥辺野に接する地（五条～七条辺）である。死者が六道（地獄・餓鬼・畜生・修羅・人間・天上）へ別れ行く道の分岐点を「六道の辻」という（旧五条通・現松原通に面する西福寺前・前掲六道珍皇寺門前にその碑が建つ）。いわばあの世とこの世の境界の地である。ロクハラとは麓原（東山山麓）、あるいは「六原」の六は霊の古言で葬送地をいうとか、あるいは轆轤《ろくろ》細工師の住んだところ（轆轤町がある。後述）ともいうが、髑髏《どくろ》が原の転訛ともみられる。鳥辺山・鳥辺野は、一般庶民の死体の捨て場でもあった。だが、この地の信仰の場である六波羅蜜寺の存在が無視できない。もとは空也上人（九〇三〜七二）が天暦五年（九五一）に創設の西光寺を、弟子の中信が六波羅蜜寺と改称（九条家本『六波羅蜜寺縁起』によると貞元二年〔九七七〕）した寺名が地名の由来という説（柿木重宜「六波羅」、京都地名研究会編『京都の地名検証３』参照）で、これが本来か。「六波羅蜜」とは菩薩の基本的な六種の修行項目（悟りへ到る六つの道）、布施・持戒・忍辱《にんにく》・精進・禅定・智慧をいう（これを「六度」ともいう）が、鳥辺野の入り口にあたる六道の辻に位置し、古来念仏鎮魂・地蔵霊験の寺としての民衆の信仰を集めたところに、平安京域ならぬ鴨東の地の地名になりうる必然性が強いように思われる。前掲『殿暦』引用記事中（一一一三年）に「六波羅の辺」とみえるが、このころには「六波羅」が地名として用いられていたことがわかる。正盛の「六波羅堂」（六波羅蜜堂）も六波羅蜜寺が意識されていたであろうが、六波羅の地としての名を冠したものであろう。

六波羅第の成立

前述のように、正盛がその地に常光院（常光寺）という私堂を建てたことから、忠盛・清盛へ受け継がれ六波羅第へ発展したものである。これにより中央政界への進出をはたし、伊勢平氏の勢力基盤を築いたのであった。六波羅が山科を経て東国（伊勢・伊賀など）に通じる交通の要地（京都への入り口）であることが、その後の平氏発展の基礎を築くうえで大きく幸いしたのはまちがいない。そこに目をつけたところに、正盛のすぐれた政治的感覚を見逃すわけにはいかない。それはほかならぬ伊勢という地を根拠地とする伊勢平氏の、京の地をみすえた研ぎ澄まされた感覚そのものでもあったろう。だがその地はもとはといえば中央貴族からは振り向きもされない劣地であったはずなのである（それゆえに入手しやすい地でもあったろう）。六波羅は平氏一族郎党の一大集落と化したが、その全体像はよくわかっていない。『長門本平家物語』（国書刊行会蔵本）に次のような記述がある。

六波羅とての丶しりし所は、故刑部卿忠盛の世にいでし吉所也。南は六はらが末、賀茂河一町を隔て丶、もとは方一町なりしを、此相国（清盛）のとき造作あり。これも家数百七十余宇に及べり。是のみならず、北の鞍馬路よりはじめて、東の大道をへだて丶辰巳の角小松殿まで廿余町に及ぶ迄造作したりし一族親類の殿原の室、郎等眷属の住所細かにこれを数ふれば、五千二百余宇の家々一どに煙と上りし事おびたゞしなどいふばかりなし。

（巻第十四　平家都落給事）

平氏の繁栄ぶりがうかがえるが、いまはわずかに街中に残された江戸時代以降の町名等から探るのみである。

2、六波羅蜜寺周辺の町名

門脇町・池殿町

六波羅蜜寺付近には門脇《かどわき》町・池殿《いけどの》町・三盛《みつもり》町・多門《たもん》町などの町名がみられる。門脇町（六波羅裏門通柿町下ル）は、清盛異母弟の門脇中納言教盛の邸宅跡をいう。六波羅の門の脇に邸宅があったのである。このことは『平家物語』にも記されている（引用は新日本古典文学大系本より。以下同じ）。

此宰相と申《まうす》は、入道相国の弟也。宿所は六波羅の惣門の内なれば、門脇の宰相とぞ申ける。（巻第一　少将乞請）

東山区の東福寺境内の勅使門の左手にある六波羅門（鎌倉前期）は、六波羅第あるいは六波羅探題府の遺構を移したものと伝えられ（時代からいうと後者になる）、当時の面影をしのぶことができる建造物である。六波羅の真南にあたる位置である。池殿町（柿町通大和大路東入）は、清盛異母弟の頼盛（池大納言・池殿と呼ばれた）の邸宅跡であった。頼盛の母は池禅尼《いけのぜんに》といい、頼朝が父（義朝）の起こした平治の乱で捕らえられ処刑されようとしたとき、清盛の異母であった池禅尼が、清盛に頼朝（尼の子で早世した家盛に、頼朝がよく似ていた）の助命を乞うた結果東国へ流された経緯（『愚管抄』、『平治物語』）はよく知られている。池禅尼（池の尼）と呼ばれたのは邸宅に池があったことによるのであろう。頼朝はその恩義を忘れず頼盛一族には特別の配慮がなされたが、平氏一門からは異端視された様子は『平家物語』にも描かれている。高倉上皇がなくなったのも同所においてであった（『百練抄』）ことも『平家物語』にみえる。

同（治承五年〔一一八一〕）正月十四日、六波羅池殿にて、上皇遂に崩御なりぬ。御宇十二年、……
（巻第六　新院崩御）

清盛の娘建礼門院徳子が安徳天皇を出産したのも池殿であったと『平家物語』（巻第三　御産）は記すが、池殿は七仏薬師法（七仏薬師を本尊とし、息災・安産などを祈る修法）の壇所があったが（『山槐記』）、産所ではなかったらしい（御橋悳言『平家物語略解』一九二九）。

三盛町・多門町

三盛町（旧称は泉殿町、泉殿は清盛邸宅地）は、その頼盛の子の光盛の邸宅跡、あるいは教盛の子通盛の邸宅跡とも、または清盛・教盛・頼盛の三兄弟によるともいう。多門町は、六波羅裏門通（六波羅蜜寺の南側の通り）東入の町。六波羅邸の惣門の位置にあたる。惣門は東に向かって開かれていた。当地に毘沙門堂（多聞天は、毘沙門天の別称）があったことに由来すると伝えられるが、不詳。

弓矢町・轆轤町

他にも六波羅蜜寺北西に弓矢町があり、武家の武具を調達する工人・商人が住んだ町とも想像されるが、不詳。当地は古くより祇園感神院（現八坂神社）に仕えた犬神人（「つるめそ」と呼ばれた。弦を引いた時の掛け声「弦召せ」からきた呼び名だという）の近世における居住地であった。犬神人は、洛中の死屍の始末や祇園感神院の武力を担い、弓弦などの製造にあたっていた（『雍州府志』）。律令制下の造兵司に所属した技術集団の居住した町（山門武装の資源を生産したとも考えられる）を、六波羅の境域内にとりこんだといわれる。（林屋辰三郎『中世の開幕』、野口実『武家の棟梁の条件』）。

また前述の轆轤《ろくろ》町は、松原通大和大路東入の地で、六波羅蜜寺を中心とした町である。六道珍皇寺の門前としての性格が強いといわれる。鳥辺野無常所（墓所）の入り口にあたり、髑髏《どくろ》町の転訛とも伝承される。

北御門町・西御門町

他にも、前述髙橋昌明の六波羅堂（正盛堂）の位置証明で触れられた六点中にみえた北御門《ごもん》町がある。北御門町（大黒町通松原下ル）は、江戸地誌『雍州府志』に「中古、京師監護両六波羅第宅ノ北門斯処在リ。時ニ世人、北御門《みかど》ト称スルモノカ。本朝高貴ノ門、御ヲモツテコレヲ称ス」とあり、『山城名勝志』には「今建仁寺ノ西、五条（現松原通）ノ南ニ北御門ト云所アリ、是彼亭ノ北門ノ遺名歟《か》」（「六波羅入道相国亭」の項）とある。また『山城名跡巡行志』には、建仁寺の中門は「古へ六波羅御所之門也。矢根ノ跡猶有。云矢立門」とあり、勅使門（矢ノ根門・矢立門ともいう。国重文・鎌倉）がそれにあたるが、関連がありそうである。なお北御門町の西は西御門町である。北御門町の隣であることを思えば、これも「六波羅門」とかかわりがありそうである。このように北御門町は、平氏あるいは鎌倉幕府の六波羅邸の北門跡に由来する町名とされるが、伝承の域を出ないにしても、六波羅政権の残影をそこに見出す思いがする。

小松谷

五条通南の、東大路通（東の大道）から東へ延び、やがて五条通（国道一号）に合流する古道を渋谷越《しぶたにごえ》というが、その中ほどの南側を小松谷という。いま正林寺がある位置である。六波羅中心地の延長線上に位置しており、この地周辺が平重盛の邸宅地跡とされる（前掲『長門本平家物語』引用文、後掲『延慶本平家物語』引用文参照）。のち九条兼実の別邸小松第がつくられたが、法然に帰依した兼実はこれを小松御坊とし、法然が一時住した。その後廃絶していたが、享保一八年（一七三三）に僧恵空《えくう》が北野の正林寺を移し、九条家の庇護を受けて堂宇を整備した地である。なお建仁寺周辺の小松町は、重盛とはゆかりのない地とみるべきであろうが、前述した勅使門（矢ノ根門）は小松殿の遺構ともいわれ（邦光史料『平清盛―平家物語の虚実―』）、あるいはその伝承に由来する町名かもしれない。

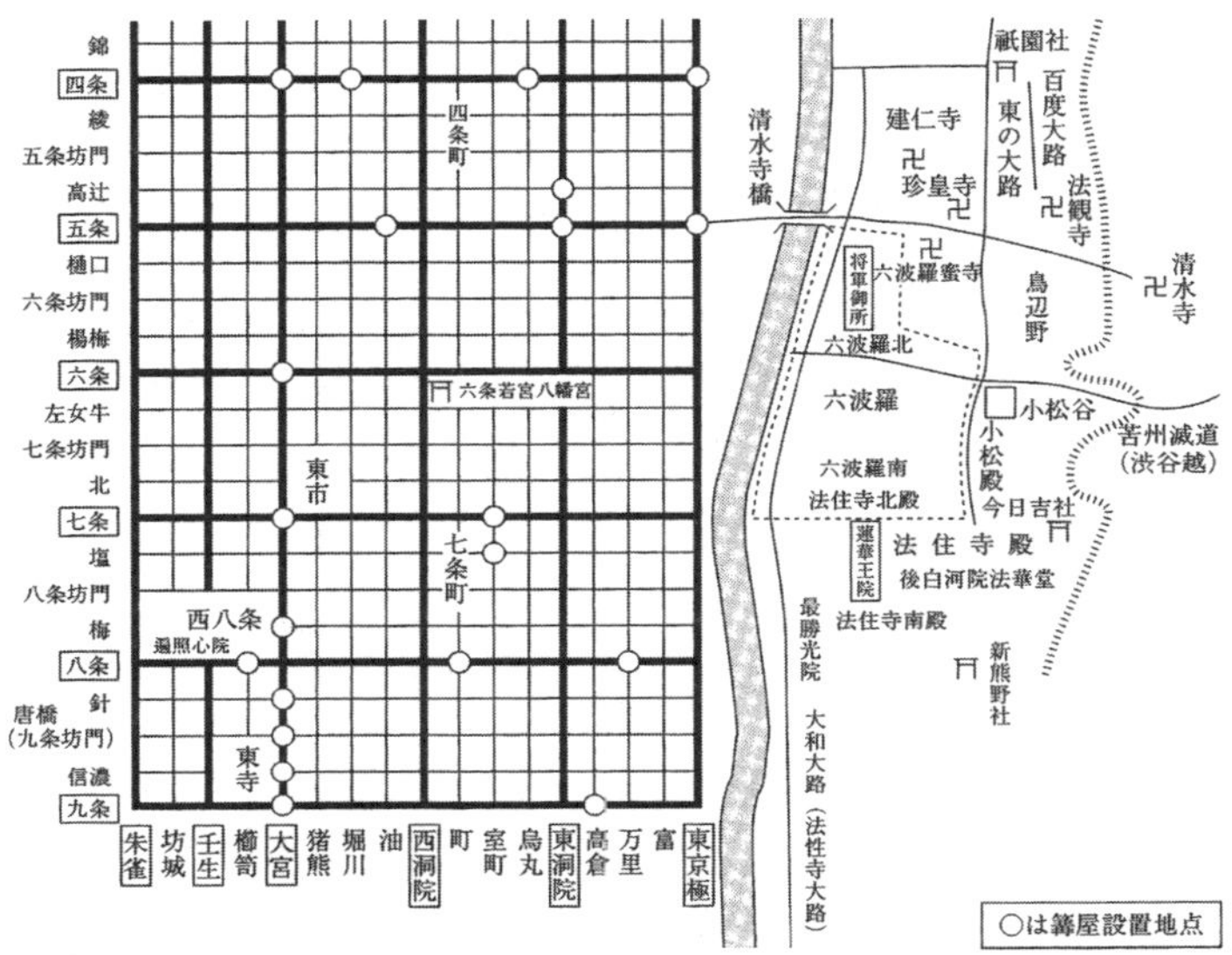

図２　六波羅と七条町・西九条（野口実『武門源氏の血脈』中央公論新社、2012、p.164より。上部省略）

3、軍事要衝の地・六波羅

渋谷越・苦集滅道（久久目路）・馬町通

渋谷越（渋谷街道）は、もとは渋谷越《しるたにごえ》あるいは「苦集滅《くずめ》道《ぢ》」（久久目路《くくめぢ》ともいう）、また馬町通とよばれていた。六波羅の東から鳥辺山の南を経て清閑寺方面へ通ずる（小松谷を通り山科方面に出る）東国への最短の道であった。渋谷通はぬかるみのある谷筋道であり、「汁谷《しるたに》」（澀谷・滑谷とも）がもとであろうという。かつて清閑寺付近の歩行者用の小トンネルを抜けたことがあったが、まさにじめじめした湿地帯、文字通りの汁谷であることを実感したものであった。「苦集滅道」は仏教辞典によれば、仏教の根本的な真理をあらわす四字で、是を「四諦《したい》」という。三井寺の僧がこの道を通ったときに、木履《きぐつ》の音が「クズメジ」と聞えたからだとするが（『下学集』）、吉田東伍『大日本地名辞書』は「久久目路」（谷水の音にちなんだものとする）が本来だという。苦集滅道は、渋谷越の一部をさす名称かともいわれる（増田潔『京の古道を歩く』）。

『保元物語』には、

宇治路をば安芸判官基盛、淀路をば周防判官季実、山崎をば隠岐判官惟繁、大江山をば新平判官資経、粟田口をば宗判官資行、久々目路をば平判官実俊、各宣旨にしたがつて関々へこそむかはれけれ。（官軍方々手分けの事）

と固むべき関を宣旨していうところに久久目路の重要性が指摘されよう。

『延慶本平家物語』には、

久々目路ヨリ下給ヘバ、六波羅ノ辺ニテ夜曙《よあけ》ニケリ。此当リニ平家ノ造営シタリシ家々、皆焼失《やけうせ》テ、有リシ所トモ見ヘズ。中ニモ小松殿トテ名高ク見ヘシ所モ、築地、門計ハ有テ、浅猿《あさまし》クコソ。

（第五末　重衡卿関東ヘ下給事）

とみえ、一の谷で捕らえられた平重衡が鎌倉へ送られる道中に出ている。『太平記』には、

五月闇ノ比《ころ》ナレバ、前後モ見エズ暗キニ、苦集滅道ノ辺ニ野伏充満《みちみち》テ、十方ヨリ射ケル矢ニ、左近将軍時益ハ、頸ノ骨ヲ射ラレテ、馬ヨリ倒《さかさま》ニ落ヌ。（巻第九　主上・々皇御沈落ノ事）

とあり、六波羅探題が滅び、時の探題らが東国に向けて敗走する姿を描く。かく軍記物語に登場するところに、この街道の軍事的拠点としてとらえられていた意味の大きさがうかがえる。当然この道は、平氏本拠地の六波羅に直結する街道としての拠点であった。馬町通は、この街道の西手には馬町（上馬町・下馬町）があり、馬の繋留地あるいは馬市・馬借との関連などから由来した地名という。『京町鑑』は「此道の名詳ならず」とするが、平氏の六波羅政権や鎌倉幕府の六波羅探題の存在ともかかわって、人馬・物資のさかんな往来・交流がしのばれる。『京都坊目志』も「古昔の苦集滅道にして、大津に通ずる間道なり。平氏、六波羅に館し、別邸を小松谷に設くるや極めて繁昌の地たり」と記述している。なお、引用『延慶本』中にみえる「門計ハ有テ」の「門」が前掲建仁寺の矢ノ根門かと想像したくなる。

七条町

平氏一門は六波羅から福原への起点ともなりうる西八条へも進出していくが、平安京東市における武具の販売が、その生産ともかかわって七条町（八条三坊二町の東北部）に継承されていることが指摘されている。その地の発掘調査からも七条町の平家の軍事力を支える武器の供給機能が明らかにされており、また馬具の生産も確認されている。その背景としての奥州藤原氏とのかかわりや前述日宋貿易への積極的推進を見のがせない（野口実前掲書）。平氏政権根拠地の六波羅の地のもつ軍事要衝地としての意味合いの大きさがあらためて認識される（なお七条町については髙橋昌明『京都〈千年の都〉の歴史』、脇田修他『物語 京都の歴史』等参照）。

六波羅幕府論

さて門脇町・池殿町の東側（多門町）に東山開晴館（開晴小・中学校、その北側の道を前述六波羅裏門通（南通）という。西へ行くと六波羅蜜寺の南側の道になる）があり、元洛東中学校の地でその校門内にあった「平氏六波羅第跡・六波羅探題跡」の碑は、いまは六波羅蜜寺境内に移されている。六波羅の館群は木曽義仲の入洛前に平氏の都落ちに際して平氏自らの手で焼かれてしまった（前記長門本引用文参照）。平氏は都落ち以後衰滅の道をたどり、壇ノ浦で源氏軍に滅ぼされたことはいうまでもない。最初の武家政権である平氏六波羅政権は滅び、源氏武家政権に交替した。鎌倉幕府の成立である。これは武家政権最初の幕府成立とされるが、髙橋昌明は六波羅政権を「六波羅幕府」と呼んでいる。そのあたりを略述すると、清盛は嘉応元年（一一六九）、根拠地の六波羅を重盛に譲り摂津福原へ退隠する。より自由な立場に立ち、後白河院権力に対する平氏の自立性を保持する意図を秘める動きに出る。平治の乱（一一五九年）後国家の軍事警察権を手中に収めており、諸国の平家御家人を交代で上京させ、閑院内裏諸門の警固役（番役）を勤めさせる体制（内裏大番制）が成立していた。多くの知行国・荘園集積、日宋貿易による利益などによる経済力のうえに、王家や摂関家に対してもミウチ（官位の独占・婚姻関係、娘を天皇に入内など）の立場になる。

鎌倉幕府を開いた頼朝は国家の軍事警察権を握り、六波羅を御家人による内裏大番の出先実行機関とし（京都大番役）、広大な東国を支配、頼朝自身は鎌倉を動かなかった（清盛がめったに福原を動かなかったことにならったものか）。このあたりは、福原・六波羅の二拠点で構成された平家の政治権力を踏襲・整備したものであり、「六波羅幕府」と呼ぶ由縁である（髙橋昌明『平清盛 福原の夢』、同「清盛の目ざしたもの」）。同書によれば、平安期に幕府といえば近衛府の唐名で、近衛大将の居館、あるいは左右の大将を指していたが、重盛・宗盛は左右の大将を占める。頼朝も一時期右近衛大将に就任している。最近の研究では鎌倉幕府は朝廷に取って代わった新国家ではなく、国家の軍事警察部門を担当する権門、中世国家を構成する一重要機関（東国に対する行政権限を掌握した地方政権も保持）にとどまるとした見解が有力である。六波羅のおかれた歴史的位置についても、征夷大将軍の本邸が立地した「武家」六波羅は、鎌倉幕府の本拠であった、という論も出ており（熊谷隆之「六波羅探題考」）、「鎌倉時代の国家は京都の朝廷のもとに一元化されていたものと捉えざるをえない」（野口実『武門源氏の血脈』）ともいう。髙橋は、頼朝の「歴史的評価は、幕府を創設したことにあるのではなく、平家の創り出したひな型を踏襲し、その手法をより厳格、より本格的に追求した点にもとめられるべきである」（髙橋昌明前掲書）と明言している。鎌倉幕府画期論ならぬ「六波羅幕府」創出の意味を問うのである。

六波羅探題

「六波羅幕府」論については、今後のさらなる検証を必要とするであろうが、武家政権成立論としての問題提起であることは間違いない。

源氏は六条堀川（前述七条町のすぐ北になり、武家源氏の拠点としては平氏の六波羅同様意味ある場所である）に邸宅があり、義経が起居していたことはよく知られている。平氏没落で義経入京の時には、堀川館を再建している。文治二年（一一八六）に上洛した頼朝は六波羅を宿所（池殿を修復）としている。承久の変（一二二一年）後六波羅探題（北条泰時・時房が戦後も六波羅にとどまったのにはじまる）が南北におかれ、北条氏一族が任じられた（執権・連署につぐ重職。朝廷・公家の監視、京都の守護などにあたる）。元弘の変（一一三三年）に際し、足利尊氏に滅ぼされたのだが、六波羅は源氏政権後も政権維持の拠点であり続けたわけである。

武家政権地の系譜

以上、初期武家政権がもつ六波羅の意味を論じたが、「六波羅幕府」論は今はおくとして、六波羅が武家政権発祥の地であることは動かない。「六波羅」が鎌倉→室町→（安土・桃山）→江戸への系譜に連なる最初の武家政権の地であることを、最後に確認しておきたい。

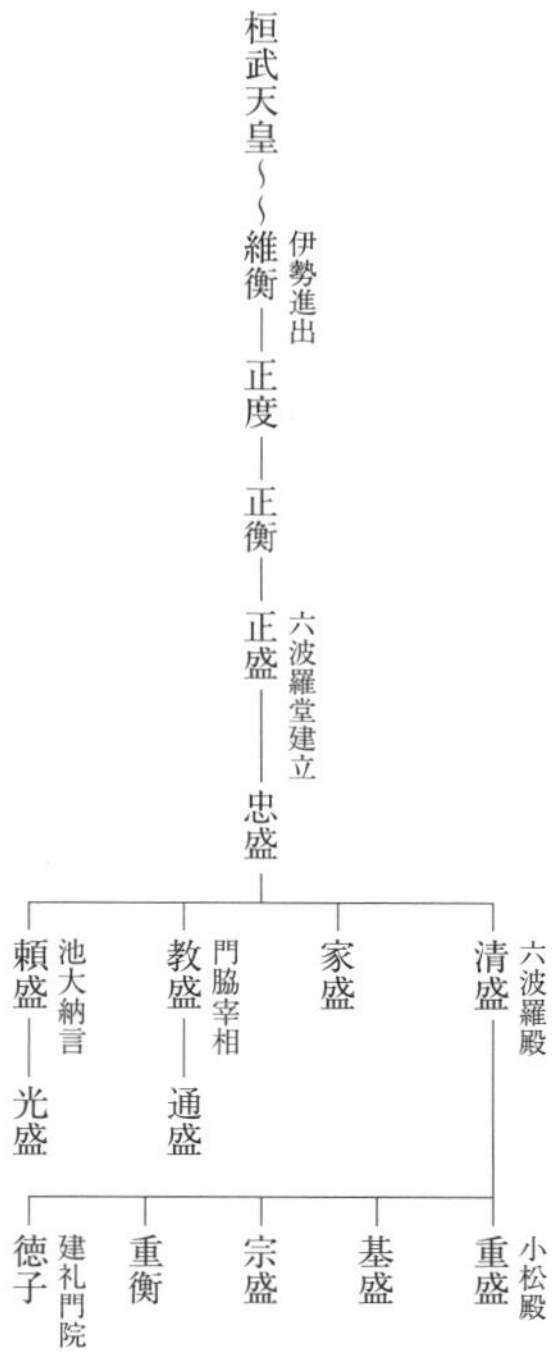

伊勢平氏系譜
（本節登場の人物を中心に）

二、「座」の結成——商工業の発展と地名

糸井通浩

都市の発展には、商工業を中心とする経済活動がともなっている。当然平安京の造営以降、商工業の活動は存在したが、特にめざましい繁栄を見るようになるのは鎌倉以降であろう。そこで本節において平安京を中心にする地域での商工業と地名との関わりの変遷をまとめてみたい。

現在の京都市には、沢山の町名がある。それらを見てみると、「町」に商品名や職業名などをつけた町名や通り名がかなり見られる。特に平安京の京域（洛中）であった地域に集中していることが分かる。なかでも、上京区、中京区、下京区、東山区に多い。また、伏見城の城下町であった伏見区にも多く見られる。しかし、京都市のその他の区や周縁の都市にはほとんど見られない。

こうした地名、町名や通り名がどうして付けられるに到ったのか、京都の商工業を中心とする産業経済の歴史をたどりながら整理してみたい。

1、平安京の「市」

中国の長安城を模して築かれた都（平安京）は、南北が一条大路から九条大路まで、東西が東京極大路から西京極大路までをその京域とし、「内《うち》」（内裏・大内裏）と「里《さと》」から成っていた。「里」は南北を走る朱雀大路を境にして左京（東の京・洛陽城）と右京（西の京・長安城）に分かれる。詳しくは第二章に譲るが、ここでは、まず東・西に日用品や食料など生活に必要なものを売買する場所、公的な「市《いち》」が置かれたことに注目しておきたい。いわゆる「諸司厨町《しょしくりやまち》」など官衙のほとんどが条坊の北部（三条大路以北）に設置されたのに対して、「市」は南部の七条に設けられた。ただし、右京、特にその南部は湿地帯で住環境が悪く、「西の市」は早くに用済みになってしまった。そのため、商業経済は専ら「東の市」を中心にして繁栄、発展していった。東の市は現在の七条堀川の西北方に位置する興正寺、西本願寺、龍谷大学大宮学舎あたりに相当する。「市」は七条大路と七条坊門小路の間を占めていたが、その中間に「北小路」と呼ばれている通りがある。おそらく「市」の中の、七条大路の北側の小路ということを意味したのではないか。

市の周辺には、商工業を営む人々の住居が建ち並んでいたことであろう。市の賑わいの一端が『大和物語』に描かれている。「平中が色好みけるさかりに市に行きけり。なかごろは、よき人々市に行きてなむ色好むわざはしける。それに故后の宮の御達《ごたち》、市に出でたる日になむありける」（第一〇三段）。貴賤を問わず集まってきたところであったらしく、空也上人が「市の聖」と呼ばれるのも、ここが上人の布教の場の一つであったからである。

2、「町」という詞

「町」と表記されたものにもいくつかの種類がある。（a）長さの単位（チョウ、丁・町）を示す場合、（b）面積の単位（チョウ・まち、町・丁）を示す場合、（c）住居などが密集した繁華街などを意味する場合（まち・チョウ・町）とがある。実際に当たってはこれらを区別して捉えなければならないが、厳密には紛らわしい場合もある。現在市中に見る地名の「町」は、ほとんどが（c）の「町」であるが、「＊＊チョウ」と読んでいる。髙橋昌明『京都〈千年の都〉の歴史』（岩波書店、二〇一四）には、「京都の旧市街でマチといえば、室町通・新町通など街路名に限られ、生活共同体の町はチョウという」とある。

平安京の条坊制における「町」は（b）の場合で、一辺が一丁（長さ）の正四角形の面積をさす区画の単位である。先に述べた「諸司厨町」の「町」はこれに当たり、「女官町《にょかん》」「左近町《さこん》」「兵部町《ひょうぶ》」など、約三〇の「町」があった。中には一町の半分のものも、また逆に四つの「町」を占めるもの（例「左近町」「修理職町」など）もあったが、いずれにしても「町」（面積・ブロック）を単位に土地を占めていた。そこで「女官町」のように呼ばれた。これらは「厨町《くりやまち》」と呼ばれるように、「町」に冠した役目・役職（「女官」「兵部」など）にある人たちの住居（炊事場付き）を兼ねていたようである。

商工業を支える、いわゆる職人など特定の職掌に携わっていた人たちの住居でもあったと思われる「町」もいくつか見られる。「縫殿町」「織部町」「修理職町」「大工町」「内匠町」「雅楽町」などがあった。もっとも、これらの「諸司厨町」でその名が現在も受け継がれて残っているのは、「正親町《おおぎ》」くらいである。

特に注目されるのが、四つ分の「町」を占めた「修理職町」で、内裏の造営や修理に当たった「官営の工房」と言われもする、各種の手工業者の居住地であったようだ。これらの「町」は「くりやまち」「しゅりしきまち」などと「まち」と呼ばれたようだ。この「修理職町」の中央を南北に走る通りが「町小路」で、「修理職町」の北の方を「町口小路」、南の方を「町尻小路」と言った。『蜻蛉日記』の「町の小路の女」とあるのが初出例と指摘されている。「町小路」は、現在は「新町通」と呼ばれている。また、一本東側の南北の通りが「室町小路」と呼ばれた。早くから通り名に「町」がついたのは、この二つである。「町」はまちと読み、(b)の条坊制の「町」ではなく、(c)の「町」(建造物が集中する繁華街)を意味していたと思われる。「町小路」は、文字通りの、(c)の「町」が存在する通りであることを意味した。また「室町小路」についても「室町」とは、その通りの北部(上辺)に「室」、つまり倉庫・蔵などが建ち並ぶ区域(まち)があったことからの命名であろう。

3、新たな商業地区の誕生

院政期以降、京域は二条大路を境にして、公家の邸宅地域の「上辺《かみわたり》」と庶民の生活地域の「下辺《しもわたり》」と二大区分される状況が生まれる。一二世紀初めの公家の日記や『今昔物語集』などに事例を見るようになる。ちなみに「上京」「下京」という認識は、応仁の乱以降に確立してきたものである。商工業者達が商業地域として(c)の「町」を形成してくることになる。「下辺」に「三条町」、「四条町」そして「七条町」が誕生する。これらは、それぞれの「町小路」あたりに生まれた繁華街と見られているが、この「町」が通り名の「町小路」のことか、(c)の意味(繁華街など)の「町」かはっきりしない。「七条町」は、公的な市(「東市」)の東方に新たに生まれた商業地区で、金属業など手工業者が多かったと見られている。

平安時代に遡ると見られている、商品名をつけた「小路」（条坊制によって設置された通り）も存在する。塩小路、錦小路、綾小路、針小路や、東西の通りにも油小路、櫛笥小路など、今も残る通り名である。それぞれ同業者の寄り合っている地区（町）があることから付けられた通り名であったと思われる。このうち「錦小路」は、説話伝承などから、元は「具足《ぐそく》小路」（具足は、武具などを指す）であったが、「くそ小路」と訛っていたのを、「糞」を連想させるからと「綾小路」を意識して「錦小路」に改名したと言われている。後にできた小路、辻子などの名にも商業品の名がついたものが現れる。

平安中期頃からの荘園の発生と発達が律令制を揺るがすことになるが、特に院政期になって飛躍的に拡大して、律令制が衰退すると、官衙《かんが》に所属する商工業者で権門や大寺社に移動する者も現れた。禁裏に所属して奉仕する者は供《く》御人《ごにん》、寺社を本所（領主）とする者は寄人《よりゅうど》・神人《じんにん》、権門勢家を本所とする者は散所《さんじょ》・雑色《ぞうしき》とそれぞれ呼ばれた。彼らはそれぞれの本所に奉仕して、国家的な課役を免除される一方、生産と販売の独占権などの特権を保障された。こうした保護の元に商工業を営むものが増えてきて、同業のもの達が結束して「座《ざ》」という集団（組合的組織）を結成するようになった。

古代の律令制による政治・経済が衰退し、代わって荘園制が拡充するに伴い、商業経済が活発化することから生まれた職能集団の組織体が「座」の典型である。

4、「座」の誕生と繁栄

もっとも「＊＊座」という名称にはさまざまなものがあった。まず『国史大辞典』で「座」の定義を確認すると、「平安時代末期から戦国時代、朝廷・貴族・大寺社・武家（室町幕府・戦国大名等）などに従属する諸身分において、奉仕・貢納を行う代償として与えられた特権をもとに、営業活動を行った商工業者、猿楽・田楽・琵琶法師などの芸能者、馬借・船頭など交通運輸業者などの職能者の集団。」とある。なお、『国史大辞典』「ざ　座」の項には、「商工業座一覧」が掲載されている。

「座」という語は、本来集会などでそれぞれが占める席をいうが、お互い対等な関係で同目的の者が寄り合いをなす組織のことを意味して用いられるようになった。組合的な集団組織を指した。本節の狙いは、商工業者の組織した座とその所在地（地名）にあるが、まず、「座」の語で捉えられていた組織にどのようなものがあったか、整理しておこう。

（1）村落共同体の座　脇田晴子（『日本史大事典』「座」の項）は、座の発生を、村落などで産土神などを祭祀する共同体である「宮座」に見ている。後世における氏子制の元になるものと見てよいだろう。農村地帯には、商業に関わった「田舎座」も生まれたと言われる。座の名を持つ初見は、門跡青蓮院を本所とする、洛北八瀬の「里座」（寛治六年〔一〇九二〕の例）である。本所に奉仕するとともに洛中で薪を売る特権を保障されていた。

（2）芸能の座　芸能を継承する、種々の集団も座という共同体組織を持った。観世座などの猿楽座や田楽座、曲舞座などがあり、琵琶法師達の座は当道座と呼ばれ、そこから「座頭」等の語も生まれ、演劇集団の名ばかりでなく芝居小屋（劇場）の名も「＊＊座」と付けられるのが一般的になった。「歌舞伎座」や京都の「南座」（四条通隔てて向かいに「北座」もあった）などがその例である。猿楽座の初見は、南山城で活躍していた宇治猿楽（散楽）で、文永八年（一二七一）の「高神社文書」に見られる。

（3）連歌の座　連歌は座の文学と呼ばれる。二人で掛け合い一首の和歌に仕立てる短連歌から数人ないし約一〇人が寄り集まって一つの作品を共同で作る文芸であったことによる。連歌を共同制作する会席・集会を「座」と言い、連歌の会を催すことを「一座を張行する」と言う。「張」は、かまえるの意で、「賭場を張る」などと用いられる。

（4）商工業者の座　鎌倉中期頃から商品経済が発展するに伴い、商工業者の組合的組織である座も盛んに設けられた。戦国時代末までに京都には一〇〇近い商工業座が生まれたという。先にも見たように、朝廷（官衙）を始め、大寺社や権門貴族などを本所として奉仕・貢納する商工業に携わる人々が、本所から特権として生産や販売の独占権を得て、同じ職種の者達が集団を組み、「油座」「綿座」「塩座」「扇座」などの「座」を結成したのである。奉仕の任務以外にさまざまな商売をすることにもなった。例えば、朝廷（官衙）を本所とする「四府駕輿丁座《しふかようちょうざ》」の場合、奉仕としての駕輿を担ぐ任務以外に、米を商う米屋座などさまざまな商品を商う座を設けて、総合商社の様相を呈していた。祇園社を本所とする「綿座」など諸座が下京に展開した。その一つが、堀川を活用した、堀川十二町（今出川から御池まで）の、祇園社の神人の地位を得た材木商人による「材木座」である。山城南部では、石清水八幡宮を本所として、大山崎の「油座」などの諸座が存在した。その他京都の主な座に、北野天満宮が庇護する「麹座」、絹織物を扱った「大舎人座」「練貫座」があった。今も地名として残る「釜座《かまんざ》」（釜座町、新釜座町、釜座通）もその一つで、金属工業の寄り集まっていた七条あたりから三条に移った鋳物師の座である。

ちなみに現在も「座」の付く町名は、この中京区の「釜座町」の他には、東山区の東西の「小物座町」と、後に触れるが、伏見区の「銀座町」くらいである。

商品を販売する商いには、店を構えて売る「店売り（居売り）」と、店を構えないで通り・町中などを売って歩く「振り売り」と、路上で売る「立ち売り」とがある。「座」はそれぞれ市中に「店」を構えていた。これらの「座」の店が所在した地は、先に見た「三条町」、「四条町」「七条町」などが主で、そこに集中して「町」（繁華街）を形成していたのである。他にも四条、五条の室町や「錦小路」、「六角町」、「九条町」などが見られる（図参照）。

商業活動が盛んになってくると、郊外の里から出てきて市中で振り売りする

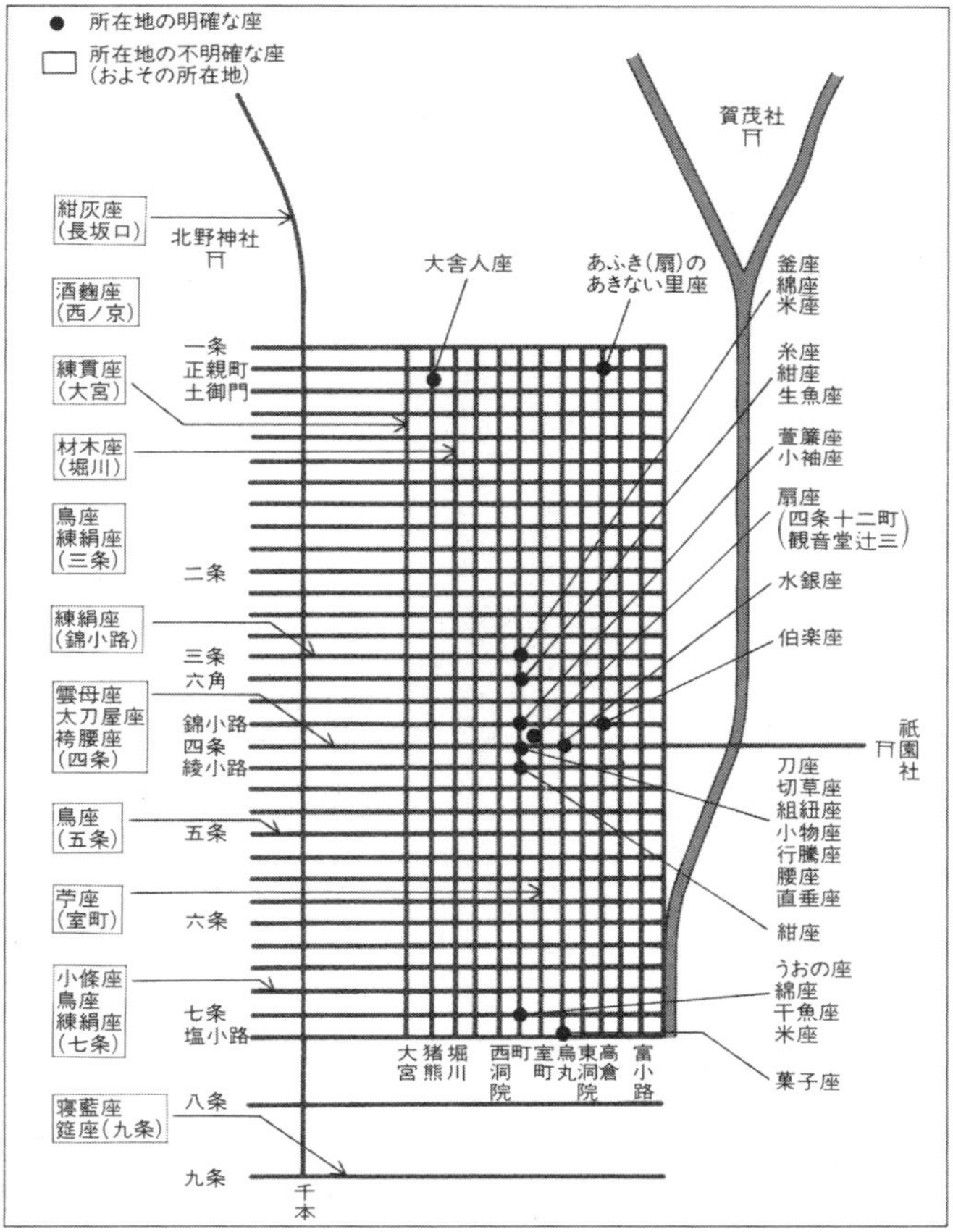

図　座の分布（川嶋将生「大山崎神人と北野麹座」森谷尅久編『図説京都府の歴史』河出書房新社、1994、p.135より）

人々（里商人、主に女性）も登場してくる。大原女や桂女がその代表であった。「立ち売り」については、その場となったところに「立売」を用いた地名が付けられている。上京区には上・中・下の立売通がある。「中立売通」は平安京の正親町小路に当たり、「下立売通」は勘解由《かげゆ》小路に当たる。呉服などの立ち売りが行われた。「上立売通」は京域の北にあり、特に室町通との交差点周辺が賑やかで「立ち売りの辻」と呼ばれたという。現在も下京区には、「立売東・西町」などがある。やはり絹布などが売られていたという。伏見区桃山にも「立売」の地名があり、物品の立売で繁盛した所と言われている。なお、「洛中洛外図屏風」（町田本）に「たちうり」と指示する通りの風景が描かれている。

（5）金融の座（江戸時代の座）「楽市楽座」の政策によって、私的な座は解体した（後述）が、江戸幕府は、幕府を支える公的な座は保護した。その代表が金融に関わって貨幣の鋳造に携わった「金座」「銀座」等である。他に専売権を認められていた「枡座」や「秤座」などがあった。伏見の「銀座町」はその名残の地名である。慶長六年（一六〇一）、徳川家康が桃山城下に設けた「銀座」（日本で最初の「銀座」地名）に由来する。銀貨と交換する「両替座」もあったが、この方は「座」がとれて、現在「両替町」となっている。中京区の「両替町通」（丸太町から三条まで）は、家康がこの通りに「金座」を設け、後に伏見・大手筋の「銀座」をこの通りに移し「朱座」も設けた通りであったことによる通り名である。「楽」は本来、楽しむの意を示すが、「楽市楽座」の「楽」は、束縛を解き、自由に行うのニュアンスを持っている。「楽にする」の「楽」であろう。

5、「座」の解体と「町」の発展

先の「座」の定義に「~戦国時代（まで）」とあったが、一六世紀末から一七世紀初めにかけて織田信長・豊臣秀吉の時代になると、「楽市楽座」の令によって、「座」が制限され、ついには解体することになる。「楽市」は旧来座の商人が持つ各種の特権を廃止する政策で、「楽座」が「座」そのものの廃止を打ち出したものであった。それまでも座を結成しない商工業者も存在したであろうが、商業経済の活発化で増えてきた、「座」に属さない新興の商工業者が自由に経営・営業できる状況を作り、経済活動を活性化するのが目的であった。信長、秀吉始め各地の戦国諸大名がそれぞれの城下町で行った政策である。

しかし、座は解体しても、店（たな・みせ）を中心としてきた商業活動までが禁止されたわけでなく、同じ職種の業者が寄り合った「町」自体は継続していった。「町」の形成については、第四章二「町の形成と町名」を参照してほしいが、京域での町形成の特徴である「両側町」（「片側町」もあった）の成立過程について、『京都市の地名』（平凡社）では次のように纏めている。

座を結成することによって、自らの営業権を確保した座衆たちの動きは、町の発展とともに、地縁的結合をいっそう促進させることになった。その地縁的結合を促したのは道路を中心にした町の再編成である。古代の町は、計画的に造成された方一町のブロック的構成であったが、中世にはこの方一町の町形成を根本的に変え、道路を挟んだ両側町及び片側町の自然的再編成へと向かった。既に中世前期にはこうした再編がかなり進んでいたであろうが、中世後期になると確実な歩みとなり、十五世紀後半以降になると、応仁・文明の乱後の復興の過程のなかで、町の再編は、自衛的自治的意識の高揚とともに、強固な町共同体の結成という方向に進んだ。

こうして、町組の組織化が進み、秀吉の京都改造計画による、新たな地割りによる町作りが進み、町名が敷き詰められていくようになった。この節の冒頭に触れたように、現在旧京域に属する上京、中京、下京の各区や東山区、及び城下町であった伏見区には、いわゆる「商業地名」（商品名や職業名をになった町名）が集中的に多く見られる状況を生み出したのである。「商業地名」の町は、「座」の組織と同様に、その名の示す商いを同じくする業者達が寄り集まって「町」をなしていた。数の多少はともかく、この「商業地名」は、全国各地の城下町で確認することができるのである。例えば、宮津市には、「魚屋町」「職人町」等がある。

これらの商業地名の「町」には、元「座」を結成していた「町」も、また「座」を結成することのなかった「町」もある。しかし、前者の場合でも、「釜座町・釜座通」のように「座」であった痕跡を残している地名の例はほとんどない。例えば、東山区の「弓矢町」、祇園社を本所として奉仕する祇園の犬神人の居住地で、弓の弦や矢を製造する「弓矢座」を結成していたであろうが、今の町名に「座」の呼称はない。先に見たが、伏見区の「両替町」もそうで、かつての「両替座」に由来する町名ではある。

古い名に由来する「室町通」や「塩小路通」等の例は除いて、現在の通り名には、「町」や「商業名」の付いたものがある。例えば、「先斗町《ぽんとちょう》通」がその例であるが、今「先斗町」という町名はない。ただし、「新撰増補京大絵図」（宝永六年〔一七〇九〕）には、南北に列ぶ「松本町」、「新河原町」に引き続いて北側に「先斗町」と記されている。「先斗町」のある通りの意から「先斗町通」となったものか。今は通り名だけが残っている。「木屋町（まち）通」についても全く別の箇所に「木屋町（チョウ）」はあるが、「木屋町通」界隈には「木屋町」という町名はない。ただし、「材木町」「下木樵町」が存在する。「木屋町通」の名は木材を扱う木屋が集まって町をなす通りの意味で、「町」が付いていると思われる。他に「町」の付く通りで南北の通りでは、「麩屋町通」「両替町通」「車屋町通」などがある。東西の通りにも、「丸太町通」などがあり、上・中・下の「珠数屋町通」という例もある。町名としては「上珠数屋町」がある。「数珠」などの仏具を売る店が建ち並んだ町に由来する命名である（町名では「珠数」となっている）。変わったところでは、紋屋図子、茶碗坂などがある。

旧京域にみる「町名」は、全国各地での市町村制による町名とはあり方が異なる。地方の小字に相当すると言っていいほど、やたらと町名が多い。同じ区内に所を変えて同じ名の町名が複数ある例もある。それぞれの「町名」の命名の由来はさまざまであり、町（名）の誕生した時代も色々にわたっている。この節では、商工業の発展のめざましい鎌倉・室町前期以降における「＊＊屋町」などの「商業地名」についてみてきたが、他にも「函谷鉾町」「長刀鉾町」などのいわゆる「鉾町」の町名、寺社の存在を写す「信仰地名」等があり、それぞれ時代を背負っていて、地名の研究において注目すべき存在となっている。

三、福神信仰の隆盛と地名

綱本逸雄

室町末期「応仁の乱」（一四六七～七七）で荒廃した京都に商売振興の市街地が形成される中で、福神信仰にあやかった町々が出現した。現在でも七福神にまつわる町名が洛中に多く残る。上京区に夷川町のほか蛭子《えびす》町・大黒町・毘沙門町・毘沙門横町・弁財天町・弁天町・大黒屋町、夷川通周辺を含む中京区には東夷川町・西夷川町のほか夷町・恵比須町・大黒町・西夷川町・毘沙門町・弁財天町・布袋屋町、下京区では今大黒町・上夷町・蛭子町・夷之町・恵比須之町・蛭子水《えびすみず》町・大黒町・毘沙門町・弁財天町などがある。さらに北区、東山区、南区、伏見区、山科区にもいくつかある。これらについて、以下にその背景をみていく。

1、京は七福神信仰の発祥地

七福神信仰の発祥地は京都で、室町末期に都の商工業発展とともに流行った財宝の神・福神の信仰をいう。不老長寿、商売繁盛、五穀豊穣、家内安全、所願成就のご利益があると信仰された。七福神とは、インド、中国、日本に伝わる神を福神としたもの。七神は、恵比寿（夷・蛭子・戎）神、大黒天、毘沙門天、弁財天、福禄寿神、寿老人神《じゅろうじん》（白髪大明神）、布袋尊をいう。このうち恵比寿神だけが日本古来の神。大黒天、毘沙門天、弁財天はインドの神様、福禄寿神、寿老人神、布袋尊は中国の神である。

当初は恵比寿と大黒が「二福神」として盛んに祀られた。恵比寿は事代主命《ことしろぬしのみこと》ともいう。烏帽子をかぶり釣り竿を持ち鯛を抱えている。古くは豊漁の神である。時代と共に福の神として「商売繁盛」や「五穀豊穣」をもたらす神となった。唯一日本由来の神である。大黒天はインドの戦の神マハーカーラ（魔訶迦羅）。最澄が比叡山に祀ったのが最初。日本古来の大国主命《おおくにぬしのみこと》（事代主命の父）と習合し、肩に大きな袋を背負い右手に打出の木槌、米俵を踏まえて食物・財福を司る神となった。

恵比寿・大黒の二神併祀の広まりについて、室町末期の逸話集『塵塚物語』（一五五二）巻四「夷大黒之事」には、「あるひとのいへるハ、大こく（黒）とゑひす（恵比寿）と対（一対）して、あるひハ木像をきざみ、あるいハ絵にかきて富貴をいのる本主《ほんしゅ》（本尊）とせり。世間こそりて一家一舘にこれを安置せすといふことなし」と隆盛ぶりを記す。

この時代、禅の隆盛に伴い「七難即滅」や「七福即生」のように「七」の数が聖数と考えられるようになった。「七難即滅・七福即生」は、仁王経《にんのうきょう》に説かれている「あまたの災難はたちまち消滅し、多くの福徳に転ずる」という転禍為福の経文である。また当時好まれていた「竹林の七賢」などにも倣い、福神を七人にしようと恵比寿、大黒天に五神を追加して七福神になったという（竹林の七賢とは、中国の三世紀俗塵をさけて竹林に七人の隠者が集まり清談をした有名な故事）。文明年間（一四六九〜八七）には、京都市中では、七福神の風流行列が行われたり、七福神の格好をした「七福神盗賊」が出没したほど信仰が広まった。

2、福神信仰の歴史

はやくに富や福に対する願望は平安中期から都の人たちにあった。『百錬抄』応徳二年（一〇八五）七月条には、「朔日より東西二京諸条、辻毎に宝倉《ほくら》（小社）を造立し、鳥居に額を打ち、その銘《な》は福徳神あるいは長福神。洛中上下群衆、盃酌《くみさん》筭無し（数限りなし）」とある。

南北朝・室町時代に盛んに行われた正月芸能に松拍子《まつばやし》（松囃子）がある。村人・町衆・侍衆などが仮装して造り物を担ぎ、幕府・公家などの諸邸に参入して祝賀の芸を演じ禄物《ろくもつ》（布帛《ふはく》または金銭）を頂戴した。伏見宮貞成《さだふさ》親王著『看聞御記』応永二七年（一四二〇）正月一五日条には、伏見御所に、「地下村々松拍《まつばやし》参……布袋・大黒・夷・毘沙門等」と、付近の村々から松拍子が参じたが仮装した福神がみられたという。

また、鞍馬の毘沙門天には、『看聞御記』永享四年（一四三二）六月三日条に、寅の日に「今日鞍馬寺万人参詣すと云々。今月今日庚寅《かのえとら》が廻り逢ふ事、六十一年と云々。邂逅事也。仍て貴賤参云々」。

中世なかばには年中行事化していた大黒舞は、門付の一種で、遊芸人が大黒天の姿で恵比須と連れ立ち、正月に新作した祝の詞を歌いながら舞うもの。相国寺鹿苑院内の蔭凉軒主の日記『蔭凉軒日録』文正元年（一四六六）閏二月一七日条に「彼知客、平日大黒舞を好む。仍て此如く也」。中世末には正月には禁裏に参入し披露もした。同書延徳二年（一四九〇）三月三日条に「観世新三郎来る。又、土倉《とくら》庵主来りて大黒舞を作《な》す。新三郎数曲を唱ふ」とある。土倉とは中世の金融業者、酒屋が兼業した。質物保管のための土蔵を建てていたのでこの名がある。

福神信仰のたかまりは、狂言にも取り入れられて「福の神」「夷毘沙門」「毘沙門」など福神狂言がつくられて、さらに福神は人々のなかに定着していった。「福の神」は、年籠りに来た参詣人が「福は内、鬼は外」というと、現れた福の神が、供えられた神酒を飲みながら富裕になる心得を語る。

3、七福神にまつわる町々

七福神にまつわる町名の特徴的なことについて、川嶋将生らは「一つは恵比須（夷・蛭子）・大黒・毘沙門・弁財天の四つが圧倒的に多く、布袋・福禄寿・寿老人の名称を付す町が、ほとんど見られない。それら福神名称の多くは、もと洛中と呼ばれ、平安時代より市街地を形成した地域にみられる。恵比須以下の四つの神々は、いずれも富貴に関するもの。布袋以下の神々は長寿に関するもの」（川嶋将生・鎌田道隆『京都町名ものがたり』）と指摘している。

紹鷗の大黒庵

また、洛中の町々には、「蛭子社《えびすのやしろ》」が各所に祀られていた。京都の中心地・四条通室町の北の菊水鉾町は鉾名の由来となった名水・菊水之井で知られるが、かつて「ゑびす（夷）の町」と称した。町内に夷社があったのが町名由来という。『京雀』に「江びすの町　この町ひがし行《がは》にいにしへより江びすの木像あり、とう明供物をそなふ」とある。『山城名跡巡行志』第一に「夷ノ祠　室町四条ノ北ニ在ル夷町、小社人家の裏に在り。右は鳥居拝殿などあり。南隣の地武野紹鴎住居地也。夷に並ふを以て宅を大黒庵と号す」とある。夷社は貞享元年（一六八四）焼失したが、かつて室町時代の茶人武野紹鷗《じょうおう》（一五〇二～一五五五）が一時住み込み、夷と一対の大黒を庵名とした。

『御伽草子』(「かくれ里」)の恵比寿・大黒戦争

室町末期頃の『お伽草子』（島津久基編校・岩波文庫）「かくれ里」では、この旧夷町にまつわる次のような恵比寿・大黒戦争の説話がある。

摂津国西宮に棲む小鼠が恵比寿社（西宮神社）の供え物を盗み取り、これをみた社殿の狛犬が怒り、鼠を追い払ったら井戸に落ち、親鼠に訴え仕返しにと若鼠二、三〇〇匹が社の社壇の扉、鳥居の柱を齧った。怒った恵比寿は狛犬を使って全滅させようとした。鼠は比叡山の大黒天に助けを求め、恵比寿は竜宮城の龍王に援軍を頼んだ。戦場は恵比寿勢一万八千余騎と大黒天勢一万余騎は、「恵比寿殿は四条室町恵比寿の町に陣を取り、大黒殿は二条河原町大黒町に陣を取り、旗を靡し矛を並べ、三条高倉通、左手《ゆんで》は冨の小路、右手《めて》は東の洞院、ここぞ究竟《くっきょう》の軍場《いくさば》なり」だった。

そこへ唐土《もろこし》から帰国した布袋和尚が京見物の途中通りかかり、「恵比寿、大黒諸共に、二条富の小路、布袋屋町に呼び入れ」、仲裁に入り和睦した。布袋和尚が宿所にしていた布袋屋町は中京区麩屋町通夷川下ルの両側町である。町名由来は、布袋屋という細工人が居住していたというが、布袋和尚の説話に仮託された。

四条室町の恵美須（夷）町、二条河原町の大黒町という町名は、現在消滅しているが、この説話は、室町末期の熱烈な福神信仰ぶりを反映する物語であろう。

4、通り名の起こり「夷川通」

夷川通は丸太町通から二筋目の東西の通り名で、車屋町通（烏丸通一筋東）～寺町通間は和洋新旧の家具類をそろえた専門店街として全国に知られる。西は堀川通東の中京区西夷川町から東は鴨川を越えた左京区岡崎徳成町まで約二・四キロの路である。

この通りは江戸期には竹屋町通と同じく「東は寺町通より西へほり川通迄」（『京羽二重』一六八五刊）で、約一・五キロの東西路だった。また、当時、通りに面して「麩屋町・こんぶ、室町西へ・くわし（菓子）、あぶら小路西へ・小刀剃刀《おかたなかみそり》鍛冶、高倉の西へ入・針がね細工」（同書）の諸職諸商家が軒を連ねていた。俳書『毛吹草』（一六四七）は本通りの名物として、「南蛮菓子、ミスカラ（ミズカラ菓子）昆布ニテ作之」をあげ、『京町鑑』（一七六二）によれば、通りに面した町は、丸屋町・木屋町・俵屋町・百足屋《むかでや》町・山中町・九間町・巴《ともえ》町・鎰屋《かぎや》町・俵町・四軒町・東夷川町・西夷川町だった。そのうち、俵町・四軒町は現在泉町に併合、烏丸東入ル九間町の町名は消え、他は現存している。

夷川通の由来

『京町鑑』は「古老云、往古西洞院中御門今いふ椹木町に北山の下流あらはれ、又此辺に蛭子社《えびすのやしろ》有しゆへ恵比須川と号し、其後次第に人家建つゞきしゆへに通の名とす」とある。『山城名勝志』（一七一一）は「恵比須川　今冷泉通（後述）は夷川通と曰ふ。件の川は西洞院西に在り。北より流れたる歟《か》。今西洞院中御門南は夷川町と曰う。冷泉通油小路西は西夷川町と云ふ。其の東は東夷川町と云ふ」と載る。通り名は夷、恵比須が併用されているが、京都町奉行所編『京都御役所向大概覚書』（一七一七）は「京都竪横町通之事　正徳五未年改　恵比須川通　冷泉通共」と表記している。「冷泉」の呼称は、江戸時代は「れいせん」「れいぜい（ん）」を併用している。

『京都坊目誌』（一九一五）は「夷川通　街名起原　天正以前小川《こかわ》の支流北より来り。東流して西洞院川に合す。此僅少なる流域を夷川と称す爾来街名となる」（首巻）、また、「東夷川町」（上京第一八学区之部）の項で「元此地に夷川あり。僅に一町（一〇九メートル）の流域に過きす」「古蹟　夷ノ神社ノ址　東夷川町北側小川東入の地なりと。蛭子《えびす》ノ命を祭る。中世之を東山若王子境内（左京区若王子町）に移す。今末社となりて存す」と記す。

夷川の流路について、諸本は「椹木町に北山の下流あらはれ」（『京町鑑』）、「川は西洞院西に在り。北より流れる歟」（『山城名勝志』）、「堀川の支流小川の北より来り」（『京都坊目誌』）と流路の表記がまちまちである。また、西洞院川についても『山城名跡巡行志』（一七五四）は「西洞院渠《みぞ》（伏流水が）二条より流る」とある。

中京区堀川以東の現在の南北路は一筋目が東堀川通、二筋目が油小路通、三筋目小川通、四筋目西洞院通である。西洞院通はかつて西洞院川が流れ、明治三七年（一九〇四）路面電車敷設のため暗渠化された。西洞院川は、平安京図を描いた日本最古の九条家本『延喜式』左京図に描かれる。同時代の『中右記』にも「世間河水大出、京中堀川西洞院河大出、近代如此洪水未曾有云々」（長承三年（一一三四）五月一七日条）などとみえ度々氾濫し、川は一度完全に消えた。応仁の乱以前の京都を描いた「中古京師《ちゅうこけいし》内外地図」（森幸安、一七五〇）には消失していて描かれていない。

しかし、室町末期に再び出現。応仁の乱から天正年間までを描いた「中昔京師《ちゅうせきけいし》地図」（森幸安、一七五三）では、川が堀川の支流として復活している（図参照）。

中御門大路（現椹木町《さわらぎちょう》通）南の安禅寺が水を引いたのが流路の再開である。その流れは、堀川から分水して東に流し、寺で取水し南へ水を落としている。寺から出た水は、大炊御門大路（現竹屋町通）を過ぎると、わずかな距離を東流し、同図はその屈曲地点を「夷川」と記入している。そして再び南下して西洞院川となって流れる。上杉本「洛中洛外図屏風」（一五四五〜一五四九）でも、堀川の分流なのかはっきりしないが、西洞院川の起点を中御門大路に描いている。

安禅寺があった南側は旧冷泉《きゅうれいぜい》小路（東西路）で、夷（蛭子）社があり、「夷川」と描かれた場所は小川通夷川東入ルの夷川児童公園付近である。平安時代の陽成《ようぜい》上皇（八六八〜九四九）の後院（天皇退位後の居所）址で、発掘調査によりこの時代に使用されたと思われる井戸跡が見つかっている。

京都盆地の地下水は豊富であり、かつては自噴泉（伏流水の湧出）も多く、自噴による池（神泉苑）などが形成された（システム科学研究所『地域の「味」形成に果たす地下水の役割』）。洛中洛外の湧出する一九〇の名水・井泉《せいせん》を集大成した井上頼寿『京都民俗志』（一九六八）がある。それらは主に①盆地中央部の間を南北に長く分布②盆地周辺の山麓部に分布する二グループに分けられる。これは服部定治が調査した「京都盆地での地下水の流れ」（京都新聞社編『京都いのちの水』）と合致する。『京町鑑』に「此流（西洞院川）の川ばたに所々井有清冷也」とあるように、「夷川」も湧水に恵まれたところだったのであろう。直近の安禅寺北にも有名な名水滋野井があった。

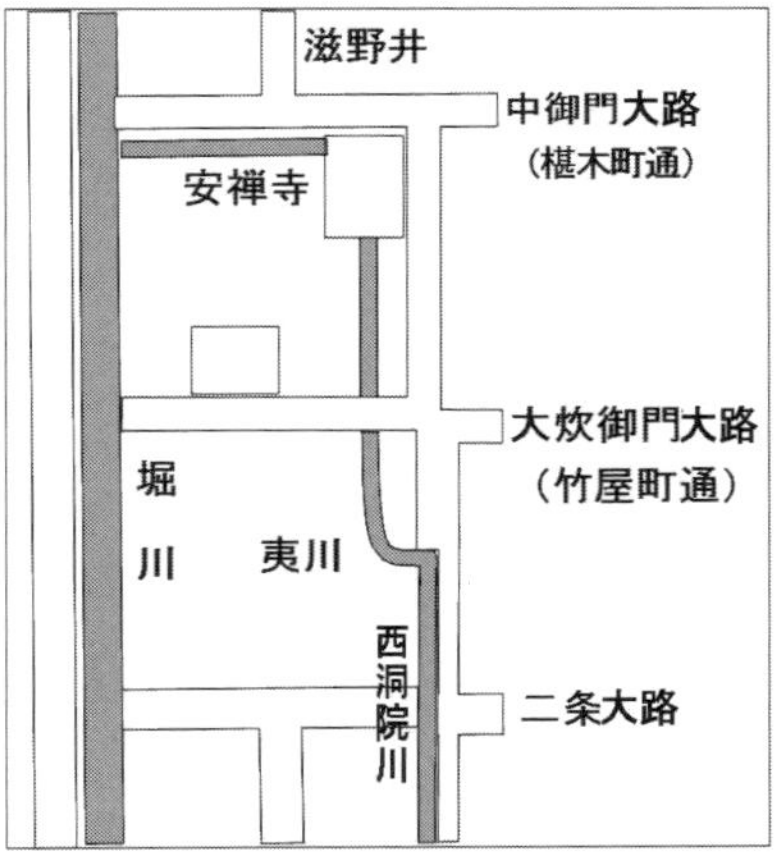

図　応仁の乱後の夷川通付近（「中昔京師地図」を元に筆者作成）

安禅寺は、平安末期の『小右記』（治安三〔一〇二三〕年九月二九日条）にみえる真言宗の尼寺である。もと上京区上長者町通新町西入ルの土御門町にあったといわれるが、文明以後釜座通椹木町下ルに移り（「中昔京師地図」）、その後大永〜天文頃は新町通正親町付近（「洛中洛外図」町田家本右隻第五扇、上杉本右隻第六扇）、天正年中に京都御苑内にあった二階町（石薬師通寺町西入ル二筋目下ル）に移転し、明治二二（一八八九）年廃寺となった。樋木町通下ルの寺址は安禅寺町と称したが、明治二（一八六九）年夷川町に併合された。安禅寺が北方に移転した後は、堀川からの取水口がうまく行かず、戦国期から江戸初期にかけてついに埋没し、二条から南の河道だけが残った（岸元史明『平安京地誌』一九七四）。「寛永一四年洛中絵図」（一六三七）には、二条通から南下する西洞院川が示されている。

なお、若王子神社に移された夷（蛭子）社は、末社・恵比寿社として本殿横にあり、祭神は等身大の立派な寄木造り恵比須神座像である。

四、京の「口」地名と街道――京の護りの歴史

清水　弘

平安京に都が移されて、京の都から各地方に街道が通じるようになった。京から東海・北陸へ行く街道は、山科から逢坂山を越えて大津に出て、ここから東海地方へ行く東海道と北陸地方へ行く北陸道に分かれた。山陰地方へ行く街道は、老ノ坂峠から亀山（現在の亀岡）を経て丹波へ行く山陰道がある。その他、山陽地方へ行く西国街道、八幡・枚方を経て大坂（現在の大阪）へ行く京街道、宇治を経て奈良へ行く奈良街道（大和街道）などがある。これらの街道の京からの出口、京へ入る入口が、ここでいう「口」である。

1、「口」地名の誕生

初出の「口」地名――粟田口

この口には、それぞれ「鞍馬口」や「荒神口」という口の付いた地名がある。これらの口の付いた地名の総称を京の「口」地名といっている。これら口の付いた地名の古い用例は、一一世紀に成立したとされる『栄華物語』の石山詣の項にある、「京を出でさせ給て、粟田口、関山のほど、……」という記事で、「粟田口」という口の地名がでてい

るのが最初である。

これらの口に通じる街道は、古代においては、人や物資が移動するだけでなく、災いや疫病のもとである鬼気も街道を通じて入ってくると考えられていた。そこで疫病が流行ると、都にこの疫病のもとである鬼気が入らないように四角四境祭《しかくしきょうまつり》（「みちあえのまつり」ともいう）という祭りが行われた。その祭りの場所は、四角祭は大内裏の四隅であり、四境祭は山城国の境である山崎の境、大枝の境、逢坂《おうさか》の境、和邇《わに》の境の四ケ所で、ここで祈りを捧げて、鬼気の侵入を防いだのである。

また、都で戦乱が起こると、外部からの敵の侵入を防ぎ、都を護るために、街道の出入口に警護の兵士が派遣された。例えば、大同五年（八一〇）に起こった「薬子《くすこ》の乱」に際しては、『日本後紀』の大同五年九月一一日条によると、「宇治・山崎の両橋、与渡の津に兵を置く」とあり、承和九年（八四二）の「承和の変」が起きた時には、『続日本後紀』の承和九年七月一七日条によると、「山城国五道を固めしむ」として、宇治橋・大原道・大枝道・山崎橋・淀の津の五ケ所に兵士を出して、都の護りを固めていた。

九条口

「粟田口」とともに、平安時代を通して文書によく出てくる口の地名に、「九条口」がある。『為房卿記』の寛治六年（一〇九二）二月六日条に、奈良の春日祭に行く使者のコースとして、「東洞院を南行、五条大路に至り東折、万里小路に至り更に南折、七条大路に至り、河原に出御、九条口に至る」と、「九条口」の地名が出てくる。また、左大臣藤原頼長《よりなが》の日記である『台記』の天養二年（一一四五）八月一四日条に、「……九条口に於いて、八幡に向かふ大納言に逢ふ。」という記事や、平信範の日記である『兵範記』の仁平二年（一一五二）三月一六日条に、鳥羽殿へ行くコースとして、「……東洞院大路を南へ行き、八条より東へ行き、富小路末より南へ行き、九条口を経て河原へ」という記載がある。また、内大臣であった藤原忠親《ただちか》の日記である『山槐集』の治承三年（一一七九）二月八日の条には、春日祭に行く使者が、「……七条を東行、河原を南行、九条口に於いて乗替へ云々」とある。九条兼実《かねざね》の日記である『玉葉』の文治四年（一一八八）正月二七日の条に、氏長者になって初めての春日祭に行くことを記した中に、「……万里小路、八条、河原、富小路を経て九条口に到る」とある。このように、奈良へ行くのに、鴨川にあったと推定される「九条口」が利用されていたことが分かる。

この「九条口」の位置について具体的に示した史料はないが、九条という文字から考えて、九条大路の東の端付近にあったと思われる。また、九条口から先はどうしたのかを記した史料はないが、鴨川に橋があったとする記録がある。それは、『日本三代実録』の元慶三年（八七九）九月二五日の条に、「是夜、鴨河の辛橋に火あり、大半が焼け断つ」を初見として、同じ『日本三代実録』の仁和三年（八八七）五月一四日の条に、「韓橋《からはし》を守る者を二人置く」とある。この辛橋も『本朝世紀』の天慶二年（九三九）五月二七日の条の、「……賀茂下社より韓橋の北辺に至り巡検有り」という記事を最後にして、史料に出てこない。

この辛（韓）橋が、「九条口」にあったとする証拠はないが、平安時代に鴨川にあった橋の一つであり、この橋が九条口にあったと思われる。しかし、『兵範記』や『玉葉』の時代には、この橋は姿を消しているので、川を馬や車で渡ったのかもしれない。鳥羽殿への場合は、船で下ったとも考えられるが、確かなことは分からない。

この「九条口」は、鎌倉時代になっても利用されたようで、勘解由小路兼仲《かげゆこうじかねなか》の日記である『勘仲記《かんちゅうき》』の弘安三年（一二八〇）二月一二日の条に、「家基、春日祭上卿として南都に下向、行路、室町南行、二条東行、東洞院南行、至九条口、……」と出ている。しかし、別のコースもあったようで、藤原定家の日記である『明月記』の寛喜三年（一一二三一）八月一九日の条に、「……京極六条にて川原に出る。法性寺路より天曙になる（夜が明けるの意味）」とある。また、『勘仲記』の建治二年（一二七六）七月二四日の条に、「……東洞院を南へ行き、六条河原に至る。浮橋……」とあり、九条口以外にも、六条河原で鴨川を渡って川の東にある法性寺路（のちの大和街道）に出ていることが分かる。この建治二年の時は、注記に、「使庁浮橋を構」とあり、使庁即ち検非違使《けびいし》庁が前以って浮橋を用意していたと記されている。この例から或いは九条口の場合も浮橋が用意されていたのかもしれない。

2、七口の登場

関銭の徴収

平安時代も後期になると、京の都の中で戦いが起こるようになる。保元の乱と平治の乱である。この二つの乱を経て、いわゆる源平の合戦が始まるのであるが、源平の合戦は主に京の都の外での戦いであったから、京を護るという必要はなかったのであろう。平安時代末期の文書として『保元物語』がある。史料としての信憑性に問題があるが、それによると、保元の乱が起こった際に、「検非違使をめして、関々をかたむべき」として、関を固める所として、宇治路、淀路、山崎、大江（枝）山、粟田口、久々目路が挙げられている。この文書を除けば、街道の口を守ったという記録は見当たらない。

鎌倉時代になると、政治の中心が京の都と鎌倉の二ケ所となり、京と鎌倉を結ぶ東海道の往来は盛んとなるが、この間に起こった戦いは主に関東であり、この時代も京を護るということは少なかった。

「京の七口」という語が出てくるのは室町時代からである。内大臣の万里小路《までのこうじ》時房《ときふさ》の日記である『建内記《けんないき》』の嘉吉元年（一四四一）七月二〇日条に、「八幡ハ、……、今路道下ハ、……、東寺口ハ、……、法性寺ハ、……、鳥羽ハ、……、七条口ハ……、長坂口ハ、……」と三ケ所の口の地名と四ケ所の地名の七つの地名があり、同じ年の閏九月三日の条の「武家（足利将軍のこと、この時は足利義教）、制札を七道の口に打つ。」と、「七道の口」が出ているのが、「七口」の初見とされている。この「七道の口」について、七つの道のことではなく、「五畿七道」の「七道」のこと、すなわち日本全国という意味であり、京から全国に向けて出て行くすべての口のことである、とする解釈がある。

しかし、室町時代の「七道」は、京から出て行く七つの街道と考えられる。この『建内記』と同じころに記された『碧山日録《へきざんにちろく》』（東福寺の僧侶の大極蔵主の日記）の長禄三年（一四五九）九月七日の条に、「安城（平安京のこと）乃七路」とあり、その注記に「諸州より京に入る路、其の数七なり」とあり、室町時代には、「七道」は京に入る七つの道ととらえられていたと考えるべきであろう。

この「京の七口」がどのような役割を持っていたかというと、室町時代には、都を護るというより、関銭（通行料）を徴収するために、関所が設けられていたのである。この時代の七口のことを多く記した史料は、『建内記』と『山《やま》科家礼記《しなけらいき》』である。『建内記』を記した万里小路時房の万里小路家は、代々禁裏の御厨子所《みずしどころ》（朝廷の台所を担当）の長官の役職を担ってきた家柄である。また、『山科家礼記』は、山科家の家令《かれい》（家の事務の長）を務めた大沢氏の日記であるが、山科家も代々禁裏の内蔵頭（財政を担当）を勤めてきた家柄である。両家は皇室の財政を扱ってきたが、応仁の乱以後は、皇室の収入が減り、苦しい財政状況にあった。

関所を設けて関銭を徴収する理由は、先の『碧山日録』の長禄三年（一四五九）九月七日条に、「伊勢の大廟（伊勢神宮のこと）を改造せんが為、安城の七路に、前月の二一日、各一関を置く」とあり、室町幕府が、伊勢神宮の改修の費用を得るために、京の七口に関所を設けたのである。

その後、応仁の乱の戦乱により荒廃した内裏を修復するためという名目で、七口に関所が設けられた。『山科家礼記』によると、応仁の乱が一応終結した年である文明九年（一四七七）一二月二〇日条に、室町幕府の奉行人からの文書として、「内裏御修理料関壱所の事、山科内御陵庄に立ち置かれる」と、山科の御陵庄に、内裏の修理の費用を得るために関所が置かれることとなったことを記し、同じ書の一二月二二日条に、「今日より京への路、大津よりとどめ候也。新関ゆへ」と、山科の東海道に通行料を徴収する関所が置かれたことを記している。このように、京の七口に設けられた関所は、通行する人から通行料を徴収する役目を持っていた。

このような関所が置かれると、京へ野菜や薪などを売りに行く近隣の農民たちにとっては煩わしいことになり、当然、関所設置反対の動きが起こる。関所反対の申し入れをしたり、関所を打ち壊したりしていたことが、公家の日記に記されている。例えば、権大納言の中御門宣胤《なかみかどのぶたね》の日記である『宣胤卿記』の文明一二年（一四八〇）一〇月一〇日条に、「七口の関所の停廃の為、土一揆起こす。通路を塞ぎ、北白川辺りに集会し、関所を焼き払ふ云々」という記事や、朝廷の役人である大宮長興の日記である『長興宿祢《ながおきすくね》記』の文明一二年一〇月一二日条に、「是夜、千本辺り騒動、辺土強民等集会す。長坂新関停廃せしむと云々」という記事である。

都の警護

京の七口はまた、京を護るという役割を持っていた。各地で合戦が起こると、京の町を外敵から護るという役割である。『明月記』の治承五年（養和元年　一一八一）正月二日の条に、「河原口より武士が多く警固し、尋常と異なる」とある。この記事の「河原口」がどこであるのかは特定しがたいが、九条口か六条河原であろう。河原口に、なぜ多くの武士が警固をしているのかというと、この日の四日前の治承四年（一一八〇）一二月二八日に、平重衡の軍勢が奈良を攻めて、東大寺や興福寺を焼いたため、奈良の僧兵たちが攻めてくることを予想して、平氏の軍勢が、僧兵たちを京の町に入れないように護っていたのである。

応仁の乱になると、七口は、東軍（細川方）、西軍（山名方）、それぞれの軍勢によって護られたのである。『応仁記　二』の応仁二年（一四六八）七月二五日条に、「……（山名軍が）武衛ノ構ヲ根城ニシテ、細川陣ノ東ノ面へ攻上テ、内裏ヲ警固シ、相国寺ヲ陣ニ取リ、御霊口《ごりょうぐち》ヲ塞デ、敵ノ通路ヲ留ント支度也」と、山名方が御霊口を抑えていることを記している。ところが、その御霊口を細川方に取られたのか、月日は不詳であるが、『応仁広記』に、「洛中ハ七口有ルヲ、御霊口ヲ除テ六口ヲハ山名方ヨリ固メレバ、都鄙《ひな》ノ通路自由ニシテ……」とあり、山名方（西軍）が六口を護っていたので、京と鄙（郊外の村）の通行が自由にできたという記事である。

また、『山科礼記』の応仁二年二月二九日の条に、室町幕府の奉行人から山科家への通知が記されている。それは、「東山通路の事、近日の一揆にはよく警固してくれた。郷や村でよく申し合わせて、粟田口辺に要害を構えて、敵軍から護るように。」という命令である。このように戦になると、街道の口は京の都を護る重要な地点となったのである。

3、御土居の構築と七口

御土居の構築

天正一八年（一五九〇）、豊臣秀吉による小田原攻めは、北条氏の降伏により終了して、豊臣秀吉による天下統一が実現した。京都の町は、応仁の乱をはじめ、天文五年（一五三六）の天文法華の乱、さらに天正元年（一五七三）

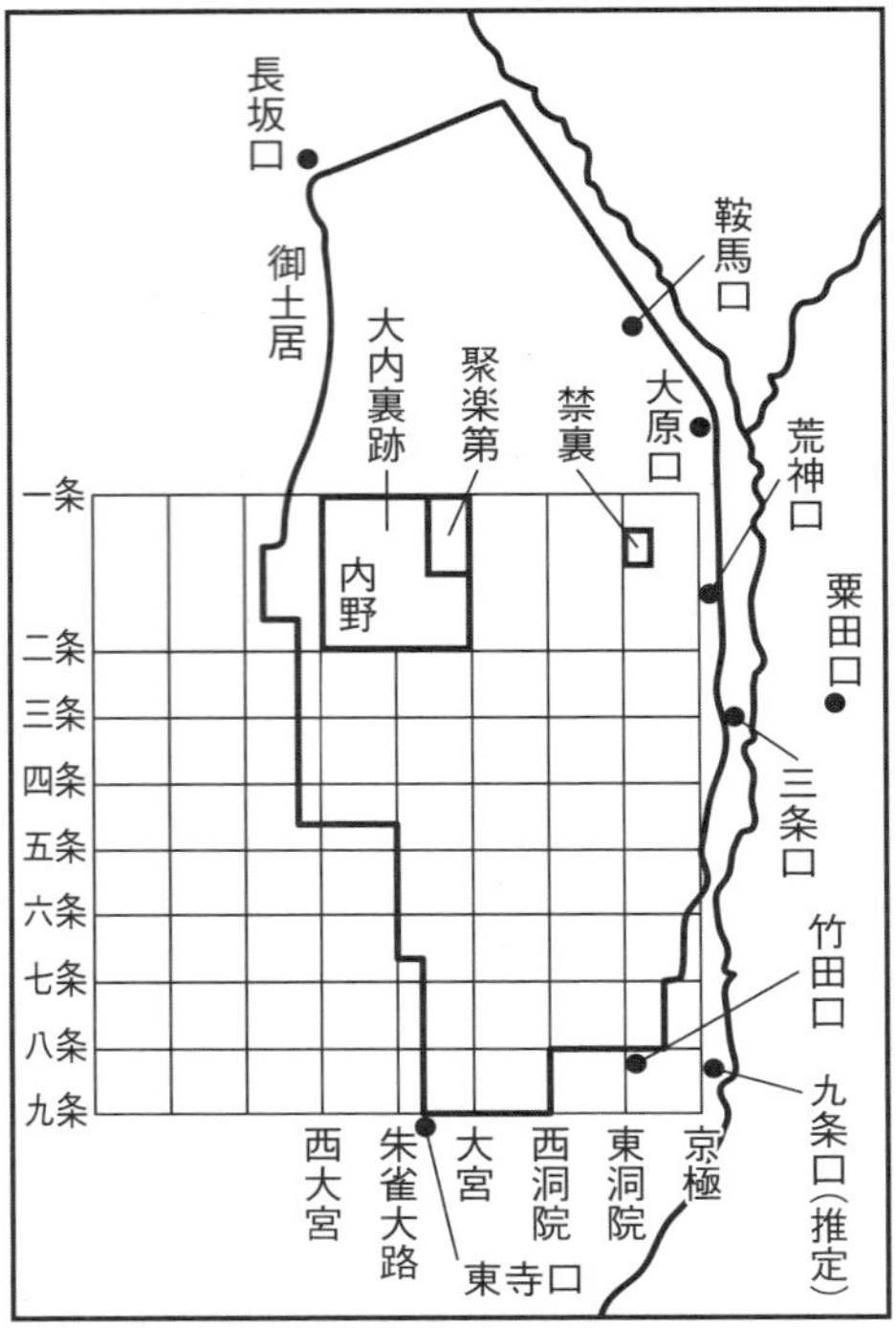

図　平安京と織豊時代の京都

の織田信長の上京焼き討ちと、長い戦乱によって荒廃した。

豊臣秀吉は、荒廃した京都の町を再生するために、都市改造を進めた。それは皇居の改修であり、道路の修復と増設であり、公家町の新設、市内の寺院の移動などであった。この都市改造の一つに御土居の構築がある。

織豊時代の公家で関白左大臣であった近衛信尹《のぶただ》の日記である『三藐院記《さんみゃくいんき》』に、「天正一九年閏正月より、洛外に堀をほらせらる。竹をうへらるる事も一時也。二月に過半成就也」と記されていることから、御土居の構築の着手は、天正一九年（一五九一）の閏正月から始まり、二ケ月で過半が完成したというのである。

この御土居の大きさは、土居の高さが約五メートル、幅は基底部が約二〇メートル、上部が約五メートルで、土居の外側に堀を設けている。この大きな土の塀が、北は鷹峰《たかがみね》近辺から南は九条大路付近まで、東は寺町通の東、鴨川の西岸から西は現在の西大路通付近まで、京都の町をぐるりと取り巻いて、その総延長距離は約二二・五キロに及ぶという大規模な土木工事であった。

御土居を作った目的については、一般的に、外敵の侵入に備えるという軍事的な目的の外に、鴨川の洪水から洛中を守るということと、京の町の美観のためという目的があったといわれている。この御土居ができたことにより、京都の町は、「洛中」と「洛外」という地域区分が明確になった。

御土居と七口

御土居に囲まれた京都の町は、洛外へ出て行く、あるいは洛外から洛中に入るための出入口が設けられた。御土居の構築によって街道の出入口の位置が明確になったのである。京都の町から東へ出て行く東海道の出口は三条大橋の東にあったので、三条橋口または東三条口ともいい、伏見へ行く伏見街道の出口が五条大橋の東にあったので、五条橋口または伏見口といわれた。

これらの街道と口の名をあげてみると、江戸時代初期の貞享元年（一六八四）に出版された『菟芸泥赴《つぎねふ》』では、東海道の口は「大津口」、伏見街道の口は「宇治口」、淀・大坂への山陽道の口は「八幡《やはた》口」、山崎から摂津へ行く西国街道の口は「山崎口」、桂から亀山（今の亀岡）へ行く山陰街道の口は「丹波口」、鷹峯から北丹波へ行く北丹波路の口は「北丹波口」、八瀬・大原から若狭へ行く大原街道の口は「龍牙《りゅうげ》口」、北白川から近江へ行く白川街道の口は「荒神口」と記されていて、「荒神口」を除いて口の名は、大津、八幡など行き先の地名が口の名になっている。ただ、「荒神口」だけは、荒神を祀る護浄院という寺の近くに口があったために、この名がある。

しかし、江戸時代中頃である宝暦四年（一七五四）に出版された『山城名跡巡行志』では、東海道の口の名は「三条口」、伏見街道の口の名は「五条口」、大坂への山陽道の口の名は「東寺口」、西国街道の口の名は「東寺口」、山陰街道の口の名は「七条口」、北丹波への北丹波路の口の名は「長坂口」、大原街道の口の名は「大原口」、鞍馬から若狭への鞍馬街道の口の名は「鞍馬口」、白川街道の口は「今出川口」と変わっている。これは、三条とか五条とか、口のある位置の地名が口の名に変わってきたのである。ただ、「大原口」と「鞍馬口」は、その口のある位置に地名がないためか、これまでの行き先の地名を口の名とする呼び名が踏襲されてきているといえる。「京の七口」という言葉があるが、御土居には実際は二〇余りの口ができていた。「京の七口」といっても、出口が七つしかなかったというのではない。元禄二年（一六八九）に刊行された『京羽二重織留』には、

京師七道、凡四方より京師に入に七道有り。是を七口と云て、往古よりさだめ置所なり。
　東三条口　伏見口　鳥羽口　七条丹波口　長坂口　鞍馬口　大原口
右七口なり。今においては京師繁栄日々にまし、月々にさかんなれば、七口の外京師に入る道、数か所ありて、人馬往来止時なし。

と記して、七口以外にもいくつかの口があったことを示している。

御土居の出入口

山陰街道へは丹波口（西七条口）など、御土居に出入口が設けられた。この出入口の主な地名とそれに通じる街道をあげてみると、

東三条口……東海道　　鳥羽口……淀から大坂への鳥羽街道
東寺口……西国街道　　伏見口（五条橋口）……伏見街道
丹波口（西七条口）……山陰街道　　荒神口（白川口）……白川街道

大原口（今出川口）……大原街道　鞍馬口……鞍馬街道
長坂口……鷹峰から北丹波街道
などである。
江戸時代になると洛中と洛外の行き来が頻繁になり、御土居が交通の障害になってきたため、多くが壊されるようになる。

4、現在に残る「口」地名

駅やバス停の名

ＪＲの山陰本線の「丹波口」駅は、現在は線路の高架に伴って北へ移動しているが、かつての駅は七条通の北にあり、千本通の七条付近にあった山陰街道の出口である「丹波口」の近くに設置されたので、駅名として採用されたのである。

また、河原町通を走る市バスの停留所に「荒神口」がある。これは近江の国に行く白川街道の出口である「荒神口」がこの付近にあったので、寺町通から東へ荒神橋へ至る道を「荒神口通」と呼び、この道と河原町通との交差点付近に設置されたバスの停留所に「荒神口」の名が付けられた。

通りや町の名

賀茂川に架かる出雲路橋を通る東西の道は、橋より西を「鞍馬口通」といい、橋より東は「東鞍馬口通」という名が付けられている。これは、出雲路橋の西側付近に鞍馬へ通じる鞍馬街道の出口があったためであり、この橋の西側の鞍馬口通を挟んで「鞍馬口町」がある。

また、今出川通と寺町通の交差点の西に、東西に通る今出川通を挟んで「大原口町」があり、この付近にあった七口の一つの大原口を町名として今に伝えている。

付　六地蔵めぐり

毎年八月二二日、二三日に、京都の町の周辺にある六ケ所の地蔵を巡拝する「六地蔵めぐり」が行われる。この六地蔵の地蔵堂は、京都への街道の口にある。伏見の六地蔵にある大善寺は奈良街道、上鳥羽にある浄福寺は淀（大阪）街道、桂の地蔵堂は山陰街道、常盤の源光庵は周山街道、鞍馬口にある上善寺は鞍馬街道、山科の徳林庵は東海道の、それぞれの街道の口に当たる所にあり、地蔵と街道とは関係があることを示している。

地蔵信仰のはじまり

地蔵を信仰の対象とするようになったのは、『興福寺濫觴記』によると、奈良時代に地蔵堂の建立があったとし、古くから地蔵信仰があったと思われるが、地蔵像の文献上の初見は、『文徳天皇実録』の嘉祥三年（八五〇）五月九日の条に、「清涼殿にて、金光明経、地蔵経各一巻、及び新造した地蔵菩薩像一体を安置し、百僧をもって先皇（仁明天皇）の七々日の御斎会を修す」である。

平安時代の中ごろから末法思想の広がりとともに、地獄の観念が一般化してきた。地獄の苦しみから救済してくれるのが地蔵菩薩であると考えられるようになり、地蔵信仰が広がっていった。この当時、厄や疫病は街道を通じて、村や町に入ってくると信じられていて、これを防ぐための賽《さい》の神や道祖神の信仰と地蔵信仰が習合して、峠や道の辻、村の境などに地蔵を安置する風習が起こってきたのである。

平安京の出入口に地蔵像を安置するようになった起源については、いくつかの伝承がある。ひとつは、京都伏見の大善寺の寺伝で、これによると、仁寿二年（八五二）に地蔵堂が建立されたとし、六体の地蔵像の一体を残して、五体を街道の口に安置されたという。ふたつ目の伝承は、この世と冥土を行き来することができた小野 篁《たかむら》が、冥土で拝顔した地蔵菩薩の姿を刻んで、六つの街道の口に安置したというものである。三つ目は、『源平盛衰記』の巻六に記されているもので、僧西光が、「四宮河原（山科）、木幡の里、造道《つくりみち》（鳥羽）、西七条、蓮台野、みぞろ池、西坂本」の七道の辻ごとに六地蔵を安置したとするものである。いずれにせよ、道を通じて疫病や厄が入ってくるのを防ぎ、旅をする人々の安全を願って、地蔵像を安置したのであろう。

六地蔵めぐり

京都の郊外にある地蔵を巡拝するという風習が生まれたのは室町時代である。庶民から公家までもが地蔵を巡拝している。それを文献でみると、『山科家礼記』の文明一二年（一四八〇）八月一〇日の条に、「西院地蔵、色々の病直ると聞く。予今日参詣。……壬生の地蔵へも参る」と記している。また、『宣胤卿記《のぶたねきょうき》』の文明一三年（一四八一）一二月三日の条に、「西川の前の宰相が来る。同道して六ヶ所の地蔵に参詣」と記している。『資益王記《すけますおうき》』では、具体的に参拝した六地蔵の位置が記されている。それは文明一四年（一四八二）七月二四日の条で、「六地蔵に参る」とあり、その六地蔵は、西院、壬生《みぶ》、八田《やた》、屋祢葺《やねふき》、清和院、正親町西洞院《おおぎまちにしのとういん》と記している。

この六地蔵の位置を調べてみると、「西院の地蔵」は、現在の西大路四条の角にある高山寺で、古くは高西寺と文献に記されている寺である。「壬生の地蔵」は、坊城通綾小路下ルにある壬生寺である。「八田の地蔵」は、当時は綾小路町小路（現在の新町通）にあった矢田寺であるが、豊臣秀吉の都市改造で天正年間に、現在の寺町通三条上ルに移っている。「屋祢葺の地蔵」とは、星光寺《せいこうじ》の地蔵のことで、当時は六角小路猪熊にあったが、星光寺は火災で焼失してしまった。持ち出された地蔵像は現在中京区壬生《みぶ》賀陽御所町《がようごしょちょう》の新徳禅寺が引き継いでいるという。「清和院の地蔵」の清和院は、現在の京都御苑の中に当たる土御門大路東京極にあったが、京都御所の拡張により、上京区七本松通一条下ルに移っている。「正親町西洞院の地蔵」は、当時は正親町小路（現在の中立売通）西洞院にあった讃州寺《さんしゅうじ》の蔵殊院の地蔵である。讃州寺は現在鷹峰千束に移っている。

このように、六地蔵を巡拝する風習は室町時代に生じたが、その六地蔵の位置は、この時代には固定していなかったようである。その後、戦国時代の混乱で地蔵堂が姿を消し、巡拝の風習もすたれてしまった。

六地蔵めぐりが復活するのは、戦乱の世が終わった江戸時代になってからである。平和な世の中になり、庶民の間で廻り地蔵といって、地蔵堂をめぐるという風習が盛んになってきた。寛永年間（一六二四～四四）の頃に作られたという『福斎物語』という本によると、巡る地蔵は、壬生、伏見の油掛《あぶらかけ》地蔵、目疾《めやみ》地蔵など一三ケ所があげられている。巡る地蔵が現在のように、伏見の大善寺、上鳥羽の浄福寺、桂の地蔵堂、常盤の源光庵、深泥池（明治になって鞍馬口の上善寺に移り、現在は鞍馬口地蔵）、山科の徳林庵の六ケ所に固定するのは、寛文年間（一六六一～七二）の頃からである。

五、祇園御霊会と町衆の躍動――鉾町の誕生

小寺慶昭

鎌倉・室町期には、都の発展に伴う人口の集中により、京は自然災害のみならず、疫病の大流行という都市問題を抱えることになる。原因を政争に敗れた人物の怨霊と考えた平安時代には、彼らを慰撫するための御霊会《ごりょうえ》が開かれ、それが祇園祭（祇園御霊会）の起源となる。その後、御霊信仰の変化を背景に、御輿渡御《みこしとぎょ》・山鉾巡行も行われるようになり、現在の祇園祭の原型が出来上がる。応仁・文明の乱（一四六七～七七）による中断を乗り越えた町衆は、当時の風流の流行と相まって、豪華絢爛な山鉾を創り上げていく。祇園祭の山鉾は、経済的な実力を持った町衆の自治意識の象徴的存在となり、下京の地に鉾町が形成され、山鉾の名を冠した町名も定着していくことになる。

1、八坂郷と祇園信仰

祇園祭で知られる八坂神社を、京都人は親しんで「祇園さん」と呼ぶ。祇園石段下に拡がる花街や舞妓さんのイメージとともに、現在、祇園は華やかな地名として知られている。

「八坂神社」という名前は新しく、明治改元寸前の慶応四年（一八六八）五月、神仏分離政策を進めていた官軍が

図１　蘇民将来命を祀る疫神社（八坂神社境内、筆者撮影）

出した「東山の八坂郷にこれあり候ふ感神院《かんしんいん》祇園社、今度八坂神社と称号相改め候ふ」という布告による（『太政類典』）。それまで感神院祇園社と呼ばれていたのを、八坂郷という地名から「八坂神社」と呼ぶように変えたのである。

八坂郷は平安遷都以前からあったと推定される地名で、山城国愛宕郡を構成する十三郷の一つである。坂の多い地形であり、祇園坂・長楽坂・下河原坂・法観寺坂・霊山坂・三年坂・山井坂・清水坂の八つの坂に当てはめる説（『山城名勝志』など）は古くからある。しかし、数量の「八」ではなく、多いという意味の「八」であり、「弥栄《やさか》」に通じる好字としての「八坂」であろう。

平安時代初期に編纂された『新撰姓氏録』に、「山城国諸蕃」として八坂氏の名前が見える。井上満郎は八坂氏を「日本に渡来した渡来系氏族」とし、「少なくとも奈良時代には八坂氏はここに住んでおり、地名をもってその氏族名として名乗っていた」（『京都の地名 検証』）と指摘する。

八坂神社に伝わる文書（『八坂郷鎮座大神之記』）によると、斉明二年（六五六）に来朝した伊利之使主《いりしおみ》（八坂氏の祖）が、新羅《しらぎ》の牛頭山から神霊（牛頭天王《ごずてんのう》）を八坂郷に遷し、天智六年（六六七）に感神院と定めたとする。後に、吉田神道等の影響で牛頭天王は素戔嗚尊《すさのお》と同体とされる。また、疫病退散の霊威に感じ入った藤原基経《もとつね》が元慶元年（八七七）に自宅を寄進し、観慶寺を建てたとされる（『社家条々記録』）。この行為がインドの須達《スダッタ》長者が祇樹給孤独園精舎を建てて釈尊に寄進した行為と似ていることから、祇園と呼ばれるようになったという。これらの社伝の歴史的信憑性はさておき、このように信じられ、外国からやってきたとされる荒ぶる神を祀ってきたことが祇園信仰の大きな特徴であると言えよう。

現在の祇園祭は、七月一日の吉符入りから三一日の疫神社夏越祭まで、一ケ月間にもわたる長い祭であるが、その歴史を見ると、三つの段階が考えられる。まず第一は平安時代の御霊会の開催の段階であり、第二に御輿渡御が行われようになった段階、そして、第三段階は南北朝時代に山鉾巡行が行われるようになった段階である。視点を変えれば、朝廷中心の「祀り」から、町衆達が文化的・経済的な実力を誇示する「祭」の場へと発展させてきた歴史とも言える。

以下、その三つの段階を詳しくみていくことにする。

2、御霊信仰の変化

平安時代の疫病等の流行は、政争に破れ無念な死を遂げた者の怨霊の仕業だと考えられた。これらの怨霊を慰撫し、御霊に祀り上げることで災害を防ごうとする考え方を御霊信仰という。最初の御霊会として有名なのは、貞観五年（八六三）に神泉苑《しんせんえん》で行われたもので、「近代以来、疫病繁発して死亡甚だ衆《おほ》し。天下以為《おもえら》く、この災ひ御霊の生《な》せる所なり」として、早良親王（崇道天皇）はじめ、六所の御霊を祀った（『日本三代実録』）。注目すべきは、宗教的呪術だけではなく、怨霊を慰めるために歌舞音曲等の芸能を尽くし、また、一般民衆にも門戸を開放して一緒に楽しませたことである。御霊会で娯楽性が大いに採り入れられたことは、これを源流とする祇園祭の性格にも大きな影響を及

図２　大政所御旅所（下京区正大政所町、筆者撮影）

ぼすことになる。
疫病の流行と共に御霊会は再々行われた。出雲路・船岡・紫野・衣笠、花園・東寺・西寺等とともに祇園の地でも開かれた。依代《よりしろ》に呼び込んだ疫神を都の周辺部の臨時の祭場に招き、慰撫し、流す（去ってもらう）のである（『日本紀略』正暦五年〔九九四〕ほか）。
戦乱で横死する者が増加してくる中世になると、武士は貴族の御霊信仰を受け入れなくなる。その結果、疫病神は個人の怨霊ではなく、他の地域から侵入してくるものと考えられるようになり、疫病神そのものへの対応が求められるようになる。
祇園社の蘇民将来の話は多様な形で各地に伝えられている。その基本的パターンは、素盞嗚尊が疫病によって人々を滅ぼすが、蘇民将来とその子孫だけは助けるということである。つまり、外の国からやってきた疫病神である牛頭天王＝素盞嗚尊が、茅の輪を持つ者だけを救うということであり、神そのものの二面性、すなわち祟る神であると同時に救う神でもあるという認識が根底にある。流し去るべき神から、常駐していただくべき神へと変化したのであり、そのために、仮の祭場ではなく、恒常的な祭場が必要となった。また依代も、その時限りの物ではなく、神様の立派な御輿へと変化していくのである。

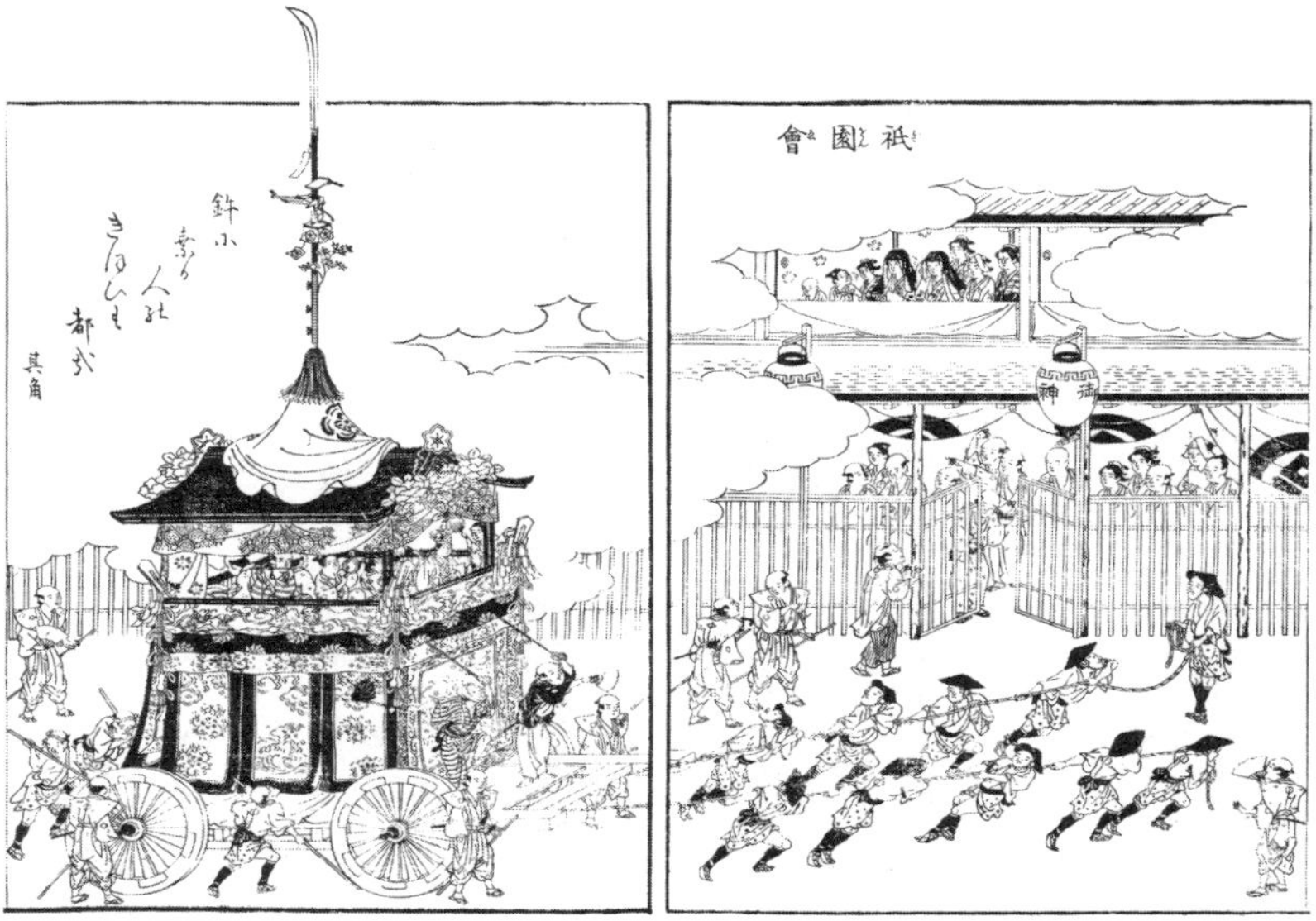

図３　祇園会山鉾巡行図『都名所図会　巻二』（宗政五十緒『都名所図会を読む』東京堂出版、p.60-61より）

3、御旅所の始まり

天延二年（九七四）、秦助正《はたのすけまさ》が祇園天神の降臨があるとの神託を受ける。翌日、自宅から祇園社まで蜘蛛の糸が続いているのを見つけ、自宅の敷地内に御旅所《おたびしょ》（祭礼の時、神輿が巡幸途中に休憩したり、宿泊したりする場所）を造営したのが祇園社の御旅所の始まりであるとされる。『社家条々記録』（一三二三年成立）中の文書に「天延二年六月十四日、御霊会を始行せらる。即ち高辻東洞院の方四町を御旅の敷地に寄附せられ、大政所と号す」と見える。当地は、現在も下京区大政所町の地名が残っている。天正一九年（一五九一）、豊臣秀吉の命により御旅所が現在の中京区四条寺町御旅町に移された後、人々が跡地に建てた小祠は、大政所町鎮護の社として今も祀られている。

秦助正はこの地で一町四方もある大邸宅に住んでいて、「長者」と呼ばれた実在の人物である（瀬田勝哉「中世の祇園御霊会—大政所御旅と馬上役割」）。この「長者」は、単なる

「金持ち」の意味ではなく、自治的な町衆の組織の中でも「町の長《おさ》しき人」（年輩の有力者）のことであろう。

助正の逸話は、御旅所が出来たことにより初めて御輿渡御が行われたという点で示唆的である。これにより、御輿が本社から人々の生活区域内の御旅所に行き（神幸祭）、一定期間滞在し、また本社に戻る（還幸祭）という祭の形態が成立することになる。

祇園社の御旅所はもう一ケ所あった。東洞院通と高倉通に挟まれた「少将井の御旅所」である。場所については、現在も中京区少将井御旅町（車屋町通を挟む両側町）の町名が残っていることで確定できる。この地名は、清少納言が『枕草子』（一六八段）の中でも名井の一つとして挙げている井戸に因んだもので、『後拾遺和歌集』の歌人である少将井の尼の屋敷跡とされる。この御旅所も秀吉の命により四条寺町に移された。その後設置された天王社も、明治の始めに京都御苑内の宗像神社境内に遷された。現在は新聞社の大きなビルが建てられていて、町名以外に当時を忍ぶ面影は見あたらない。

祇園社の当時の祭神は牛頭天王・婆利采女・八王子であり、御旅所と往復する三基の御輿渡御が行われるようになる。脇田晴子の考察によると（『中世京都と祇園祭—疫神と都市の生活』）、牛頭天王と八王子の二基の御輿は、祇園社から四条大路を西行、烏丸の角から南行して大政所御旅所に入る。還幸は、烏丸通を南行、五条を大宮まで西行し三条から北行、三条大宮に着く。一方、婆利采女の御輿は、四条通を西行、東洞院大路で北行し、少将井の御旅所に入る。還幸は、二条大路から西行、大宮大路を三条まで下がる。大宮三条で三基が集まり、揃って東行し、祇園社へ向かった。これが当時のハイライトであったらしく、見物人も多かった。白河院や貴族達や将軍達も三条通に桟敷を設けて見物している（『中右記』ほか）。

御輿渡御は、氏子地域内を廻るものである。神様が氏子の生活圏に入り、直接疫病退散の神威を発揮されるのであるから、氏子達も熱狂して迎える。御輿だけではなく、田楽の踊りや獅子舞なども多数参加し、華やかな行列となっていった。

4、山鉾の始まりと座の誕生

山鉾の始まりとしてよく知られるのが、貞観一一年（八六九）に疫病が流行した時の御霊会で「六十六本の矛」を建て、御輿を神泉苑に送ったという記録である（『祇園本社録』）。ただし、これは「剣鉾《けんぼこ》」と呼ばれるもので、三～五メートルの棹の先に剣を付け、鈴あるいは吹散《ふきちり》と呼ばれる飾り物を剣の下に吊した祭具である。祇園祭に限らず、祭の行列の先頭に掲げて悪霊を祓う意味があるとされ、近年の京都市による調査では、市内六〇ケ所に三〇一本もの剣鉾が現存していることが判明している（京都新聞二〇一五年二月二三日）。

御輿は神社で保管されるのに対し、剣鉾は各町内で保管される。剣そのものは依代として神聖なものであり、勝手な変更ができないとなると、吹散等の飾り物部分に町内の実力を誇示する工夫がなされるようになる。剣鉾は一人一人が持ち歩いていたのだが、やがて乗せる車ができ、大勢が曳き、人が乗れる屋台車へと発展していく。永和二年（一三七六）の祇園会では「高大鉾顛倒《てんとう》し老尼一人圧死する」という事件が起こる（『後愚昧記』）。この「高大鉾」という表現からも、大きな鉾が運行されていたことが分かる。つまり、室町時代初期には現在我々が見るような山鉾巡行の姿になっていたのである。

そして、応仁・文明の乱勃発前には、五八基の山鉾が巡行するようになっていた。八坂神社に伝わる、山鉾の基本資料である「祇園会ほこの次第」には、

一、長刀ほく　　四条東洞院　　（現在の長刀鉾）
一、かんこくほこ　　四条烏丸と室町間　　（現在の函谷鉾）
一、かつら男ほく　　四条室町と町間　　（現在の月鉾・「町」は現在の新町通）

などのように、現在につながる山鉾名とその所在地が列記されている。
これだけの山鉾を造り、巡行できた背景には、それを支える京の町衆の存在があった。農村では村の連合体である惣《そう》が成立した。南北朝の動乱の中で農業生産力が高まり、副産物の生産が増加し、経済の流通が盛んになると、それに対応する経済システムが必要だったからである。それが、手工業や商業の同業集団においては座となる。彼らは有力社寺や役所を本所とし、幾ばくかの公事銭を納める見返りに、営業の独占権を手に入れた。

祇園社では、（中略）元慶三年（八七九）堀川十二町を祇園社の神領として、材木座が置かれ、最初の神人とよばれたが、それより五百年後の康永二年（一三四三）、祇園社に所属する七座があった。七座とは、材木座・練絹座・小袖座・袴腰座・綿座・菓子座・釜座をいう。そのほかに、魚座や錦の駕輿丁もあった。彼らは、いずれも祇園社の祭祀に奉仕し、神人を称し、そのことによって商いを認められていたのである。当時の京都における主な商業がほとんど祇園社の支配に属していたわけである。
（八坂神社編『八坂神社』）

祇園社の当時の氏子の範囲は、江戸時代の次の資料（『京都御役所向大概覚書』一七一七年頃）とほぼ同じであったと考えられる。

一　祇園社　氏子　西ハ　野限壬生村辺
　　　　　　　　　北ハ　二條通南側限
　　　　　　　　　南ハ　松原通北側限
　　　　　　　　　巽ハ　清水寺建仁寺境内限り

二条大路から北は上辺（上渡）、南は下辺（下渡）と呼ばれていたが、室町時代頃から上京・下京と呼ばれるようになる（中京はまだなかった）。下京の二条から五条（当時の五条通は江戸時代以降の松原通）の間が、京都だけでなく、日本の商工業の中心地として栄えていた人口集中地域であった。祇園社は、経済的な先端であるこの地域を氏子圏として抱えていたのであり、その地域共同体としての町衆の力と職業集団としての座の力が祇園祭を支え、発展させていったのである。

5、祭の復活と鉾町の定着

十余年にわたる応仁・文明の乱によって、京は灰燼と化し、壊滅的な打撃を受けることになる。被害は上京の方が大きく、「二条より上、北山東西ことごとく焼野の原と成て、すこぶる残る所は将軍の御所計也」（『応仁略記』）と記されたほどであった。商工業者の居住地区であった下京は比較的焼けなかったが、土倉・酒屋などの有力町人達は、大津・奈良・大坂に避難した者も多く、乱後の経済的な復興にもかなりの時間が必要で、祇園祭は三〇年余り中止されてしまう。ようやく再興されたのが明応九年（一五〇〇）。しかし、巡行した山鉾は三六基で、乱以前の六割ほどに減少していた。

復活後の山鉾巡行を乱以前と比較すると、次の三点が特徴として指摘できよう。

第一に、乱以前は山鉾の担い手が職業集団（座）と地域集団の双方であったのに対して、後者のみになったことである。たとえば、乱以前の「山崎の定鉾」「大舎人の鵲鉾」は、それぞれ、山城と摂津の境にある油座神人《あぶらざじにん》や、織手である上京の大舎人座《おおとねりざ》の人たちが出していた鉾であった。下京の地に店を持っていた関係で参加していたのであろうが、乱後にはこれらの鉾は見られなくなる。

山鉾を出すために、毎年、町内の寄り合いで山鉾の趣向を決める所も少なくなかったようで、その様子は室町時代の狂言「鬮罪人《くじざいにん》」にも描かれている。前年度の「山」が不評であったことを踏まえ、当番役の主人が「山」の上で見せる出し物について相談するが、なかなか決まらない。結局、太郎冠者の提案で、地獄で鬼が罪人を打ち据える様子を出すことになる。ところが、クジで太郎冠者が鬼、主人が罪人と決まり、冠者が主人を思い切り打ち据えるという喜劇である。かなり誇張されているとはいえ、笛役や太鼓役・配役までクジで決めていたことが分かる。つまり、町内の人達が対等に話し合って決めているのであり、町衆の自治意識の基盤である平等性・共同性を尊重する精神が見られると言えよう。

祇園祭の復興には、幕府役人であった松田頼亮《よりすけ》が大きな役割を果たした。彼が調査した資料は、乱以前の様子も分かるもので、現在も祇園祭の基本的な文献である。これによると、復興時に山鉾巡行の順番について問題となった。結果、先頭の長刀鉾など一部を除いて、頼亮の屋敷でクジを引き、決めることになる。ここにも、各町内同士の平等性を保とうとする町衆の心意気が表れていると言えよう。なお、この山鉾巡行の順番を決めるクジ（くじ取り式）は現在でも市役所内で行われており、頼亮役を京都市長が勤めている。

第二に、山鉾巡行が御輿渡御から独立性を強めたことである。御輿渡御の前を行く剣鉾は、本来、渡御の先導と清めがその役割であったが、山鉾巡行が華麗になって町衆の力が発揮される場となり、人々の関心が集まるようになると、山鉾巡行の独立性が強まり、神事が中止の年でも行おうとした。それに関する天文二年（一五三三）の著名な「請願」について、町衆の組織もからめて、林屋辰三郎は次のように指摘している。

町の組織は、やがて所在に町組をつくり、上京に於いて立売組、中組、小川組、西組、一条組等、下京に川西組、艮組、中組、巽組等があり、更にこれらの連合体を形成して行った。当時郷村制度に於いて既に宿郎、月行事などの自治機関を有したが、町々に於いても同様にその代表者による自治機関がつくられ、多くは輪番制の「月行事」が差配することになった。天文二年（一五三三）六月七日一向一揆で京中不安の際、祇園神事を停止した処、下京六十六ケ町の月行事等は打揃って、神事はなくとも山鉾は渡したいと請願している（『祇園執行日記』）。（中略）かくして町の自治組織は保たれたのである。

（『日本史論聚　四、近世の黎明』）

柳田國男は『日本の祭』の中で、もっぱら神に対して仕えまつる厳粛な祭儀を伴う祭＝神事（ritual）と、多くの人々が見物する盛大な行事としての祭＝祭礼（festival）との区別の必要性を指摘している。祭の本質は降臨していただいた神様に共同で祈願をすることであるが、祭礼では、社会生活の複雑化の中で、信仰を共にしない見物人も参加し、華やかな行列に注目が集まり、風流が加わると指摘する。祇園祭では、御輿渡御が「神事」の代表的行事であり、山鉾巡行が「祭礼」の代表的行事であると言えよう。その祭礼部分が独立性を持つことで、祭礼を通して町衆の経済力や自治意識を宣揚・誇示する場にもなっていったのである。

第三に、応永年間（一三九四～一四二八）頃に発生したとされる両側町が、より一層明確化し、定着化したことである。平安京造営以来、町意識の範囲は通りに囲まれた部分であった。それが、通りを隔てた向かい同士をも町として意識するようになり、両側町が生まれてきたのである。言うならば、商店街や「向こう三軒両隣」的な発想であり、経済活動推進や自治意識からも当然の発展であろう。かつては町を隔絶していた通りが、共同生活の場として意識されるようになり、協力して通りに山鉾を設置することで鉾町が形成され、町内の結びつきをより強固なものにしていった。

6、鉾町と山鉾の名の町名化

現在は三三基の山鉾が巡行しているが、木賊山《とくさやま》を除き、他は全て明応期の復興時か、あるいは応仁・文明の乱以前からかの歴史を持っている。木賊山にしたところで、御神体（人形）の足台に元禄五年（一六九二）の墨書名がある。また、山そのものは天正期（一五七三～九二）以前には成立していたと考えられていて、一番新しいといっても四〇〇年以上の歴史がある。

山鉾を出す主体となる町を「鉾町（山鉾町）」という。現役の三三の鉾町のうち、立入宗継《たてりむねつぐ》が残した元亀二年（一五七一）の文書（「上下京御膳方御月賄米寄帳」）の中に、現在と同じ町名が、次のように一六町も見られる（括弧内は現在の町名と山鉾名）。

かんこくほこ町（函谷鉾町・函谷鉾）　　庭鳥ほこ町（鶏鉾町・鶏鉾）

四条かさほく町（傘鉾町・四条傘鉾）
山伏山町（山伏山町・山伏山）
とくさ山（木賊山町・木賊山）
綾小路あしかり山町（芦刈山町・芦刈山）
善長寺町（善長寺町・綾傘鉾）
こゆいの棚町（小結棚町・放下鉾）
六角町（六角町・北観音山）
天神山（天神山町・霰天神山）
橋弁慶町（橋弁慶町・橋弁慶山）
白楽天町（白楽天町・白楽天山）
矢田町（矢田町・伯牙山）
天神山町風早町（風早町・油天神山）
三条町（三条町・八幡山）
四条町（四条町・大船鉾）

「寛永一四年洛中絵図」になると、次の一二町も見られるようになる（なお、この時代になると「町」を「丁」と表記することが多くなっているが、意味は同じ）。

長刀鉾町（長刀鉾町・長刀鉾）
岩戸山ノ丁（岩戸山町・岩戸山）
かまきり山丁（蟷螂山町・蟷螂山）
円ノ行者丁（役行者町・役行者山）
ほね屋町（骨屋町・浄妙山）
場ノ丁（場之町・鈴鹿山）
太子山ノ丁（太子山町・太子山）
こい山ノ丁（鯉山町・鯉山）
浦出山町（占出山町・占出山）
むかでや町（百足屋町・南観音山）
とうろう町（燈籠町・保昌山）
ゑぼしや丁（烏帽子屋町・黒主山）

これら以外の五町も興味深い。月鉾を出す月鉾町は、元亀二年（一五七一）の文書では「扇座之町」として出てくるが、寛永頃から「月鉾町」と併用されるようになる。船鉾を出す船鉾町も、長い間「袋屋町」と「船鉾町」が併用されていた。郭巨山《かくきょやま》を出す郭巨山町は、先の文書で「革棚町」として出てくるが、宝暦一二年（一七六二）の『京町鏡』に「郭巨山町、一名、革棚町」とあり、併用されていたことが分かる。また、菊水鉾を出す菊水鉾町も、寛永一四年（一六三七）には「ゑずや町」とあり、その後、「ゑひすの町」「菊水鉾町」が併用され、後に「菊水鉾町」に統一されている。また、笋《たかんな》町は、「たかの丁」「高名町」として出ていたが、宝暦～天明期（一一七五～八九）に今の「笋町」に統一された。この「笋《たけのこ》」は出し物である孟宗山《もうそうやま》に因んだ命名である。

以上のように、多くの鉾町が自分たちの町で出す山鉾名に因んだ町名となっている。「三条町」「四条町」等、通り名が古くから定着していた町は別として、愛称的に併用されていた鉾名を冠した町名が、後に正式な名称へと変化していった地域が少なくない。このことは、山鉾が単に祇園祭の時だけの一時的なものではなく、地域的な協力体制を象徴するものとなり、町衆の自治意識の記念碑的な存在へと自他共に認める存在になっていったことを物語っている。

江戸時代になっても、宝永五年（一七〇八）、天明八年（一七八八）、元治元年（一八六四）等の大火によって、山鉾町は多大な損害を何度も受けている。その度に、富と財力を傾けてより豪華な装飾品を誂え、意匠を凝らし、より見栄えのする山鉾を再興し、現在の「動く美術館」と言われるほどのものに発展させてきたのは、まさに、京の町衆の心意気であったと言えるし、山鉾名を冠した町名にも、町衆のしたたかな誇りが感じられるのである。

六、庶民の寺――町堂ゆかりの町名

明川忠夫

京都には、町堂にちなむ町名が今も多く存在する。町堂とは、室町時代に民衆の信仰を土台にした寺院のことである。

室町時代に出現した町堂は、一一年に及ぶ応仁・文明の乱のあと、二条通で南北に分かれた上京・下京に目立つようになる。旧仏教系寺院がかつての庇護者であった貴族に依存できず、住民の浄財を求めて活動し始めた。それによって庶民の仏教として再生していくことになる（川嶋将生・鎌田道隆『京都町名ものがたり』）。時衆系・浄土系などの勧進聖の活躍が見逃せない。戦国の宗教とも言われる法華宗・日蓮宗が京都に二一山の本山を創建し、商工業者の多い町衆の支持を得てゆく。禅宗・浄土真宗も布教活動を再開する。

戦場で荒廃した京都で生きていくには、自主・自衛の姿勢が必要である。自衛のため寺の「構」、上京・下京などの「惣構」が出現する。「構」とは建物の周囲を土塀・土塁などで囲み、堀をめぐらせることである。戦乱で心のよりどころを失った住民は、救いを求めて信仰の扉をたたく。それは秘仏のご開帳であったり、観音霊場の巡礼であったりした。

京都の三大町堂として著名になったのは、下京の因幡堂（平等寺）・六角堂（頂法寺）・上京の革堂（行願寺）の三

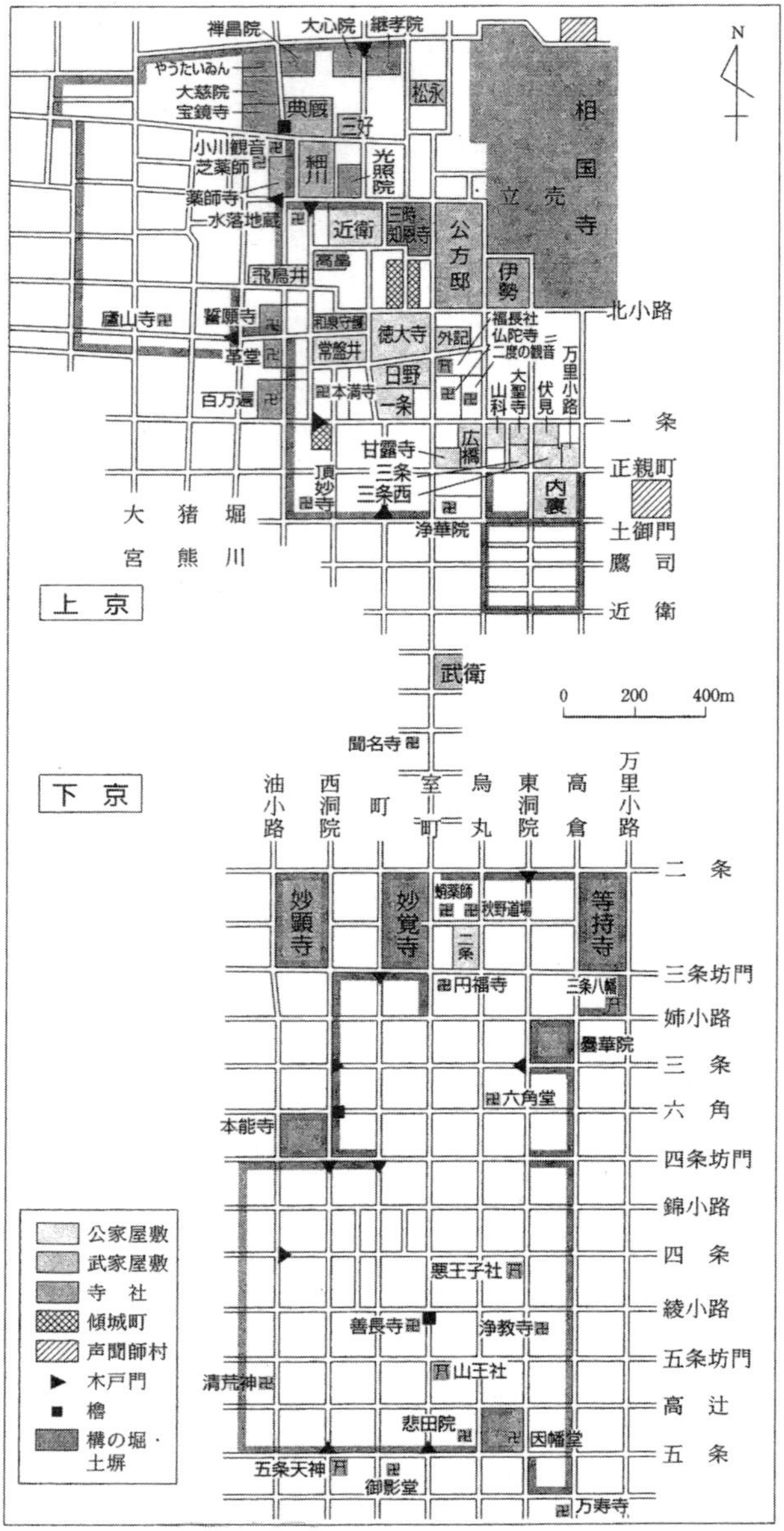

図1　戦国期の京都　因幡堂・六角堂・革堂の位置。構の堀などを見ると、町堂の機能が見えてくる（佐藤信・吉田伸之編『新体系日本史6　都市社会史』山川出版社、2001、p.260より）

堂である。いずれも、始めは寺号もなく霊験所であるが故に町の人々が集い、何々堂と呼ばれて親しまれていた。これが「町堂」としての始まりである。六角堂は下京の町堂、革堂は上京の町堂と呼ばれたのは、上・下京の町組《ちょうぐみ》のシンボルとしての役割を荷ったからである。

「町堂は宗派を越えた民衆の信仰を土台に、町や町組の自治・自衛を求める町衆の精神的な結束の場となった寺院で（中略）、町組代表者の集会場、すなわち町衆の議事堂ともいえる役割をもったものであった」（辻ミチ子「民衆の寺＝町堂」）。

1、因幡堂

因幡堂は「因幡堂縁起」によると、長徳二年（九九六）、因幡国賀露津《かろのつ》の海に夜々、光があった。国守橘行平が病にかかり、神仏に祈ると夢告により異僧が現れ、浮木を引き上げよと言う。行平が漁師に潜らせると薬師像を得た。行平はこれを拝すと忽ち病が癒えたので、一宇を建立して像を安置した。行平が任を経て京都の烏丸高辻の邸に帰京すると、薬師も邸に飛来したので、仏閣を造って安置したのが因幡堂であるという。一説に因幡の豪族、因幡氏の氏寺の薬師仏を行平が強引に京都へ持ち去った。薬師仏の台座と光背だけが残されたので、寺名は座光寺（鳥取市菖蒲）と改名したと言われる。

因幡堂は都に六角堂に次いで二番目に建立された私寺であるが、寺というより薬師の霊験の「堂」として住民に信仰され、貴族の帰依に広がっていく。寺号をもてない私寺で、後、真言宗智山派の寺となる。

一条天皇始め、歴代の天皇の信仰があつく、即位ごとの薬師詣、天皇の厄年の年には勅使が派遣された。承安元年、高倉天皇から勅額を賜り、あまねく庶民に慈悲がとどくという「平等性智」の意味から平等寺と名付けられた。時衆、一遍上人は弘安年間、二度にわたって因幡堂に籠っているが、貴賤を問わぬ多くの人々が結縁している。

因幡堂は平安時代から南北朝時代にかけて計一一回もの火災にあい、その都度、不死鳥のように復興している。貴

図2　因幡堂　上杉本　洛中洛外図屏風（部分、米沢市上杉博物館蔵）

賤男女を問わぬ人々が因幡堂を護り、薬師信仰を支えてきたのである。

室町時代、足利義量将軍も因幡堂に参籠（「自今日御所様因幡堂御参籠」『満済准后日記』応永三一年一〇月九日条）している。本尊薬師如来は日本三如来・京の七仏薬師の一つとして有名で、治病・安産に効くとして巡拝が絶えなかった。「因幡堂素材の狂言が因幡堂で頻繁に上演されたと思われる」（林和利「狂言における因幡堂の位相」）のも、因幡堂が日常、いかに多くの人々で賑わったかを示すものである。橘氏との繋がりから和泉式部薬師霊験伝承が生成しているのも（明川忠夫『小町伝説の伝承世界』）、貴賤を問わず、瘡病を直す薬師さまとして町に根付いていたからである。

大内義弘が足利義満に背いた応永の乱以後、応永二五年（一四一八）、因幡堂は園城寺の僧兵に襲撃されるという風聞が流れた。『康富記』応永二五年七月二六日条に「五条東洞院の因幡堂は、園城寺の末寺なり、しかるに因幡堂は聖護院の末寺たるの由これを申して、三井寺に叛くと云々、よって園城寺より因幡堂に押し寄せ、僧坊等を打ち毀すべきの由、これを風聞するの間、この間侍所一色兵部ならびに小舎人雑色、勢ならびに近辺の町人等大勢、昼夜因幡堂を警護すと云々、彼の因幡堂の本尊は、天竺より渡り給ふ薬師如来なり、耳に触るるによっていささか注し記す」とある。

因幡堂は園城寺の末寺なのに聖護院の末寺として行動し、三井寺（園城寺）に叛いている。応永二五年（一四一八）、三井寺の僧兵が因幡堂を襲撃するという噂がながれ、幕府の侍所、堂近辺の町人が昼夜、警護をしたというのである。町堂の出現である。

長禄元年（一四五七）一〇月、徳政令実施を理由に土一揆《どいっき》が蜂起した。その知らせに幕府は町組の一人の土倉《どそう》（金融業者）に命令し、軍隊を因幡堂に集めた。因幡堂では終夜早鐘が撞かれた（『経《きょう》覚《がく》私《し》要《よう》鈔《しょう》』経覚の日記・室町時代）。

この因幡堂襲撃の噂に備えて、「構」がすでに因幡堂に存在していたかどうかは分からない。「構」とは自衛のため、建物の周囲に土塁・堀・塀などをめぐらせる施設のことである。武士による防御施設の堀・釘貫《くぎぬき》の「構」は、南北朝時代にさかのぼりうる（『続史愚抄』正慶二年三月八日条）というから、庶民の施設の因幡堂に武士・町組が「構」を構築したことは考えられる。

天文年間（一五三二～一五五五）、因幡堂には「構」があったようだ。下京の「惣構」の南端には因幡堂があり、「惣構」の一角を占めている。この構がいつ頃築かれたのか、はっきりと断定できないが、『言継卿記《ときつぐきょうき》』（天文三年四月二九日条）によると、管領細川晴元の命令によって、上・下京の惣構が築造されたことが分かる。

信長の時代には天文法華の乱を体験した妙覚寺・本能寺などの法華寺院、上京・下京にも「構」があり、下京の南端に位置する因幡堂は惣構の一角を占めている。

『饅頭屋文書』（室町時代末期）に「武家側より要求する土地末払代を因幡堂まで納めるように」の史料がある。この文書について五島邦治は「因幡堂は都市民からも支配者からも好都合な場所、双方にとって便宜的な人の集まり易い場所として用いられている。宗教的な働きのある場所としては考えにくい」（五島邦治ホームページ「史料集　平安京から京都へ」）と述べている。町堂としての役割が見事に示されているではないか。

因幡堂が「洛中洛外図屛風」に多く描かれているのは、清水寺・誓願寺・六角堂・革堂などと共に宗派にとらわれない庶民の霊験所であったためである。現在の因幡堂町は元境内にあたる。因幡堂前町、薬師前町は宝永・宝暦年間からの町名である。寛永・寛文年間には因幡堂突抜一丁目・因幡片腹町などがあったが、俊成町や吉水町に吸収されている。

2、革堂

革堂《こうどう》は天台宗延暦寺に属する寺で、比叡山横川の聖であった行円が建立したものである。

行円は元々狩を生業とする人であった。山中で雌鹿を射たところ、血を流して死んでいく体から、子鹿が生まれ出てきた。行円は殺生を悔いて仏門に入ったという。行円は比叡山横川の聖となり、暑い時も寒い時も常に鹿の皮衣を身に着けていたので、皮聖人《かわひじり》と呼ばれた（『日本紀略』寛弘二年（一〇〇五）五月三日条）。皮聖人と呼ばれたのは、市内での勧進聖としての活躍から付いた尊称と考えられる。寺の名を革堂というのもその為である。革堂は一条小川にあったので、一条革堂とか、「一条北辺堂舎」（『日本紀略』永祚元年八月一三日条）と呼ばれていた。

革堂の寺号は、行願寺で、寛弘元年（一一〇四）一二月、皮聖人・行円が一条北辺堂に寺を創建したのが行願寺の始まりである（『百錬抄』寛弘元年一二月一一日条）。行円が夢託を受けて千手観音を刻んで本尊（『元亨釈書』）とし、藤原行成が扁額を書いて寄進（『権記』寛弘元年（一一〇四）一二月一一日条）した。寺名は行円が願人となって建立したからと言われている。行願寺は「行円を筆頭とする横川の聖たちの根城の一つと考えられ」（『京都市の地名』）、法華経信仰を柱とする講を行い（『今昔物語集』巻一五）、貴賤を問わぬ信者が多かった。本尊千手観音は、西国三三番第一九番札所・洛陽三三箇所として知られ、観音信仰の霊場となって、多くの参詣者で賑わった。因幡堂と同じく度々火災にあったが、その都度、見事に復興しているのは民衆の支えがあったからで、庶民の寺と言える。

長禄元年（一四五七）一〇月、土一揆蜂起の知らせに革堂の鐘が打ち鳴らされた。上京に位置する革堂は上京の中心的な建物となっており、人々の精神的な支えの「構」でもあった。町の大事が起れば自治的な防衛組織として、町組は自然に革堂に集結し、土一揆に対処した。

図３　革堂　上杉本　洛中洛外図屏風（部分、米沢市上杉博物館蔵）

享禄二年（一五二九）一月、武士が地子（じし、「土地代」）を徴収しようとして民家を襲い、略奪をしたので町衆は革堂の鐘を乱打して結集した（『言継卿記』一五二七～一五七六）。

天文法華の乱（一五三〇年代）でも上京では革堂、下京では六角堂の鐘が撞き鳴らされた。法華門徒の多い町衆はよく戦ったが延暦寺山徒に敗れ、法華二一ケ寺は焼掠された。革堂も焼失する。革堂は初め一条革堂といわれたように、元、一条小川にあったが、秀吉の都市改造により寺町荒神口に移転した。宝永五年（一七〇八）の大火で類焼、後、現在の寺町通竹屋町上ルの地に移されている。

元行願寺革堂の境内の西部にあたるとして革堂西町。革堂仲之町（江戸時代は革堂辻子）は革堂行願寺の敷地にあたる。革堂町は古、革堂行願寺の敷地である（いずれも『京都坊目誌』上京第八学区、一九六八）。なお、革堂之内町は天正の頃、住民が革堂前から今出川寺町に移転して付けた町名（『京都坊目誌』上京第九学区、一九六八）という。

革堂前之町は江戸時代、革堂前の民家を千本上長者町下ルに移転して付けた町名。始めは「かうどうノ丁」といったが、革堂前町と革堂下之町に分かれ（『京町鑑』一七六二）、明治元年（一八六八）他に二つの町を合併して革堂前之町ができた。

行願寺門前町は現在地に移転した宝永五年（一七〇八）からの町名（『京都坊目誌』上京第二六学区）である。

3、六角堂

六角堂の由来については、『六角堂縁起』に次のようにある。聖徳太子が持仏の如意輪観音に願をかけ、難波に四天王寺を建立しようとする。その用材を求めて太子がこの地を訪れ、持仏の如意輪観音を現在地に安置したのが六角堂の始まりという。建物が六角の構造になっている。しかし、一九七四年の発掘調査では、飛鳥時代の遺構は発見されず、六角堂の創建は一〇世紀の後半と推定されている。平安京では東寺・西寺について建てられた最初の寺院といわれているが、元は因幡堂のような私堂ではなかったかと思われる。

『元亨釈書』には弘仁一三年（八二二）六角堂は嵯峨天皇の勅願所、長徳四年（九九八）には花山天皇の御幸があり、西国三三ケ所一八番札所となっている。六角堂の初見は「今日節会、早旦修諷誦六角堂」（『小右記』寛仁二年一

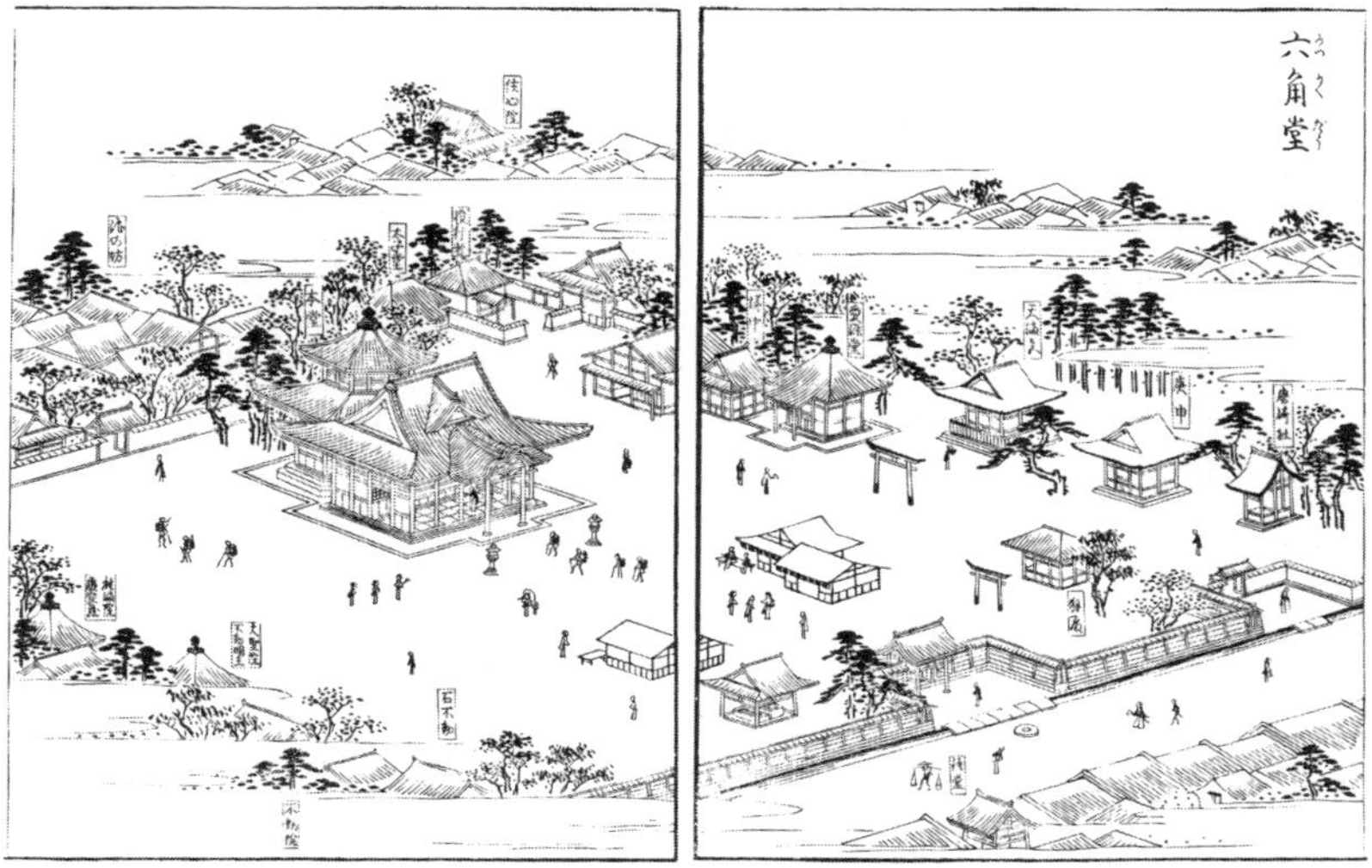

図4　六角堂　『都名所図会　巻一』、（宗政五十緒『都名所図会を読む』東京堂出版、p.70-71より）

一月二二日条）に見られるが、平安中期より観音信仰のために参詣者が多くなる。「観音の縁日に清水寺・六角堂に参詣者数千万」（『中右記』長承元年三月一七日条）の記述もそれを物語っている。

「京中諸人修諷誦於六角堂・因幡堂、為免疫疾云々」（『百錬抄』承安二年五月一二日条）。京中の人々が六角堂・因幡堂に疫病にかからないよう祈願したという。「六角堂の上棟の日に貴賤を問はず結縁す」（『百錬抄』建久五年六月一三日条）のも、六角堂は因幡堂とともに霊験所として人気があったからである。

　寛正二年（一四六一）、山城の大飢饉の時、足利義政は六角堂の前に小屋を建て、時宗僧願阿に命じて粥施行《かゆせぎょう》をしている。応仁の乱で六角堂は焼失したが、町組《ちょうぐみ》・町衆の力で再建され、下京代表の町堂として中心的な場となる。上京・下京にはそれぞれ五つの町組（上京は一条組・中筋組・小川組・西組・立売組。下京は中組・西組・巽組・丑寅組・七町半組）が結成され、各組の代表が革堂や六角堂に一堂に集まって会合している。やがて、上京・下京の五つの組を束ねる惣町《そうちょう》が生まれてくる。中西宏次は上京・下京宛の文書の発給にふれ「遅くとも天文年間後期には「町―町組―惣町」という重層構造ができていたことは確実」（中西宏次『聚楽第　梅雨の井物語』）と述べている。

永禄一二年（一五六九）頃、三好三人衆が入京の時は、六角堂の鐘が打ち鳴らされ、天文法華の乱（一五三〇年代）では革堂・六角堂の鐘が乱打されている。六角堂は自治組織の集会場であり、町組の中心的な集合地であり、いざという時の臨戦態勢の場でもあった。天文法華乱の時、六角堂は一揆の集合地となっている。

「革堂と六角堂は（中略）たんに町の中にある庶民信仰の堂というよりも、むしろ町ないし町組、上下京の『惣堂』とみるべきもの」（高橋康夫「町堂と銭湯と人々」）である。

町堂的な寺々

三大町堂として因幡堂・革堂・六角堂をあげたが、いずれも、荒廃していた京都の中で町や町組の自治・自衛のために生まれた結束の場であった。しかし、「信長から秀吉の時代にかけて町組制度は封建権力下に組み込まれ、町民の自治的、自律的組織は封建支配の権力の体系に変貌せしめられ（中略）、江戸時代になると町組は組織として大きくなったが、町奉行支配下の行政の末端機構として完全に掌握され」（秋山國三『京都「町」の研究』）てしまうようになる。町堂的な性格は希薄になってしまったのである。

それでも町堂的な役割を果たしてきた寺々をあげておきたい。千本閻魔堂・千本釈迦堂・嵯峨釈迦堂・壬生寺・誓願寺・六波羅蜜寺・清水寺などである。いずれも宗派を越え、身分を越えた民衆の厚い信仰がある寺である。「洛中洛外図屏風」（上杉本〔室町後期〕・舟木本〔桃山～江戸初〕など）・「釈迦堂縁起絵巻」（永正一二年頃）「洛外名所図屏風」（室町後期）・「誓願寺門前図屏風」（桃山～江戸前期）にも大きく描かれている。

閻魔堂・嵯峨釈迦堂・壬生寺は京都の三大念仏狂言として有名で、庶民に人気があった。閻魔堂の狂言は壬生寺・嵯峨釈迦堂と違って仏教を民衆に分かり易く説いた有言の仮面喜劇で、起源は室町時代、念仏会の合間に催されたという。

釈迦堂・壬生寺の融通大念仏狂言は勧進聖円覚上人（一二二三～一三一一）の説法が始まりである。上人は説法が上手く、聴衆が一〇万を越える時、布教の難しさを知った。説法よりも身振り手振りの仮面無言劇を演ずる方が大勢の人に理解できると信じ、大念仏狂言が実現したのである。その人気は「洛中辺土の道俗男女雲のごとくにのぞみ、星のごとくにつらなりて群集」（『融通念仏縁起絵巻』一三一四？）したという。

今も残されている町名では閻魔前町・嵯峨釈迦堂大門町・嵯峨釈迦堂藤ノ木町・嵯峨釈迦堂門前瀬戸川町・嵯峨釈迦堂門前裏柳町・嵯峨釈迦堂門前南中院町などである。とくに釈迦堂の付く町名が多いのは、釈迦堂門前が庶民信仰の拠点として、いかに多くの人で賑わったか。釈迦堂門前から天竜寺門前への南下する通りが、都大路に例えられるほどの町並みであった。

壬生寺から壬生名が生まれた訳ではないが、壬生の名をさらに地域に広めた寺名であることは否定できないだろう。他に「町堂の系譜をひく寺としては松原堀川にあった来迎寺、丸太町烏丸東にあった光り堂がある」（川嶋将生・鎌田道隆『京都町名ものがたり』）。来迎寺は信濃善光寺の本尊阿弥陀如来の模刻を祀り、新善光寺来迎堂と号し、多くの参詣者を得た。来迎寺町は今もその名残を伝えている。光り堂は応永元年（一三九四）、後小松天皇が僧隆恵に帰依し、阿弥陀像を安置した（『京都坊目誌』一九一五）。光り堂は「阿弥陀如来の光明を放ち給ひし」（『京雀』一六六五）からの名称という。今も光り堂町が残る。

庶民信仰の町堂としては蛸薬師堂がある。秀吉が天正年間、二条室町から現在地の寺町へ移したが、「都十二薬師」の霊場の一つとして庶民の信仰を集めた。蛸薬師の伝承とともに蛸薬師通の由来を物語るものとなっている。

第四章　天下人の時代

一、西陣の起こり

明川忠夫

京都を代表するものの一つに西陣織があるが、その基礎は安土桃山時代に築かれた。現在、京都市の北西部、北を北大路、南を丸太町、東を烏丸通、西を西大路通に囲まれた地域が「西陣」と呼ばれ、いまでもその伝統を受け継ぎ織物が盛んである。

五、六世紀、渡来人の豪族である秦《はた》氏一群が山背《やましろ》の太秦《うずまさ》に住み着いて、農耕・養蚕・絹織物の技術を伝えた。飛鳥時代、大宝元年（七〇一）、律令制が制定され、宮廷の織物を司る織部司《おりべつかさ》を置き、錦・綾・羅・紬の製職を掌らしめた。

平安時代、大蔵省に属した織部司が織部町《おりべちょう》に織手を集住させ、高級な織物を生産していた。平安中期から律令制が崩れ始め、官営工房としての宮廷の織物を維持することは難しくなる。鎌倉時代には織手は大舎人町《おおとねりちょう》に移住し、権門貴族の保護のもと唐綾《からあや》を製作するようになる。官営から民業への私機の始まりである。

室町時代、応仁の乱が始まると大舎人町の織手は堺・山口などへ疎開し、乱が終わると京都に戻ってくる。織手は東軍本陣跡の白雲村に集住した練貫座《ねりぬきざ》と、西陣の本陣跡に集住した大舎人座《おおとねりざ》の二つに分かれ、対立しながらも発展していく。

安土桃山時代、大舎人座の伝統と特権が認められ、大舎人座が西陣機職を代表するようになる。秀吉は信長と同じく、西陣織に保護奨励政策を加え、新しく明の技術を取り入れて現代につづく西陣織の基礎を築いていった。

1、西陣以前——その源流をたずねて

延暦一三年（七九四）、桓武天皇が長岡京から平安京に遷都、律令制に基づき宮廷の織物を司る織部司（大宮上長者町付近）を設置した。「織部司には織手・共造・機工三十五人・薄機織手五人・絡絲《らくし》糸女《しじょ》三人が勤務していた」（『延喜式』巻三〇）。織部司は、織部町（現在の黒門上長者町付近）で、織手町の織手たちに高級な綾・錦などを織らせた。承和六年（八三九）、この織手たちが住む「織手町が火災に遭った」（『続日本後紀』）。織手町の場所は限定できないが、鎌倉時代の『拾芥抄《しゅうがいしょう》』によると、大宮と猪熊間で土御門大路（上長者町）をはさむ南北二町に織部町、北方の織部町の東隣、猪熊と堀川の間にも織部町が記載されている。織手たちが住む織手町・織部町は、ともに織部司（大宮上長者町）の周辺に位置しており、西陣以前の居住場所を示していると言われてきた。

この説に対して異論をとなえたのは高橋康夫である。高橋は『明月記』の安貞元年（一二二七）正月二六日条の、「大宿織手等悉ク焼亡スト云々、壬生ノ東、土御門ノ北ノ大垣ノ内、是又諸人の織綾之牢籠之故か、……」に注目し、「壬生東・土御門北つまり大内裏の中の大宿—大宿直—に綾織が集団居住していたこと。多くの史料から大宿・大舎人・大殿居・大宿禰などは地名である大宿直の宛字であること。大舎人よりも大宿直を重視するべきであること」などを挙げている（高橋康夫『京都中世都市史研究』）。

とすると西陣以前の織手の居住地は大宿直（壬生土御門）になる。「西陣の原型」（高橋康夫前掲書）の場所である。

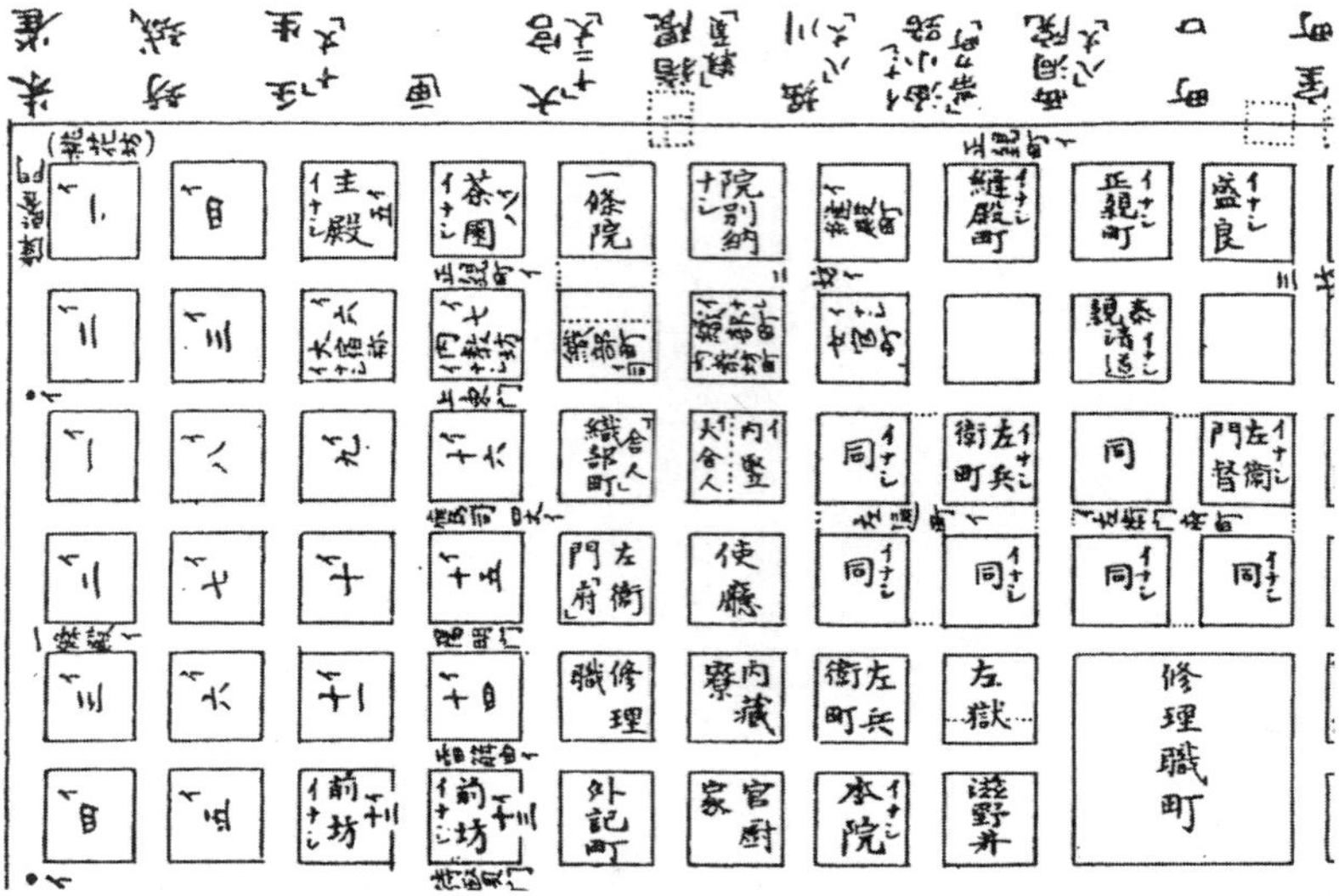

図１　『拾芥抄』（故實叢書 22、明治図書出版、1993）による東京図の部分。左上の大宮上東門に織部町大宿禰が見える。

平安時代中期になり、律令制が崩れてくると、織部司の織物工房がすたれ、織手たちは織部町の東に隣接する大舎人（猪熊上長者町）、さらに先述した大宿直に集住するようになる。大舎人から土御門大路を西へ三筋行った辺りが大宿直となるので、地理的には近い。

律令制が崩れて織部司の管理が行き届かなくなり、織手の給与も滞ってくると、権門貴族の庇護のもと、「自家営業の織手、すなわち私機が出現」（高橋康夫前掲書）してくる。永承三年（一〇四八）八月七日、「織部司の織手たちが私的に綾錦らを織るのを禁止」（「左大史小槻宿禰奉」『平安遺文』六六五）したのは、そうした背景があったからである。

鎌倉時代、権門貴族に属する織手や権門に属さない京中織手が増え、「大舎人の綾、大宮の絹」（『庭訓往来』鎌倉末頃）と呼ばれる品を生産するようになる。これが私機としての民業の始まりと言われている。宋から渡来した綾織の技術を学び、新しく唐織を生産したのも民業の私機であった。

2、西陣の始まり

室町時代の応仁元年（一四六七）、東軍と西軍が争う応仁の乱が始まった。将軍家・管領家の継嗣争いに端を発したものである。東軍の総大将は細川勝元、室町今出川花の御所付近を本陣とし、西軍の総大将は山名宗全《やまなそうぜん》、その邸（堀川上立売下ル一筋西入ル山名町）を中心に西方を本陣として、両者の争いが一一年も続いた。京の東西に陣を構えたので、東陣・西陣と呼んだ。これが地名「西陣」の起源となる。京の町は焼かれ、織物の大宿直は壊滅的打撃を受け、織手らは堺・山口・奈良・大津などへ離散疎開する。

図２　西の陣山名宗全邸跡　堀川上立売下ル一筋西入（筆者撮影）

文明末年（一四八〇〜）、乱後、織手らは京都へ帰り織物業を再開し、練貫座《ねりぬきざ》、大舎人座《おおとねりざ》の二つの機織集団を形成した。前者は東軍の跡地の白雲村（新町今出川付近）に集住し、練絹などの絹帛を織り出したグループ、後者は西軍の山名宗全の本陣跡（堀川通上立売下ル一筋西入ル山名町）に近い大宮今出川付近を中心に大舎人座を形成したグループである。

練貫座の練貫《ねりぬき》とは縦糸を生糸とし、横糸に練糸を用いた光沢のある絹織物のことである。乱後、練貫座の織手が元新在家町の辺りに新在家を開いて、桑を植え蚕を育て絹を織っている。結婚の縁組には他郷の者は入れなかった。織りあげる絹の清白さから白雲村と自称し（『山州名跡志』元禄一五年自序）、天正の初め、新在家村（天文一五年の禁制には白雲絹屋一町・現在の新町今出川元在家町付近か）に移って機業者団体組織、練貫座として繁栄したが、後、多くは西陣の地に移動することになる。

大舎人座は同じく機業者団体組織の名前であるが、なぜ大舎人座の織手が京都へ帰って来た時、西の陣跡（大宮今出川付近）を居住地に選んだのかはよく分かっていない。高橋康夫は旧地大宿直の壬生土御門に近かったこと、著名な機業者の井関・内蔵寮織手の井上などが北小路（今出川）大宮・千本に既に住んでいたこと、大舎人座の中心人物・有力者が西陣に住むようになっていたこと、などを挙げている（高橋康夫前掲書）。

白雲方の練貫座、西陣の大舎人座はそれぞれ対立しながらも発展したが、天文一七年（一五四八）に、大舎人座三一家に足利幕府から特権と保護が与えられている。三一家というのは大舎人座中の職人三一名、皆、日蓮宗の信者だったという。つまり、大舎人座は足利幕府より由緒と特権が認められ、大舎人座の高機織屋が西陣機職を代表するようになった（西陣織工業組合編「西陣の歴史」）。

元亀二年（一五七一）、信長が禁裏の修理を完成し、その落成を祝う風流踊りが催されたとき、西陣二一町も参加した。その模様は「おのおの結構、金銀・金襴・緞子・唐織・織物・紅梅・綺麗を尽くす、先代未聞也」（『言継卿記《ときつぐきょうき》』元亀二年七月二五日条）と絶賛されている。その年、大舎人座中三一家の内の六家（井関・和久田・小島・中西・階取・久松）は、朝廷から御寮織部司を命じられている。

秀吉も西陣に保護奨励政策を加えたが、堺を通じて明の技術を導入し、錦、唐織、金襴、紗、紋紗、金紋紗、緞子、縮緬などを製作し活発化させた。

3、西陣の範囲

西陣の機業は大舎人座の居住地を次第に拡大していった。その中心は観世町・五辻町（『大徳寺文書』二七四一・二七四二）だと思われるが、その機業地は秀吉の時代にどれほど拡大されたかは史料が乏しい。江戸時代でも西陣の範囲は「一条通より北、大宮通より西をさして大様西陣と云」（『京羽二重』一六八四～八八）とあり、極めて大雑把である。『京都御役所向大概覚書』（享保二年〔一七一七〕頃成立）によると「東ハ堀川を限り、西ハ北野七本松を限り、北ハ大徳寺今宮旅所限り、南ハ一条限り、又ハ中立売通、町数百六拾八町」としている。西陣一帯を指す通称で、境界線はないのである。

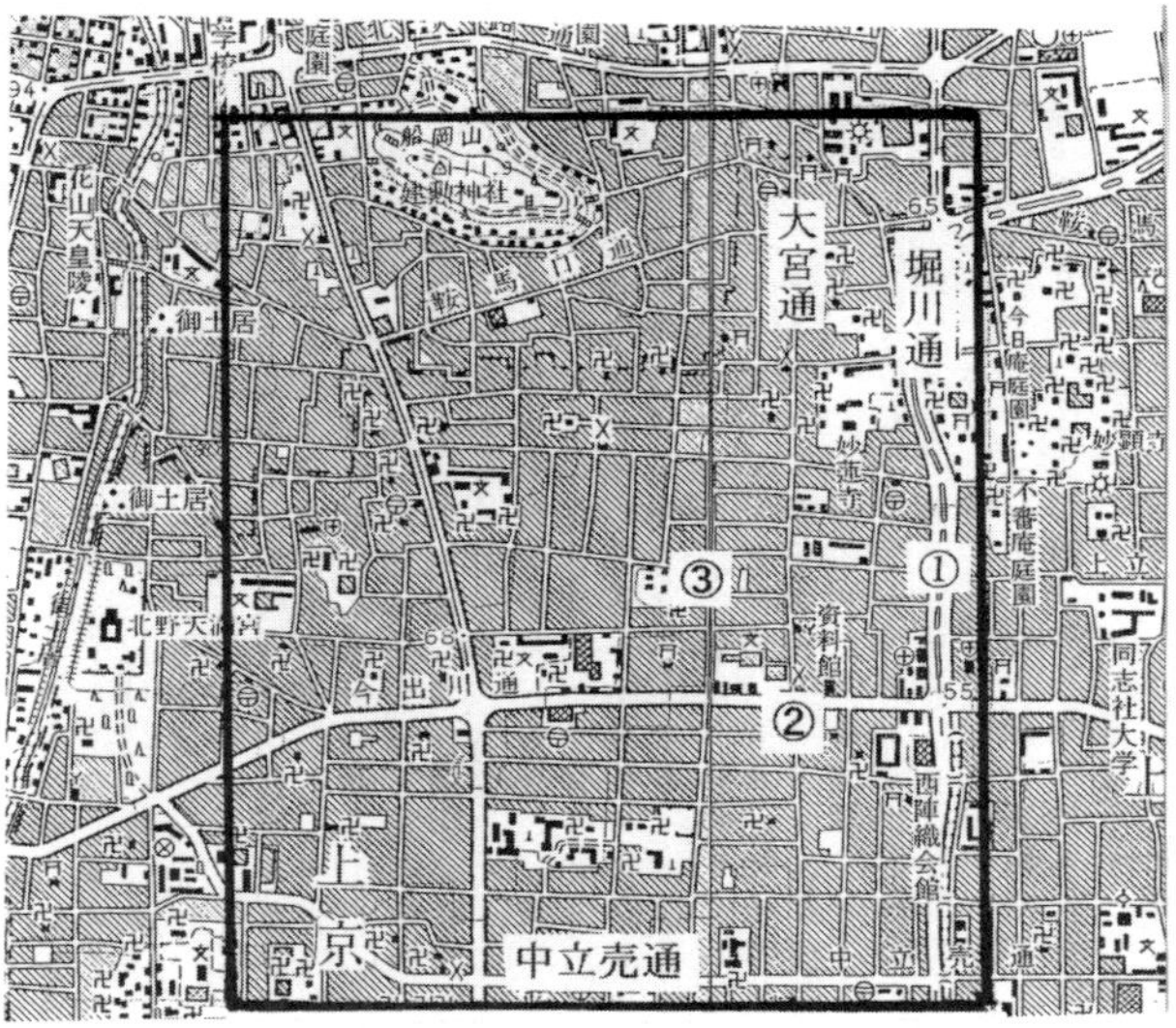

図３　江戸時代初期の西陣の範囲（枠内）　①山名宗全邸跡②千両ヶ辻③紋屋図子町（国土地理院発行1/25000による作図を元に筆者作成）

「十六世紀後半に二十一町と言われた西陣の町は、百年後の十七世紀末には実に一六〇余町に」（仏教大学西陣地域研究会・谷口浩司編『変容する西陣の暮らしと町』）発展・拡大されたわけである。「西陣」という地名に明確な境界はなく、今もその範囲は拡大している。

4、「地名」としての「西陣」

西陣という名称はいつ頃から使われたのか。信長が元亀四年（一五七三）に上京の焼き討ちをした時、「四日、甲寅、丑刻、京中西陣ヨリ放火、足軽以下□□洛中に入りて乱妨す。悉く放火、二条より上京一間残らず焼失し了んぬ」（『兼見卿記』元亀四年四月四日条）の記事の「西陣」が西陣地名とされている。明らかなのは西陣が上京にあったことである。

『耶蘇会士日本通信』（一五七三年五月二七日付）によると「上の都は日本全国の都にして、甚だ富みたる人居住し、日本に於いて用ひらるる絹物及び緞子は悉く此処にて製造し、又重立ちたる人々の夫人にして最も高貴なる者住みしが……」とあり、上京は全国の都として公家・武家・富裕の人など、身分の高い高貴な夫人も住んでいる。「絹物及び緞子は全て上京で製造している」が、上京とは西陣を指している。上京には五つの町組（自治組織）があったが、西陣にあたる町組は「川より西組」二一町にあたる。江戸時代の始めになって、五つの町組は一二組に編成され、内二つが上西陣組・下西陣組として付加される。上・下西陣組は合計二一九町に分かれ、西陣の区域は拡大し続けた。

この西陣の名も村雲・白雲・新在家・塔之檀などと同じく、広域地名の一つであった。信長が上京の焼き討ちをした時、上京の中心地でない今の大宮今出川付近の西陣より放火している。これは内裏への延焼を避けたからと思われる。

大宮今出川付近に織手が居住していたことは、豊田武の「西陣機業の源流」（『社会経済学』一五－一）の史料一・二・三の分析で明白である。一、『言継卿記』に「大宮之織手小島子云々得小験云々」（天文二一年正月八日条）とあり、『親俊日記』に「西陣小島十疋」（天文一一年一二月二九日及び一九年正月六日条）とある。これから見ると織手の小島の居所は西陣の大宮であること。また、二、『言継卿記』に「織手大宮司へうたんの通子司自両人続命絲之縷五種宛如例年出之珍重々々」（永禄一三年〔一五七〇〕年五月四日条）とあるのは、織手の司が大宮の西のへうたんの辻（新町と室町との間、上立売下ル）に居住したことは明らかであること。さらに三、『天狗筆記』（弘化二年〔一八四五〕頃成立・紋屋井関政因の随筆）に見られるように、大舎人座の紋屋の井関七右衛門宗帖が天正年間（一五七三〜一五九二）、聖天図子に住んでいた地名を屋号に因んで紋屋図子と称したこと、の三つをあげ、織手たちが早くから西陣あとの大宮近くを中心とする地域にその業を営んでいたことを明らかにしている。なお、生産品の「大舎人の綾、大宮の絹」（『庭訓往来』）の大宮は機業の盛んな大宮の地を指しているのではないかと付加している。西陣が記載される最古の『蔭涼軒日録《いんりょうけんにちろく》』には「彼僧衆書記云者一人相残、在西陣」（文明一九年〔一四八七〕正月二四日条）とあり、応仁の乱後、西陣は一〇年ほどで地名化していたことになる。

5、西陣の町名――紋屋図子町・糸屋町など

江戸時代後期になると西陣織物の仕事は紋屋・糸屋・染色・箔屋などと分業化されるが、分業によって生まれた町名について触れておきたい。

紋屋町は智恵光院五辻を上り、一筋目を東に入った通りが紋屋町の発祥の地である。長さ約一五〇メートル、先述したように、天正一五年、紋職の井関七右衛門宗帖が袋小路の聖天図子を通り抜けにして住み着いた町で、かつては紋屋図子町と呼ばれていた。

紋屋井関政因の『天狗筆記』によると、「西陣紋屋図子町は元来聖天之図子と云って、東が行き止まりの袋町であつた。わが家の先祖である七右衛門宗帖が天正一五年（一五八七）、大宮通芝薬師町内三野新五郎の家屋敷を買いとって取壊し、大宮通へ通り抜けられるようにした。それから、わが家の屋号をつけて、紋屋之図子町と云うようになった」という。

「図子」（辻子）とは南北の道を連絡するため、東西に附けられた横道である。通りまで突き抜けているのを図子と呼んだ。図子は山名図子・柳図子など西陣に多い。紋屋図子は上京一二組のうち上西陣組の芝大宮町に属していた、いわゆる「古町《ふるまち》」であった。紋屋町は江戸時代の二百数十年間は、違った意味で西陣の中心にあたる町であった。御寮織物司六家が移り住む町となっていたからである（駒敏郎『天狗筆記物語』）。六家で一番古いのは『天狗筆記』の紋屋井関家（紋屋相模とも）である。

糸屋町は南北の大宮通、東西の五辻通を中心に糸屋町八町と呼ばれ、糸問屋が軒を連ねていた。八町とは樋ノ口町・山本町（現在の芝大宮町）・観世町、五辻町・桜ノ図子（現在の桜井町）・元北小路町・浮世町（現在の薬師町）・北之御門町を指す。『京羽二重織留』（元禄二年（一六八九））には糸問屋は分糸屋《わけいとや》として、八町の商家（菱屋・升屋・八文字やなど）の記載がある。

糸問屋が集まる大宮今出川付近は千両ケ辻と呼ばれた。往時は糸問屋で商いされる糸の価格が日々千貫千両を超える程であったからといわれている。

今織《いまおり》町は現存しないが、新たに機屋が住み着いた町として知られている。元禄九年（一六九六）の京大絵図には「今をり丁」の記載がある。『京都坊目誌』（一九一五）には、元禄年間天道町または今織町とも呼んだとある。場所は現在の笹屋町浄福寺西入ル、笹屋町二丁目にあたる。竹藪を切り開いた造成地といわれている。

二、町の形成と町名

綱本逸雄

応仁の乱（一四六七〜七七）・天文法華の乱（一五三六）の戦火により京の町は灰燼と化した。乱中の惨状については、すでに『大乗院寺社雑事記』文明二年（一四七〇）正月条に「京中幷《ならびに》東山西山悉以広野ニ成リ畢《おわんぬ》」と記している。

しかし、町衆の経済活動の発展、自衛・自治のため、都市としての基本的構成単位である「町（ちょう）」が乱の前後から形成されていた。京の町は二条通を境に南北に上京と下京に大きく凝集され道に沿って町家が軒を連ねた。平安京の方格地割を継承して、町は縦（南北）町と横（東西）町の連続集合体から成り立っていた。通りをはさんですべての建物が間口を通りに向ける形になり、同じ通りの両側の地域が一つの「町」を形成した。これを両側町という。京都の代表的な祭礼・祇園祭は、典型的な両側町である各山鉾町の町衆によって復興された一例である。山鉾を出す町は中京・下京の室町通筋に多くみられ、三条から五条通にかけて中世より酒屋・土倉《どそう》（金融業者）などの富裕な商人が軒を並べる商業地域だった。その中心地を「鉾の辻」といい室町四条通付近をいう。上京では一条以北に南から福長町、北小路室町、築山町、裏築地町と続いて室町頭町まで縦町が成立していった。そして南北の通りを東西に連絡する横通りが形成されていった。

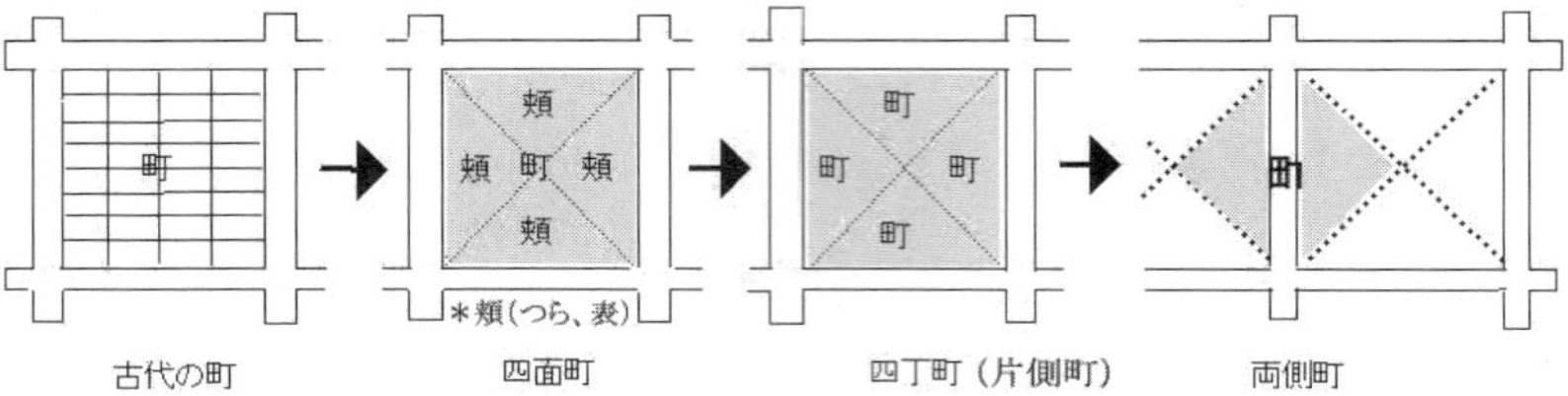

図1　古代の町（まち）から両側町への変化（足利健亮『中近世都市の歴史地理』地人書房、1984、p.148より）

1、「町（まち）」から「町（ちょう）」——両側町の成立過程

平安京の条坊制の町（まち）が解体し、町（ちょう）が定着するのは室町時代である。もともと条坊制による町割は大路・小路の碁盤目状の道路によって区切られ、四一丈（約一二一メートル）四方の街区は「町（まち）」と呼ばれた。貴族邸宅の敷地は一町～数町だったが、庶民の居住地は、四行八門《しぎょうはちもん》制と呼ぶ南北通りのみに面する敷地割が行われていた。四行八門制とは四行（四つの道）が一町を東西に四分、八門は一行を南北に八分にし、三二区分された町割をいう。「町（まち）」は、東西両面にだけ開口部分をもつ二面町（まち）であった。

一二世紀後半から次第に「町（まち）」の地域構造に変化を生じ、「町」をとりまく街路に向ってそれぞれ口を開く四面町（まち）となったが、一三世紀の末になると四面町（まち）の各一面がそれぞれ一丁（ちよう）として分立し、条坊制による「町（まち）」が四ケ丁（ちょう）から構成されるいわゆる「四丁町（ちょうまち）」として出現する。

「四丁町」の成立は新しい都市形態の基本単位である「町（ちよう）」の形成を意味し、構造面からいえば、「片側町（ちょう）」の成立ということになる。そして庶民の自治自衛から地域的には「町（ちょう）」構造に異変を生じ、「片側町」が街路を挟む向い頬《つら》と併合して「両側町（ちよう）」を形成し、一個の共同体として地域構造上の変化をとげた。また道路に直接面しない町《まち》の内部に残された地域にも通じる小路、辻子《ずし》も成立してくる。なお、「まち」から両側町への変化が一瞬に画期ごとに変化したわけでなく並存の時期があった。

つまり、京中の都市構成の基本単位であり小地域共同体である「町」は「ちょう」と呼ぶ。さらに「町（ちよう）」がそれぞれ自立し、次に述べる町名が発生した。

2、町組の成立と発達

町組《ちょうぐみ》は、通りをはさんだ両側町が集まって結成した自治組織である。また、いくつかの町組が結合して、上京・下京などの惣町《そうちょう》を形成した。上京と下京の境は二条通にある。集団で防衛することで、その費用や労力を共同で負担していたようである。

史料の初見は、天文法華の乱の翌年、天文六年（一五三七）下京の中組《なかぐみ》・西組《にしぐみ》・巽組《たつみぐみ》・艮組《うしとらぐみ》・七町半組《しちちょうはんぐみ》の五組である。正月三日に五組の代表者五人が、室町御所の将軍義晴のもとに銭二貫八百文を持って年賀に出向いた。この時、五つの町組の代表者が、かつて法華一揆の結集地であった六角堂に集まり、費用の割り当てを協議した。六月一四日には、将軍の祇園会上覧の諸入用出銭に七町半組・艮組・西組の名が見える（『年頭御拝礼参府濫觴之扣《ひかえ》・下古京仲之組六角町古帳之写』）。天文法華の乱の惨禍にもかかわらず、町組が機能を発揮していることは、実際の結成はこの時期よりも遡るものという。

上京は同一八年（一五四九）の書状にみえる立売組《たちうりぐみ》で、つづいて一条・中筋・小川・川ヨリ西の五組が初見。立売組は上立売町・西大路町・裏築地町・室町頭南半町をさす（『三好長慶書状』、『上下京町々古書明細記』）。したがっ

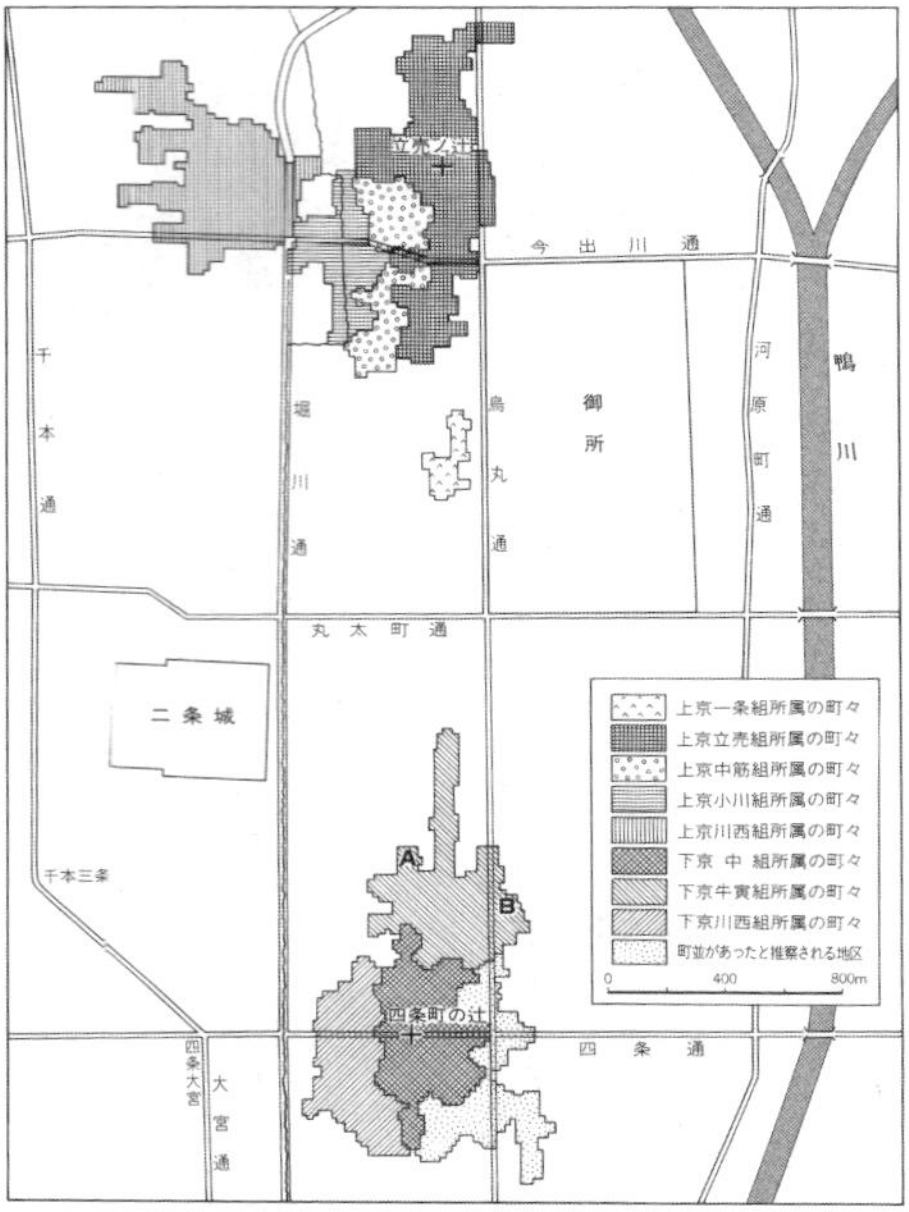

図２　元亀３年（1572）頃の町組（足利健亮『中近世都市の歴史地理』地人書房、1984、p.152より）

て、町の自衛・自治を目的に町々が団結し組織化する町組結成の時期は天文初頭と推定される。

この時期、上・下京の町数は、天文二年六月の記録では下京「六十六町」（『社家記録』）。祇園会「鉾六十六本」に照応する数で、実数はそれを上回っていたとみられ、上京では一二二町（『言継卿記』天文一九年（一五五〇）七月一六・一七日条）であった。

個々の町名

これらの上京・下京の町組を構成した個々の町名が明らかになるのは、織田信長入京後の元亀年間（一五七〇～七三）である。元亀二年（一五七一）九月、織田信長は禁裏に献ずる費用調達のため、京中の人々に対する貸米制度を実施した。「元亀二年御借米之記・上下京御膳方御月賄米寄帳」（『立入宗継文書』）は、室町時代末期～桃山初頭、洛中に存在した町および町組を知ることができる（各町の「A－B町」は、町組内部の構成を示し、Aは親町。Bは枝町で親町の指揮に従って町政を運営する町）。

上京

①一条組＝鐙屋町・近衛町・鷹司町・浄花院町。

②立売組＝立売町・浦辻子町・東町・室町上町・安楽小路・福長町・風呂図子・中武者小路・上柳原町・下柳原町・西大路町・つき山町・北大路室町・ひょうたんの図子・東武者小路・加遍屋《かべや》町・片岡図子・玄蕃殿町・しからきの図子・御霊口町・野州井町・今出川町・堀出町・柳図子・御所八幡町・二本松町・なや町・後藤町・木下町・ろあん町。

③中筋組＝中御霊図子・一条殿町・真如堂町・近衛殿町・徳大寺殿町・一条西口町・まきゐや町―浄円町・畠山殿町・今図子・西武者小路・讃州陣町・白雲町・西御霊図子

④小川組＝南御霊図子―下八町・弁才天町・飛鳥井殿町・革堂前町・たのほや町・上小川・今町・中小川・誓願寺町・村雲横町。

⑤川ヨリ西組（堀川以西）＝伊佐町・西舟橋町・北猪熊町・北舟橋町・ろさん寺町・五辻子町・観世町・南大宮―薬師町・山名殿町・藤木下町・大北小路―薗過町・石屋図子・舟橋町・芝薬師町・堀上町・花開院町―北・同南町・阿陀寺町・安居院《あぐい》大宮・寺内町・芝大宮町・南猪熊町・千本町・西北大路。

下京

①中組＝矢田町・錦小路―天神山・山伏山町・四条町―北南半町つゝ・こゆいの棚町・革棚町・東綾小路・善長寺町・白楽天町・庭鳥鉾町・扇座町・袋屋町・四条坊門―むかてや・五条坊門―町尻・六角町・えひすの町・西錦小路・函谷鉾町。

②牛寅（艮）組＝六角室町・三条室町―ゐほしや・えんの行者町・場町・衣たな町・御池町・たこ薬師・三条町―寺木・釜座町・六角如来堂町・橋弁慶町・まんちうや町・御蔵町・七観音町・六角ほねや町・円福寺町・あね

か小路・四条坊門―うは（老）柳町

③川ヨリ西組（西洞院川と堀川との間に位置）＝綾小路―西洞・西洞院―妙伝寺町・四条かさほこの町・かんたい寺町・綾小路―あしかり山町・錦小路―かまきり山・五条坊門―油小路・高辻子―油小路・天神山町―風早町・五条坊門―きよし町・四条坊門―西洞院しきれや町・ほりのうち・柳井トコ井・とくさ山・四条油小路―石川・錦小路―油小路藤本町・四条坊門―油小路。

上京は合計八一町だが、書状の末尾に「上京八十四町」とあり、町数が合致しないのは不詳。

下京も五組中三組しか記載が無いので町数はもっと多いとみられている。これらの上・下京の大半の町は今日でも残存している。これらの町組自治は職業的には同業者団体の組織化、そして地縁的には町共同体の強固な結合だった。

さらに惣町についても、天文一〇年（一五四一）を初見として、室町幕府が地子銭の納入を命じた「上下京中」宛の文書が発給されるようになっており、惣町を示す上京中・下京中が出てくるので、すでにこの時点で成立していた（『京都上京文書』同年一二月一三日条）。これらのことから、遅くとも天文年間後期には、「惣町―町組―町」という重層構造が形成されていた。また、年頭拝礼や「構《かまえ》（堀・溝）」の維持費用等の惣町入用も、ほぼ同時期に成立していたものとみられる。

そして、町衆の結集する場所として、上京の革堂《こうどう》・下京の六角堂が、それぞれ「惣町会所」として機能していた。これらの町々には、町を代表する「年寄」あるいは「月行事《がちぎょうじ》」が町行政の運営を行い、さらにその上部機関には、町組あるいは上・下両京を代表する「宿老《しゅくろう》」たちが存在して、両京内の行政に携わっていた。史料上にはしばしば「上下京中の宿老」という形で登場する。

上京五組・下京五組の町組の町数は総計で百数十町に及ぶという。当時成立していたすべての町がこれらの町組に所属していたわけではなく、総町数は二〇〇町程度であったと推定される（杉森哲也「町組と町」）。

当時の上・下京中の町の規模について、柳谷武夫編『耶蘇会士日本通信』天文一八年（一五四九）一一月五日条に「市には九万六千戸ありと称し、これを見たるポルトガル人等は皆リスボンより大なりと云へり。家屋は皆木造にして」とある。当寺の京は世界でも有数の人口を抱えた大都市であった。

3、「洛中洛外図屏風」（上杉本）にみる京の町家

「洛中洛外図屏風」は、京の市街と郊外を鳥瞰し、有名寺社や名所、建物は内裏や公方の御殿から下は町家や農家の住まいまで、そこに生きる老若貴賤の男女を描いた金碧の六曲一双仕立ての屏風絵である。「上杉本」（狩野永徳筆）は、応仁の乱後の復興期の様子を描いている。「洛中洛外図屏風」は町田本（歴博甲本）、舟木本など各種あるが、「上杉本」は、米沢藩主上杉家に伝わったもので、将軍足利義輝が絵師の狩野永徳に描かせた。永禄八年（一五六五）に完成し、義輝没後に織田信長が入手して、天正二年（一五七四）上杉謙信へ贈ったとされる。

上・下京は室町通でつながる

「上杉本」は左隻の上京と右隻の下京を明白に分けて描写している。北は内裏北辺の正親町《おおぎまち》通、南は九条通までを範囲とする。民家の密集地域は押小路通以南、松原通以北、東洞院通以西、西洞院通以東の範囲に集中している。

一町毎に東西、南北に貫通した小路を描く。つまり東西は北から押小路・三条坊門・姉小路・三条・六角・蛸薬師・錦小路・四条・綾小路・仏光寺・高辻・松原（五条）の各通りを描き分けている。また、南北の通りは、東より東洞

院通、一筋（烏丸通）置いて室町通、そして町通（新町通）を中間に描いて西端に西洞院通が西洞院川に沿って描き分けられている。それらのうち、室町通が北の押小路から南の松原通まで貫通し、通りに沿って家並みが連続しており、下京における主要道路であったことを示す。

平屋で板葺が大半

「上杉本」に描かれている民家の形式はその屋根の葺材料によって分類すると、石置き板葺家と草葺家の二種に分けられる。上京と下京の町家は石置き板葺家である。ほとんどが平家建で、町家は道に面した表と裏庭に面した裏の二つの顔をもち、商家の表構えは門口の屋号紋を染めた「のれん」と「ばったり床几」の店棚に特徴づけられ、裏庭は井戸を中心に町内の共同利用の広場であった。町家の戸口は通りに直接開いている。一部に卯建《うだつ》をそなえた例が見られる。卯建は妻壁を屋根より一段高く立ち上げ、その頂部に切妻の小屋根を設けている。防火のため、あるいは富や格式の象徴ともいわれている。

近世には市中の町家は大半が二階家や中二階家だが、中世末の町家には柿葺《こけらぶき》（板葺）、本瓦葺はなく、土蔵すらも未だ出現していない。今日、京都市中に散見する町家は幕末の元治大火（一八六四）後に再建されたものが最古で、それ以前にさかのぼるものは極めて少ない。

上京

上京は、とりわけ禁裏・公方などの上層支配者の邸宅、小川に沿って甍をならべる寺院群、それらのあいだの空白を埋めて民家の家並みが壁を接して連なる。左隻第四扇の中央に、現在「小川通」（西洞院通一筋西側）と称する川

図３　上杉本　洛中洛外図屏風（部分、米沢市上杉博物館蔵）上京の小川通の家並

沿いに町並みが描かれている（図3）。「小川通」は秀吉の都市改造（天正の地割）で新設された通りである。中世にはすでに道があったようで、兼好法師『徒然草』八九段に「連歌しける法師の（中略）、ただ一人帰りけるに、小川《こかわ》の端にて」とある。この通りの上立売通以南一条通以北の堀川西側にこの川に流れ込む小川が流れていた。通り名はこの川に因む。右方向が北。「町田本」には、小川通沿いの川を「こ川」と書いているので、小川は「こかわ」と当時は称していた。この上方に見える川筋が堀川通。水落《みずおち》地蔵門前（図3中央右端）の歳末の風景を描いたこの通りの賑わいが今とは違って、堀川通よりもはるかに賑やかだったようだ。

川上《せんじょう》家屋の前では、正月飾りの門松の準備。箸を客に売る店、紙や破魔弓を台に置き商う店（家の中では机で何かを書いている）、その前を節季候《せきぞろ》（門付）が囃して通る。その左隣は女たちが正月の賃餅《ちんもち》（賃銭をとって餅をつく）をつく真っ最中。あわただしい歳末の雰囲気が伝わる。

かつて京の町中には、幾筋もの小さな川が幾筋も北から

図４　上杉本　洛中洛外図屏風（部分、米沢市上杉博物館蔵）下京の町通

南へ流れていた。右端の桧皮葺屋根が水落地蔵で、水落の名も小川がこの南から東へ流路を変えるためという。そこに落差があって水落と称され、水落寺と名づけられたという。現在も当地には「水落町」の町名が残るが、地蔵は享保年中（一七一六～三六）百万遍知恩寺内に移された。小川は昭和四一年（一九七五）頃に暗渠化されたが、ところどころに堀や橋の欄干が残されている。

下京

「上杉本」は左隻右隻とも、公家、武家、宗教者、職人、商人、農人《のうにん》、漁人、杣人、巡礼や聖、そして賤民や乞食《こつじき》まで多種多彩な身分と職業の人物を描いている。

下京を描いた右隻第三扇の下部は、西洞院通の平屋の店を構えて作った品を売る商人たちを描いている。その上の鉾が巡行する通りは「町通」である（図４）。

画面中央左端は、「西洞院とをり」に面して、草履らしき履物を製造し床几に並べて商っている。同中央右端は、「紙漉き屋」。西洞院通の五条天神近くに、漉いた紙を家の壁に張り付けて乾かしている。女性の職業だった。同左端下は、油小路を行く山伏の一行。頭巾をかぶり鈴懸け衣に結袈裟《ゆいげさ》を付け、数珠を持ち津々浦々を布教した。その右手は、籠に野菜らしきものを詰め、軒下で売っている物売り。同右端下は、油小路通を商う竹売り。青竹を両肩に担いで売り歩く。建材や屋根材、笊《ざる》や籠などの材料として利用された。また、画面中央は、婦人の外出。西洞院通の川端を、前に侍女、後ろに槍持ちなどの足軽を従えた馬上の婦人は、武家の妻女だろう。

「町通」（新町通）では、山鉾巡行のしんがりを行く船鉾を描写。この当時から、船鉾は巡行のしんがりと決まっていたようだ。画面左上の鉾は、霰天神山（あられ天神山）か。鳥居を正門として、側面と背面には極彩色の回廊を巡らしている。製作費や維持費といった経済的出費が大きい山鉾は、町々が負担しなければならないが、それを可能とする町組が出現して祇園祭を復興させた（小澤弘・川嶋将生『図説　上杉本洛中洛外図屏風を見る』）。

なお、「上杉本」の「町通」は、平安京の大路・小路という通りの名称を「とをり（通）」という新しい呼び方をした初出史料である。町家・商業地域として展開した町の形である両側町と結びつく近世的道路呼称である。町通が新町通に変わったのは、秀吉の都市改造に伴うものだった（金坂清則「町通」）。

郊外

洛外の粟田口、蓼倉、岡崎、聖護院（いずれも鴨川東）、松ヶ崎、北山、西院の各農村の民家は草葺家として描かれている。そのうちでも加茂・蓼倉の村は周囲に土塀を築き、門を構えたうちに草葺家がむらがっている。洛中でも下京の松原通以南では田園風景が展開し、七条付近は農村が点在し、草葺民家がみられる。上京でも内裏に近い鴨川辺に唱聞師村があり、門構えの内に草葺家をもっていた。内裏の南辺に接続し、二条付近までは田畠が広がり、稲を

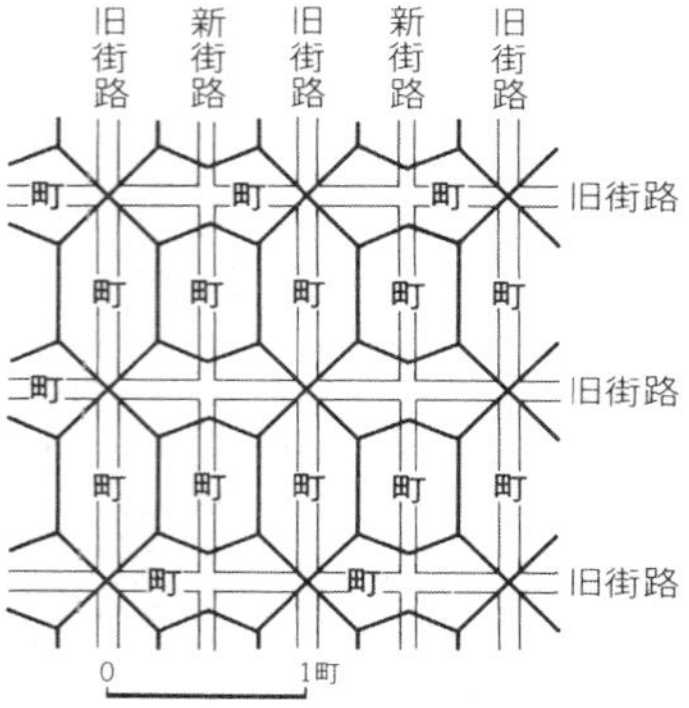

図5　秀吉の「天正の地割」
（足利健亮『中近世都市の歴史地理』地人書房、1984、p.174より）

苅る風景を描いていて、いまだ市街化されていなかったことを思わせる（川上貢「上杉本洛中洛外図屏風と京の町家」）。

4、秀吉の都市改造

室町時代には両側町が形成されていたが、一方、通りに接しない正方形の中心部は空き地などだった。天正一八年（一五九〇）、豊臣秀吉は南北方向の通り中間に新たな通りを建設し、これまで空き地だったところを新たな「町」にした。「天正の地割」といわれる。これは聚楽第や御土居の建設、寺院の寺町への移動などとともに秀吉の京都改造の一環である。これにより京の街路は南北一二一メートル、東西六一メートル間隔で長方形状に区画され、現在に至っている。

地割が行われたのは、東は寺町通から西は大宮通にかけてである。新設された通りの北端は丸太町通、南端は五条通付近となっているものが多いが、後に延長されたものも多い。また四条烏丸を中心とする一帯は、下京の中心部で地割以前から一部に市街地が発達していたため、新街路を開く措置はとらなかった。四条通以南・高辻通以北、高倉通以西・油小路以東の区画においては、平安京以来の正方形の区画が残っている。比較的町形成の間疎な東部・西部・南部の地域に限って、地割が推進された（秋山國三・仲村研『京都「町」の研究』）。

新設された通りを東から順に記すと、御幸町通・富小路通・堺町通・間之町通・車屋町通―不明門通・両替町通―諏訪町通・衣棚通・釜座通―若宮通・小川通―東中筋通（天使突抜通）・醒ヶ井通・葭屋町通―岩上通・黒門通である（「―」は南北の同一直線上にある）。

街路整備による都市の変貌をもたらしたのは、御土居東側と京極通に沿って造成された寺町であった。四条以南の寺町通に沿った寺町がほぼ完成したのは、天正一九年前後という。京都東側の防禦線だった。フロイス『日本史2』（第三三章）によると、「関白は、町の中心部にあった、寺院・屋敷・僧院をことごとく取り壊し、それらを町の周囲の壁（御土居）に近いところで、すべて順序よく新たに再建するように命令した。そうしたのには、次のような二つの目的があった。第一には、都で戦争が勃発した時に、敵は最初に僧侶と僧院に遭遇する（よう仕向けた）。第二には、僧侶たちはその門徒らと余りにも緊密であり密接しているので不快に思い」寺町通に移転させたと記している。

下京区には三二ケ寺が数えられるが、その多くが、市中より強制移転されたものである（上京は八五ケ寺）。なかでも、空也寺・永養寺・乗願寺などが、洛中の中心部から替地を与えられ移転してきた。祇園社旅所も東洞院高辻から移転し、四条京極に移った。大宮通の西側にも寺院が多いが、この頃「西寺町」が建立された（京都市編『史料京都の歴史　四』）。

5、禁裏六町と寺内町

禁裏六丁町組

禁裏周辺には一六世紀の初め、禁裏御所の御用を務めるという特別な役割をもった町組が成立した。単に禁裏六丁ともいい、洛中の一条二町、正親町《おおぎまち》二町、烏丸一町、橘辻子一町の計六ケ町をさした。禁裏の西に接して一条烏丸近辺に所在した古い町組である。その町人は禁裏の掃除や警護、労力奉仕などを任務とし、そのかわり諸役を免除されており、上京や下京の町組には属さないという特別な町組であった。初見は『言継卿記』天文三年（一五三四）三月一日条に「禁裏東南の堀の事、近日御用心之間、御警固致されんが為、六町の輩普請せられ候もの」と、禁裏財政を掌る公卿・山科言継が前日に命じている。

京中に兵乱あるときは禁裏の護衛や堤・築地の修築などにあたり、その代償として諸公事役を免除され、天正一二年（一五八四）、秀吉もこれを追認している。この関係は江戸時代にも引きつがれ、「禁裏御所付御掃除役六町組」「禁裏六丁組」などの名称で取扱われた。

最初は六ケ町から構成されていたが、禁裏御用が江戸時代に入って増大してくるとともに、その過重な負担を分担するために、六丁町組の町数増加が推進されるようになり、享保八年（一七二三）には八〇町に及び、これを次の一九組に分けていた。

鷹司四町組、塔之壇毘沙門七町組、烏丸頭町一一町組、亀屋二町組、福島町三町組、荒神町一町組、大原口四町組、栄町一町組、立本寺跡八町組、堀之内五町組、桑原町六町組、橘町四町組、花立町七町組、片岡町二町組、観音堂五町組、下革堂一町組、立本寺前一町組、柳風呂五町組、一如寺一町組（秋山國三『近世京都町組発達史』）。

寺内町の成立

寺内町とは東西本願寺の境内町をいう。天正一九年（一五九一）秀吉は、大坂の本願寺に京都移転を命じた。大坂の本願寺は、秀吉によって石山本願寺から大坂天満に一時移されていたから、この命令は本願寺にとって再度の移転命令であった。秀吉は本願寺一一世・顕如（浄土真宗本願寺・通称西本願寺）に六条の寺地一万余坪を与え、西は大宮通、東は新町に至る六条、七条間を支配させた。これを西寺内という。

本願寺移転は、これにつき従う真宗門徒の町人たちの居住地まで含んでいた。本願寺の堂舎ができ、同時に町人居住区の造成工事も続けられた。これを寺内町という。当初の寺内町は必ずしも大きなものではなく、本願寺東側に四ケ町、南側に六ケ町、計一〇ケ町ほどだった。

だが、東・西本願寺が分立すると、慶長七年（一六〇二）家康は本願寺の東方、六条、七条の間、東洞院に至る地を顕如の子・教如（真宗大谷派東本願寺）に与え、家光はさらに東洞院以東御土居際まで境域を拡張した。これを東寺内という。東西寺内はともに洛中に属さず、それぞれ町政を布き、東西本願寺が管理した。

東西寺内町を合わせると、下京南部の六条~七条間は、西は大宮通から、東は御土居にいたるまで、壮大な東西両本願寺の伽藍を中心に、寺内町が形成された。江戸中期以後、西寺内町は九つの町組が組織され、町数六一ケ町がそれぞれの町組に属して、自治的運営を行っていた。また、東寺内町では町数五九ケ町があり、町行政が進められた。

寺内町の町数が増大し、人口も一万人前後を数えるようになると、東西両寺内町とも、本来の寺内町という性格はしだいに薄れ、真宗門徒のほかに、浄土宗・日蓮宗・真言宗・天台宗・禅宗などの諸宗にまたがる、異宗徒が居住するようになっていた。法衣屋・仏壇師・仏具屋・蝋燭屋・数珠屋といった諸職商が流入した。江戸時代中期、西寺内町では、異宗徒が四六パーセントに達した。(山中清記・西本願寺寺内町奉行『表処置録』文政一一年)、東寺内町でさえ天保九年（一八三八）頃で一四パーセントを占めた。

西本願寺寺内町では「古町」「由緒町」と称して、他町より一段高い格式を持つ町が一三町あった。『表処置録』によると、艮町・辰巳町・平野町・若松町・東松屋町・夷之町・夷之町西組・西松屋町・丹波海道町の九町と油小路通の西若松町・仏具屋町・玉本町・米屋町の四町で、油小路の四町がとくに由緒町と呼ばれた。由緒町は本願寺に特別の献上物を差出したりして、古町の中でも別扱いされていた。また、古町・由緒町の他に、客室一二町と呼ばれる一群があり、全国諸末寺から本山参拝者などが泊まった宿泊施設があった。この客室一二町とは、由緒町の油小路四町の西若松町・仏具屋町・玉本町・米屋町と元日町・北小路町・植松町・数珠屋町・住吉町・堺町・丸屋町・菱屋町であった。

東本願寺寺内町は、古屋敷町と新屋敷町（家光が寄進した新寺内）に分かれているが、文政年間の古屋敷町は東魚屋町・西魚屋町・東八百屋町・中八百屋町・西八百屋町・上柳町・下柳町・台所門町・鍛冶屋町・袋町・北町一丁目（現北町）・北町二丁目（現烏丸二丁目）・仏具屋町・高槻町・亀町・上珠数屋町・卓屋町・橘町・粉川町・廿人講町・桜木町・西玉水町・塩小路町・真苧屋《まおや》町・境町・仲居町・新シ町・橋詰町・富田町・花屋町・筒金町・笹屋町・飴屋町の計三一三町。新屋敷町は大津町・塗師屋町・夷之町・天神町・打越町・榎木町・堺町・富屋町・桝屋町・若松町・骨屋町・栄町・唐物町・若宮町・大工町・八軒町・溜池町・紺屋町・納屋町・万屋町・住吉町・堀詰町・塩屋町・東玉水町・材木町・皆山町の計二六町であった（『京都府の歴史散歩　上』、『角川日本地名大辞典二六　京都府』、『京都市の地名』、『史料　京都の歴史　一二　下京区』）。

三、秀吉の京都都市改造政策

明川忠夫

豊臣秀吉は天正一三年（一五八五）七月、内大臣関白となった。聚楽第の造営は天正一四年二月から始まったが、翌一五年九月には早くも完成している。秀吉は京都の政庁兼邸宅として聚楽第に大坂城から移り住んだ。天正一六年四月には後陽成天皇の聚楽行幸が執り行われ、秀吉は天皇の前で諸大名に秀吉への忠誠を誓わせた。秀吉は日本の中心都市京都を支配下におき、天下統一を目指したのである。

フロイスは聚楽第について「快楽と歓喜の集まりを意味する聚楽という名の宮殿と城」（『日本史』第二七章）と述べている。聚楽とは「誠に長生不老の楽を聚《あつ》むるものなり」（大村由己『聚楽行幸記』一五八八）とも伝えている。まことに秀吉好みの名称で造語とも言われている。当初は大内裏の跡地を示す「内野御構《うちのおんかまえ》」（『多聞院日記』天正一四年二月二七日条）・「内野関白新殿」（『時慶記』〔天正一五年正月二七日条〕）と呼ばれていたらしいが、九州征伐の頃から急に「聚楽亭」・「聚楽」（『聚楽行幸記』）と称されはじめた。

応仁・文明の乱後、焼け野原になった京都は部分的には復興されてはきたが、荒廃した状況が続いていた。京は「武家や公家の邸宅・寺院が存在する上京地区と商工業者が集住する下京地域に分離し、二つの京は室町通によって繋がれ（中略）、あたかも双子都市のような状態」（中村武生「豊臣政権の京都都市改造」）であった。

信長は荒廃していた京都の中心部に旧二条城や二条新御所の城郭を建て、上京と下京の一体化を考えていた。信長の政策を引き継いだ秀吉は大内裏跡の北東部分、内野に着目し、聚楽という里第《りてい》を造営、上京と下京を一つに包み込んだ城下町を形成したのである。

聚楽第の「第」からいえば、「第」は邸を意味するため邸宅があって当然だが、「聚楽第図屏風」（天正一五年〔一五八七〕九月から翌年にかけての成立か）を見ると天守があり外堀がある。大名たちが聚楽に行くことを登城すると言っているので、「城」と言うべきだが、防御を主にした城には見えない。公式の名称は「聚楽第行幸被仰出之趣」「聚楽と号し里第を構え」（『聚楽行幸記』）とあるので、聚楽第と思われる。里第とは公卿の屋敷、換言すれば関白秀吉の屋敷のことになる。秀吉は防御面を主にした城でなく華美な里第を造り、城下町の建設に取り掛かったのである。

聚楽第の位置と規模は諸説あるが、森島康雄は発掘調査のデータ、「洛中洛外地図屏風」（寛永初年本）、『駒井日記』（文禄四年四月一〇日条）の文献資料から考定した。それによると、その面積は外堀も含めて、東は大宮通、西は千本通、北は元誓願寺通、南は下立売通となる（森島康雄「聚楽第と城下町」）。聚楽第造営に伴い、天正一八年から翌年にかけて着手した城下町改造計画は五つに分けられる。一、大名・武家町の建設　二、内裏・公家町の再編　三、寺町・寺之内・本願寺の寺院街の形成　四、惣構御土居の構築　五、短冊形町割の形成　六、その他である。

しかし、聚楽第は短命だった。天正一九年（一五九一）、秀吉は甥の豊臣秀次に関白職を譲ったが、文禄四年（一五九五）、秀次追放によって聚楽第は取り壊された。

1、聚楽第の大名・武家の人名に由来する町名

聚楽第の真東に大名屋敷・武家屋敷が建てられた。その場所は聚楽第の周囲と、聚楽第と禁裏との間である。それまであった町家は強制移転（『晴豊記』天正一九年閏正月四日条、同二一日条、同二九日条など）させられ、東に向かって大名屋敷・武家屋敷・公家屋敷・禁裏という配置とした。その配置は出土した家紋瓦と今に伝わる伝承町名で推定できるが、『京都坊目誌』（一九一五）で主要な大名・武家の人名に由来する町名と、その要点を抜粋してみよう。ただし、聚楽第東方の大名・武家屋敷の地区でなく、聚楽第の周囲、すなわち、聚楽第の南北・西・西南にも屋敷が建てられている。『京都坊目誌』は、完成まで二〇年の歳月を要した労作だが、現在から見ると誤って伝承されている地名由来もあるので、※印で補足した。

加賀屋町　中立売通浄福寺西入町を云ふ。天正年中、此地より東に亙り前田直茂の邸あり。通称加賀守たり。因って称とす。※前田直茂は実在せず鍋島加賀守直茂の誤りか。

信濃町　上長者町通愛染寺町より西に続き千本までを云ふ。天正年中、鍋島信濃守勝茂の邸あり。故に町名となる。

常陸町　大宮通中立売より上長者町までを云ふ。聚楽全盛の時、木村常陸介重茲之に居住す。東側の地、故に名づく。

藤五郎町　大宮通上長者町より下長者町までを云ふ。聚楽全盛の日、長谷川藤五郎則秀之に居住す。

如水町　一乗通猪熊東西の町を云ふ。此町南側より小寺町に亙り黒田如水の第址なり。天正文禄の頃之に占居する

故に町名とす。

小寺町　猪熊通一条下るより中立売上る迄を云ふ。天正一五年豊臣氏聚楽城を築く時、斯地を小寺如水に賜ひ、邸地とせしより名とす。

稲葉町　下立売通千本西入町を云ふ。天正年中、聚楽盛時に際し稲葉入道一徹斎の邸地あり。故に町名とす。

飛騨殿町　黒門通一条より中立売迄を云ふ。天正年中開通する所なり。聚楽全盛の時、蒲生飛騨守氏郷の邸あり。故に名付く。

長門町　下立売通六軒町西入より七本松西入北側幾分迄を云ふ。聚楽盛時に木村長門守重高の邸ありしと。按ずるに当時木村氏は長門守にあらず。常陸介たり。元和年中、豊臣秀頼に随従し、長門守となる。長門守毛利氏の邸地ならんか。

伊勢殿構町　一条通浄福寺西入ル泰堂町より千本東入までを云ふ。天正年中、聚楽隆盛の時、伊勢兵部少輔此地に占居す。町名之に起こる。※伊勢兵部少輔は大名でなく島津家の重臣、武家故実に詳しい家柄という。

主計町　東堀川通一条下より中立売上までを云ふ。天正年中、聚楽城旺盛の日、加藤主計頭清正の邸あり。図にあり。故に名とす。天保前後主計片原町と呼べり。今尚往々地中より桔梗の紋章ある屋瓦を発見することあり。

甲斐守町　油小路通中立売より上長者町までを云ふ。天正年中、聚楽隆盛の日、黒田甲斐守長政の第、西側にあり。聚楽図に載す。

佐馬松町　松屋町通丸太町下ル西側。及丸太町通松屋町東入西入所を云ふ。聚楽在城の時、加藤佐馬助嘉明の邸あり。廃邸の後、元佐馬殿町と云ひ、又袋屋町と称する。

浮田町　下立売通大宮西入より日暮までを云ふ。聚楽盛時に浮田大納言秀家の居館南側にあり。故に名とす。

中村町　下立売通日暮より知恵院迄を云ふ。聚楽盛時に中村式部少輔の邸舎あり。故に名とす。
中書町　椹木町通大宮より日暮までを云ふ。聚楽盛時に脇坂中務大輔安治の邸北方にあり。中務大輔は唐名の中書に相当す。故に町名とす。
直家町　葭屋町通椹木町より丸太町上ル迄を云ふ。聚楽城全盛の時、中納言浮田直家の邸宅あり。
弾正町　黒門通横神明より一条の角迄を云ふ。上杉弾正の第、斯地にあり。
有馬町　浄福寺通五辻下がる所より今出川上る迄を云ふ。有馬玄蕃頭の邸此地にあり。故に名とす。
丹波屋町　中立売通田丸町より西へ千本までを云ふ。町名起原不詳。天正年中、有馬玄蕃頭則頼の邸比地にありしと。※有馬町の玄蕃と重なるので不詳。異説多し。
栄町　横神明通大宮西入より知恵光院東入迄を云ふ。通名を阿波殿町と呼ぶ。天正年中、蜂須賀阿波守の邸あり。故に名づく。
長谷町　浄福寺通上長者町下るより下長者町上る西側を云ふ。高台院夫人の居館此の付近に位置す。当時其園囿に流水あり。両岸長く峙ち自ら溪谷の形状を為す。仍て此号ありと。
福島町　千本通下長者町より出水上る迄、及び千本西裏迄を云ふ。天正年中、福島正則の居館西側にありしと。

なお、出土した家紋瓦から推定される屋敷跡（森島康雄「聚楽第と城下町」）をあげる。

前田利家　中立売小川東入ル三丁目
織田信雄　烏丸通中立売下ル龍前町　※織田信雄でなく信長の孫である秀信か。

佐竹義宣　烏丸通中立売上ル龍前町
浅野長政　中立売通新町西入ル三丁目
※中立売通は聚楽第と内裏を結ぶメインストリート、この両側には主要な大名が屋敷を構えていた。町名としては伝承されていない。

2、内裏・公家町の再編

秀吉は天正一二年、内裏の造営の前に荒廃していた仙洞御所の造営を行ってきた。内裏の修築は天正一七年三月から始まったが、それは修築というより、新築に等しい全面改築であった。上京「構」の中部に集中していた公家屋敷を内裏の周辺に集め、公家町の再編を図った。今まで公家町の形成は天正一四年、聚楽第の造営とともに始まったとされていたが、それに異論を唱えたのが山口和夫である。山口は秀吉が天正一三年一〇月、院御所とともに新たに造営された公家屋敷を見分（『兼見卿記』天正一三年一〇月四日条）していること、公家の移転が始まっていること（『上井覚兼日記』天正一四年三月一八日条）をあげ、その時期を一年早くしている（「朝廷と公家社会」）。

公家町の境域には計九つの門が造られた。秀吉の天皇家を掌握し易いようにする意図、身分による居住地の区分けとして、公家町を形成することにあったと思われる。

当時の公家屋敷の配置はよく分かっていない。「中むかし公家町之絵図」（中井家文書・慶長一六年～元和元年〔一六一一～一六一五〕成立）が、その時代に近いから、その全容に近いと言われている。公家町という町名はないが、呼称はあったかどうか、未詳である。公家町の変遷は絵図で読み取ることができる。

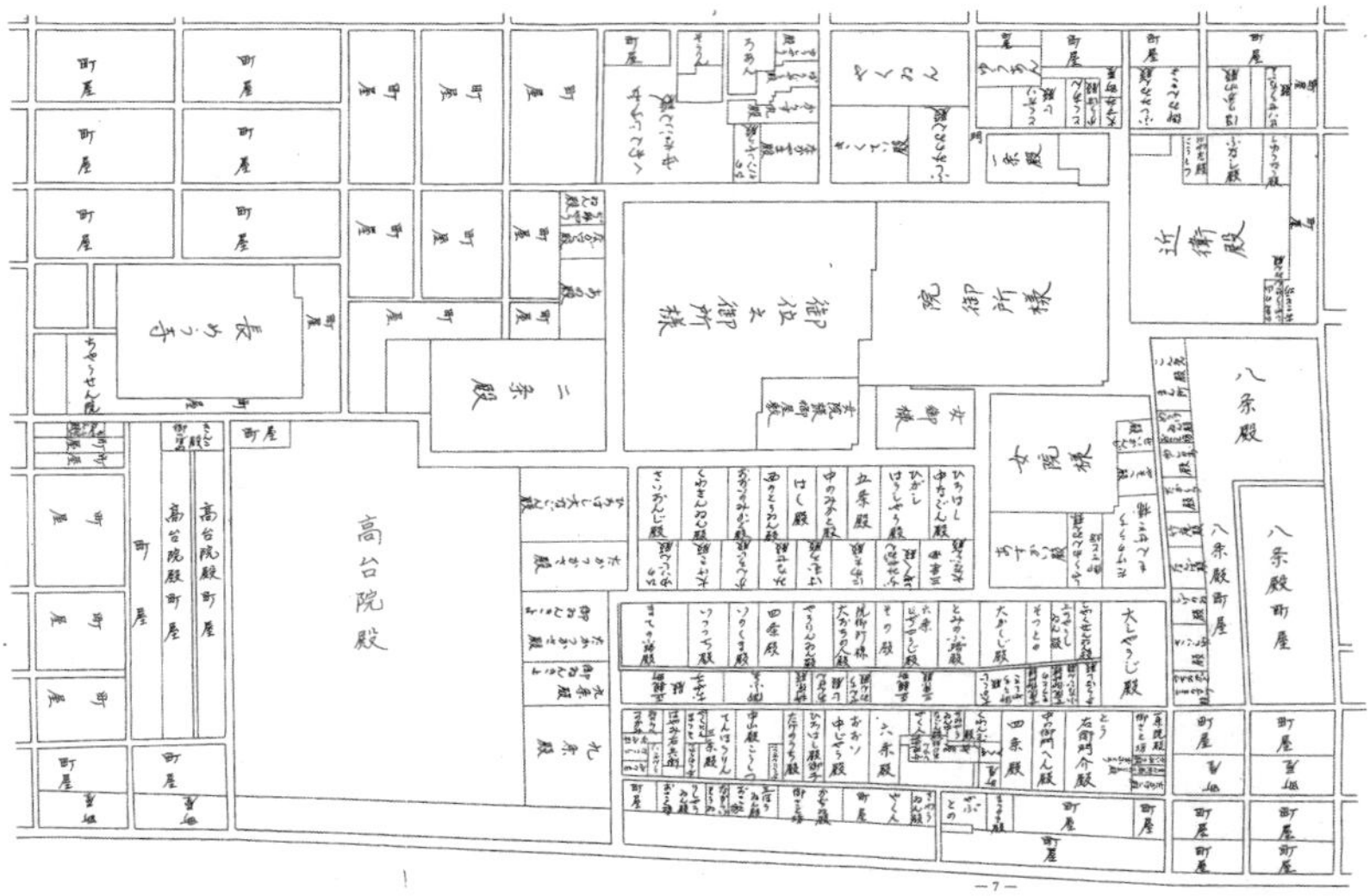

図１　「中むかし公家町之絵図」（『近世京都の珍しい古地図七種』京を語る会、1975より）

新しい公家町は範囲が広いので、旧里内裏のように場所の通り名をそのまま付けて、「土御門東洞院殿」と呼称したことはないと思われる。おそらく初めは二条殿とか近衛殿、あるいは高台院殿・鷹司殿とかの邸名の呼称で通用したのではないかと思われる。寛文三年（一六六三）の「公家町絵図」（宮内庁書陵部蔵）には梨木町・二階町など。延宝五年（一六七七）の「新改内裏之図」では梨木町・二階町・院参町・武家町の記載があるが、「中むかし公家町之絵図」には描かれていない。恐らく日々の生活の中で自然に生まれてきた呼称だろう。例えば武家町は与力同心の住居がある所、梨木町は梨の大樹があった所（『京都坊目誌』）、院参町は仙洞御所、大宮御所の所在地からと思われる。

家康は秀吉の公家集住政策を継いで禁裏を北に拡張し、仙洞御所・女院御所などを造営していくことになる。後、宝永五年（一七〇八）三月の大火によって公家町は大きく変化し、公家町の範囲は南が丸太町通、西は烏丸通までほぼ拡大されている（「内裏の図」京都市歴史資料館蔵）。この範囲は現在の京都御苑の位置と大きく変わっていない。

それまでは、先にあげた延宝五年の「新改内裏之図」によると、南は椹木町通、南西には烏丸通沿いには町家が多かった。宝永五年の大火の後、町家が鴨川東・仁王門に移転し、跡地が御所の敷地になった。北は今出川通、東の寺町通の範囲は大きな変化はない。公家町が拡大されたので、新たに東殿町・西東殿町・西院参町などの町名が見られる。その後の公家町の様子は、宝暦一二年（一七六二）年の『京町鑑』に詳しい。二階町通・梨木通などの通り名、院参町・東殿町などの町名、公家・宮家・門跡里坊の邸配置が読み取れる。

3、寺町・寺之内・本願寺の寺院街の形成

聚楽第は天正一五年九月の完成と言われているが、都市政策として洛中に散在していた寺院を寺之内・寺町・六条の土地に強制移転させた。寺之内には秀吉が聚楽第を建設する前から、既に寺院を集めていたようだ。秀吉が天正一二年西洞院二条に建てた二条第（妙顕寺城とも）は、元妙顕寺があった場所である。同じく聚楽第以前の寺之内移転は妙覚寺（天正一一年四条大宮から移転）。西福寺（天正一三年近衛西洞院から移転）などが見られる。

寺之内通には元々比叡山東塔竹林院の里坊であった安居院《あぐい》があった。説教・唱導で有名な寺である。「安居院を中心に山門系の諸坊が群集していた一帯が『寺之内』の名で通るようになつていた」（木下政雄・横井清「お土居と寺町」）と思われる。一帯は応仁の乱で消失したが、この空閑地に早くも目をつけたのが秀吉であった。

寺之内通には日蓮宗の寺が多いのは何故であろうか。フロイスは直接、日蓮宗との関連で触れていないが、秀吉の寺の移転について次のように述べている。「寺の移転は、門徒と僧侶たちとの密接な関係を切り離すこと。戦争が勃発したとき敵は最初に寺・僧院と遭遇するように仕向けたこと。本願寺の移転は顕如が不穏な動きをして天下を撹乱

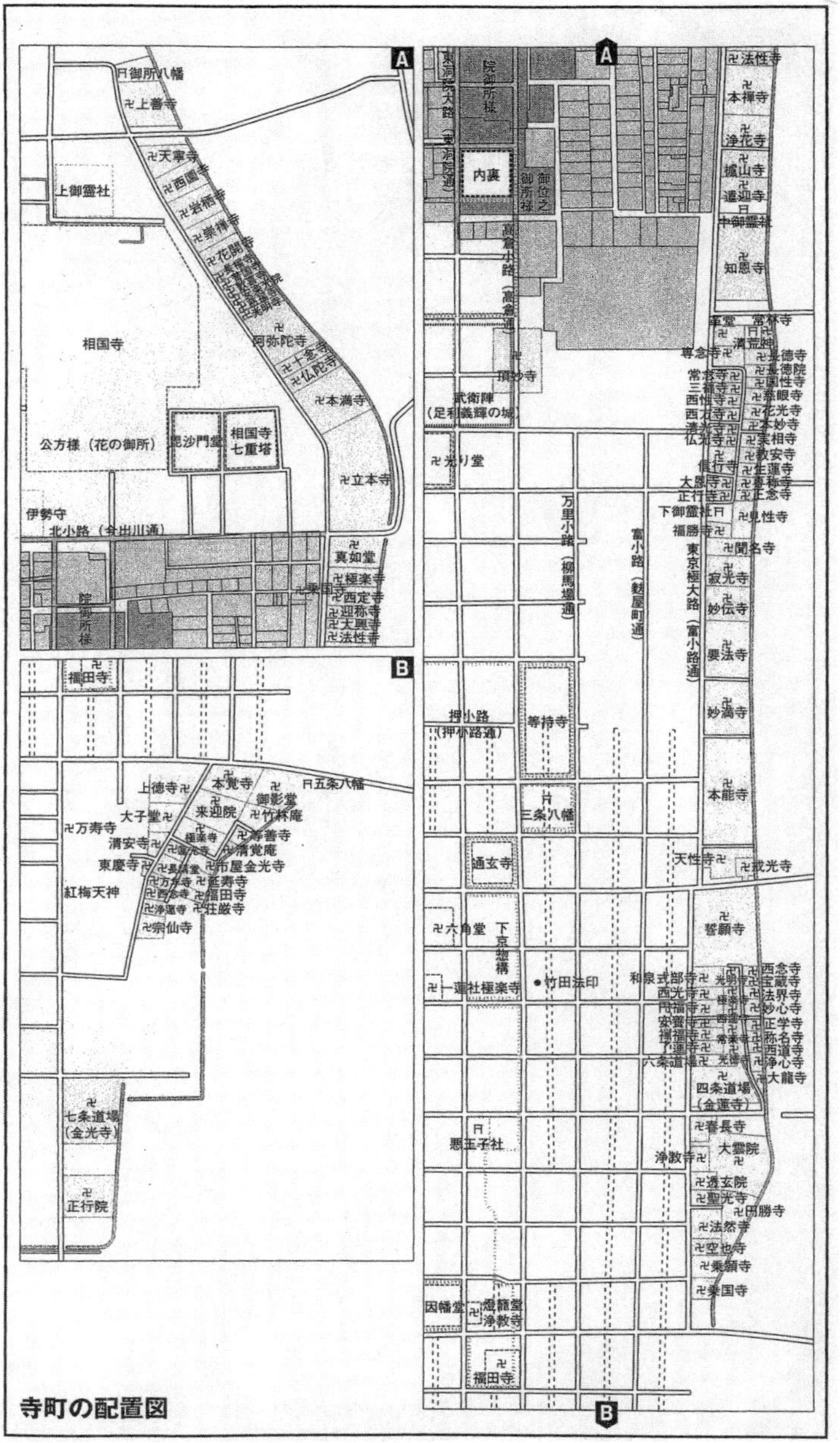

図２　寺町の配置図（新創社編『京都時代MAP　安土桃山編』光村推古書院発行、p.75より）

しないよう、自分の手許に留めおくことを望んだこと。また、町の周囲に垣や濠を造ることを許可しなかったこと、など」（『日本史』第三三章）を指摘しているのは注目される。

秀吉は一向宗や日蓮宗の寺と門徒・信者の結束力を壊し、秀吉の管理下に寺を置きたかったのである。「寺院と門前町・寺内町との関係を分断」（杉森哲也『近世京都の都市と社会』）したのである。秀吉にとって、法華宗・一向宗など、一揆での寺の武装化、六角堂・因幡堂などの町堂の活躍は、間近な出来事であったはずである。

現在の寺町通はもと東京極大路といい、南北五キロメートル、東側は鴨川である。東側に寺を配列させたのは後に触れる御土居の構築とともに、京都の東の防衛を意識した集住であったと言われている。寺町通に移転してきた寺の数は約一二〇ケ寺、宗派で多いのは浄土宗、本願寺派の寺が皆無であるのは秀吉の意図的なものが見られる。本願寺（現在の西本願寺）が大坂から六条へ移転させられたのも、秀吉の宗教政策、例えば管理下に置きたい現れであろう。京都市内に元誓願寺通・元百万遍町・元真如堂町・元法然寺町・元本能寺町・元妙蓮寺町などと、旧地に町名や通り名を残しているのは、この時の寺院移転の名残である。

4、惣構・御土居の構築

天正一九年（一五九一）正月、秀吉は聚楽第と城下町を囲む惣構（堀、土塁を伴う城壁で囲む）、いわゆる御土居の建設に取り掛かった。京都の四周に高さ三〜六メートル、幅一〇〜二〇メートル、馬踏《まふみ》（頂部の幅四〜八メートル）、堀の幅三・五〜一八メートル、犬走り一・五〜三メートル、総延長約二三キロメートルの土手を築かせたのである（図3参照）。東側は堀の代用として鴨川、西側は紙屋川を利用している。

御土居構築の目的は洪水のための堤防対策・外敵の防塁のための二説があるが、一番の目的は次の史料で推定できる。

「天正一九年壬正月ヨリ洛外ニ堀ヲホラセラル、竹ヲウエラルル事モ一時也、二月ニ過半成就也、十ノ口アリト也、此事何タル興業ソト云ニ、悪徒出走ノ時ハヤ鐘ヲツカセ、ソレヲ相図ニ十門ヲタテテ、其内ヲ被捲為ト也、」

（近衛信伊『古今聴観』一五九二頃）

図３　市内に残るお土居の一つ（北区大宮土居町、筆者撮影）

洛外の堀は惣構のことで、工事は一月余で完成、悪徒・反乱者が出た時は一〇の口の門を閉じてそれに備えるというのである。これを延長すると川の利用は洪水の対策というより、堀としての防備と言うべきかもしれない。しかし、防塁は一時的な防御と考えていいだろう。御土居のある南北には川がなく防御的な面は薄いからである。一〇の口は大原口・鞍馬口・長坂口・粟田口など、いわゆる洛外への出入り口を指すようであるが、どれが十口かは特定できない。京の七口はすでに鎌倉時代末には造られていたらしいが、時代によって口の数は七つを超えるのが常である。七口は一種の呼称のようなもので、江戸時代には増えて四〇の出入り口が記載されている（「京都図屏風」寛永初年〔一六一五～二四〕）。

当時の史料には、御土居は「洛中惣構」（『滝川文書』）・「京廻ノ堤」（『時慶卿記』）などとあり、京都全体の惣構であることが分かる。惣構は聚楽第と城下町のものではない（中村武生「豊臣政権の京都都市改造」）のである。

「構」は大永七年（一五二八）、堺公方府の横暴に対抗した町衆・公家が構築したことから始まるが、天文法華の乱（一五三六）に見られた寺や上京・下京の「構」は、信長の時代には当たり前のことであったと思われる。都のこれらの「構」の構造は、秀吉にとって惣構・御土居構築の基礎的思考として、先例になっていたことと思われる。仁木弘は「御土居は豊臣政権が上京・下京や法華宗寺内町がもっていた惣構を克服・凌駕し、それら全体を囲む新しい惣構として提示し（中略）、惣町や寺内町がそれぞれ都市を自衛する時代が終了したことを喧伝している」と述べている（『京都の都市共同体と権力』）。

さらに遡ると、明応八年（一四九九）、管領《かんれい》の細川政元が京中の堀を構築するよう命令、天文三年（一五三四）には官領の細川晴元が上下京の町々に洛中の惣堀の築造を命じている。幕府自らが堀の構築を行っていたのである。（谷直樹「洛中洛外図の世界」〔村井康彦編『京の歴史と文化　四』〕）。

御土居構築の後、御土居に囲まれた内側は洛中、外側は洛外と言うようになる。いわゆる「洛中洛外」や後に言う「京の七口」の呼称は、江戸時代になって御土居が具現化し広まったものである。「京の七口」は七口にこだわらない名称であることは先に述べたが、今も七口の名称を継承している町名を挙げる。

・北区　　上清蔵口町・鞍馬口町
・上京区　大原口町・大原口突抜町・下清蔵口町
・東山区　粟田口（粟田山北町・粟田山南町・鍛冶町・華頂町・花頂山町・高台寺山町・三条坊町・長楽寺山町・東大谷山町）

現在、御土居が史跡指定された所は現在九ケ所、そのうち四ケ所が土居町として町名が残っている。

・北区　大宮土居町（玄琢口西方）
・北区　鷹ケ峯旧土居町（鷹峯千本口西方）
・北区　鷹ケ峯旧土居町（御土居史跡公園）
・北区　紫野西土居町

後の五ケ所は

・上京区　馬喰町（北野天満宮境内）
・北区　紫竹上堀川町（加茂川中学校庭）
・北区　平野鳥居前町（北野神社裏）
・中京区　西ノ京中合町または原町（市五郎稲荷社境内）
・上京区　北之辺町（蘆山寺裏手）

町名・通り名・バス停として残っている土居名

・土居ノ内町・西土居ノ内町・東土居ノ内町（以上中京区）
・土手町通（下京区）
・西土居通（中京区）
・枡形通（上京区）河原町今出川上ル一筋目西入ル）御土居の出入口が枡形の構造になっていたことに因むという説（鎌田道隆）。最古の御土居実測図「京都図屏風」（元和・寛永頃）には枡形でなく、平虎口《ひらこぐち》として描かれている。寛文新堤の遺跡ではないかとする説（中村武生『御土居堀ものがたり』）。

・御土居バス停（南区）

指定されていない遺址は四ケ所、

・北野中学校の校庭（中京区西ノ京中保町一四）

・ＪＲ高倉跨線橋（京都駅の東、東海道線および奈良線路上に架かる）北端基部

・大宮交通公園内（北区大宮西脇台町一七）

・枳殻邸内に残る御土居の一部。移築されたか（中京区上珠数屋町通間之町下ル）。または高瀬川流路の付け替えのためか。

5、短冊形町割の形成

天正一八年から一九年にかけ、京の町割が下京の山鉾町地域を除いて実施された。平安時代以来の条坊制で京の町は一町四方の格子状に区画されていたが、半町毎に南北の道路をもう一本設けたのである。こうすると格子状の区画は南北の方向に短冊のような、細長い長方形となる。短冊形地割（天正地割とも）というのはそのためである。

一町四方の区画では中央に空き地ができたままであるが、半町ごとに新たな道路を貫通すると、空地は宅地として有効利用されることになる。間口は今までと違って一・五倍、奥行きは従来の半分となる。

短冊形町割の範囲については決定的な実態は分かっていないが、その範囲を示した「中昔京師地図《ちゅうせきけいしちず》」（宝暦三年製）の記述は早くから注目されてきた。その中に町割の範囲は「京極以西、高倉以東、又堀川西、押小路以南之類、皆毎半町有南北街路」というのである。京極（現在の寺町通）から高倉通の間と堀川通より西、押小路より南と述べてい

る。堀川より西限の通り名、南限の通り名は書かれていない。

二つの町割範囲の捉え方がある。

一つは鎌田道隆が「寛永一四年洛中絵図」から推定検出したものである。これによると、短冊形町割によって新たにできた南北の通りは堺町通、間之町通、車屋町通、両替町通、衣棚通、釜座通で、これらは小川通を除き、三条通から南は貫通していない。三条から南へ貫通した通は御幸町通、富小路通（平安京の富小路は今の麩屋町通か）である。この絵図は天正一九年の京都改造から約半世紀経過して成立したものである。当時の京都の景観年代とするには疑問が残るが、京都改造から時代がいちばん近い。

もう一つは足利健亮が「京都図屏風」（「洛中洛北地図屏風」元和六年～七年〔一六二〇〕または寛永元年〔一六二四〕の成立か）を主に、先の「中昔京師地図」とを比較して推定した町割の範囲である。それによると「洛中絵図」と異なる正方形街区が五ケ所見つかった。さらに堀川以西の西限を大宮通とし、北限は押小路、南限を六条坊（現在の五条通）としている（足利健亮『中近世都市の歴史地理』）。

二つの要点から言えることは、短冊形町割の決定的範囲については分かっていないということである。短冊形町割の実施が続く江戸時代にどんな影響を与えてきたのであろうか。

今まで下京の中心部に町割が実施されなかったのは、町衆の自治意識が強かったためとの説があった。さらに下京は「早くから商工業地区として発展しており、土地利用の面で新たな町割を実施する必要がなかった」（川嶋将生・鎌田道隆『京都町名ものがたり』）とも言われてきた。

しかし、一九九九年、堀川高校の校舎改築に伴う埋蔵文化財発掘調査から、今まで描かれていなかった短冊形の醒井通が見つかった。このことから下京でも町割が実施されたことは否定できないことになる。足利健亮は「中昔京師

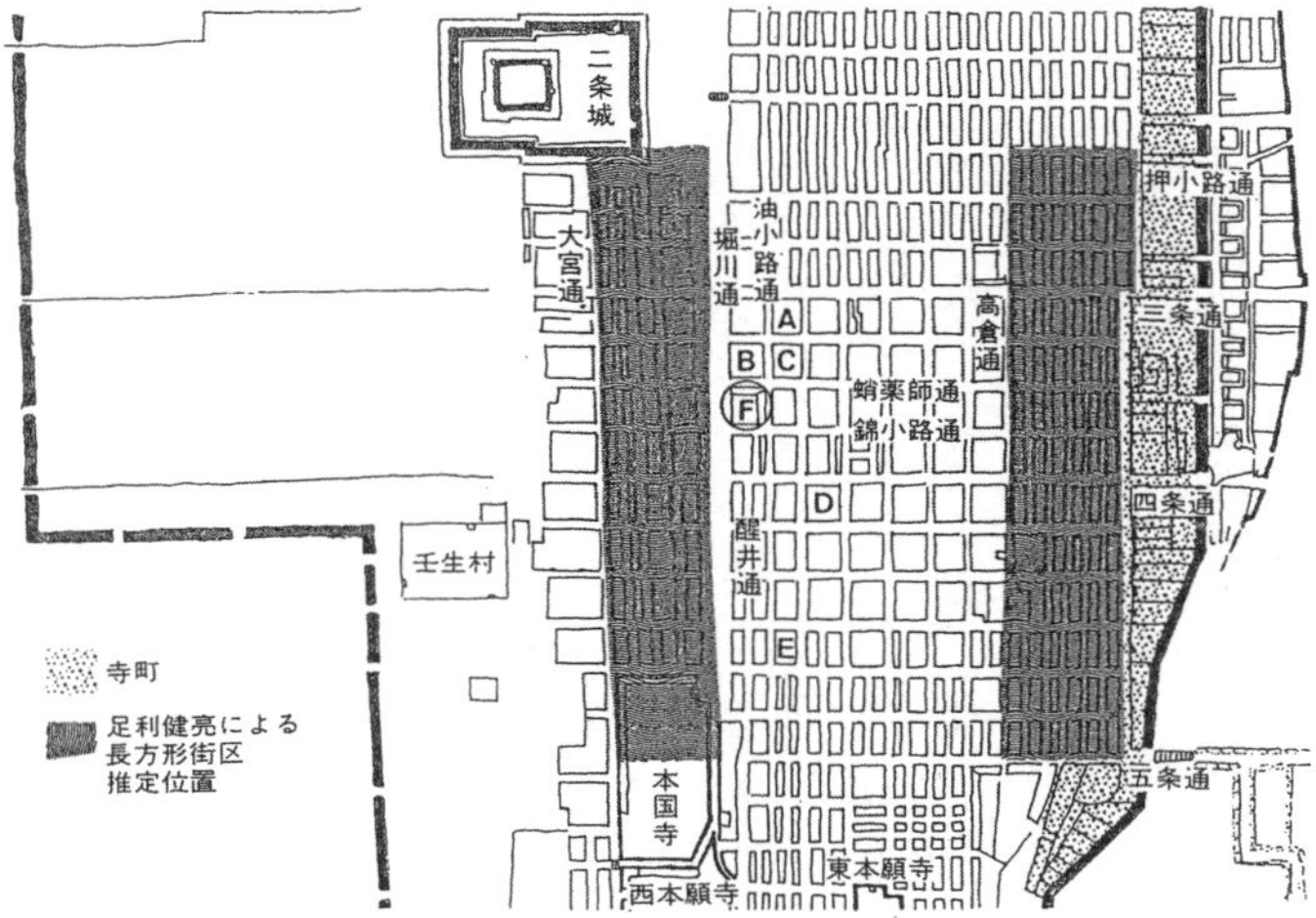

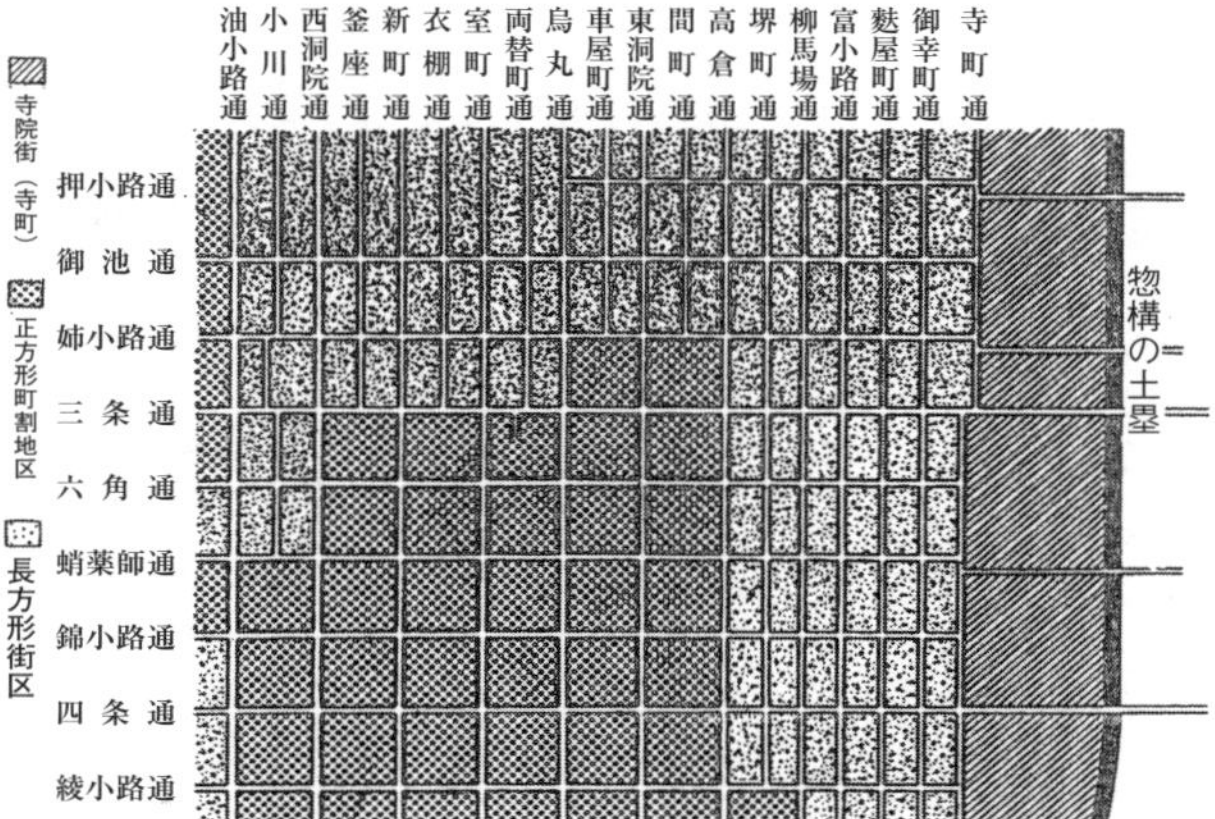

（上）**図４　江戸時代の洛中部分**　（川嶋将生・鎌田道隆『京都町名ものがたり』京都新聞社、1979、p.105より）

（下）**図５**　京都図屏風　（中村武生「豊臣政権の京都都市改造」日本史研究会編、『豊臣秀吉と京都』文理閣、p.99より）

地図」などに描かれた南北の町割範囲の全てを天正期の地割として考えるのは疑問であると指摘している（前掲書）。

6、その他

聚楽第の庭園と園地に由来する町名（『京都坊目誌』による）

州浜池町　日暮通中立ち売り下るより上長者町上るまでを云ふ。元和以後の開通也。聚楽城中中州浜の跡なりと云ふ。近傍州浜町之に同じ。

州浜町　上長者町日暮より裏門まで。及び日暮西側東側幾分を云ふ。聚楽城中州浜の址なり。州浜とは水石の形容を云ふ。

州浜東町　上長者町松屋町西入より日暮まで。隣区州浜町に接す故に名付く。州浜池は聚楽城内にある池水の称。旧時此町は『聚楽州浜組』に属し新町。

新白水丸町　中立売通にありて東は松屋街町通西側、西は知恵光院一条下るより中立売上る迄を云ふ。此の地は聚楽内城に属す。当時城中に清泉あり。市坊開発の時、泉町の名を下す。又本丸町とも呼べり。正徳年中、さらに泉の字を割て白水とせしが、明治元年八月、隣町たる新丸屋町を併せ今の名に改む。

山里町　知恵光院通中立売下るより上長者町上るまでを云ふ。元和以後の開通なり。聚楽城中山里の址なり。山里とは山村の景致を庭園に構へしを云ふ也。

亀木町　聚楽盛時に此池園地にして木製噴水用の居亀を置けり。故に其の称となる。

長谷町　浄福寺通上長者町下るより下長者町上る西側を云ふ。聚楽盛時、高台院夫人の居館此付近に位置す。当時其園囿に流水あり。両岸長く峙ち自ら渓谷の形状を為す。仍て此号ありと。

多聞町　中立売通裏門より智恵光院東入迄。聚楽城多門のありし所也。故に名づく。秀吉崇信の多聞天の像を安せし所と。

和水町　和泉町通中立売下るより下長者町迄。聚楽廃城後、慶長年中開通。聚楽城園地の流るる所、廃城後、和泉町の称起こる。

東堀町　和泉町通上長者町より下長者町まで。元聚楽城東の外濠にして西部は其園地より余流を受くる地なり。故に東側を東堀町と云ふ。

北小大門町・南小大門町　黒門通上長者町より下長者までを云ふ。天正年中聚楽城外郭の通用門当町の南通下長者にあり。故に小大門の町と呼ぶ。

下石橋南半町　一条通大宮東西南及び一条上る所を云ふ。此地聚楽城外にありき。外壕に架せる石橋の址なるを以て此称ありと云ふ。

南清水町　松屋町通下長者町下るより出水までを云ふ。本町聚楽内城の地にして伝て豊公茶醼の料水ありし所と。其水今尚存す。之を梅雨の井と云ふ。梅雨の候氾濫して地上に溢る。其井の南地なる故、採て町名とす。

神明町　松屋町通中立売下るより上長者町までを云ふ。此地元聚楽城地にして其域内に神明社あり。故に名とす。

鏡石町　一条通松屋町東入より智恵光院までを云ふ。昔時鏡石と称せる名石此町にあり。豊臣氏聚楽築城の日之を皇居に移す。或云此石今尚旧院の御苑に存すと。此地民家となる時、採て町名とす。

東天秤町　出水通大宮西入より松屋街までを云ふ。天秤堀の址の東にあり。故に称とす。

天秤町　日暮通出水下るより下立売上る迄を云ふ。俚伝に云ふ。本町元聚楽城の外濠にして天秤堀と呼びし所なり。

元禄一二年埋治して建家を為すと。

二本松町　下長者町通土屋町より千本東入迄を云ふ。俚伝に聚楽城盛時に此の地に喬松二株あり。因て町名となると。

金馬場町　出水通日暮より知恵光院までを云ふ．相伝ふ。聚楽城の調馬所のありし所と。

一番町　七本松通一条下る。一番町より七番町に至る。天正一五年豊臣氏聚楽城を築くとき、新に内野の地を開き幕下の組屋敷を置き、一番より七番に逮ぶ。廃城後組屋敷も廃せられ、其址耕作地となる。

聚楽町の生成と聚楽廻り

聚楽第の造営にあたり、その南東に各地から流入してきた人々の初期聚楽町が形成されたようだが、はっきりしたことは分かっていない。堀川沿いに新しい聚楽町が城下町として創られたのは天正一九年大名屋敷建設のため、町家の屋敷替えが行なわれてからである。

『兼見卿記』（天正一九年閏正月二四日の条）の「聚楽町在家悉他所へ引取也、此町大名之屋敷ニ成也」の記述は初期の聚楽町の屋敷替えを記録している。

新しい聚楽町は商人・職人たちを集住させた広い町で、惣町《そうちょう》の一つとなった。惣町というのは自治の町のことで京都では町衆と呼ばれる。洛中を構成していた惣町は、すでに上京中・下京中・六丁町（禁裏に奉仕する住民が住む町）の三つがあったが、四つ目の惣町として聚楽町が設定されたのである。

杉森哲也によると「聚楽町は堀川を真ん中に挟んで東町と西町に分かれ、聚楽川東組と西組という二つの町組で構成されていた。」「二つの町組の規模は東西合わせて約百町と推定」（「江戸時代の聚楽第跡」）されている。聚楽第が

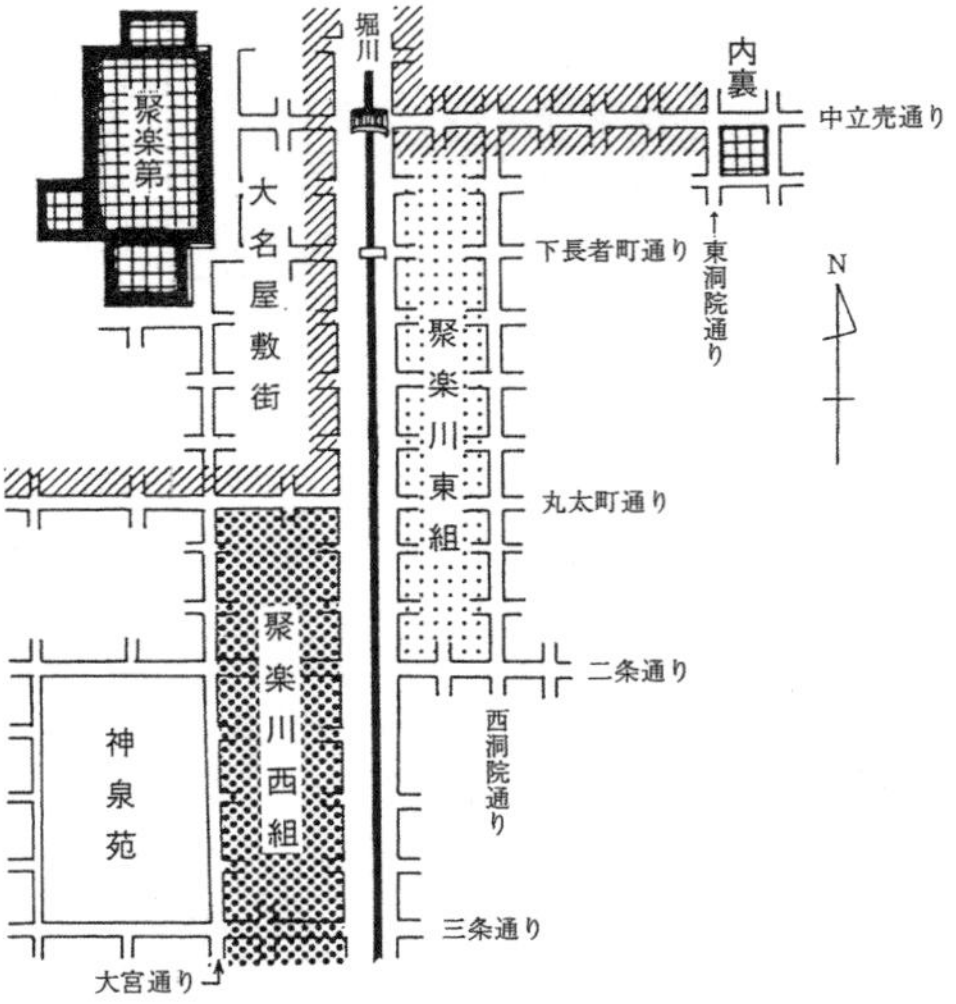

図６　聚楽町の位置（天文19年頃）（杉森哲也「聚楽町の成立と展開—近世初期京都都市構造の再検討」都市史研究会編『年報都市史研究３　巨大城下町』1995、山川出版社、p.110）

破却後、聚楽町の一部は伏見に移転されたが、二つの町組は元和五年に別な惣町の上京中に吸収され、聚楽町は消滅した。

現在ある聚楽町は明治八年になってからの町名で、聚楽第の城下町の聚楽町とは全く関係がない。千本丸太町南西一帯にある聚楽廻の地名は聚楽第があった場所ではない。聚楽第の南端を下立売通とすると、丸太町南西は聚楽の廻りとなる。造営後、称呼されていた地名と思われるが確証に乏しい。

聚楽町のことを聚楽廻と言っていることはないのか。それはないようである。聚楽廻は聚楽第の周辺を意味するが、名称の初見は「聚楽廻奉公人屋敷」（『実相院文書』天正一七年一二月朔日）である。奉公人屋敷が聚楽廻にあったことを示すもので、聚楽町とは別の呼称である。場所は「聚楽第の西側にある一番町から七番町は足軽の住む町として推定」（杉森哲也『近世京都の都市と社会』）されている。江戸時代にはこの付近は聚楽廻の地名で呼ばれていたという。

聚楽第の屋敷・施設に由来する通り名（『京都坊目誌』首巻による）

高台院町　上長者町裏門より浄福寺までを云ふ。聚楽隆昌の日、高台院の居所ありしと。故に町名となる。

高台院堅町　裏門通中立売下るより、長者町上るまでを云ふ。町名起源。聚楽盛時に高台院此東北に占居せり。高台院は豊臣秀吉の夫人。法名高台院湖月禅尼。

黒門通　北は元誓願寺に起り南は丸太町に至る。天象中開通する所なり。丸太町押小路間中断す。二条城あるを以てなり。街名起源、伝へて聚楽第の鉄門此街に面せしと。

日暮通　北は中立売に起り南は竹屋町に至る。元和元年開通する所なり。街名起源、相伝ふ聚楽第の正門此街に当る。門の構造装飾極めて華麗にして、望見するもの日の暮るを知らずと。街名之に起る。

裏門通　北は一条通に起り南は下立売に至る。元和元年開通する所なり。街名の起源は伝へて聚楽第の北門のありし所、此街に当る。故に名づくと。

旗本の居住地（『京都坊目誌』首巻による）

五番町通　北は仁和寺街道に起り、南は出水に至る。元和元年開くる所なり。街名起源、聚楽第を築くとき、内野の地を開き一番より七番までを区割して旗下の士に宅地を分興す。廃第の後、町地と為し此名を附す。

四、伏見城と城下町の建設

岩田　貢

伏見の町を歩くと、大名の名を冠した町名の表示に目が行く。街路は狭く、自動車は自在に走れない。伏見は豊臣秀吉が、城の建設、宇治川流路付け替えと豊後橋（後の観月橋）架橋、大名屋敷や町屋と道路の配置などに工夫を凝らした城下町として開発された。そして現在でも伏見では、繁華街の代名詞「銀座」の嚆矢《こうし》となった地名がみられるなど、往事の城下町の名残が日常生活に色濃くとけ込んでいる。本節では、豊臣期・徳川初期に築かれた伏見の町造りの秘密を明らかにしていく。

1、伏見城の変遷

四つの伏見城

伏見城は四つ存在した。こういえば不思議な気がするが、現在見られる伏見桃山城を合わせると全部で五つとなる。一九六四年に観光用に造られた伏見桃山城を除くと、第一期は一五九二年～一五九四年の豊臣期指月《しげつ》屋敷、第二期は一五九四年～一五九六年の豊臣期指月城、第三期は一五九六年～一六〇〇年の豊臣期木幡《こはた》山城、第四期は一六〇〇年

〜一六二三年の徳川期木幡山城にそれぞれ分けることができる。伏見城は秀吉の城という印象が強いが、実際には徳川家が支配した時代の方が長いのである。順を追ってみていこう。

豊臣期指月屋敷

第一期は、豊臣秀吉が文禄元年（一五九二）に、「指月の丘」に建て始めた指月屋敷である。指月は、現在のJR桃山駅の南西部にあり、南に宇治川や巨椋池を臨める景勝の地の名である。秀吉は天正一九年（一五九一）に甥の秀《ひで》次《つぐ》に関白の職と聚楽第《じゅらくだい》を譲り、自らの隠居所として指月屋敷を建設した。秀吉は、翌年に朝鮮出兵（文禄の役）を開始して九州の名護屋《なごや》に赴いた。その地から普請奉行前田玄以《げんい》に宛てた手紙には、「なまつ（地震）」に注意をはらうとともに「りきう（利休）にこの（好）ませ候て、ねんころに申しつけたく候」（『保坂潤治氏所蔵文書』）と書いた。利休好みにせよという指示はこの屋敷の様子を伝える。また「地震」と「鯰」を関連づけた最も古い史料とされている。

指月

指月の地は、藤原道長の子で橘家に入った橘俊綱《としつな》が一一世紀の中頃に造った臥見亭《ふしみてい》があったとされるところである。臥見亭は、『中右記《ちゅうゆうき》』寛治七年（一〇九三）一二月二四日の条に「修理大夫俊綱朝臣の臥見亭、已《すで》に以て焼亡す、件の處風流勝る他、水石幽奇也」として登場する庭園で有名な屋敷である。「指月」については、貞享元年（一六八四）の『菟藝泥赴《つぎねふ》』に「四月の森とてありむかしは此森の上より宇治川の月をみれば影四つうかびし故四月の名におへるとぞ」と、月の名所に因む由来が示される。近辺では、城陽市平川に指月、八幡市に男山指月という地名がみられ、いずれも月を愛でる景勝地としての由来をあげているが、双方とも水に浮かぶ月は見えない。「指月」は経典の注釈

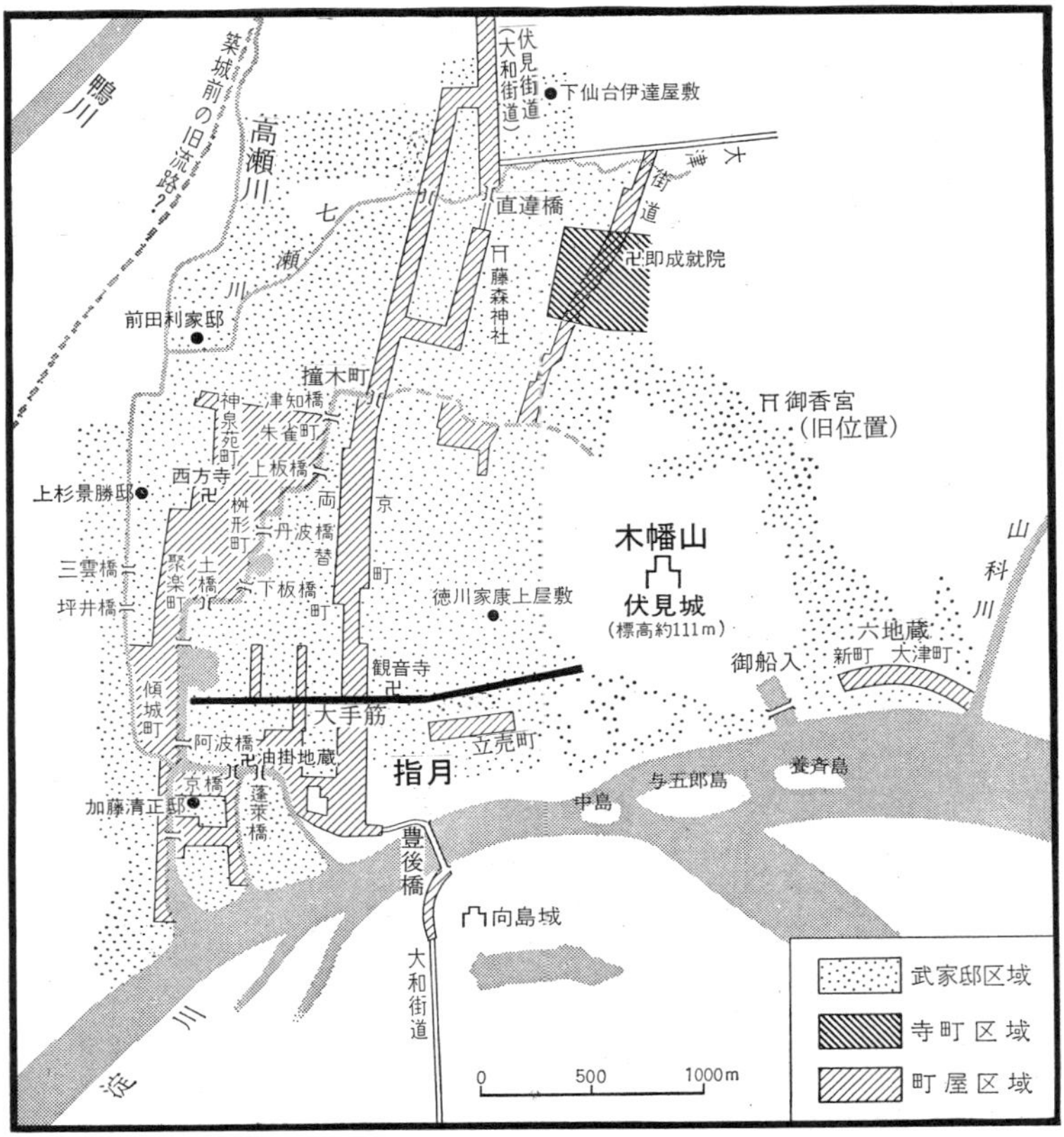

図１　伏見城下町復元図（初期）（京都市編『京都の歴史４』学芸書林、p.341付図に加筆・一部修正）

書『大智度論《だいちどろん》』に出てくる言葉で、師が月を指さして教えようとするときに、指ばかりを見て真の月を見たつもりになることを戒める意味がある。釈迦の教えの本質を月、教えを説くお経を指先として考え、言葉そのものが教えの内容でないことを示す。いずれにしても、月の美しさを鑑賞するに最上のところという意味が込められた地である。

豊臣期指月城

文禄二年（一五九三）八月に、秀吉の側室である浅井氏（後の淀君）に男子（後の秀頼）が生まれると、秀吉は九州から大坂へと引き返した。そして実子を得た秀吉は秀次を後継ぎとする構想を見直すとともに、隠居所であったはずの指月屋敷を、天守などを備えた本格的な城郭とする拡張整備を始めた。この時期に朝鮮出兵の和議が整い、戦いを終わらせるための明の冊封使《さくほうし》の来日に向けて、改築中の城は金箔を使用するなど豪華な城に仕上げられていった。改築工事は文禄三年（一五九四）正月には始められ、その秋にはほぼ完成したとされる。これが第二期の豊臣期指月城である。しかし絵図などの史料がなく位置の特定もできなかった中、二〇一五年四月から桃山町泰長老《たいちょうろう》において第二期指月城の発掘報告が行われ、城郭の一部を示す石垣等の遺構や金箔瓦等の多数の遺物が確認された。

さて、文禄五年（慶長元年（一五九六））に、明の正使が六月一五日に釜山を立ち、六月二七日には伏見に着いた。そこで正式の謁見の準備を進めている途中の閏七月一三日、近畿地方に大地震が発生し、くだんの指月城は甚大な被害をうけた。

『義演准后日記《ぎえんじゅごう》』には、その様子が次のように記されている。

> 伏見の事、御城・御門・殿以下大破、或は顛倒、大殿守（天守）悉く崩れて倒了す、男女御番衆数多く死す、いまだその数を知らず、其外諸大名の屋形或は顛倒、或は相残るといえども形計りなり、其外在家のていたらく、前代未聞、大山も崩れ、大路も破裂す、ただ事に非ず

『家忠日記追加巻之十三』にも、指月城の倒壊による殿中の死者について「上臈女房七十三人、中居下女五百余人横死す」と記録されている。

この地震の被害は、指月城や大名屋敷のみならず洛中の内裏・寺社・民家にも大きな被害を及ぼした。閏七月一三

日の『言経卿記《ときつねきょうき》』には次のようにある。

寺内ニハ門跡（本願寺）御堂・興門（興正寺）御堂等顚倒了、両所ニテ人二三人死去了、其外寺内家悉大略崩了、死人三百人ニ相及了、全キ家一間モ無之

豊臣期木幡山城

伏見では地震の翌日から城の再建が始まった。第三期の豊臣期木幡山城である。地震二日後の一五日には、城郭の位置を指月から伏見山（木幡山）に移し、再建する命が出された。これにより、指月城より東北方向へ約一キロメートル、約六〇メートルも高くなる木幡山の一帯に、指月城の数倍にもなる城が建設されることになった。文禄四年の関白秀次切腹後には主人不在となっていた聚楽第の殿舎や、吉野の比蘇寺《ひそでら》三重塔をはじめ多数の建物を移築するものであった。そして翌慶長二年（一五九七）には、本丸および天守閣が完成し、秀吉は秀頼とともに入城した。いくつか有名な建物をみていこう。本丸南東に当たる山里丸には茶会を開く茶亭学問所や舟入御殿が完成した。この山里丸の南は北流させた宇治川が川幅広く流れ、大小の島々が連なり、眺望がよかった。御舟入の西側の御茶屋山には、高台寺に現存する時雨亭や傘亭が建てられた。本丸は、現在の明治天皇陵の北側に当たり、天守はその西北部にあった。この辺りからは金箔瓦が多く出土している。

木幡

なお地名の「木幡」には、行政上が「コバタ」、駅名ではＪＲが「コハタ」、京阪電車が「コワタ」と三通りの読み

方があり、歴史的にも木幡山城が築かれた桃山丘陵南部から宇治市北部域の広い範囲で使用されてきた。元は、許の国の秦《はた》氏からのコハタではないかと推察される。漢字も、「木幡」、「強田」、「巨田」が当てられ、許波多《こはた》神社が二ケ所ある。ハタを「端」や「機」とも解する異説が多い地名である。

徳川期木幡山城

さて、秀吉の栄華も慶長三年（一五九八）八月一八日の死で終わり、城も次の局面を迎える。関ケ原の戦い（一六〇〇年九月一五日）の前哨戦となった木幡山城攻防戦では、家康の忠臣鳥居元忠《とりいもとただ》らが死守したが、西軍側の攻撃により八月一日に落城した。

関ケ原の戦いで勝利した家康は、戦いの五日後には大津に到着している。そして兵を伏見に派遣し、石田三成に味方した諸大名の屋敷を焼却した。昭和五四年（一九七九）に行われた毛利氏邸宅跡の発掘地からは、二次焼成された瓦が出土していることから、この破却の実態が想像できる。その後城には大和郡山城から三層の天守閣が移築されるなど、修復工事が施された。慶長七年（一六〇二）には、藤堂高虎《とうどうたかとら》が奉行に任命され増築工事が行われた。これが第四期に当たる徳川期木幡山城である。翌慶長八年には、ここで家康は勅使から征夷大将軍を拝命し、その二年後の慶長一〇年四月には、この城で将軍職を秀忠に譲った。さらに慶長一九年（一六一四）と翌元和元年（一六一五）の大坂の陣で秀頼・淀君の大坂城を落城させた後も、なお西国統治の要としての役割は続いたが、元和五年（一六一九）に大坂城が修築され、ついに伏見城の廃城が決定した。伏見奉行の山口直友は、伏見八〇ケ町の町屋を大坂に移住させ、城と城下の町は一挙に寂れていった。翌年には、破却工事が行われ、建物や石垣は大坂城、福山城、水口城、淀城、郡山城などの築城に活かされた。ただし本丸と天守閣は残されていたようで、元和九年（一六二三）に家光は当所で三代将軍の宣下を受けた。そして、この行事後「一木一石余すなし」として破却された。今東京にある皇居の二重橋の右手に伏見櫓がみえる。一六二八年に伏見城から移築したものと伝えられ、関東大震災で破損した後に解体復元されている。

2、伏見城下町の規模と大名屋敷

城郭としての伏見城は別として、いわゆる城下町の町並とそれを取り巻く土塁や堀からなる惣構《そうがまえ》の規模は、第二期指月城以降、そう大きく変わらなかったことが研究により明らかになっている。

指月城の改築が開始された文禄三年（一五九四）から城下町の建設も本格化し、武家・社寺・町屋の配置や道路・橋等の建設が行われた。城下町は、南は宇治川を境とし、西・北・東の境は水濠や空堀と土塁とで囲まれていた。その大きさは、南北約二・一キロメートル、東西約三・二キロメートルという規模であった。さらに惣構の北側や西側にも城下町は広がっており、それらを加えれば南北約三・七キロメートル、東西約四・三キロメートルと大きくなる。そして第三・四期における城郭の主要部は、惣構の東北部に当たる丘陵上部域に展開していた。

豊臣期木幡山城を示す「豊公伏見城ノ図」からは、広大な城下町の規模が推し量れる。北は直違橋《すじかいばし》五丁目辺り、西は七瀬川《ななせがわ》の西方の低湿地まで、南は宇治川を越えた向島《むかいじま》にまで、東は山科川《やましながわ》に近い城山の東麓まで、六地蔵では山科川を部分的に越える東側まで、各大名屋敷が配置されているのが分かる。大名や武家の屋敷地の比率は町屋を遥かに越えたものになっていた。そして秀吉の側近者を城郭近辺に、有力大名は遠隔地に屋敷地を与えるなど、江戸の大名配置に影響を与えるような巧妙な配置がなされていた。

大名屋敷に因る地名

城下町の構造は、現在の地名からおおかた類推できる。南北に走る京町通を境に、東が大名屋敷と城郭、西が町屋、惣構の北や西側に大名屋敷と一部の町屋が広がっていた。現在の伏見中心部の地名には、かつての城下町に因るものが多く、とりわけ大名の名前が目に付く。これまで伏見城下町の各種の絵図を研究してきた山田邦和によれば、絵図に登場する大名は豊臣氏の伏見城下で屋敷を構えたものから徳川氏の時代のものまで多様にみられるという。ここでは山田の研究（「伏見城とその城下町の復元」）に基づき、地名に残る大名・武士のうち次の三種をあげてみたい。

Ａ　豊臣期（第一〜三期）伏見城の大名・僧

Ｂ　豊臣期〜徳川期（第一〜四期）伏見城の時代にまたがる大名・武士

Ｃ　徳川期（第四期）伏見城の時代の大名

これらの名がみられる地名のいくつかを、伏見城に因むものと、惣構の内外にみられた屋敷を、北、西、南、東、城郭中心部、向島の順でみていこう。以下の記述は、山田の分類に従い、それぞれ現地名、元になった人名等、右に掲げたＡ〜Ｃの区分を示す。

惣構北　深草西伊達町・同東伊達町　伊達政宗（伊達権中納言）〈Ｂ〉

深草大亀谷金森出雲町　金森可重（金森出雲守）〈Ｂ〉

惣構西　景勝町　上杉景勝（上杉中納言）〈Ｂ〉

治部町　石田三成（石田治部少輔）〈Ａ〉

城北方　深草大亀谷万帖敷町　伏見城万帖敷（城の一部）

桃山町大蔵　長束正家（長束大蔵大輔）〈Ａ〉

城西方　桃山町島津　島津以久（島津右馬頭）〈C〉
桃山町正宗　伊達政宗（伊達権中納言）〈B〉
桃山福島太夫北町・同西町・同南町　福島正則（福島左衛門大夫）〈B〉
桃山毛利長門西町・同東町　毛利秀就（毛利長門守）〈B〉
桃山町鍋島　鍋島勝茂（鍋島信濃守）〈B〉
城南方　桃山町泰長老　西笑承兌（泰長老）〈A〉
桃山町板倉周防　板倉重宗（板倉周防守）〈C〉
桃山町本多上野　本多正純（本多上野介）〈C〉
城東方　桃山町西尾　西尾忠永（西尾丹後守）〈C〉
桃山町紅雪　岡部融成（岡紅雪）〈B〉
中心部　深草大亀谷古城山　伏見城本丸（城の一部）
桃山町二の丸　伏見城二ノ丸（城の一部）
向島　向島本丸町　向島城本丸（城の一部）
向島二ノ丸町　向島城二ノ丸（城の一部）

これらの現地名表記の多くは、昭和六年（一九三一）に旧伏見市が紀伊郡深草町、堀内村、竹田村、下鳥羽村、横大路村、向島村、納所村、宇治郡醍醐村とともに京都市に編入された際に定められたものである。この時堀内村は桃山町と改称されたため、例えば「堀内村鍋島」は「桃山町鍋島」と表記されるようになった。その後人口が増加した結果、昭和一八年（一九四三）には町名町界の変更があり、「桃山町○○」を「桃山○○町」と命名するところがでてきた。「桃山町毛利長門」が「桃山毛利長門西町・同東町」となったのはその例である。

桃山

現在の町名に多出する「桃山」は伏見より新しい地名である。元和五年（一六一九）の伏見城廃絶決定の後、跡地となった古城山に桃の苗が植樹され、それが次第に増やされたことが地名の元になった。「堯恕法親王《ぎょうじょほっしんのう》日記」延宝二年（一六七四）三月一三日条の「伏見里桃花盛之由」との記述や、芭蕉による貞享元年（一六八四）から翌年にわたる旅を綴った『野ざらし紀行』の「我がきぬ（衣）にふしみの桃の雫《しずく》せよ」という俳句などから、一七世紀後期には伏見の桃が有名になっていたことが分かる。地名としては、三浦樗良《ちょら》による安永六年（一七七七）『仮日記』中の「桃山や裾ばかり見る人通り」が初出のようで、『京都市の地名』では桃山の呼称は一八世紀後半以降からと推察されるとしている。

なお、教科書に登場する「安土・桃山時代」の呼称について付記しておきたい。これは信長と秀吉が全国統一事業を行った時代をさし、織豊政権と称する場合が多い。文字通り、信長の本拠地の安土と秀吉の伏見（のちの桃山）からきた名称である。しかし、伏見が使用されず桃山が使用された理由、ならびに同時代の命名の経緯についての詳細は分からない。ただ「桃山時代」が記された早い例としては、黒板勝美が大正二年（一九一三）刊行『国史の研究總説の部』の「一般史と特別史」中で、「……織田時代を安土時代、豊臣時代を桃山時代といふことになって、（中略）信長の安土に居りしは稀にして桃山といふ地名も當時まだなかったのである」との見解を記している例があげられる。また大正四年に刊行された日本歴史地理学会編『安土桃山時代史論』は、この時代名を書名に掲げている点が注目される。本書中、黒板勝美は「秀吉と醍醐三寶院」の項で、「この名稱は、初め恐らくは建築史家あたりから出たもの」

と述べていることから、命名の起こりも推察される。本書は明治四四年（一九一一）八月開催の同学会大津講演会の記録誌であることから、少なくとも明治期の終わり頃から、「安土・桃山時代」が歴史学系学会でも使用されるようになっていた様子がうかがえるのである。

3、城下町の町屋地区

聚楽組

町屋と大名屋敷の境は、現在の京阪本線と近鉄京都線が交差する地点から、すぐ南の部分は京阪、さらにその南は近鉄の線路部分におおむね相当する。町屋は大名屋敷の西側に当たり、南北通の京町通・両替町通・新町通に面する地域と城下町の南西部に当たる伏見湊近辺であったと推定される。なお、惣構の北西の外側には、「聚楽組」と総称される聚楽町一丁目、同二丁目、東朱雀町、西朱雀町、神泉苑町という洛中由来の地名がみられる。これまで洛中に居住していた人々が、有力な町衆の三雲氏に率いられて移ってきたことが伺える。『三雲家文書』には、「三雲家の儀、京都聚楽堀川通川西之分頭取与頭相勤支配致候処、（中略）聚楽御城伏見え御引取ニ付、文録《ママ》四年組町町家引連伏見え罷越町作家建いたし、聚楽組ト相唱申候」とした記述がみえる。移ってきた年は、文禄四年（一五九五）であったということから、文禄三年の第二期指月城と惣構の完成後に引っ越してきたと考えられている。

京町通

惣構で囲まれた城下町の中心部を南北に縦貫するのは京町通である。市街地を計画する際の基準にされたという本道は、外堀から北へたどると五条大橋東詰付近に至る京都と結ぶ主要路である。伏見城下町内では京町通の名で呼ばれ、大店を含む商工業者が道路に軒を並べて賑わいをみせていた。外堀を北へ越えると直違橋通、さらに本町通などと名を変え、街道沿いに集落が連続した。この道は伏見からみれば京街道であるが、京都側から見れば伏見街道であり、伏見からは奈良に通じるので大和街道とも呼ばれた。

京町通沿いの町は、南の宇治川派流近くの京町一丁目で始まり北の十丁目まで続く。途中の二丁目と九丁目が二丁分と長く、七丁目と八丁目が南と北とに分かれ、四丁目と五丁目の間に大黒町が挟まることで五丁分増え、合計十五丁の町が並ぶ。

このうち京町大黒町について、『新市域各町誌』による記述に「寛永十七年将軍家光が桃山城を毀《こぼ》ち、城櫓に祀った大黒天像を京町大黒町に預けた」とあることで起源が分かるとされている。しかし廃城は元和九年（一六二三）のことであり時期が合わず疑問があるともされている。

図２　伏見銀座跡（碑は大手筋と両替町通の交叉点の北西角、筆者撮影）

両替町通

一筋西の両替町通沿いは、京町通よりもやや町屋の発展が遅れたとされる。南側では一丁目から四丁目まで続くが、その北で両替町がいったん途切れ、再び九丁目から両替町に戻り順次一五丁目まで続く。途切れた五丁目から八丁目までの四丁分には、銀座町が一丁目から四丁目まで入る。伏見銀座が開設されたのは天保一四年（一八四三）の『貨幣秘録』に「慶長六年辛丑《かのとうし》五月、伏見におゐて地所四町を賜ひ、始めて銀座を設けらる、此所を両替町といふ」とあるように、徳川の世になった慶長六年（一六〇一）のことである。しかも、その七年後には京都銀座に移転することになり、一般的な商工業者が住む町に変わっていった。

新町通

その西の新町通は主要幹線の中でも町屋の発展が一番遅くなったと考えられる。通りに沿う南端の一丁目は、京町通や両替町通沿いの一丁目の西側から始まるが、津知橋《つちばし》通を北端にして一四丁目で終わる。江戸中期の頃は、一二丁目から一四丁目の町屋の西側は、松林と壕川の土手になっていたようである。

京町通十丁目の北側は、現在鑓屋町《やりやまち》となっているが、寛文一〇年（一六七〇）の「山城国伏見街衢《がいく》並《ならびに》近郊図」には、堀の上町が見える。伏見城の外堀が埋め立てられてできた町である。また、両替町十五丁目の北の通りと東の鑓屋町から西に延びた道路とが丁字路をなしているところが、撞木町《しゅもくちょう》である。鐘をたたく撞木とよばれる木槌の形に似ることに因る。元々秀吉が城下町を建設した際に、認可を受けて京都の遊郭の経営者が撞木町西方に遊郭を設置したのが始まりとされる。伏見城下町の惣構の北外に当たる場所である。

4、伏見城下町の戦略的位置

文禄三年（一五九四）は、秀吉が指月城を本格的な城郭へと改築し始めた年である。この年秀吉は、周辺部でも大土木工事を三ケ所にわたって進めている。豊後橋《ぶんごばし》の架橋と小倉堤《おぐらてい》の建設、宇治川の巨椋池東岸への迂回河道と槇島堤《まきしまてい》の建設、淀城の廃城と淀堤築堤がそれに当たる。その意図を足利健亮はつぎのように解釈する。

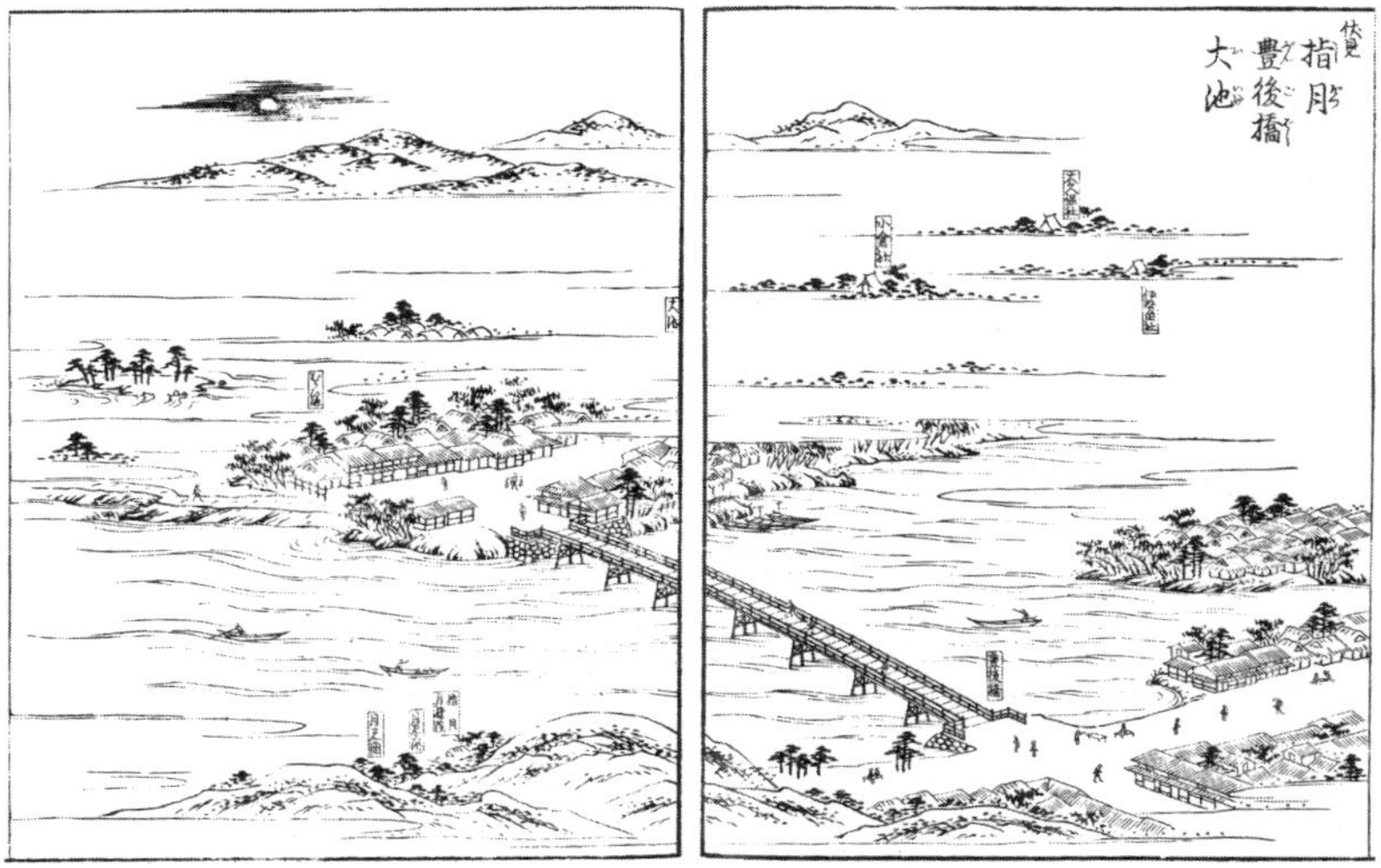

図３　伏見指月 豊後橋 大池　『都名所図会 巻五』（宗政五十緒『都名所図会を読む』東京堂出版、p.228-229より）手前が指月、大池は巨椋池の旧称。

前二者は、京都方面から宇治川東岸を経て宇治橋を通る古来からの大和大路を遮断する目的で、巨椋池《おぐらいけ》の中に小倉堤を築き、伏見城下町の南端には豊後橋を架ける工事である。これにより、伏見城下町を通過して京都に至る新たな大和街道を通そうとしたのである。その傍証として足利健亮は、宇治市史編纂室蒐集の『宇治里袋』の「文禄三年大椋《おおくら》（現在の小倉）より伏見迄新堤築き為され候。御奉行岐阜中納言殿、其節宇治はし（橋）を伏見へ御引取成され候事」という記述に着目している。すなわち、旧来の大和大路の要衝であった宇治橋を撤去して、伏見に豊後橋として付け替えたというのである。

豊後橋

豊後橋の名の由来について、正徳元年（一七一一）の『山城名勝志』には、文禄期に秀吉の命により豊後大友氏が初めて造ったとする記述がみられる。また同年の『山州名跡志』には、当地の肥後橋、毛利橋、阿波橋と同様、橋近辺に多賀豊後守の邸宅が有るに因るという記述がある。ここでは橋の命名に例が多い後者に一般性がみられる。また、豊後橋以前に橋が存在したかという点では、『山城名勝志』が元は橋が無く今指月橋というとする記述を、『山州名跡志』が鎌倉後期の伏見院の時代に指月と南側の州を結ぶ桂橋と称する橋があったとする記述をそれぞれ載せている。秀吉の宇治川流路の変更政策や大がかりな架橋工事や費用を必要とすることなどを考慮すれば、この点は『山城名勝志』に軍配があがると考えられる。

他方、豊後橋から五キロメートル程下流にある淀は古くから平安京の外港となっており、大和との街道の渡河点でもあった。淀城の廃城と淀堤築堤の工事は、新指月城建設により戦略上貴重な位置を占めてきた淀城の役割を無くし、淀での渡河と船の接岸を許さない姿勢を示したと考えられる。

5、大手筋の謎

先に伏見城下町の主要な町屋は、京町通以下三本の通りに沿って造られたと記した。ところが現在の中心街は大手筋商店街である。大手筋は文字通り、城の正門である大手門に至る道である。城下町で最も主な道であるはずが、大手通ではなく大手筋と呼ばれるのはなぜなのだろうか。先の足利健亮は、次のように推量する。

京町通は、当時大店が軒を接して並ぶ繁華街であった。このような商店街ができる道を「町通り」と呼ぶ。伏見では町通りが大手筋に直行する特徴をもつ。織田信長が建設した城下町岐阜も、秀吉が先に造った長浜も、城の大手門から出る道が町通りであった。しかし伏見は、城を横手にみながら主要道路が町を横断するという異なるタイプの城下町の初出となった。宇治と淀の渡河機能を廃止して、古くから京都と奈良を結んできた交通路を、豊後橋・京町通に一本化して、水陸交通の新たな要衝として伏見の町を位置づける構想が実現されたと考えるのである。大坂から水路や陸路を上ってくれば、巨椋池の向こうに燦然と輝く城郭がみえる。大和方面から京都へ近づいても、巨椋池堤防上を通り京都方面に向く道路の先に、天守閣がそびえる。いずれの方向からも、京都へ入るには必ず城下町の中を通過しなければならない絶好の位置に伏見の町は建設されたのである。

伏見区深草の名神高速道路の南東側に大岩山《おおいわやま》（一八二メートル）がある。今、山上からはすばらしい展望が開けている。南西方の眼下には観光用の伏見桃山城が見える。その向こうに淀川、さらに大阪市の京橋・梅田方面のビルがみえる。南は奈良方面に続く山城盆地である。かつて秀吉が目にした視点より相当上方から俯瞰することにはなるが、この地に上ると、伏見城を指月やその上の木幡山に建設した秀吉の壮大な構想を垣間見ることができる。

五、キリスト教伝来――南蛮文化と地名

明川忠夫

キリスト教の伝来は天文一八年（一五四九）、イエズス会宣教師ザビエルから始まった。ザビエルは日本の中心地の京都に目を付け、上京して活動を始めたが失意のうちに挫折した。続いてザビエルから洗礼を受けた日本人ロレンソ、同じくイエズス会のヴィレラも京都での布教活動を始めたが、遅遅として進まなかった。ヴィレラの努力で将軍足利義輝の布教許可の制札を得、四条坊門室町姥柳《うばやなぎ》町に小さな礼拝堂を造った。ヴィレラの京都の布教を助けるためにやって来たポルトガル人宣教師フロイスは、新しい権力者織田信長の庇護のもと、信者を増やしていった。

元亀元年（一五七〇）、フロイスの補佐としてオルガンチノが派遣され、日本最初の教会、南蛮寺を献堂した。南蛮寺は都の名所となり、信者も一気に増えた。本能寺の変後、豊臣秀吉の時代になったが、信長のキリシタン政策は踏襲された。秀吉はオルガンチノに敷地を提供し厚遇していたが、島津氏討伐後、突如、伴天連《バテレン》追放令を出した。しかし、追放令は徹底されず、曖昧なまま時が過ぎた。スペイン領ルソンの使節フランシスコ会宣教師ペトロ・バスチィスタが秀吉に謁見、四条堀川に土地を与えられ聖堂が建てられた。フランシスコ会の布教は順調だったが、スペインの商船サンフェリペ号事件が起きた。秀吉は激怒してキリシタンの弾圧を再開、黙認してきた京・大坂のフランシスコ会の教会が弾圧された。二十六聖人の殉教はこうして始まった。

関ケ原で勝利した徳川家康は、秀吉のキリシタン政策を切支丹の居住許可という形で踏襲したので、信徒たちは禁教令の撤回と誤解した。慶長五年、上京の教会、続いて南蛮寺が再建されている。いずれも、その周辺には信徒たちが集住し、ダイウス町（deus、神のこと）と呼称されるようになる。家康の切支丹緩和政策は続いたが、ある事件をきっかけに伴天連追放令を発布、京都にあった三教会は焼き払われ、ダイウス町は壊滅した。キリシタンへの迫害は二代将軍秀忠の時代になって更に強化され、元和五年（一六一九）、六条河原で六三人が火刑に処せられた。寛永年間に入ると、踏み絵が始められ、いっそうキリシタンを弾圧して体制の維持に努めた。

京都のキリシタンは抹殺されたが、その遺跡は今も点在している。その記録はフロイスの『日本史』を始めとする宣教師の『耶蘇会士日本通信』『日本西教史』などの記録、江戸時代の地誌・地図などに記録されており、その場所を確認することができる。ダイウス町はまさに地名に刻まれた歴史と言っていいだろう。

1、足利義輝による布教許可の制札

日本へのキリスト教の最初の伝来はカトリック教会の一派、イエズス会のフランシスコ・ザビエル宣教師であった。ザビエルはマラッカでアンジロウ（薩摩人・ヤジロウともいう）と出会い、日本への布教に関心を抱いた。天文一八年（一五四九）八月、アンジロウらの案内で何とか鹿児島に上陸し、二年余に渡って布教活動を行ったが、ザビエルの目的は、日本の中心地、ミヤコ（都）での布教だった。天文二〇年（一五五一）一月、鹿児島から平戸・山口・堺を経て、ようやく京都にたどり着いたが、当時の京都は戦乱で荒廃しており、将軍・天皇に出会うことすら至難の業だった。ザビエルの京都の滞在は一一日間、失意の内に大名大内義隆を頼って山口へ引き返したという。

日本人で元琵琶法師のロレンソはザビエルと出会いキリシタンになった人物である。ロレンソはヴィレラに同伴し京都の布教に乗り出すことになった。イエズス会士ヴィレラは日本語を少し話し、風采も日本向きであったという（フロイス『日本史』第三章）。ヴィレラは京都で布教活動をするには都で力のある延暦寺の承認と助力が必要と信じ、近江の坂本に長期滞在して努力したが上手くいかなかった。

永禄二年（一五六〇）一二月、ヴィレラたちは延暦寺の承認を得ぬまま京都に入ることになった。京では坂本で世話になった老尼の紹介で宿をとったが、キリシタンへの無理解から宿を転々とし、ようやく移り住んだのは下京区四条新町西入ルの革棚町、山田の後家の家である。フロイスの『日本史』第五章によると、今にも倒れそうな小屋で床はなく、地面に藁を敷いた状態だったという。革棚町は今の郭巨山町にあたるが、この場所が京都最古のキリシタン遺跡といわれる。

永禄三年（一五六一）五月、ヴィレラの努力で妙覚寺にて将軍足利義輝に謁見し、キリスト教会に制札を獲得した。布教許可の制札を得たのである。

以下、『室町家御内書案』（改定「史籍集覧」巻二七）の中にあげられている制札をあげる。括弧で付した制札の口語訳は清水紘一『キリシタン禁制史』（一九八一）とフロイス（『日本史』第六章）による。

禁制

幾利紫旦国僧　波河伝連（キリシタン バアドレ）

一、甲乙人等乱入狼藉事（一般人が司祭の住居に入って乱暴すること）

一、寄宿事　付、悪口事（軍勢が司祭の住居を宿舎として徴発すること、付、宣教師を非難すること）

一、相懸非分課役事（不合理な負担を課すること）
右条々堅被停止訖　若違犯輩者速可被処罪科之由所被仰下也　仍下知如件（右の一つ一つをさしとめた。もし違反する者がいれば速やかに処罰する）
永禄三年……
　　左衛門尉藤原対馬守平朝臣（松田盛秀のこと）

2、日本最初の礼拝堂

この制札が都に掲げられてから布教はしやすくなったが、ヴィレラは革棚町の家が狭くなったので玉蔵町（六角室町西入ル）に移転、さらに住民の嫌がらせに遭って四条烏丸の酒屋へ転々とした。永禄四年（一五六一）、ようやく四条坊門（蛸薬師）室町西入ル姥柳町に地所と家屋を購入し礼拝堂を造った。ヴィレラにとって「我等の主が都に置き給へる最初の会堂を造りたり」（『耶蘇会士日本通信』一五六一年八月一七日付）となった。日本最初の礼拝堂である。

永禄七年（一五六四）一二月、フロイスはヴィレラの布教活動を助けるため入洛、最初の礼拝堂は着実に信者を増やしていった。顕著だったのは高山飛騨守とその子右近、池田丹後守、内藤如安など、武将たちの入信である。

足利義輝が永禄八年五月、三好義継・松永弾正らに殺害されると、布教許可がおりなくなり弾圧されるようになった。三好義継が朝廷にキリストの神「デウス」を追い払う「大うすはらひ」（『お湯殿の上の日記』永禄八年七月五日条）を奏請し、朝廷は宣教師の京都追放を認めたからである。京都に最後まで留まっていたヴィレラとフロイスは七月三一日堺へ追放されている。京都追放令は、織田信長・足利義昭によって解除されるまで、四年間もの月日を要した。

永禄一二年、フロイスは京都に帰った。フロイスは「デウスの教えに傾倒し心から愛情を示している和田惟政」（『日本史』第三四章）の世話で信長に謁見できるようになった。惟政は都の副王として信長の信任の厚い京都の奉行（京都所司代）だった。その部下にはキリシタンの高山飛騨守がいたが、惟政もキリシタンだったという。

フロイスは二条御所築城中の信長と会い、多くの面前で信長のキリシタンの教え等への質問に答えた。フロイスは事前に信長と接見していたが、無言の会見に終わっていた。その時、フロイスはお土産にヨーロッパの鏡、孔雀の尾、黒いビロードの帽子、ベンガル産の杖などを届けていた（『日本史』第三四章）。信長はフロイスに対して「どんな動機でかくも遠隔の国から危険を顧みず献身的に日本に遣ってきたのか」と訊ねた。フロイスは「日本にこの救いの道を教えることにより、世界の創造主で人類の救い主なるデウスの御旨に添いたいからである。困苦は喜んで引き受け、現世的な利益は求めない」と答えた。信長はフロイスの毅然とした言葉に頷き、側にいる僧侶を指差して言った。「あそこにいる欺瞞者どもは汝ら伴天連たちのような者ではない。彼らは民衆を欺き、己を偽り、虚言を好み、傲慢で僭越のほどはなはだしいものがある」と（『日本史』第三五章）。フロイスは仏僧たちと公開討論の場の設定を希望し、改めて布教許可の信長の充許状を乞い貰うこととなった。

伴天連が都に居住するについては彼に自由を与え、他の当国人が義務として行なうべきいっさいのことを免除す。我が領する諸国においては、その欲するところに滞在することを許可し、これにつき妨害を受くることなからしむべし。もし不法に彼を苦しめる者あらば、これに対し断乎処罰すべし。

永禄一二年四月八日、（之を）認《したた》む。

真の教えの道と称する礼拝堂にいるキリシタン宗門の伴天連宛

（フロイス『日本史』三五章）

信長は公方様（義昭）に私は伴天連に朱印状（充許状と同じ）を与えたから、公方様も制札である允許状を授けるがよいと言った。公方様の制札は和田惟政の計らいででき上がった。

伴天連がその都の住居、または彼が居住することを欲する他のいずれかの諸国、もしくは場所では、予は他の者が負うているいっさいの義務、および（兵士を）宿営（せしめる）負担から彼を免除する。而《しこう》して彼を苦しめんとする悪人あらば、そのなしたる事に対し処罰されるべし。

永禄一二年四月一五日、（之を）認む。

（フロイス『日本史』三五章）

姥柳町の礼拝堂は、徳川家康の叔父である水野下野守信元の京都宿舎になっていたが、礼拝堂はフロイスの手に引き渡された。「礼拝堂の入り口には信長と公方様の免許状の写しを掲げ」（『耶蘇会士日本通信』一五六九年六月一日付）て、布教が再開されることとなった。ヴィレラはこの間、新しい赴任地、九州へ去って行った。

信長の許可を得たが、反キリシタン勢力は下火にはならなかった。比叡山天台宗・法華宗・一向宗などの反対のもと、京都での布教は困難を極めた。

3、南蛮寺の建設

元亀元年（一五七〇）一二月、京都の布教活動を深めるため、フロイスの補佐としてオルガンチノが派遣されてきた。オルガンチノは日本語も達者で和風を好み、通訳なしに信者の懺悔を聞くことができたという。日本文化を理解して日本に合った「日本順応の布教方針」（清水紘一前掲書）を考えたのである。これはイエズス会の宣教方針になった。

元亀二年、比叡山が信長によって焼き討ちにされ、天正元年、信長は将軍義昭を追放、一向一揆を弾圧した。法華宗も上京焼き討ちにあってさらに勢力を失い、安土での浄土宗との宗論でも、その存在を否定された。「信長がこうして畿内の覇権をにぎっていく過程はキリスト教弘布の障害をとりのぞかれていく過程でもあった」（衣笠安喜・山田光二「キリスト教の布教」京都市編『京都の歴史 四』）。

このような時代の流れの中で教会の布教活動は成果をあげ、教会の前途は好転の兆しが見えてきた。オルガンチノ・フロイスは姥柳町にあった日本最初の教会を新築する計画を立てた。南蛮寺の建設である。始めは立て直す程度であったらしいが、イエズス会の寄付、高山飛騨守父子・池田丹後守らキリシタン大名の寄進、信徒たちの献金と奉仕等によって、規模は大きくなっていった。信長が建立にさいして、「四条坊門ニ四町四方ノ地」を寄進したとの説（『南蛮寺興廃記』天正三年から寛永一五年までの宗門の記述・一八六八刊）があるが、それは「ありえぬ俗説」（海老沢有道『切支丹の研究』）である。

今までの教会の敷地は狭く、隣接の敷地も住民は全然売ろうとしなかったので、やむを得ず、教会の上に二階、日

図1　都の南蛮寺図（部分、神戸市立博物館蔵、Photo：Kobe City Museum/DNPartcom）

本風に言えば三階を設けることになった。住民は三階になると隣家の家が覗かれると所司代の村井貞勝に陳情したが、村井はお前たちが敷地を売らないからと突っぱね、庭が見下ろせないように露台を設けさせた（フロイス『日本史』第四六章）。

天正四年七月二一日（一五七六年八月一五日）、この日は教会暦で聖母被聖天の祝日にあたるので、ちなんで献堂式をおこなった。献堂式には畿内各地から多くの信徒が参加した。とくに高山右近とその父飛騨守は二〇〇人を超える家臣を従えて参列した。新教会の名前は聖母被聖天の日に合わせて「被聖天の聖母マリア」と呼んだ（フロイス『日本史』第四六章）。南蛮寺（南蛮堂とも）は江戸時代からの通称で、当時は「珊《さん》太《た》満《ま》利《り》亜《あ》御上人寺」（『岩松堂文書』一五九四年日繰）とも呼んだ可能性がある。

和風の天守閣のような三階建の南蛮寺は都の評判を呼び、京都の新名所となった。見物人は引きもきらず、都の信者も翌年に七〇〇〇人に増えたという。信長の子、信雄・信忠・信孝は相次いで南蛮寺を訪問し、キリシタンに大変な好意をもって帰っている（『耶蘇会士日本通信』一五七八年一月一四日付）。

オルガンチノとロレンソは安土城を訪問して信長に歓待され、信長の教会に対する理解と厚遇ぶり（『耶蘇会士日本通信』一五七八年一月一四日付）は止むことがなかった。

4、秀吉のキリシタン政策

「本能寺の変」で信長が亡くなり、秀吉の時代になったが、キリシタン政策は踏襲された。むしろ、大坂城に居た秀吉はオルガンチノに教会の敷地を提供し、岡山から移転した建物を大坂教会とした。これでミヤコ布教区に四つの教会（京都・大坂・高槻・堺）が完成し、管内二十数ケ所に及んだ。高山右近の影響で小西行長・蒲生氏郷・黒田孝高らの大名が受洗、京都では朝廷の典医であり、信長・秀吉にも厚遇された曲直瀬道三《まなせどうさん》が多くの門弟とともに受洗した。宣教師オルガンチノを診察した縁であったという。

南蛮寺献堂のあと各地に立派な教会が建設されるようになる。京都では南蛮寺のあと、フランシスコ会のロスアンジェルス教会が、秀吉の時代に四条堀川に建てられるが後述したい。

天正一五年（一五九二）六月一九日、秀吉は島津氏討伐を終えると、とつぜん伴天連追放令を発した。宣教師は二〇日以内に日本を退去せよ。合わせて高山右近の改易の命が出された。「伴天連追放令」（松浦家文書）をあげる。

定

一、日本ハ神国たる処、きりしたん国より邪法を授け候儀、太《はなはだ》以て然るべからず候事

一、其国郡之者を近付け門徒になし、神社仏閣を打破らせ、前代未聞《ぜんだいみもん》に候、国郡在所知行等給人に下され候儀は当座の事に候、天下よりの御法度を相守り、諸事その意を得べき処、下々として猥《わい》の義は曲事《くせごと》の事、

一、伴天連其の知慧の法を以て、心さし次第に檀那《だんな》を持候と覚し召され候らへハ、右の如く日域の仏法を相破る事曲事に候条、伴天連儀日本の地ニハおかせられ間敷候間、今日より二〇日の間ニ用意仕り帰国すべく候、其中に下々伴天連に謂れざる儀申し懸る者ものこれあらハ曲事たるへき事、

一、黒船の儀ハ商売の事に候間、各別に候条、年月を経、諸事売買致すへき事、

一、自今以後仏法のさまたげを成さざる輩ハ、商人の儀は申すに及ばず、いつれにてもきりしたん国より往還くるしからず候条、其の意成るべき事、

天正一五年六月一九日

巳上

五か条の趣旨は以下である。

一、日本は神国である。キリシタンからの邪法を授けることは許せない。

一、国郡を治める人を信徒にし、神社仏閣を破壊させるのは前代未聞である（キリシタン大名の破壊行為の批判）。天下の法度は遵守すべきものである。知行を領主に与えたのは当座のことである。

一、伴天連（宣教師）は仏法を破壊したから、二十日以内に日本から退去すべきである。

一、黒船は商売の船なので、諸事売り買いしてもよい。（キリシタンとは別である）

一、仏法の妨げをしない者は商人はもちろん誰でもキリシタンの国から往還できる。

高山右近への秀吉の詰問は急だった。右近は多くの人々、多くの大名に信仰上の感化を与えてきた。キリシタン大

図２　「平安城東西南北町并之図」版元刊行年不詳、1650年代か。中央の川が堀川通、四条堀川の左に「たいうす丁」、右下に「たいうす町」が記載されている。（『慶長・昭和京都地図集成』大塚隆編集、柏書房、1994より）

名の中心的人物といってよい。秀吉はキリスト教を棄てるか大名を棄てるかを迫ったことになる。右近は神の道、信仰に生きる道を選んだので、領地は取り上げられ、身柄は追放となった。秀吉は一方で黒田孝高や小西行長などのキリシタン大名には手を触れなかった。

秀吉は追放令の発布・右近の改易をしたが、右近だけ目的にしたもので徹底したものではなかった。イエズス会領の長崎を没収し、南蛮貿易の独占を目指したものといわれている。しかし、近畿・西九州一帯の宣教師の追放を告示し、京都の南蛮寺などは破壊された。

秀吉は天正一九年（一五九一）九月、スペイン領ルソン（フィリピン）に原田孫七郎を使節に送り、即刻日本へ来い、ぐずぐずしていると軍船を派遣する（村上直次郎『異国往復書翰集』）と恫喝した。ルソンの使節フランシスコ会宣教師ペドロ・バスチィスタは、文禄二年（一五九三）秀吉と謁見し、しばらく京都に滞在している。その間、京都・大坂で教会や病院の建設をしているが、秀吉からの妨害はなかった。むしろ、フランシスコ会の宣教師は文禄二年、秀吉から四条堀川西入ルの妙満寺寺跡地を与えられ、聖堂・ハンセン病療養院・修道院などが建てられた。現在、フランシスコの家として聖堂が建てられている。四条堀川周辺には多くのキリシタンが移り住んだので、信徒は「諸天使の元后の町」（ロス・アンジェルス）と呼んだが、京の人々は「たいうす丁」（「平安城東西南北町并之図」寛永年間か）と呼称していた。

ダイウスとはデウス（deus、ラテン・ポルトガル語で神のこと）のことで、江戸時代の古地図にその町名が三ケ所記載（「平安城東西南北町并之図」「新撰増補京大絵図」貞享三年）されている。

西ノ京ダイウス町は西大路丸太町（円町）東二筋上ル。現在の鹿垣町北付近にあったと思われる。古地図に西ノ京ダイウス町の記載がないが、地元の伝承ではダイウス町またはダイウス辻名が伝わっている。付近から古いキリシタンの墓が出土。キリシタン大名大友宗麟の家系の奥渓《おくたに》家（茅葺の家）が現存。町には小さな聖堂もあったという（杉野栄『京のキリシタン史跡を巡る』）。『当代記』の「伴天連師匠寺二箇所有り、右之内西京寺は焼き払われ、四条町中に有るべき寺は類火を厭い、毀されて火を付けられる」（『当代記』巻九、慶長一九年正月一八日の項『史籍雑纂東二）の記事の西京寺と思われる。四条町中の寺は新しい南蛮寺のことであろう。

5、二十六聖人の殉教

さて、ザビエルの伝道から順調に布教を努めてきたイエズス会は、秀吉の黙認・庇護のもとに、新興のフランシスコ会との間に不和と対立を生み出していくことになる。フランシスコ会の布教方針は病院・療養院の建設で分かるように、貧者の中に入って助けていくやり方であり、大名を受洗させて家来・下々を拡大していくイエズス会の方針とは違ったものであった。

フランシスコ会の布教活動は秀吉の庇護のもと、順調に進んだかに見えたが、慶長元年（一五九六）、秀吉のキリシタンの弾圧が始まった。その契機となったのは文禄五年（一五九六）九月二八日、イスパニヤ（スペイン）の商船サンフェリペ号が土佐の海岸に漂着した事件である。航海長が取り調べを受けたが、航海長は積荷を没収された腹いせに「スペインではまず宣教師を送って宗教を説き、続いて軍隊が入って領土を征服する」と言ったという。秀吉は激怒してキリシタンの弾圧を再開し、京都・大坂のフランシスコ会教会に怒りの刃が向けられた。二十六聖人の殉教はこうして起こったのである。宣教から始めて領土を征服するという文言の根底には、イスパニヤの日本進出をくい止めようとするポルトガル系イエズス会の政治工作が働いていた（衣笠安喜・山田光二前掲書）といわれている。

秀吉の命で捕らえられたのは主としてフランシスコ会の人々であつた。多くの信徒が殉教を名乗りでたが、京都で逮捕された人は二四人であった。フランシスコ会宣教師六人、鈴木パブロほか日本人説教師・信者一八人、その中に尾張出身の少年ルドピコ茨木、大坂で捕らえられた三木パウロら、三名のイエズス会の人がいた。二四名には死刑の宣告がなされたが、当時の判決文がマニラの修道院に残っている。

先年皇帝（注・秀吉）は伴天連共伝ふる処の吉利支丹宗門を禁制したるに、其後呂宗《るそん》使節の資格にて別の伴天連共京都《みやこ》に来り住み、同じ宗門を伝ふ。其故に此者共は其宗門に改宗せしめたる日本人と共に、合計二四名刑に処せらる。即ち長崎に於いて磔刑《たくけい》に行はるるものとす。尚将来に亘りて、改めて皇帝は此の宗門を堅く禁制し併せて此の法度を厳守すべきことを命じ給ふ。蓋《けだ》し犯す者あらば、一家眷属《けんぞく》悉く死罪たるべし。

慶長元年一一月二〇日これを発す

（れおんばぜす『日本廿六聖人殉教記』）

文禄五年（一五九六）一一月、二四名は両手を縛られ、首に縄をかけられて上京の一条戻橋に引き出された。そこで左耳を削がれ、市内を荷車で曳き廻された。荷車曳き廻しの見せしめは伏見・堺でも行われ、そこからは馬で大坂を経て、陸路八〇〇キロの道を長崎に送られた。京都から一行の世話をしていた二人の信者が捕縛され、総数は二六名になった。

慶長元年（一五九七）一二月一九日、二六名は長崎市内の西坂で十字架の上、処刑された。有名な二十六聖人殉教事件である。

四条堀川の妙満寺跡が二十六聖人発祥の地であることは意外に知られていない。

6、キリシタンの集住地とダイウス町

上京教会（慶長天主堂）

図３　下京区岩上通綾小路妙満寺町跡にある二十六聖人発祥之地（筆者撮影）

秀吉が亡くなった後、関ケ原で勝利（一六〇〇）した家康はキリシタンに京都・大坂・長崎の居住許可の朱印状を与えたので、秀吉のキリシタン政策は解かれたかのように見えた。秀吉没後、全国で信者が大幅に増えたというのが、その現れである。しかし、「この朱印状はあくまで居住の許可であり、秀吉の禁教令の撤回ではなかった（岡村

図４　上京区油小路通元誓願寺付近の慶長天主堂跡（筆者撮影）

洋子「上京のキリシタン教会」『キリシタン研究』一五輯）のである。家康は秀吉のキリシタン政策を居住許可という形で踏襲したので、信徒たちは禁教令の撤回と勘違いしたのである。

上京教会の創立月日ははっきりしないが、慶長五年（一六〇〇）と思われる。当時の宣教師の書翰に「上京から下京への教会が遠いので、昨年上京の教会を建てた」（『イエズス会日本報告集』一六〇一年度年報）とあるので、一六〇〇年に創立されたことが分かる。下京の教会とは南蛮寺のことである。上京に教会を建てたいことは早くから記載がある。ヴィレラは一五八六年「上京に一軒家を借りようと努力した。上京は身分の高い人々が住んで居る所で、そこで（注・そこに教会を建てることで）多くの成果が得られると期待したからであった」（フロイス『日本史』第二三章）と述べている。南蛮寺の次に上京の教会を建てることは長年の夢であった。

上京の教会は何処にあったのか。現在、堀川元誓願寺東入ル辺りを教会址としている。京都の地誌『雍州府志』（一六八二～一六八六成立）に次の記載がある。

徒斯《ディス》ノ辻子　一条油小路堀河トノ間ニ在り。近世耶蘇宗門ノ寺斯町ニ在り。倭ノ俗デ徒斯ヲ誤リ、太宇須ト謂フ。故、今ニ太宇須辻《ダイウスツジ》ト称ス。

堀河の一条と油小路の間にダイウス辻があつたので、ここが教会の址地ではないかと推定されている。『京都古町覚書』（一七一七）に「一条油小路に切支丹の寺があった」、「一条あぶらのこうじに大寺をたて」（『吉利支丹物語』一六三九）と書かれている。跡地の根拠は「新撰増補京大絵図」（貞享三年（一六八六））の「大う寸丁」、「平安城東西南北並之図」（寛永年間か）の「たいうすづし」で明らかである。

『京羽二重』（一六八五）にも、たいうすの辻子は「武者の小路小川西へ入ル所」とある。この場所は一条油小路の直ぐ東にあたるので、これも同じ場所を示している。一条油小路の教会の周辺にはキリシタンの人が集住していたダイウス町があったのである。

南蛮寺（下京教会）の再建

家康の時代、南蛮寺が再建された。その場所は南蛮寺の跡地でなく、松原西洞院付近、現在の菊屋町・藪下町辺りに建てられたようだ。『京都古町覚書』に「五条西洞院にキリシタンの寺を建てた」記録、次の『京雀』（寛文五年刊、一六六五）からも、それが推定される。

　高辻西洞院一筋東南側
　かまの座つきぬけ通
　たかつじさがる
　だいうす町　往当此町に伴天連が住て提宇子《だいうす》の法を勧しを太閤秀吉公禁制せられ寺を壊れたり。
　五条松原通
　新町にしへ

図５　東山区川端通正面上ル元和キリシタン殉教の地（筆者撮影）

やぶのした町此町北へあがる町をだいうす町といふ。其町に昔きりしたんの住て法をすすめしに太閤の御時破却せらる。其時はきりしたんの住ける家の北は堀、南は竹藪也。されば北の横町は堀の内町、竪町はたいうす町、此町は藪のした町と云也。

『京雀』の「太閤秀吉公禁制せられ寺を壊れたり」の記載は「後世になってからの混同で、徳川時代に教会があった地の記録か」と岡村洋子は指摘（前掲書）している。

これは四条堀川にあったロスアンジェルス教会、つまり二十六聖人の発端の地でもある教会が秀吉によって破壊されたこととの混同であろう。四条堀川・五条堀川の二つの場所は極めて近い所にあり、どちらにもダイウス町があったのである。なお、五条は現在の松原通と思われる。この「松原地区は一軒を除いて皆キリシタンであった」（『イエズス会日本報告集』一六一四）。

元和の殉教

家康の切支丹緩和政策は続いたが、慶長一七年（一六一二）三月、岡本大八事件（キリシタン大名、有馬晴信を貶《おとし》めた詐欺）をきっかけにキリシタン禁止を表明した。家康は金地院崇伝を招き、徹夜で伴天連追放令を起草させ、大久保忠隣《ただちか》を上洛させた。発令は慶長一八年（一六一三）一二月二三日付であった。

趣旨は、日本は神国・仏国・儒教の国であること、キリシタン宗門は日本の国法などをそこなう邪法であること、故に速やかに日本から邪法を排除すること、であった。

伴天連追放令はただちに着手され、忠隣上洛の翌日には京都・伏見にあったイエズス会の三教会、フランシスコ会の聖堂・病院（いずれも場所不明）は焼き払われた。なお、伏見イエズス会の三教会の内、一教会のみ場所が分かっている。民家風に偽装された教会で南浜小学校の校庭にあったと推定され、元、高山右近の屋敷があった所という（三俣俊二「伏見キリシタン史蹟の研究」）。

京都所司代板倉勝重は切支丹に理解があり同情的であったが、やむなく信者名簿を作成した。勝重の子宗重は江戸でキリシタン追放の厳命を受けていて追放が強化された。当時、京都の信者七千人、うち四千人が信者として登録されていた（『イエズス会日本報告集』一六一四）、といわれる。所司代の役人たちは動員されて信者を捕縛し、俵責めなどの拷問で転宗を迫った。

キリシタンへの迫害が少し落ち着いた元和二年（一六一六）、二代将軍秀忠はキリシタン禁制の法令を八月八日に発布した。禁制は父家康の命令、下々百姓にいたるまで宗門の根絶をする、キリシタンの船は長崎・平戸へ送るなど、家康の禁令をさらに強化したものであった。

元和五年（一六一九）年一月、京都のダイウス町の手入れが始まった。ダイウス町は町の門が閉じられ、三六名が捕縛された。投獄者は他の所で捕縛された者を合わせて六三人。棄教をしなかった者、五二人が一〇月六日、一一台の大八車に乗せられ、市中を引き回しの上、六条河原に立てられた二七本の十字架に縛られた。今まで一つの杭に縛られて焼かれるのが常であったのに、一つの十字架に二人ずつ背中合わせに括られ、火刑（男二六女二六内一一名は一五才以下の子供）に処せられた（『イエズス会日本報告集』一六一九）。二七本の十字架は板倉勝重が精巧に作らせたもので、勝重の温情といわれている。

この時、殉教した人たちの中で哀れを誘ったのは、橋本太兵衛ジョアンの家族の姿であった。その妻テクラは臨月の身で腕に四歳のルシアを抱えて十字架に縛られ、一二歳のトマスを右手、九歳のフランシスコを左手に吊るされていた。あと、二人の子は近くの十字架に縛られていた（『日本切支丹宗門史』第四章）という。この家族は、高辻西洞院東のダイウス町の出身であったといわれている。

この京都の火刑は当時伏見に居た秀忠の厳命によるものであるが、京都の殉教の知らせを受けた伏見奉行は、急いでイグナチオ七右衛門を牢から引き出し、火刑に処している（『長崎談叢』第一九輯）。このあとも、長崎で五五名、江戸で五一名の殉教者が出ている。のち、これを元和の三大殉教と呼んでいる。寛永年間に入ると拷問が行われ、殉教者よりも棄教者を迫る惨い弾圧がいっそう激しくなっていった。鎖国令が出されて宣教師・外国人は入国できず、信徒たちは隠れキリシタンとして信仰を伝えていくことになる。京都では隠れキリシタンの伝承は殆ど残されていないが、高山右近の領地であった大阪府茨木市千提寺には残されている。以下に京都のキリシタン遺跡の一覧を挙げておく。

キリシタン遺跡とはキリスト教の普及に努めた宣教師・信徒たちの活動の場、つまり、生き様の痕跡が残されている場所である。具体的には歴史的な事件の場、教会、集住地、病院、住居などの跡地となる。遺跡を国や地方自治体が指定すると史跡となるが、京都ではキリシタンの史跡と呼ばれる場所は皆無と思われる。これは施政者が徹底して破壊した結果ではないか。その意味ではダイウスの地名は大地に刻まれた史跡といっていいかもしれない。

〈**京都のキリシタン遺跡**〉

1、革棚町（四条新町西入ル・ヴィレラとロレンソの住んだ所）
2、玉蔵町（六角室町西入ル・ヴィレラの住んだ所）
3、四条烏丸（ヴィレラの住んだ酒屋）
4、南蛮寺跡（蛸薬師室町西入ル姥柳町・南蛮寺の礎石は同志社大学図書館前にある）
5、ロス・アンジェルス教会跡（四条堀川辺りに教会と病院。古地図にダイウス町記載）
6、旧妙満寺跡（岩上綾小路・二十六聖人発祥の地）
7、一条戻り橋（二十六聖人、耳きり処刑地）
8、上京の教会跡（慶長天主堂跡とも・油小路元誓願寺下ル）
9、だいうすつじ（油小路元誓願寺辺り・古地図に大宇須辻と記載）
10、下京の教会（若宮高辻下ル菊屋町）
11、だいうす町（松原西洞院付近）
12、西の京だいうす町？（円町天神道・大友宗麟家系の医師奥渓家）
13、妙心寺春光院（花園妙心寺町・イエズス会の鐘）
14、元和の殉教地（大仏正面の六条河原）
15、キリシタン屋敷（木屋町五条下ル付近「南蛮興廃記」）
16、ミヤコの牢獄（二条城南）
17、二条河原（ベアタス会殉教地）

18、キリシタン墓碑（真教寺・椿寺・等持院南町小川の土橋の台石・成願寺・浄光寺・松林寺・延命寺・安養寺・西福寺・西寺南側小溝・京都大学総合博物館・京都国立博物館）

19、イエズス会伏見教会跡（丹後町・南浜小学校校庭辺り）

以上は『京都の歴史 四 桃山の開花』・杉野栄『京のキリシタン史跡を巡る』・山嵜泰正「京のキリシタン史跡・地名」（『地名探究』6号）を参照した。

7、終わりにかえて――南蛮文化と地名

京都の地名についてキリシタンの歴史に焦点をおいて述べてきたが、終わりにキリスト教伝来とともに、日本に入って来た南蛮文化に触れておきたい。実は、キリシタン文化と南蛮文化は大きくいうと時代にずれがある。南蛮ブームは秀吉の晩年の時代からで、「南蛮文化はキリシタン文化と解してはならない」（松田毅一『南蛮のバテレン』）のである。

ダイウス町の地名はキリシタン文化がもたらした象徴的な足跡である。ダイウス町が京都に延べ四つもあったことは驚きである。ダイウスは滋賀県安土に小字名で「大臼」（『近江蒲生郡誌』一九二二）、東大阪市には「大臼」の地名が大正時代まであったという。高山右近の出生地の大阪府豊能町高山に「ヘライの辻」という場所がある。ヘライは「ヘブライ」（hebrew）が訛ったものというが、確証はない。茨木市千提寺は高山右近の領地だが、「クルス山」と呼ぶ山があり、キリシタンの墓碑が発見されている。他に佐保山栗栖砦・栗栖山と呼ぶ所があるが、クルスとの繋がりは未詳である。宮崎県延岡市では無鹿（ムシカ）の地名があるが、これは大友宗麟が理想の王国「ムシカ」を表

したもので、ポルトガル語で音楽を意味する。

京都のキリシタン遺跡をさぐることは、京都の重層的な土地の歴史の一端を垣間見ることである。地名として定着することはなかったものの、それは十分に価値あるものである。

天文一二年（一五四三）、種子島に漂着したポルトガル人より鉄砲がもたらされた。ザビエルが鹿児島に上陸する六年前のことである。キリシタンへの興味は単に宗教への関心だけでない。その前後、それと共に入って来た南蛮の文化・科学を次に挙げる。

活字印刷機（日葡辞書・どちりいなきりしたん・こんてむつすむん地などキリシタンの印刷）

天文儀器（天体図・天球儀・地球儀など）

南蛮医学　外科

服飾（ジュバン・カルサン・ボタン・ビロード・ラシャ・メリヤス・カッパなど）

南蛮菓子（パン・ビスコ・カステラ・ボーロ・コンペイトウ・アルヘイトウなど）

楽器（オルガン・クラヴォ・ヴィオラ・アルぺなど）

南蛮絵画（マリア十五玄義図・ザビエル肖像画・南蛮人渡来図屏風など）

このうち、襦袢《じゅばん》・合羽《かっぱ》・金平糖《こんぺいとう》・有平糖《あるへいとう》などの漢字表記はすっかり日本語として定着しているが、地名までには及んでいない。

六、地所表示の変遷――「上ル下ル」導入の由来

糸井通浩

旧京域（洛中）の現在の標準的な地所（住所）表示は、次のようになる。

例①　京都市下京区大宮通松原上ル高辻大宮町＊＊＊番地

このように地所を示すのに「上ル」「下ル」を用いることが全国的に珍しいこととされているが、住所が複雑で長たらしいと煩わしがられもする。実際には、Ａ大宮通松原上ルで済ませたり、Ｂ（京都市下京区）高辻大宮町＊＊＊番地とすることもある。いかにも例①が二重構造のように見え、また「上ル」が終止形のように思われるが、実は連体形で「～を上がるところの」「～を上がった」などの意で、Ａ（通り名部分）とＢ（町名部分）とは連体形で結ばれていて、一体のものである。

本節では、このような地所表示がどのようにして形成されてきたか、地所表示の変遷をたどりながら、特に「上ル下ル」「東入ル西入ル」がいつ頃から、なぜ用いられるようになったかを整理してみたい（糸井通浩「京の『アガル・サガル』（付イル）考」「京の『アガル・サガル』（付イル）考〈続〉」も参照。本稿は、特に後者をベースにし、それを改稿した）。

条坊制によって造都された平安京において、当初からそのうちの特定の地点、または地域を指す、いわゆる「地所

表示」は必要とされた事項であった。現在旧の京域での地所表示は、縦横の通り名を「上ル・下ル、西入・東入」で町名（および番地）につなぐという様式を正式にはとっているが、この現在の様式が芽生えてくるのが室町時代末期の「天下人の時代」であった。

1、平安京の条坊制と地所表示

平安京も長安城をモデルに条坊制によって地割りがなされ、張り巡らされた大路小路によってさながら碁盤の目のような京域をなした。

公式の地所表示は、条坊の地割りの単位によってなされた。まず大内裏の南に南北に走る朱雀大路を境に東の京（左京）と西の京（右京）を区別し、それぞれを「条・坊・保・町・行・門」という面積の単位（ブロック・方格）によって地割りがなされ、それぞれが数値化され、「何条何坊何町……」と表示された。例えば、

例②　在左京四条二坊九町西四行北門内（嘉保二年〔一〇九六〕、平某家地売券・東寺百合文書）

この表示法を「ブロック方式」と呼ぶことにする。正確に限定的特定的に表示できるのはいいが、すぐにはどのあたりのことかがイメージしにくい。そこで、大路小路にそれぞれの全てに呼称が備わってくると、横（東西）と縦（南北）の通り名を用いて地所の在処を表示するようになる。これを「座標方式」と呼ぶことにする。例えば、

例③　自二条者南、自町者西、至大炊御門大路（『殿暦』嘉承元年〔一一〇六〕）

例④　在右京、四条南室町東辻子（保元二年〔一一五七〕、小野高久家地避状案）

などである。

公式文書や書類ではブロック方式が使用され続けたであろうが、日常的には固有の名を持つ通り名による座標方式の方が目的の場所がイメージしやすく親しみが持たれたと思われる。ただ座標方式では詰めの甘さ、曖昧さが残る。そこで厳密な地所表示をするためのさまざまな工夫が考えられてきたのである。

2、地所表示史の概観

日常的にはなじみやすい座標方式の方が主流となって展開した。しかしこの方式に大きな転換をもたらしたのが、人家の密集地（繁華街）を指す「町（まち）」（街）の成立と発展である。当初「町」といえばブロック方式で用いられる、地割りの単位としての「町（チョウ）」（約一二〇メートル四方が「一町」）を意味した。やがて一五世紀後半から両側町（片側町の場合もある。両側町、片側町については、四章二参照）が誕生し、特に秀吉による京都改造計画によって敷き詰められるように「町」が設定されたことによって町名が増殖し（現在、京都市に約一六〇〇の町名があるという）、通り名による座標方式に町名を結びつける方法が生まれてきたのである。結びつけるにあたって、「方向表示語」（上ル下ル、東・西入ル）が用いられた。江戸初期の寛文年間に見られるものが現在確認しているもっとも古い例で、それが現在の地所表示法の原点になったのである。

この間に地所を表示する上でさまざまな用語が用いられた。以下にそれらを用語別にどういう工夫であったかを整理してみたい。

3、地所表示に用いられてきた用語

条坊制による地割の単位――条・坊・保・町・行・門

北の一条大路から南の九条大路までが九つの条に区分された。ただし、縦二丁分の「北辺坊」が付加された形で設けられている。九条とは九条大路から八条大路までの空間域を指した。さらに一つの条は左京、右京それぞれにおいて、四つの坊に仕切られて、内裏に近い方から一坊、二坊、三坊、四坊となる。そして一つの坊は四保に、一保は四町にという風に地割りされた。左京、右京それぞれ、より小さく細分された各単位は、左京では中央の内裏から東南の方向へという基準で数値がつけられている。一つの坊は十六の町からなり、一から十六の番号が付いている。一町は一町（丁）四方の正方形の土地である（図1参照）。土地の規模を言うとき、この「町」が基本的単位となる。こうして大きな単位にも小さな単位にも番号がつけられたわけであり、ある地所を表示するのに、先の例②のように示された（図2）。

大路小路名、あるいは通り名

大小の四角形を入れ子式に敷き詰めたとも言ってよい地割り、碁盤の線のように張り巡らされた大路小路には、それぞれ道路名がつけられた。当初からの名称のままのものもあれば、後に通称名がつけられたものもあり、平安後期の院政期には現在見るような道路名が出そろったという。もっともその後改称されたものや後に敷設された道路（特に、秀吉の京都改造計画によって生まれた通り）もある。縦と横で座標を示すように、縦（南北）と横（東西）の道路名を使って、ある場所の所在地を表示することは、自然に容易に発想されえた。公式にはブロック方式によりながら、必要ならそれに次に述べる方位語（東・西・南・北）を補助に用いて表示したのであるが、数字で記号化された表示方法より固有の名のついた道路名によって座標のようにポイントを指す方法の方が、どのあたりのことかがイメージし易かったことから、地所表示の主流をなすようになった。

当初道路名は、「＊＊大路」「＊＊小路」と呼ばれたが、はや平安後期一一世紀には「大路小路」に代わって「＊＊通（り）」が用いられるようになったとみる仮説もある。もっとも中には、「塩小路」の場合のように、「塩通」とならず「塩小路通」となって現在に至っているものがある。これには一定の傾向がある。「小路」の前が漢字一字の道路名のものが該当する。油小路通、綾小路通、錦小路通などである。また現在、葛野大路、西大路など、「大路」を使っているものもある。

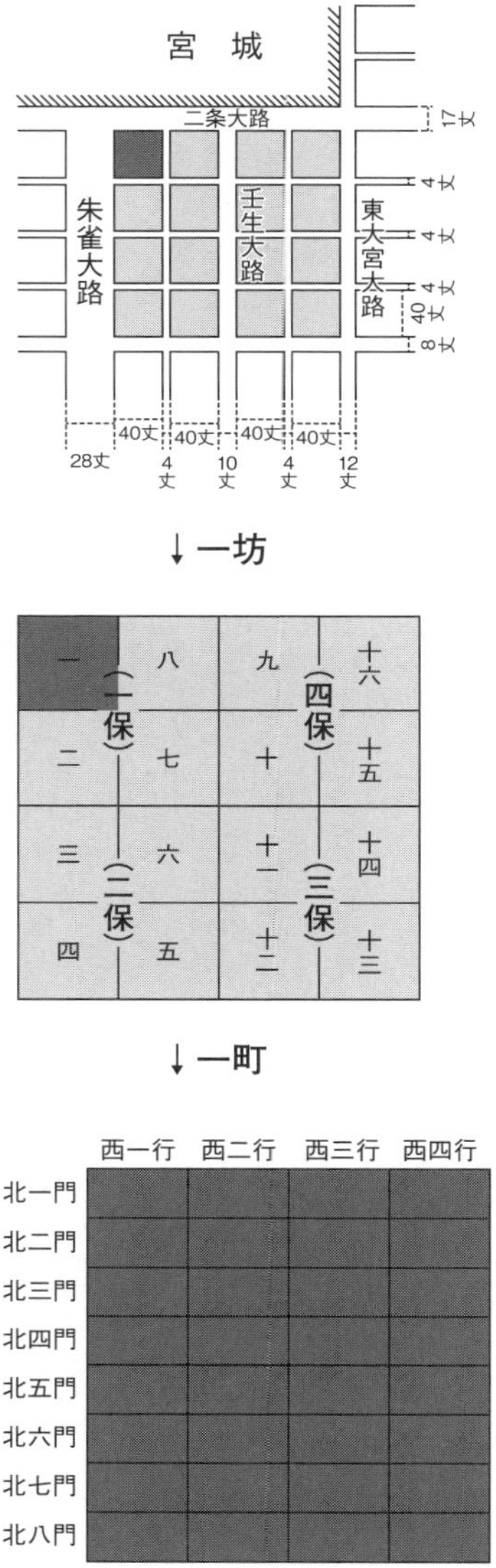

図1　条坊制による地割（京都市編『京都の歴史1　平安の新京』学芸書林、1970を元に作成。■が一町にあたる。）

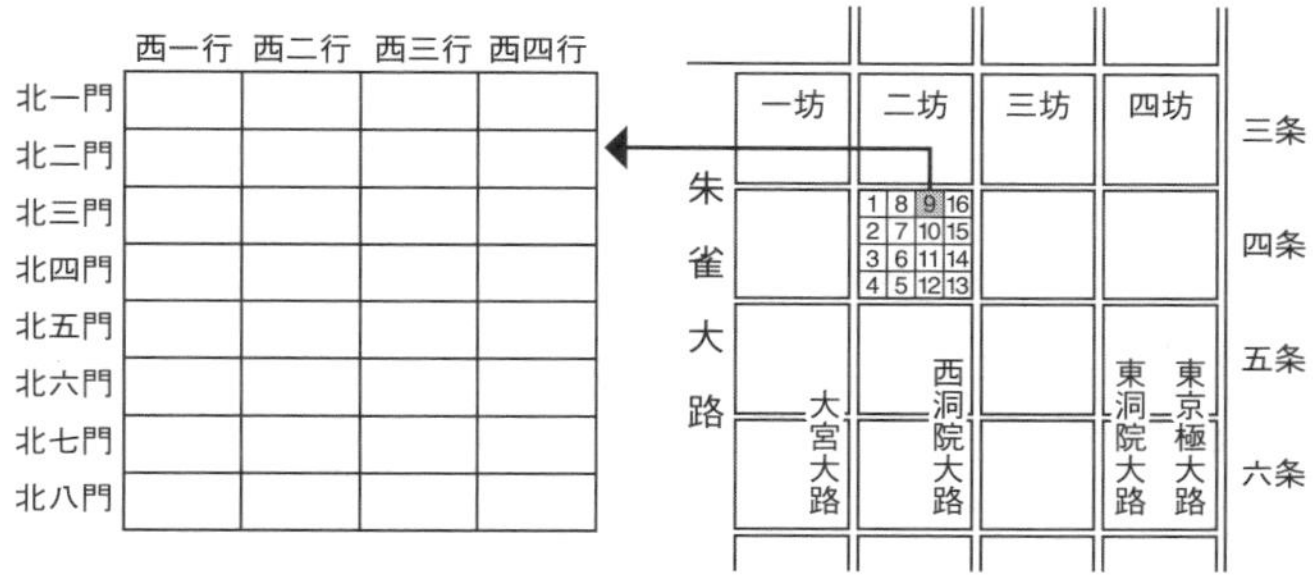

図２　例②「在左京四条二坊九町西四行北門内」を示す。（京都市編『京都の歴史１　平安の新京』学芸書林、1970を元に作成）

縦横の通り名による座標方式の地所表示にもいろいろな方法・レベルがあった。例えば、古典文学には、次のような例が見られる。

例⑤　「六条わたり」（『源氏物語』）。「室町のあこほど」（『梁塵秘抄』の歌謡）

地所表示としては、どちらも余りにも漠然としている。「六条わたり」のような例は物語文学によく見られる例である。「六条」は、六条大路なのか、ブロックとしての六条（左京の六条大路と五条大路の間を指す）なのかもはっきりしない。先の『源氏物語』の例は後者の例と思われる。「六条の御息所」の住まいのあるところを指している。『梁塵秘抄』の例の「室町」は室町小路のことで、九条大路から一条大路まで南北の長い小路を指す。しかし、「あこほど」は「男をしせぬ」（特定の男性と結婚しない）女の例として謡われていることや「あこ（ほど）」が遊女の名と見なせることを考えると、「室町」とはその五条あたり、つまり「五条室町」あたりを意味していたと思われる。それが同時代人によって了解されていた認識であったと思われるのである（糸井通浩「梁塵秘抄―三九八番歌研究ノート」）。

また、貴族の邸宅も「二条院」「西八条殿」などと呼称された。これらの「二条」「八条」も通り名とは限らない。「西八条殿」は平清盛の館であるが、「西」は西の京（右京）のことである。

先に例示した「例④　在右京、四条南室町東辻子」が標準的な表示法を示している。ここでは「四条」「室町」が縦横の道路名であるが、それを示す「大路小路」や「通り」という語はつけないのが普通であった。

先に示した「例③　自二条者南、自町者西、至大炊御門大路」も「二条」が二条大路で、「町」が縦の通りの「町小路」のことである。地点によって町尻小路とも町口小路とも言われた（金坂清則「町通（新町通）」『京都の地名検証』）。「小松殿大炊御門北町東」（『拾芥抄』）の「町」も「町小路」のこと。脇田修・脇田晴子『物語 京都の歴史』は、『蜻蛉日記』の「町の小路（の女）」を「町小路」の初出例という）。今の「新町通」である。③④の例では、「東・西・南」が道路のどの側面かを限定している。例③は、「自……者」と漢文体でより説明的になっている。次の例は、「従―至―」を用いている。

例⑥　従西洞院至五条　東折至室町（『殿暦』永久三年）

ざっとどのあたりかが分かればいいという場合は、東西南北は省かれて、次の⑦⑧のように言うだけで十分であった。

例⑦　「樋口富小路より火いできて」（平家物語・巻一）

例⑧　「高辻室町わたりにぞ家はありける」（宇治拾遺物語・巻三）

それでも例⑤の場合よりも限定された表示になっている。もっとも例⑧の場合、同じ話の中で同所が「高辻よりは北、室町よりは西、高辻面に」と必要に応じてより詳しく表示し、当時も残る塚の位置を説明しているのである。どこかの誰かのことや、ある屋敷（殿舎）のことを、縦・横の通り名で示すこともあった。「六条堀川」（『平家物語』）は源氏の館を指し、「四条油小路（時に光臨）」（『言継卿記』）といえば、前中納言隆継のことを指していた。これらの「六条」「四条」もブロックとしてのそれでなく通り名であった。こうした例は、歴史書や公家の日記などに多く見られる。世間的に、または当事者において、それで充分特定の人や場所・建物を指示し得たからである。

さて、室町末期に至って、現代につながる地所表示の新たな様式が誕生した。「通り名」に「町名」を結び付けた表示方法である。

例⑨　にしのとうゐん通りうらつち町（古久保家文書・慶長六年）

例⑩　木屋町　猪熊通中御門与春日通の間ノ町立町（建仁寺大中院文書・天正一五年）

例⑪　烏丸通大政所町（版本平家物語刊記・寛永三年）

例⑫　寺町通五条上ル丁（版本成唯識論刊記・寛永九年）

先にも例示したが、例①「京都市下京区大宮通松原上ル高辻大宮町＊＊＊番地」が現在の標準的な表示法である。「大宮通」と道路名に道路であることを示す「通」がついている。しかし「松原」は「松原通」のことであるが、「通」がついていなくて単に「松原」とある（このことについては後述）。地所表示をするとき、通り名に道路であることを示す「通」をつけることは、先に見たように古くは伝統的にはなかったのが、⑨〜⑫の例に見るように、中世の末期以降「通」をつける例が見られるようになり、これが現在のように表示する基になったものと思われる。通り名が通り名であることを明示する必要を感じたからであろう。「通り名」と「町名」とを区別するためであったかと思われる。

東・西・南・北（方位語）

京の盆地は、北山、東山、西山に囲まれ、南には巨椋《おぐら》池を控えるという、都城にとって理想的な、風水の四神信仰に叶った立地条件にあった。まさに宮城は「天子、南面す」るように設置できたのである。そして大路小路は、縦の南北を、または横の東西をまっすぐに走った。このことが幸いして地所を表示するときその箇所（地所）が位置する方位を示すのに南北東西を用いることができた。例②ですでに見たようにブロック方式による公式の住所表示にも方位語が用いられている。そして座標方式にも、「東入ル」「西入ル」などがその欠点を補うために欠かせない用語となったのである。南北については、「上ル」「下ル」の語に南北の方位が含まれていると考えればよい。京域では、川の流れは上流が北で下流が南である。北上することとは川を遡ることである。

方位語の用い方にも多少の変遷があった。まず方位を示す東西南北の用い方には二種類ある。一つはある場所（地所）の、どの側面かを示す場合で、例②のように、ブロック方式による表示をより厳密にする補助として用いられるのが、その例である。西側、東側の意味で、次の例もそうである。

例⑬　「今は昔、この三条よりは北、東洞院よりは東の隅は、鬼殿といふ所なり。」（『今昔物語集』）

などと頻繁に用いられている。もう一つは、行き先・方向を示す場合である。

例⑭　京極をくだりに三条までさがりて、河原を東へうちわたして（『保元物語』）

例⑮　大宮ヲノボリニ一条マデ西ヘゾ落チニケル（『承久記』）

例⑯　二条通御幸町西へ入丁上留リヤ（『絵入版本八島刊記』・寛永一七年）

例⑰　四条通小橋東へ入町・同通寺町西へ入町（『元禄覚書』）

⑭⑮の例では、「東へ」「西へ」と移動の方向を示すだけであったが、江戸期には例の⑯⑰のように「東へ入、あるいは西へ入（町、丁、所）」と単に移動の方向だけでなく、その結果の到着点（目的地「町、丁、所」）が示されることになる。この表示法が流布したが、これが江戸期以降に見られるようになった「＊＊上ル（下ル）町（丁、所）」に相当する。やがて助詞の「へ（まれに「に」）」が略されて、現在の「東入（ル）・西入（ル）＊＊町」という表示に

なったのである。

ちなみに、「のぼる・くだる」は移動の過程を意味し、「あがる・さがる」は移動の結果を示す（移動先を要求する）という違いがある。（例「はしごをのぼって、二階にあがる。」）

面（おもて）・頬（つら）

縦横の通り名でキーとなるポイントを押さえ、東西南北でどの方角に位置するかを限定した後、さらに厳密に位置を示すために、「面、頬」を用いることがあった。「面」はどの通りに面しているかを限定するもので、「頬」は通りに面していないときにどの方向に境（側面、はしっこ）があるかを示したものである。次のような例が一時期よく見られた。

例⑱　二条よりは北、西洞院よりは西に、西洞院面に住む僧（『今昔物語集』・十九）

例⑲　綾小路南東洞院東、綾小路面中許（宮道景親家地売券案・元暦二年）

例⑳　五条坊門東洞院高辻以北東頬（紛失状・暦応二年）

例㉑　今日、馬上六角町西北頬（『祇園執行日記』・康永二年）

これらの「面」「頬」の用い方には、後の「上ル下ル」「入（ル）」の用い方に似ているところがある。

間（あいだ）

ある事物の地所の位置を示すのに、どこにその地所があるかを、通り名を用いてその事物の「空間」を表示する方法があった。

例㉒　西洞院以西油小路以東二条以南三条坊門以北（敷地八町の証状・永正一六年）

このように四方を囲む道路名で示すこともできるが、「間」を用いることもある。

例㉓　（かんこくほこ）四条烏丸と室町の間（『祇園社記』・八坂神社記録上）

例㉔　四条東洞院トカラス丸トノ間（『同上』・明応九年）

「間」でもって一定の空間に存在していることを示している。先の⑩の例にも「間」を用いているが、⑩の例では、「木屋町《きのやちょう》」という「立町《たてまち》」（両側町の一種）の区域を説明している。このように「町」（住居が集合して組をなす一定の区域）を説明するのに活用されたようだ。

町・丁（まち・ちょう）

京都の地所表示に使われる「町」には、歴史的に三つの「町（チョウ・まち）」があった。

（A）条坊制による「町（チョウ）」

区画（ブロック）単位の一つとしての「町」である。ただし、町（丁）には長さの単位（約一二〇メートル）と広さの単位（約一二〇メートル四方）とがあることに注意する必要がある。ブロック単位は後者に当たる。次の二例の「町」は、長さの町（丁）である。

例㉕　苫屋の前を打ち過ぎ、一町ばかりあがりて見れば（『義経記』・四）

例㉖　大宮通二町上（版本尤の草紙刊記・寛永九年）

㉖の「上」は「あがる」と読む。例の㉕も㉖も到着点を意識しているから「あがる」を用いている。後世の「上ル」「下ル」に繋がっていく用法である。

（B）人家等の密集地の意の「町」（街）――「通り名＋町」の場合

早くから通り名に用いられたものに「室町（小路）」「町（小路）」（現在の新町通）がある。これらの「町」がブロック単位の「町」でないのは明らかである。平安末期以降になると、洛中のあちこちに三条町、四条町、七条町や二条町、六角町、錦小路町など、いわゆる繁華街が登場する。これらの町名ではどれも横（東西）の通り名がついているが、縦の通りではそれぞれの「町小路」あたりを指していたといわれる（脇田修・脇田晴子『物語　京都の歴史』および髙橋昌明『京都〈千年の都〉の歴史』）。

（C）人家等の密集地の意の「町」（街）――両側町など新町の名

座や同種の商いをする人たちの寄り集まった地域にこまめに町名がつけられていく。両側町や片側町と呼ばれる「町チョウ」である。通りを挟んで形成された町であったことから両側町と呼ばれるが、縦の通りを挟んだ町を「たてまち」、横の通りを挟んだ町を「よこまち」と呼んで区別した。両側町の地所表示には、一時次のような例もあった。「三条上ル下ル東国問屋」、「御池上ル下ル具足屋」、なかには「一条南北」という表示の仕方もあった（以上いずれも『京羽二重』による）。

特に秀吉の京都改造計画によって新たに地割りがなされ、道路が新たに敷設されて、そして町名が敷き詰められていった。旧京域内の町名は、全国の他の地に見る市町村制の町名とはあり方が随分違っている。京域では細かく町名がつけられているのである。

こうした京域の町名の付け方（有り様）が、「上ル」「下ル」「東・西入（ル）」を用いて、通り名に町名を結びつけて地所表示する発想に繋がったといえるだろう（⑨～⑫の例参照）。

「上ル・下ル」「東・西入（ル）」（方向表示語）

例⑨～⑫で示した、「通り名」に「町名」を結びつけた地所表示が室町末期以降新しく登場した方式であったが、通り名と町名の関係をより明確に示すために導入されたのが「上ル」などの方向表示語であった。通り名も縦横両方の通り名を用いて地所がイメージしやすく工夫されたのである。

例⑫　寺町通五条上ル丁（版本成唯識論刊記・寛永九年）

例⑰　四条通小橋東へ入町・同通寺町西へ入町（『元禄覚書』）

ここに同じ移動動詞でも、「のぼる・くだる」でなく「あがる・さがる」が用いられた理由は先にも述べたが、「あがる・さがる」の方は移動の結果（行き先・目的地）を要求する動作であり、例⑫では「丁（町に同じ）」、⑰では「町」が目的地に当たる。

現代の例、①京都市下京区大宮通松原上ル高辻大宮町＊＊＊番地で言えば、「上ル」の結果（行き先）が「高辻大宮町＊＊＊番地」ということになる。通り名が移動の過程（通過地）を示し、町名（番地）が移動の結果の行き先（目的地）を示している。

なお、表記について、「東・西入」と「入ル」の「ル」は省略されるのが当初からの慣習であるのに対して、「上ル・下ル」の方は「ル」を送るのが普通である。「ル」を送らないと、地名につく「上（かみ）・下（しも）」の場合と区別が付かないからである。もっとも当初の例では「ル」をつけない例もあった。

4、「方向表示語」を用いた地所表示の初出例

本節の主題でもある、地所表示に方向表示語（「上ル下ル」「東・西入（ル）」）がいつごろからどのように導入されてきたかについて、ここで整理してみたい。

例⑭　京極をくだりに三条までさがりて、河原を東へうちわたして（『保元物語』）

参考：三条へサガリ河原ヲ東へ打渡り（半井本『保元物語』）

例㉕　苫屋《とまや》の前を打ち過ぎ、一町ばかりあがりて見れば（『義経記』・四）

例㉗　つづら折りなる道を回りて、あがること十八町（『太平記』・三）

など鎌倉以降の軍記物語では移動の行き先を意識した「上がる・下がる」が用いられているが、特定の地所表示とはまだ言えない例である。

例⑫　寺町通五条上ル丁（版本成唯識論刊記・寛永九年）

例㉖　大宮通二町上（版本尤の草紙刊記・寛永九年）

㉖は、「二町」が長さ、二町行った（上がった）所にある「本屋・版元」を意味する住所表示である。⑫も同じく五条上がったところの丁（町）に版元があることを示している。これらが古い例になる。

例㉘　東洞院通下三本木町（版本御茶物語刊記・寛永七年）

この例の「下」は、「下ル」なのか、かみしも（上下）の「しも」なのか。「上（かみ）三本木町」があるので「下（しも）三本木町」もあるかと思われるが、現在はなく昔にもその存在は確認できない。とするとこの例は「下ル」

の例ということになる。

例㉙　三条下寺町永楽町（版本清韓本古文真宝後集刊記・寛永三年）

この例はどうか。町名として「下寺町」は存在するが、そう捉えると町名「永楽町」との関係が分からなくなる。とすれば「下」は「下ル」であり「寺町」は通り名とみるのがいいが、ただ「下」の位置が納得できない。「三条寺町下（ル）永楽町」のつもりであったのか、そうだとすると、例㉙は寛永三年の例であるから、これが方向表示語を用いた、今見つけている一番古い例となる。

5、「縦通り」「横通り」の優先制

縦と横の通り名で地所を座標方式で表示するとき、縦と横のどちらの通り名を先にするか、という優先制について見てみよう。

（1）条坊制によって区画されて大路小路も敷設された。当然、三条大路など「条」を区切る東西の横の大路が六角小路など小路も併せて優先された。繁華街をいう旧町名も「七条町」「六角町」など横の通り名を用いていた。

（2）1で見た横の通り名が優先されるという原則がやがて崩れてくるが、その主たる要因は、新町名である両側町（片側町も含む）が誕生しどんどん増えていき、その住所表示にこの町名が用いられるようになったことにあると思われる。両側町には「竪《たて》（縦）町」と「横町《よこ》」があった。縦の通りを挟んでできた縦の両側町の住所表示では、縦の通りをメインに考えるのが自然であろう。縦の通りが優先されたのである。

（3）2のようなことで原則が崩れてくると、地所を示して存在を知らせるものが何（どこ）か、またどういう視点（位置）から示すかとか、縦横の通りの大きさの違い（幹線、支線など）とか、色々な理由・根拠で優先する方が決定されるようになってきた。道路の辻（交差点）における道路標識にみる「辻名」にしてもさまざまなケースが見られる。今統一的な基準はないと言っていいだろう。この点に関する行政的な条例もないようだ。

なお、杉森哲也によると、明治三九年から一部の道路の幹線化とその拡張によって、幹線道路を優位に見るようになった（「近世京都の地点表記法」）。また電車などの停留所名が、視点の位置からすれば「四条烏丸」も「烏丸四条」もありうるが、「四条烏丸」に統一されているという。こうした場合は、横の通り名が優先されるのだろうか。

6、まとめ――現在の課題

以上、天下人の時代の室町時代末期における「町」の発達が、洛中における地所表示の方式に大きな変革をもたらすことになったことがわかる。つまり、通り名と町名を「方向表示語」で結ぶ、例①のような現代の様式がほぼ江戸時代のごく初期に確立したことがわかったが、なお初出例については、もう少し遡る例が見つかるかもしれない。公家等の日記にはあまり期待できないが、土地の売買などの古文書や公式文書をさらに調べて見る必要があろう。

その他、京都の地所表示に関して課題となっていることに、「上ル」か「上る」か（平仮名か片仮名か）という表記の問題がある。江戸以来の伝統では片仮名、しかも「上る」だと現代送り仮名のつけ方に反していて、「上がる」とすべきところである。また、冒頭で示した①の例でいうと、Ｂ（京都市下京区）高辻大宮町＊＊番地、と表示するケースが増えているといわれる。つまり京都特有の「通り名」を用いた地所表示が消えつつあることになる。これを嘆く声もある。通り名に精通している京都人には、かえってどこかイメージしにくくなっているといえよう。町名があまりにも多すぎるのである。

第五章　近世文化都市の興隆

一、新政府の京、災害と町づくり

岩田　貢

政権が豊臣家から徳川家に代わっても、西日本支配や朝廷との関係から、京都がもつ政治上の重要性は依然大きかった。その政務の中心となったのは、先に秀吉が禁裏西方に着目し聚楽第《じゅらくだい》を建てた地の南側であった。ここには新たな二条城をはじめ幕府諸機関が置かれ、幕末に至るまで京都支配を担うことになった。

他方この時期の町づくりと災害や防災との関係をみると、まず長年の大きな政治課題であった鴨川の治水を目的に、一七世紀後半に新たな堤防が築かれた点が注目される。その防災効果とは裏腹に、新堤と御土居《おどい》との間に河原町通建設などの新たな開発が行われ、現在の繁華街につながる地域が誕生することになった。他方、火災による被害も度々受けたが、中でも一八世紀初めの宝永の大火は、京都市街の再編をも促すことになった。

本節では、新政府の町づくりの特徴と災害に影響された市街開発の様子をみていきたい。

1、二条城と官庁街の建設

二条城

堀川御池交差点の北西側、堀川通沿いに二条城がある。豊臣家に代わり天下をとった徳川家康の命により、慶長八年（一六〇三）に造られたもので、信長が築いた旧二条城（二条新第）とは異なる。二条城は、平成六年（一九九四）には、「古都京都の文化財」の一つとしてユネスコの世界遺産（世界文化遺産）に登録されている。創建時の城は東側の約半分だけの区域であったが、現在は、堀を含めて東西約五一〇メートル、南北約四〇〇メートルのほぼ長方形になっている。

京の名所を描く「洛中洛外図屏風」は、江戸期になると、二枚組のうち右隻《うせき》に内裏や方広寺もしくは鴨川以東の社寺が描かれ、左隻《させき》には二条城が配されるのが定番となった。これから、二条城が、江戸期の京都を代表する建築物として強く意識されていたことが分かる。

この二条城が造られた経過をみていこう。慶長五年（一六〇〇）以降の徳川政権は、秀吉の都市改造構想に沿ってさらに京都を拡大した。その象徴となったのが二条城の建設である。二条城が築かれた地は、西側に田園が、東側に秀吉により新規に建設された新開地が広がり、御土居内のほぼ中心的な位置を占めた。『義演准后日記《ぎえんじゅごうにっき》』の慶長六年（一六〇一）五月九日条にある「伝聞、京都ニ内府屋形立云々、町屋四・五千間モノクト云々」のように、田園部であった堀川通以西、竹屋町通以南、押小路通以北の地域一帯の家屋が立ち退きを強いられ、土地が確保された。

家康による二条城の正門は東を向いている。視線の先には御所がある。城の北方には、かつて平安京の大内裏があ

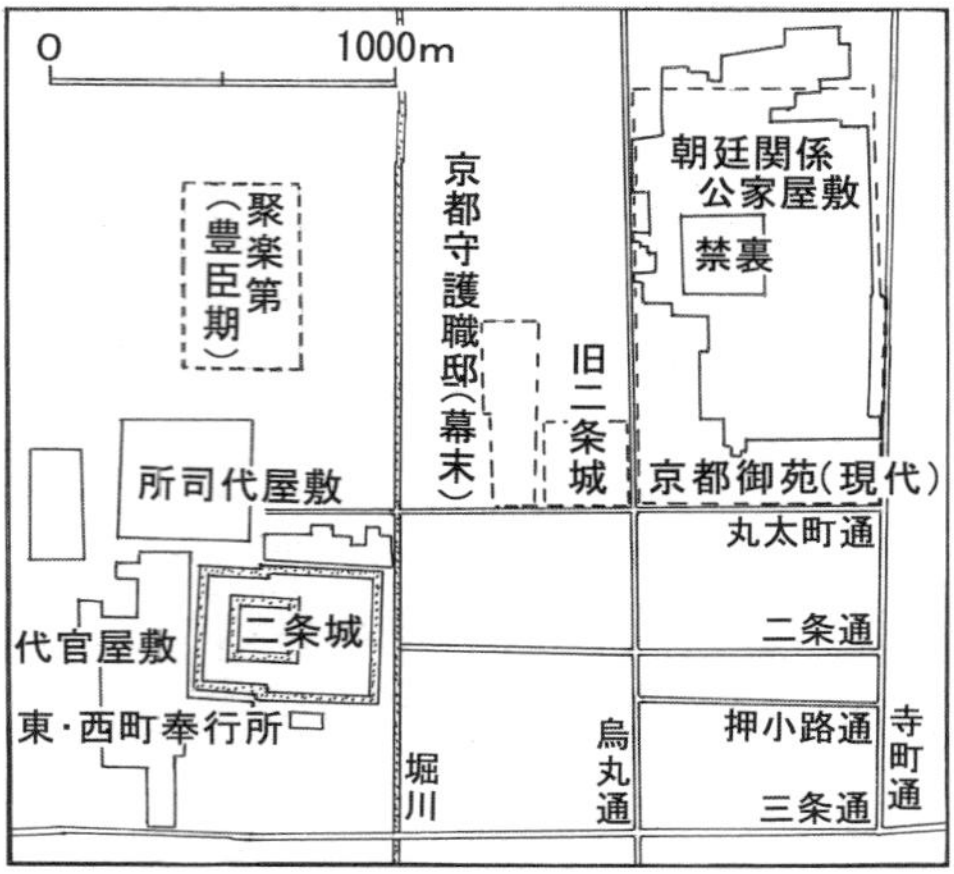

図１　二条城と禁裏（御所）延宝・元禄期（京都市編『京都の歴史５』〔学芸書林、1972〕の別添地図「近世都市＝京都の構造」を元に作図）破線部は異る時期のもの。

り、その後内野と呼ばれた場所に秀吉が造った豪壮な聚楽第が存在していた。当然、家康の二条城は、この聚楽第を強く意識したものになったと考えられる。

この二条城には、慶長八年（一六〇三）三月に家康が伏見城から移った。慶長一六年には家康と豊臣秀頼との対面が行われ、元和六年（一六二〇）には二代将軍秀忠の娘である和子の入内の儀典の場とされた。さらに寛永三年（一六二六）九月に挙行された「寛永行幸《ぎょうこう》」（「二条行幸」）では、将軍職を家光に譲った大御所秀忠が、後水尾《ごみずのお》天皇を二条城に迎えるという、華やかな舞台ともなった。御所から二条城に至る約二・六キロメートルの道のりに、目を奪われるきらびやかな行列が進んだ。この様子は、寛永期の洛中洛外図屏風のモチーフともなった。

寛永一一年の将軍家光上洛時には儀典の城としての使命を果たしたが、その後幕末期まで主要な役目は担わなかった。しかし城周辺には所司代《しょしだい》屋敷をはじめ、東・西町奉行所・京都代官屋敷・蔵屋敷などが建ち並び、京都の官庁街が形成された。現在これらの跡地は、京都社会福祉会館、市立二条城北小学校、同二条中学校・同中京中学校・府立朱雀高等学校など公共施設として利用されている。

京都所司代

京都所司代の「所司」とは、鎌倉幕府では侍所の次官、室町幕府では侍所の長官をさす役職で、所司代はその下に当たる。元々家康の意向を受けて政治を行う役目を担った。この京都所司代の役所や住居は、二条城の北に隣接した場所に設けられた。寛文八年（一六六八）には、民政を担当する京都町奉行として東町奉行と西町奉行が任命され、二条城の西側と南側にその屋敷がつくられた。それまで西日本の支配に大きな権限を持っていた所司代から、民政上の権限が一段下の職階である町奉行に移管されたのである。その京都町奉行の支配地域も、八代将軍吉宗の時代には、山城・大和・近江と丹波の範囲へと縮小された。所司代はその後も京都に置かれた役職の最上位ではあったが、事実上の名誉職になった。なお、幕末には京都守護職の屋敷地が、御所の西側の町屋を立ち退かせた土地に確保された。現在この地は、京都府庁や京都第二赤十字病院となっている。

2、鴨川と近世の京都

四条河原町といえば、京都の代表的繁華街の一つである。その東方の高瀬川沿いに木屋町通があり、その東に先斗《ぽんと》町通という細い路地がみられる。京都を訪れる多くの人々が歩くこれらの通りは、いずれも江戸時代以降に生まれたものである。

河原町通という名から連想できるのは、文字通り河原である。元は鴨川の流れに沿った河原である。寛文八年（一六六八）に幕府によって、鴨川の大改修が行われたことが通りの建設や発展のきっかけとなった。

鴨川は、淀川水系に属する全体約三一キロメートルの一級河川である。桟敷《さじき》ケ岳《がたけ》（八九五・八メートル）付近を源流の一つとし、貴船川や鞍馬川からの水を加えて大きな流れとなる。下鴨神社南の出町柳付近で、比叡山西側から流れ出た高野川と合流し、繁華街を分断するように流れ下り、伏見区の下鳥羽付近で桂川に合流する。このうち出町柳の上流は賀茂川、その下流は鴨川と表記されるが、全体として鴨川水系と称される。なお、鴨川のカモは、井の古語カーと水の古語モヒによるカー・モヒの約音転訛で、湧水や川水、氷を管理し貢納した葛野《かどの》の古代氏族賀茂《かも》氏に由来すると考えられる（第一章一参照）。

鴨川の上流域からは、大雨になると大量の流水とともに岩石や土砂が下流部に押し流されてくる。一一世紀後半に院政を始めた白河上皇による「賀茂河の水、双六《すごろく》の賽《さい》、山法師《やまぼうし》、是《これ》ぞわが心にかなはぬもの」（『平家物語』）という言葉にもあるように、鴨川の治水は時代を問わず京を治める者にとって、逃れることのできない重要な政治課題であった。

鴨川の洪水の危険から京都の市街地を守るためには、堤防の建設が必要となる。江戸時代になるまでは、京都の市街地は鴨川の右岸に多くが広がっていたようで、東側の左岸には社寺や村落が点在するだけの状況であった。堤防も西側は直線上になっていたようだが、連続したものではなかった。いっぽう、左岸側は不規則な状態で広い河川敷を網状に流れ、川幅も現在と比べて広かったとみられている。

現在の三条大橋西詰に、かつて中洲であったことを連想させる中島町という地名がみられる。新撰組の襲撃で名高い池田屋の跡もこの一画を占める。町名は寛永年間以降の絵図に記載され、『京都坊目誌』では「加茂川及び高瀬川の間に起るを以て名とす」とされる。三条大橋からさらに西方に約四〇〇メートル進むと、三条通と新京極通が丁字路を形づくっている。南側の新京極通へ下る通称「タラタラ坂」は、三条通を高くして鴨川の堤防につないだなごりであるとみられている。

河原町通

河原町通ができたのは、新しく開削された高瀬川と御土居のあった位置との間に、一七世紀中期以降に町が形成されたことによるとされる。前の時代に築造された御土居は、現在の河原町通の少し西側を南北に通っていた。その後順次取り崩されていって市街地に変貌し、そこに通りが造られた。名は文字通り鴨川の河原に建設されたことに由来する。この「河原町通」の通り名が確認できる最初の資料は、『寛永以降万治以前京都全図』といわれる古地図であるとされる。当図では荒神口通から丸太町通までを「河原町通」としている。現在の通りは南北に伸び、北は賀茂川が高野川と合流する葵橋の西詰から、南は十条通に至る通りを示す。

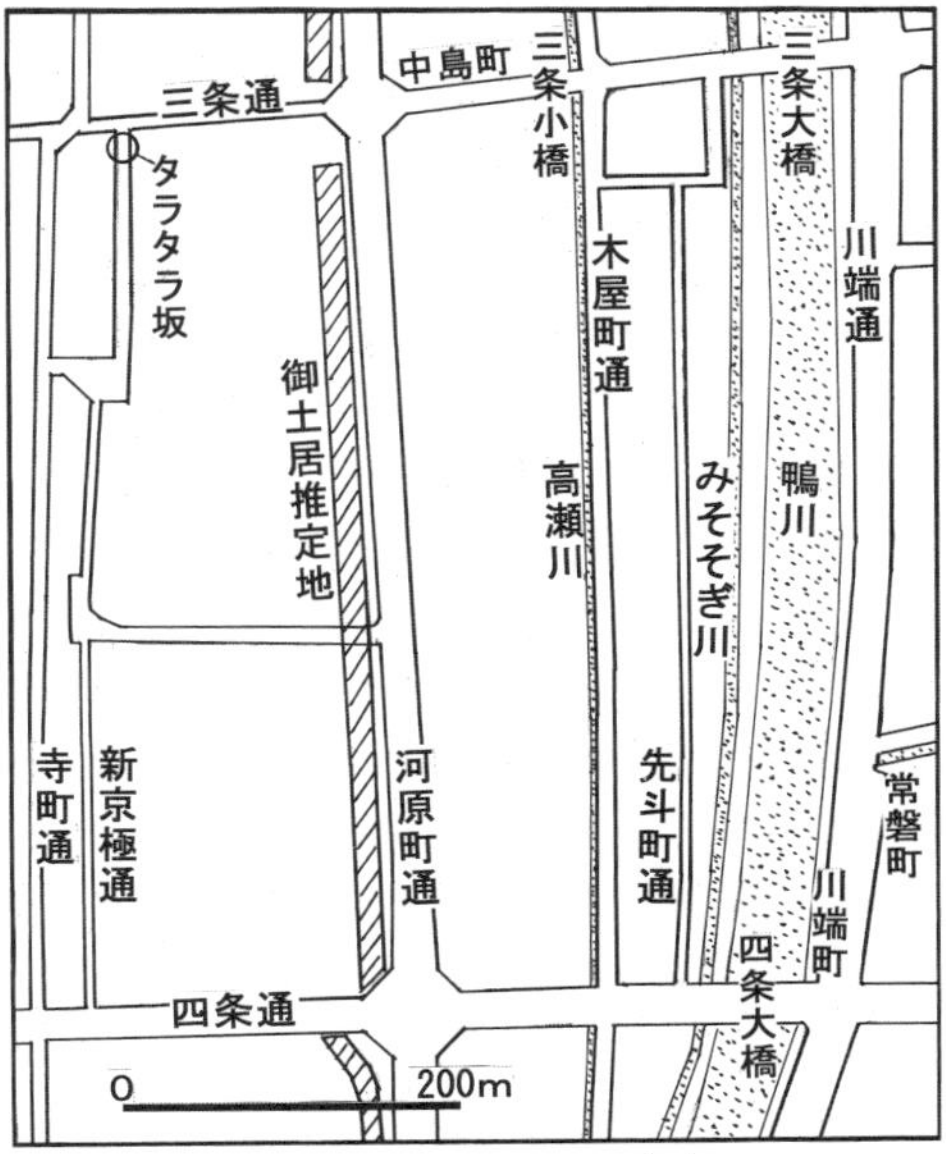

図２　鴨川・河原町通・先斗町通付近略図　御土居推定地は中村武生『御土居堀ものがたり』（2005、京都新聞出版センター）による。

河原町通沿いの地域は、江戸期に新たに開かれ、御土居の内側と比べて広大な土地が確保できた。高瀬川を開削した角倉家は河原町二条に広大な屋敷を得、その南から四条通上までには、長州藩（現京都ホテルオークラ）、加賀藩、対馬藩（現京都ロイヤルホテル）、丸亀藩、土佐藩（旧立誠小学校）の武家屋敷が、連なるように建てられた。

近辺には、幕末の有名人縁《ゆかり》の地が散在している。新撰組が討ち入った旅館池田屋は三条小橋と河原町通の間、坂本龍馬と中岡慎太郎が暗殺された醤油商の近江屋は河原町通の四条上ル西側の地にあった。木屋町御池上ルには桂小五郎と芸者幾松が潜んだ料理旅館が、今は「幾松」の名で営業している。さらに佐久間象山や大村益次郎の遭難地を示す碑が、木屋町通御池上ルに建っている。

先斗町通

先斗《ぽんと》町通は、寛文期の鴨川の大改修によって造られた。木屋町通の一筋東側で、三条通の一筋南から四条通に至る通りをいう。先斗町は京都の難読地名で有名であり、①先を意味するポルトガル語に因る「先端・須崎説」、②人家皆水に臨み裏は沙磧《すながわら》なので先計《さきばかり》だとする「先ばかり説」、③宣教師が鴨川を見て橋（ポンテ）が多い町だと驚いたことに因る「橋説」、④つづみの音が聞こえる町に因る「鼓説」など諸説が示されてきた。杉本重雄は、家々が鴨川に面した先ばかりに建ち並ぶ景勝の地であり、その北端がかつて先（首）が並べられた刑場であったことから、カルタ賭博用語「ポント（先斗）」（「先ばかり」の意味）との洒落で名付けられたと説く（『先斗町地名考』）。なおpontoは点・時点の意味、先斗は「先ばかり」の当て字であり、「ばかり」の訓と「ト」の音を併せ持つ「斗」を当てたと考える。この先斗町通には、木屋町通と連続する遊興の地として、料理屋や旅籠屋、遊郭なども次々と建てられていった。江戸期の後半には芸者も置かれるようになり、その芸妓衆が歌舞音曲を練習する「先斗町歌舞練場」が明治二八年（一八九五）に新設され、毎年五月には「鴨川をどり」が華やかに催されている。

川端通

寛文期の鴨川の大改修により、鴨川東岸でも二条から下流域に石垣による堤防が造られた。これにより、堤防に沿

図３　三条橋　『伊勢参宮名所図会』（宗政五十緒『都名所図会を読む』東京堂出版、p.6より）
手前右が西詰、上手右が四条橋。橋上の人物は清水寺方面を指している。

った道路も造られた。今は、北は上高野の白川通合流点から南は七条通下の塩小路通までを指す川端通となっている。現在、四条大橋東詰を川端町というが、『京都坊目誌』に「賀茂川の涯《きし》にあり故に名とす」とあり、鴨川端に由来している。寛文年間に祇園外六町の一つとして町地となり、現在も劇場や飲食店が建ち並ぶ。四条大橋北東側の常磐町からは、川端町を通って鴨川に下る道があった。これは荷を運ぶ車専用のもので、重量により橋の破損を防ぐため、牛が曳く車は鴨川を直接渡河したという。寛政九年（一七九七）に刊行された『伊勢参宮名所図会』には、上流の三条大橋の図が載せられている。三条大橋の南側を牛車が川を横断する姿がみられる。

3、「寛文新堤」による町づくり

先斗町に関係する寛文期の鴨川の大改修は、年号に因んで「寛文新堤」と呼ばれる。新堤の防災効果を研究する吉越昭久の考えに沿ってみていこう。

鴨川の流路は、明治期の琵琶湖疏水の建設と、昭和初期に実施された大改修工事により、ほぼ現在の形がつくられたが、その基礎となったのは「寛文新堤」である。鴨川は洪水が頻発し、江戸幕府が開かれてから新堤建設の年まで記録にみられるだけでも一〇回が数えられる。寛文三年（一六六三）八月五日にも鴨川が溢水し、堤防が損壊したという被害が記録として残されている。そこで、京都所司代の板倉重矩《いたくらしげのり》が責任者となって、寛文九年（一六六九）に堤防の築造が開始され、翌年に終了した。堤防が建設された区間は、上賀茂から五条通付近までであった。

現在の景観につながる堤防ということから、城の石垣のように高い石垣が連続する堤防により市街が守られたかのように想像されるが、必ずしもそうではなかった。石積の堤防は西側の右岸が主で、現在の今出川通より下流の部分と、東側の左岸では二条通より下流部にみられただけである。構造をみれば、石積部分の上流は土積が基本的であり、蛇篭がその前面に設置されて護岸の役割を果たしていた。また上流部の賀茂川の堤防工事をみれば、西側の右岸だけに建設され、東側では実施されなかった。また、「寛文新堤」は連続堤ではなく、道路などと交わる部分が途切れた破堤であった。堤頂の高さは市街地と変わらず、堤防より石積護岸とみる方が実態に近かった。

吉越は次の変化に注目している。一点目は、市街地と同じ高さの新堤では、御土居が撤去された後、洪水がくい止められなかったことである。二点目は、鴨川の河川敷が開放的空間となり、人々は堤防から河原に降りて芝居見物を行い、床で飲食や夕涼みをして水辺を楽しむようになったことである。三点目は、これまでの河川敷が堤内地に取り込まれて、新地として遊興的な性格を強く持った市街地へと変貌していくことである。四点目として、鴨川の河床が上昇しやすくなった点を指摘する。洪水防止には堤防の嵩上げか河床の浚渫《しゅんせつ》しか方法はなく、これを怠ると洪水は止まないのである。

これらから吉越は、新堤建設の目的は、鴨川周辺の堤内地を増やすことにあったとみる。鴨川西の市街地と、鴨東の神社仏閣を結ぶ重要な位置にあり、広い河川敷を有効活用するために考えた政策であったというのである。

4、宝永大火（一七〇八年）後の都市改造

京都市役所東方の御池大橋を東に渡ると、南北方向に延びる短冊状の町とそれを画する「新」の字が付く南北通りがみられる。現在の新洞《しんとう》学区に当たる地域である。ここは、宝永五年（一七〇八）の大火後の町屋移転により新たになった地域である。

宝永五年（一七〇八）三月八日の午後、現在の二条城から数百メートル南東に当たる油小路通姉小路下ルにあった銭屋市兵衛の家から火事が起こった。火は西南の風にのり、東北へと燃え広がり、翌日朝まで続く大火災となった。『宝永五年炎上記』には、「町数四百十五町、家数一万百三十数軒余、寺数五十ケ所、社頭十八ケ所、西道場十二ケ所、東道場二十三ケ所、土蔵火入六百七十余」とある。北は今出川通、南は四条通、東は鴨川から西は堀川通までの広大な市街地が焼き尽くされた。禁裏御所や周辺の七八もの公家の邸宅を含む公家町や、市中にあった二四の大名屋敷も焼失した。これを契機に、幕府による復興構想で御所が拡大されることになり、これまで御所の南側にあった多くの町が移転を余儀なくされたのである。

江戸時代初期の絵図をみると、この新洞学区の地域には、現京阪電車三条駅北東側の地に檀王法林寺があるだけであった。その後東側に心光寺が五条川東から移り、寛文一三年（一六七三）に現在の京都御苑内南にあった頂妙寺が法林寺の北方に、さらに元禄年間には檀王法林寺の東方に法皇寺が移動してきた。このように鴨東の二条通から三条通にかけては、町屋が移るまでは、寺院が立ち並ぶ土地となっていた。

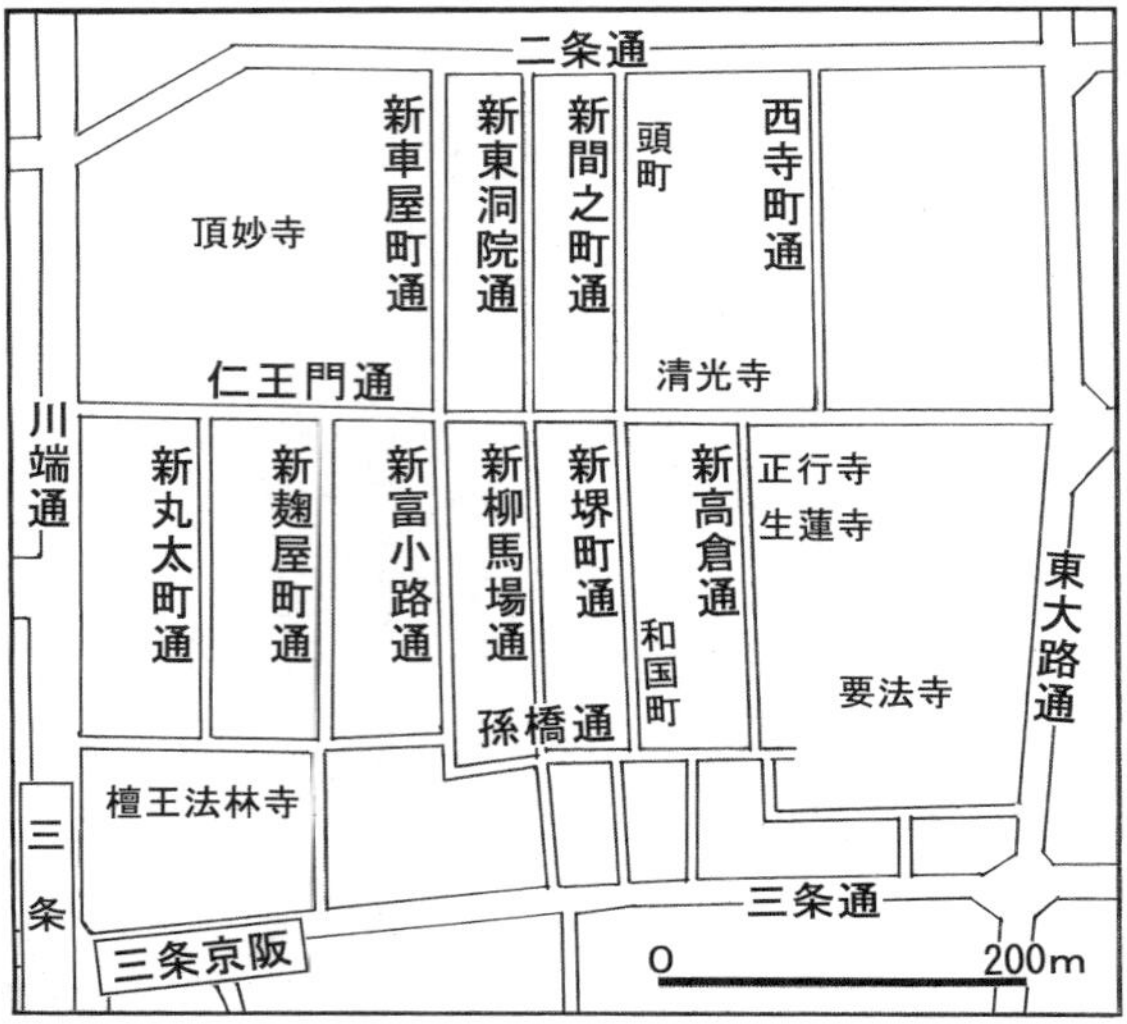

図４　京阪電車三条駅・地下鉄三条京阪駅　北東付近図

新丸太町通、新麹屋町通

新洞学区の通り名を西からみていこう。檀王法林寺北側の孫橋通とその北の仁王門通との間に、新丸太町通がある。この通り付近は、御所拡大に伴って元あった丸太町通北側の町屋を移したところである。その一筋東には、三条通から北の頂妙寺前の仁王門通まで続く新麹屋町通がある。寺町通の西二筋目の麩屋町通と丸太町通北側に当たる現京都御所内の町屋が移されたところに造られた。

新富小路通、新車屋町通

その東の通りは、南の孫橋通から仁王門通を越え北の二条通まで通じる。仁王門通を境にして南側が新富小路通で、北側が新車屋町通である。大火の前に現御所内の南にあった富小路通丸太町上ルの讃州寺町（三州町、三州寺町）と車屋町通丸太町上ルの大炊町（大方町）が移転した地に通されたものである。

新柳馬場通、新東洞院通

次の東の通りは、三条通から仁王門通までが新柳馬場通、仁王門通から二条通までが新東洞院通である。同様に御所の南にあった柳馬場通丸太町上ル駒薬師町と東洞院通丸太町上ル三本木町の家屋が移ったところで、旧町名にちなむ通り名が付けられた。

新堺町通、新間之町通

さらに次の東の通りは、三条通から仁王門通まで続く新堺町通とそこから二条通まで続く新間之町通である。新堺町通は和国町を通る。同町も元は堺町通丸太町上ルにあった駒本町の町民が移ったところとされる。北の新間之町通は頭町を通る。やはり元は間之町通丸太町上ルにあった。通の北端のため頭町という名になったと思われる。

新高倉通、西寺町通

新高倉通は新堺町通の東側に当たり、三条と仁王門の両通りを繋いでいる。その東側に大火後に移転してきた要法寺と北西隣に正行寺、生蓮寺がみられる。要法寺は、元は高倉通丸太町上ルにあったが、御所拡張のため隣の二寺や北側の清光寺と共に移ってきた。

これらの通りの並びにはある法則性がみられる。移動前には麩屋町通を起点に西側に続く高倉通までの五筋の通りを、移動後は新丸太町通の東へ逆方向に順に並べている。その北側には、元の間之町通から西に続く三筋を、同じく西方向に並べているのである。

この地域にみられる南北通りの最も東に当たるのが、新間之町通と東大路通の間にある西寺町通である。やはり大火の後、寺町通荒神口から二条間にあった多くの寺院がこの替え地に移転してきたところを貫いている。

蛤御門

宝永の大火後の御所の拡張計画により立ち退かされたのは、現新洞学区の地域に移った人達だけではなかった。その他西陣や聚楽地域にも替え地が設けられた。

なお、御所における同大火に関わる「蛤御門」の命名時期に、新説が出されているのであげておこう。これまで、大火当時を記す『上京文書　親町要用亀鑑録』に「其旧地え新ニ御門を建給ふ。則、新在家御門といふ。俗ニ蛤御門といふハ、焼て口開く御門故の俗称也」との記述があることから、同門の名の始まりが宝永の大火後であるとされてきた。しかし二〇一六年になって、大学で学ぶ市民により、元禄七年（一六九四）頃成立の『京都役所方覚書』中に「蛤御門番弐人」との記述、ならびに宝永の大火前年に記された公卿の日記『日野輝光卿記』中に「祭礼通候間蛤門さし人止也」との記録が見つかったことが発表され、蛤御門の命名時期が同大火より前に遡るとの考えが明らかにされた。なお、後の元治元年（一八六四）七月一九日には、勢力挽回のため京都に繰り出してきた長州藩と京都守護職率いる諸藩との戦いがこの近辺で行われ、後に蛤御門の変（禁門の変）と呼ばれた。ただし、当時の門は南向きで位置も少し東側であったとのことである。

二、寺社の整備と門前町の発展

岩田　貢

京都は年間四千万人の観光客を迎える国際的な観光都市である。観光目的の一つは、一九九三年からＪＲ東海が展開してきた京都観光のキャンペーン「そうだ 京都、行こう。」のポスターに多くみられるように、神社仏閣巡りである。四季とりどりに鮮やかな色の変化を見せる背景の山々、池泉・石組みや桜・紅葉等の木々の巧みな配置、落ち着いた社殿や堂宇が展開する社寺は、洛北・洛南・洛東・洛西の別を問わず、多くの人を惹き付ける。

しかしこのような風景は必ずしも現代のものだけではない。すでに江戸時代には、遠忌や開帳を機に京都の本山や有名寺院を訪れ、ガイドブックを手に名所を巡り名物を口にしつつ遊楽にふけるという京都観光の原型がみられる。いま有名社寺が「清水《きよみず》さん（清水寺）」や「お西さん（西本願寺）」、はたまた「祇園さん（八坂神社）」などと愛称で呼ばれるに至るまでには、多くの人々の参拝の歴史や長い間寄せられた信仰心が積み重なっているのである。その背景を順にみていこう。

1、宗教支配と寺社の領地安堵

近世の統一政権にとって、宗教政策は欠くことのできない重要政策の一つであった。長い歴史と有力かつ広い支持層をもつ宗教勢力は、単に滅ぼせばよいというような対象ではなく、その社寺の持つ権威と関係する経済力や組織は、政治支配に活用すべきものとして大事に扱った。

徳川政権は寺社勢力を統制の対象にしたが、それを可能にしたのが、織田信長・豊臣秀吉の統一政権である。とくに中世に勢力を誇示した京都周辺の寺社勢力は、武家政権にとって重要な統治の対象となった。信長は、敵対勢力として徹底的に攻め、秀吉は融和・懐柔に努めた。そして、徳川家康以降はハード面では寺社建築に努めて今日の京都の寺社建築の景観を産み出し、ソフト面では諸法度によって統制して今日の庶民と寺院の関係をつくった。

信長が敵対した宗教勢力は仏教の三宗派である。荘園領主かつ旧仏教を代表する権威であった比叡山延暦寺には比叡山焼き討ち、強大な組織力を有した本願寺勢力には一揆討伐・石山本願寺侵攻という強引な手段で押さえ込んだ。また法華宗の信徒には京都の流通経済を動かす町衆が多くいたが、同宗高僧が他宗との教義論争に敗れたのを機に、莫代な償金を支払わせ屈服させたのである。

一方、秀吉は信長の政策を引き継ぐとともに、寺社の領地に代替地を与えたり、複雑な土地支配関係を整理して領地安堵を行うなどして融和と懐柔を行った。新たな徳川政権も秀吉の政策を継承して、寺社の領地を保証して境内は寺院の支配に任した。

これらの動きには次のような背景がみられる。

信長以前の戦国時代までに、京都を襲った戦乱は多くの寺社を荒れさせた。寺社近辺でおこされた戦闘は、その建物や町家を荒廃させたばかりでなく、領地が荒らされ戦乱で運送が途絶えるなどして生産物の輸送が順調に行かなくなり、これまで寺社を支えてきた貴族、武士や裕福な商工業者からの援助も途絶してしまう状況が生まれた。しかし、統一政権が従来の援助者の代わりを務めるには、余りにも負担が大きすぎる。そこで、支配地の代替地を与えたり、従来の支配地を安堵したのである。

2、幕府の保護と寺社の復興

戦乱で荒廃した京都の寺院を復興することになるのは、徳川政権になってからである。中でも目につくのは、徳川家康の勧めにしたがって行われた豊臣秀頼と母淀君による造営である。秀吉時代に蓄えられた莫大な富を投じ、慶長五年（一六〇〇）から同一八年（一六一三）までの間に、近畿圏を中心に四六の社寺の堂塔を造営・寄進した。これを京都市に限定すれば、醍醐寺金堂をはじめとして二一社寺もが数えられ、中でも慶長一四年（一六〇九）から開始された方広寺大仏殿の再興は、その象徴となった。

京都市内には、大伽藍を誇る寺院や広大な神域を有する神社が多く、四季を通じて観光客が訪れるところとなっている。中でも知恩院や東西両本願寺、南禅寺、清水寺、仁和寺、東寺、平野神社、賀茂社、八坂神社（祇園感神院《ぎおんかんじんいん》）などにみられる建造物は、江戸時代、とりわけ寛永年間（一六二四〜一六四四）に集中して再興されている。これらの社寺には、正式名を省略したものがみられ、「清水さん」「お西さん（西本願寺）」や「祇園さん」などの愛称で呼ばれており、それが地名の代わりを果たしてもいるのである。

図１　知恩院三門（国宝）　元和７年（1621）二代将軍秀忠が建立。（筆者撮影）

順に追ってみていこう。

知恩院

寺院の造営の中でも際だっているのが浄土宗鎮西派総本山の知恩院である。寺号は華頂山《かちょうざん》知恩教院大谷《おおたに》寺である。知恩院の背後にあるのが標高二一六メートルの華頂山で、近辺には粟田口花頂山町、粟田口華頂町、厨子奥花鳥町の地名がみられる。華頂山の名は、山頂部に華頂院があったことに因み、『京羽二重織留』には「花頂山」と記し「粟田山の西にありいにしへ毎春桜花爛漫の地にして毎年公方家来臨」としている。徳川家康は生母伝通院の菩提のために知恩院を篤く遇し、慶長一二年（一六〇七）には、後陽成天皇《ごようぜいてんのう》の皇子八宮を初代の知恩院門跡（良純法親王《りょうじゅんほうしんのう》）に迎えた。そして徳川家の手で一大伽藍が建設されたが、寛永一〇年（一六三三）の火災により三門・阿弥陀堂・勢至堂・経蔵以外の主な建物を失った。現在の伽藍は、直後に家光の命により再興されたものである。宗祖法然の像（御影《みえい》）を安置する本堂の御影堂（国宝）は、寛永一六年の再建である。同寺にみられる石垣や方丈などの建物は城郭とも比べられる豪壮さを備えている。将軍の御成を前提とした施設として構想されたと考えられ、その偉容は徳川幕府の権勢を広く示すものとなった。

西本願寺

「お西さん」の愛称をもつ西本願寺は、浄土真宗本願寺派本願寺の通称で龍谷山《りゅうこくざん》と号する。寺は、親鸞《しんらん》が鳥辺野《とりべの》北方の大谷に葬られた後、文永九年（一二七二）に娘覚信尼《かくしんに》が改葬して建てた大谷廟堂に始まる。なお鳥辺野の名の起こりは、山野の鳥獣を天皇に供する鳥取部《ととりべ》の居住地であったところが次第にその意味を失い、「部《べ》」に端を表す「辺」が当てられたと考えられる。この大谷に「龗」（訓オオタニ）の漢字を当て、これを分かち書きしたのが龍谷の名称で、本願寺の名は元亨元年（一三二一）頃から公称されている。戦国の世を経て、豊臣秀吉から天正一九年（一五九一）に現在の六条堀川の寺地が寄進されたことにより、顕如《けんにょ》上人が大坂天満から移ってきた。その後慶長七年（一六〇二）に教如《きょうにょ》上人が家康から東六条に寺地を寄進され、別に新たな本願寺を創建したことから、西の位置にある当寺を西本願寺と称するようになった。伽藍は元和三年（一六一七）に焼失したが、宗祖親鸞の像を安置する御影堂《ごえいどう》（重要文化財）は寛永一三年（一六三六）、門主との対面の場となる書院（国宝）は寛永七年（一六三〇）頃、門主の執務室となる黒書院（国宝）は明暦三年（一六五七）に、それぞれ造営されていった。境内南側に面する唐門（国宝）の建築年は不明である。元和四年（一六一八）に御影堂の門から現在の地に移転され、彫刻や金物による装飾が加えられた。伏見城の遺構との伝承もあり、時が経つのも忘れて見入ってしまうことから日暮門《ひぐらしもん》とも称される。さらに滴翠園《てきすいえん》内には、三層の楼閣である飛雲閣《ひうんかく》（国宝）がある。桃山様式の建築物で、金閣・銀閣と共に京都の「三閣」に数えられる。また大書院庭園は特別名勝・史跡、滴翠園は名勝に指定されている。これらが並ぶ境内は、国から史跡指定を受けており、「古都京都の文化財」の一つとして世界遺産にも登録されている。

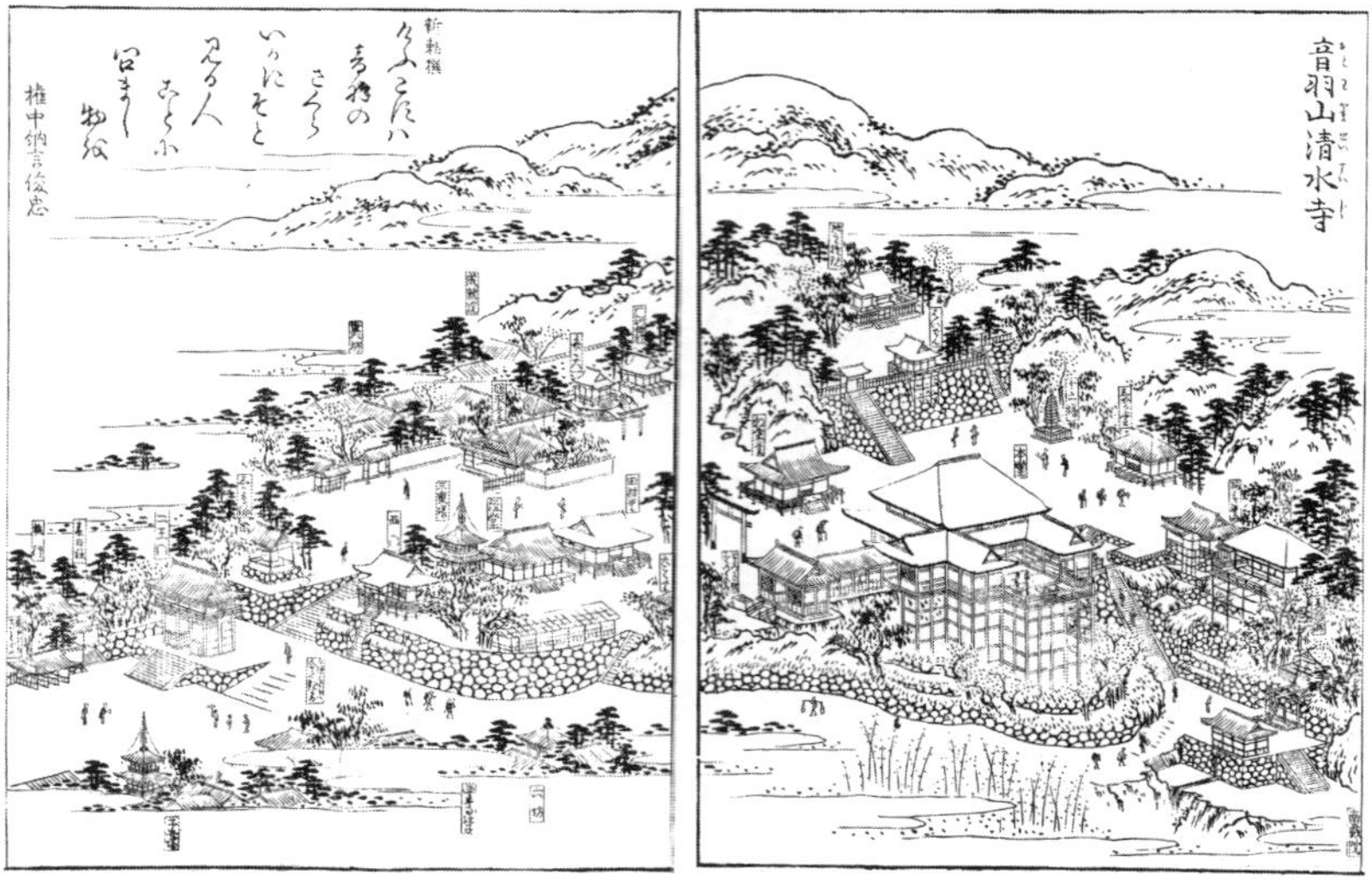

図２　音羽山清水寺　『都名所図会　巻三』（宗政五十緒『都名所図会を読む』東京堂出版、p.18-19より）下方右端に三筋で落ちる音羽の滝がみえる。

東本願寺

一方、西本願寺の東方にあり「お東さん」と称される東本願寺は、真宗本廟（真宗大谷派本山）の通称である。廟は祖先の霊を祭る建物を示す言葉であるが、真宗本廟は宗祖親鸞の教えを学ぶ根本道場の意味をもつ。本願寺一二代教如上人が慶長七年（一六〇二）に寺地を得、翌年には阿弥陀堂、同九年には御影堂が建立された。しかし江戸時代に四度もの火災にあい、その都度再建された。現伽藍は明治二八年（一八九五）の完成で、建築面積では世界最大の木造建築物とされる御影堂などの偉容がみられる。本山の東に位置し現在枳殻邸《きこくてい》と呼ばれる渉成園《しょうせいえん》は、明暦三年（一六五七）に完成したものである。寛永一八年（一六四一）になり、六条通から七条通の間と東洞院通から土手町通の間の土地が家光から与えられた。その中に建てられた百間四方の別荘が東殿と呼ばれたが、枳殻《からたち》の樹が周囲に植えられたので枳殻御殿とも呼ばれたのである。現在国の名勝に指定されている。

寺内町

なお東西両本願寺に関して、明治維新時に消滅した地名ではあるが、本願寺寺内町《じないちょう》にふれておこう。天正一九年（一五九一）に本願寺が大坂天満から現在の地に移ったときに、共に移住してきた町人より建設された町である。西本願寺の寺内町の範囲は、北は六条、南は下魚棚通北、東は新町通東、西は大宮通西の地域である。域内には「客屋一二丁」とよばれる町があり、全国の末寺から訪れた本山参拝客が宿泊した。現在も同寺の東側すぐにみられる西若松町・仏具屋町・玉本町・米屋町・元日町・住吉町・堺町・丸屋町・菱屋町がこれに含まれる。寛永八年（一六三一）の御境内絵図では、約一千の家屋がみられ約半数が商工業者となっている。東本願寺でも北は六条通、南は七条通、東は土手町通東、西は新町通北の範囲に、同様の寺内町が形成された。これら寺内町は、京都奉行所の支配とは別に本山による法令に従って自治的な町政がみられたのである。

清水寺

「清水さん」の愛称でよばれる音羽山《おとわやま》清水寺は、現在北法相宗の総本山である。山号の音羽山は、境内が東山の一部の音羽山の中腹にあることに因り、清水寺の名称は音羽山中より湧き流れ出す音羽の滝に由来する。ただし、この音羽山は、京都市山科区と滋賀県大津市の境界にある標高五九三・二メートルの音羽山とは異なる。「音羽」の語源について『京都地名語源辞典』（吉田金彦他編、二〇一三）では、①「ヲ（小）＋タワ（撓）」とみて撓《たわ》みが少ない頂が連なる意味、②「音がかまびすしい川」の意味、③詠嘆の「音は！」の表現、の三説が紹介されている。また山科の音羽川の水が音羽の滝につながるとの伝承もみられ、修行の場としての類似性が考えられるとも記されている。同寺は坂上田村麻呂《さかのうえのたむらまろ》による八世紀の建立と伝えられ、延暦寺との争いで焼亡を繰り返した。現在の本堂（国宝）は「清水の舞台」として有名であり、寛永一〇年（一六三三）の再建、同じく三重塔（重要文化財）は同一一年の再建である。なお、清水寺が東山の中腹にあることから、周辺には「坂」が付く地名がみられる。「清水坂」は、清水寺創建時からの参拝路として古くからあったと考えられるが、「五条坂」や「三年坂」が文献に現れるのは江戸期になってからである。「五条坂」は、元六条坊門通に当たる現五条通が鴨川の東方で登り坂になる部分をさすが、宝永六年（一七〇九）の京大絵図での記載が早いとされる。各種絵図では、鴨川以東の現五条通を従来「橋通」としていたが、貞享三年から「五条通」と記すようになった状況が反映しているようである。また、「三年坂」は宝暦一二年（一七六二）に出された『京町鑑』の記述が有名で、大同三年の開通並びに泰産寺に出る坂という二説を載せている。またここで転ぶと三年のうちに死ぬともいわれ、江戸期の俳句にも登場してくる。

南禅寺

南禅寺は、元は亀山《かめやま》天皇の離宮として文永元年（一二六四）に建設され、後に禅寺となり室町時代には京都五山の最高位として武家の信仰を集めたが、兵火により荒廃した。そこで、家康に重用され住職となった以心崇伝《いしんすうでん》が中心となり復興に努めた。方丈（国宝）を構成する大方丈は慶長一六年（一六一一）に御所の建物の下賜を受けて再建されたもの、小方丈は伏見城の遺構とされ寛永年間（一六二四～四四）の建築である。三門（重要文化財）は寛永五年（一六二八）に藤堂高虎の寄進により再建されている。同門は、歌舞伎『楼門五三の桐《さんもんごさんのきり》』で「絶景かな絶景かな」と石川五右衛門が花を愛でる台詞で名高い。現在同寺を中心に、「南禅寺」を冠した町名が六町みられる。

図３　八坂神社本殿　別棟の拝殿を加えて大屋根で覆った祇園造で重要文化財。（筆者撮影）

八坂神社

神社の中では、八坂神社や上下賀茂の社の社殿もこの時期に造営されている。八坂神社は、元は祇園感神院《ぎおんかんじんいん》または祇園社《ぎおんしゃ》と称していたが、明治元年（一八六八）九月の明治改元直前に出された神祇官達により現社名となった。「祇園さん」の愛称をもつ八坂神社の本殿は、他の神社では別棟が通例となる拝殿を加えて一つの大きな入母屋屋根で覆った独特の様式をもち「祇園造」とよばれている。現在みられる本殿は、承応三年（一六五四）に徳川家綱が再建したものである。創建については、七世紀に素戔嗚尊《すさのおのみこと》の神霊を祀ったものとも、九世紀に東山山麓の祇園林に天神（祇園神）が垂迹したものとも言われ、諸説ある。『京都の地名 検証』（京都地名研究会、二〇〇五）によれば、八坂氏は天平五年（七三三）の正倉院文書にみえるが、八坂郷の成立時期は不明であり、五世紀にもさかのぼれるとの考えが示されている。また『京都市の地名』では、範囲を『山州名跡志』の「祇園ヨリ三年坂ニ至ル歟《か》」を紹介し、「八坂」の語源を祇園坂・長楽寺《ちょうらくじ》坂・下河原《しもがわら》坂・法観寺《ほうかんじ》坂・霊山《りょうぜん》坂・三年《さんねん》坂・山井《やまのい》坂・清水《きよみず》坂の八つの坂からくるとの説をあげつつ、その説には従わないと記している。

賀茂社

他方、五月の葵祭などで古くから朝廷との関係を保ってきたのが上賀茂神社と下鴨神社である。上賀茂神社の正式名は賀茂別雷《かもわけいかづち》神社、下鴨神社は賀茂御祖《かもみおや》神社で、前者を上社《かみしゃ》、後者を下社《しもしゃ》と略称し総称を賀茂社とする。このカモの由来については、①神の音便変化、②川の上流の「上」の転訛、③神山《かむやま》の尾「神尾（カムヲ）」の転訛の三説の他、井水と水の古語に当たるカーとモヒの約音転訛の考えがみられる。ここでも社殿を一定の間隔で建て直す式年遷宮の制度が古代からあったが、戦乱や災害などで中絶してしまった。現在の上賀茂神社の本殿と権殿、下鴨神社の本殿二棟はともに文久三年（一八六三）に建てられ、いずれも国宝指定を受けている。他の社殿の多くは寛永造営時のものがみられ、延暦期に成立したという流造という社殿の独特の様式が受け継がれている。国宝の他、上社の社殿四一棟と、下社の社殿五三棟が重要文化財として指定されており、世界遺産にも登録されている。平成二七年（二〇一五）には、それぞれ第四二回目、第三四回目となる式年遷宮が斎行された。社殿の多くが国宝などの文化財に指定されているので、改築はせずに、屋根の葺き替え、建具・金具の補修、壁の塗り替えなどの大修理が行われた。

3、社寺復興ブームの背景

このように今日我々が目にする社寺の風景は、近世初頭に開始され江戸初頭にブームとなった復興と建立の結果生まれたものである。後の天明八年（一七八八）の大火により市中の多くの寺院は焼失したが、周辺部の堂宇は幸い残された。このような寺院建設ブーム到来の背景には、戦乱が収まり荒廃の危険性が少なくなったことや経済的な潤いが得られたことが考えられる。特に幕府から領地を安堵（御朱印地）されることで収入が安定し、本山制度の整備により全国の末寺から上納金が寄せられることになり、本山が多く集まる京都の寺院は経済的なゆとりを得た。また、長い歴史をもつ京都ならではの事情として、皇室関係や諸大名などとの関係も深く、それらからの援助も期待できた。このような動きが江戸時代初期に起こったことにより、今にみられる宗教都市京都の原型がつくられた。

4、本末制度と本山参拝

本末制度とは、江戸幕府による寺院統制政策で、宗派別に全国の寺院を本寺と末寺というピラミッド型の支配関係でつなぐものである。そして、各宗派の頂点にたつ大本山を寺社奉行の管轄下に置き、大本山―中本寺―小本寺―末寺という支配のしくみをとらせ、本山に、僧侶の任免や賞罰、宗内紛争の裁許権、寺号の授与など多くの権限を持たせた。幕府は、大本山を支配することで全国の寺院を間接的に統制することが可能となったのである。

本末制度が整備されたことにより、京都には本山格の寺院が一三六ケ寺もできた。また現在でも各宗派の本山が二七ケ寺が存在することで、文字通り大宗教都市の性格が強くみられる。とりわけ東西両本願寺や知恩院など、多くの信者を抱える大宗派の本山があることが特徴である。

本末制度の整備により、本山を頂点にして、何段階もの階層をもつ寺院が構成する教団ができあがり、この教団組織を通じて布教がおこなわれた。京都には大本山の寺院だけでなく、多数の関係寺院や、寺院の日常活動を支える仏具・法衣・和菓子などを扱う多くの商工業者が周辺を構成した。

5、寺社の繁栄と地名

江戸時代になると、寺院や神社の宗祖やゆかりの人物と関係して五〇年や一〇〇年など区切りとなる年に遠忌《おんき》が催された。一八世紀初頭の元禄・宝永年間から、多くの社寺で行われるようになった。なかでも親鸞上人の年忌である報恩講は、各派毎に日程は異なっても浄土真宗では最大の年中行事となった。

これらの遠忌と関連して開帳《かいちょう》が盛んに行われた。本来の開帳とは、寺社が扉を開いて御本尊を信仰する人に見せることであるが、同時に宝物の公開が行われることもあった。出開帳として遠隔地の寺院から本尊や宝物を京都にもちこむ開帳もあり、信濃国善光寺の出開帳は有名であった。

地方に在住する各宗派の信者にとれば、本山への参詣は一生の念願であった。安全かつ快適に京都への旅が可能になると、遠忌や開帳、観音霊場を回る巡礼、四季折々に催される行事などに合わせて、京都への観光旅行が多く見られるようになった。

入洛客を迎えるため、東西本願寺をはじめ諸本山の近辺や、街道筋に当たる三条通や誓願寺通の烏丸辺り、清水寺に連なる六条坊門通、高瀬川筋二条下ル付近などには、旅籠屋が立ち並ぶようになった。また門前には、仏具や神具を商う店をはじめ、料理茶屋や芝居小屋などの遊興の施設もできるようになり、町として発展していった。なかでも「祇園」は、元和年間（一六一五～一六二四）には祇園社の参拝人や東山見物の遊客相手の茶屋等が建ち並び、寛文五年（一六六五）刊行の『京雀』には「茶屋はたごやにて、座しきには客の絶ゆる時なし」と記されるような活況をみせていた。「祇園」はもとより、現在の「清水」、「南禅寺」、「上賀茂」、「下鴨」は、祇園社、清水寺、南禅寺、上賀茂神社、下鴨神社へ参拝する人々が集うことにより門前が賑わい、その地が有名になり地名として定着していった。

江戸時代は、庶民が寺社に参拝し、名所案内を手に各所を巡り名物を食べるような観光が盛んになった。寺社は復興され、人々を誘うさまざまな仕掛けが催され、観光客を迎える施設も整備されることで、京都全体が繁栄した。他国の人々が参集することで寺院や神社は有名化し、その門前の地も全国ブランド化していったのである。

三、文化・芸能・出版の展開

小寺慶昭

泰平の世となり、京の町の発展ぶりは遊里の移動からも伺える。二条柳馬場にあった遊里は、上京と下京が市街地として繋がると六条に移され、六条三筋町として繁栄する。やがて六条が市街化すると、今度は島原に移されることになる。島原遊郭は豪商や文人墨客が歌舞音曲や伝統文化を楽しむ文化サロン的な役割を果たすようになり、その繁栄ぶりは、現在の新屋敷上之町などの町名からも偲ぶことができる。

その後、京の文化全体が、家康の「非政治都市政策」の枠組みの中で展開していくことになる。開幕当初、本阿弥《ほんあみ》光悦《こうえつ》は鷹ケ峯の地を拝領し、「光悦村」と呼ばれる芸術村を開くが、これも、家康による文化人の一種の「幽閉」と見なすこともできる。

画壇の中心であった狩野派が江戸に移り、京では池大雅《いけのたいが》や円山応挙が出て、南画や写生画が流行する。応挙没後、呉春《ごしゅん》が人気を集め、門人達も四条通周辺に住居を構えていたことから「四条派」と呼ばれるようになる。

古典書や仏教書の出版で京に書物屋が成立し、一時は「八文字屋本」が一世を風靡するが、やがてその中心は江戸に移ってしまう。江戸・大坂で町人文化が花開くのに対して、京では新奇だったはずの歌舞伎さえも、格式ある顔見世興行の重視に見られるように、伝統文化として捉えなおして楽しむなど、古都としての重みと深みに文化的な価値を見出していくことになる。

江戸時代も安定すると、京に新しい地名の誕生は少なくなる。だが、鷹ケ峯が光悦ゆかりの地となったり、四条通という地名が画壇の面影を持ったり、四条河原が歌舞伎の雰囲気を感じさせたりするように、その地での文化活動の発展が、その地名が本来持たなかったイメージを醸し出させていくことになる。「本能寺」のように、戦の記憶を地名に植え付けるのではなく、泰平の時代にふさわしい文化の創造が京の各地名に新しいイメージを付与していく時代となったのである。

1、京の遊里の移動

物資の交流が盛んになり、人々が集まる場所ができると、必ずと言っていいほど遊里（傾城町）が生まれる。戦国期までの京では、五条東《ひがしの》洞院《とういん》界隈が遊里として知られていた。その遊里を、治安維持の上からも支配下に置こうとしたのが豊臣秀吉である。天正一七年（一五八九）、原三郎右衛門と林与次兵衛に認可を与え、「二条柳町」といわれる遊里を開設させた。これが公許の遊里の始まりであり、北は夷川通、東は寺町通、南は押小路通、西は柳馬場通に囲まれた場所であった。

「柳町」の由来については、「柳馬場通天正十七年五月許可を得て、此街二条の南北の地に遊郭を設置す。当時道路の左右に苦楝樹《やなぎ》の並木を植う」と『京都坊目誌』にあり、実際に柳が植えられていたことによる。ただし、柳を植えたのは、李白の詩に「昔在長安酔花柳　五侯七貴同杯酒」（「流夜郎贈辛判官」）とあるように、中国で遊里を「柳港花街」と称したことからきている。伏見中書島の遊里が「東柳町」「西柳町」であったことも同じ理由であり、現在

図１　島原の賑わい『都名所図会　巻二』（宗政五十緒『都名所図会を読む』東京堂出版、p.112-113より）

の「花柳界」という言葉にも繋がっている。

公許遊里の場所として二条柳馬場が選ばれたのは、応仁の乱で焼け野原になって以降、一条から三条までの間が荒れ地のままとなっていたからである。

慶長七年（一六〇二）、幕府の命令で、遊里は下京の五条魚棚・室町・西洞院間に移転させられ、「六条三筋街」「六条柳町」と呼ばれるようになる。二条柳町が、徳川家康が築城した二条城の大手筋に当たること、また、二条界隈に家屋が増えてきたことが移転の大きな理由と考えられる。当時の六条は、まだまだ未開の土地であった。その後の六条三筋町の盛況ぶりは、東京国立博物館所蔵の「洛中洛外図屏風」にも詳細に描かれている。

また、同町の林与次兵衛家にいた吉野太夫（二代目）は同遊郭を代表する名妓で、上京の豪商・灰屋《はいや》紹益《しょうえき》（一六〇七～九一）が身請けし、正妻とした事でも知られている。

ところが、都市化の発展と共に、この六条の地も遊里にふさわしくない場所となっていく。そこで、寛永一七年（一六四〇）、突如として命令が下され、丹波口近くの朱雀野の地に移され、「島原」と呼ばれるようになる。田畑が拡がるだけの何もない場所に、突然華麗な建物群が出現したのである。そのあわただしい引越騒ぎが、前年に起きた九州での島原の乱に似ているから、あるいは周囲を土塀で囲み、外側に堀を廻らし、出入口が一ケ所であるという構造が一揆軍が立てこもった島原城に似ているから島原と言われるようになったとの説もある。また、島原が「桃源」に通じるという指摘もあるが、確かなことは分からない。

図2　現在の島原の大門（著者撮影）

遊女の最高位「太夫」の位は高く、正五位に匹敵するとされた。そのため、茶道、香道、書道、詩歌から囲碁、投扇興にいたるまで高い教養を身につけていた。現在の「角屋《すみや》もてなしの文化美術館」の名前に見られるように、公家や武士、有力町衆や与謝蕪村などの文人墨客が、太夫の歌舞音曲を楽しみ、茶の湯や俳諧の舞台とするなど、もてなし文化サロン的な趣が強い場所でもあった。幕末の志士・清河八郎や頼山陽もここで母親をもてなしている。

現在、花屋町通に面して本瓦葺きの大門（京都市登録有形文化財）が残っていて、見返り柳（出口柳）が風に揺れている。かつてはこの東にあった思案橋や衣紋橋も、川が暗渠化されて撤去された。ただ、現在の町名「下京区西新屋敷」の下に続く「上之町・中之町・下之町・揚屋町・太夫町・中堂寺町」の町名は、かつての「郭内六町」の名をそのまま引き継いでいて、当時を偲ぶよすがとなっている。

以上見てきたように、京の遊里の二度にわたる引越は、「市街地から近すぎず、遠すぎず」という遊里の立地条件にあう場所が、市街地の拡大により、より郊外へと移っていったことを物語っている。

2、京画壇の展開

本阿弥光悦（一五五八～一六三七）は、刀剣商の家に生まれ、書道のみならず、陶芸、漆芸、出版、茶の湯など多彩な分野で活躍した人物で、江戸初期を代表する文化人である。

光悦が家康から京の西北、鷹ケ峯の約八万坪の地を拝領したのは元和元年（一六一五）である。この年は、後に元和偃武《げんなえんぶ》と名付けられたように、応仁の乱以降の軍事衝突の終焉の年であり、天下泰平の世の幕開けの年でもあった。光悦が拝領した経緯については『本阿弥行状記』に次のように記されている。

権現様大坂御帰の御時、板倉伊賀守殿に御尋ね成《な》され候事は、本阿弥光悦は何としたるぞと仰せ有ける。存命に罷《まか》り在り候。異風者にて、京都に居あき申し候間、辺土に住居支度よしを申すと申し上げければ、近江・丹波などより京都への道に、用心あしき、辻切《つじぎり》追はぎをもする所あるべし。左様の所をひろびろと取らせ候へ。在所をも取り立つべきもの也との上意なり。

鷹ケ峯一帯は平安時代から遊猟の場所であり、鷹狩に由来する地名とする説（『京都の地名検証 3』）も、根拠は明確でないにしても可能性は高い。拝領当時は原野であったこの地を整備した光悦は、「一類、朋友、ひさしくめしつかひし者どもまで銘々に分かちとらせ」（『本阿弥行状記』）、のちに「鷹ケ峯光悦町」と称される芸術村を造り上げた。光悦寺に伝わる古図（一六一八〜二七頃成立か）によると、本阿弥一族を始め、土田了左衛門（蒔絵師《まきえし》）・土田宗沢（蒔絵師）・紙屋宗仁（紙師）・筆屋妙喜（筆師）・尾形宗柏（呉服商・光琳や乾山の祖父）・茶屋四郎次郎（豪商）など、当代一流の芸術家や豪商の名が見られる。また、住人全員が熱心な法華宗の信者でもあった。古図によると、南に御土居の土手が描かれ、その真ん中の「京口」からまっすぐ北に「通り町すじ」が伸び、「西への道すし」「東へノミち」とT字型に交差していて、通りの両側には五六軒の屋敷が並んでいたことが分かる。現在の地名で言えば、鷹峯南鷹峯町・鷹峯黒門町・鷹峯光悦町・鷹峯土天井町・鷹峯北鷹峯町にあたる（なお、当時の光悦村の名前は、光悦没後四二年の天和元年（一六八一）の検地で収公され消滅している）。

光悦村の入り口である「京口」は、京の七口の一つ長坂口（蓮台野口）のことであろう。京見峠を越え、丹後・若狭へと繋がる重要な交通路の出入口であった。

家康がこのような場所を与えた理由を、林屋辰三郎は二つ挙げる。第一に、家康自身が出版事業に深い関心を持ち、嵯峨本を発行していた光悦に純粋な尊敬の念を持っていたこと、第二に、茶匠や芸術家に警戒の念を持っていたことである。林屋は「わたくしは織部の自刃と光悦の賜地が時を同じくしている点で、（中略）一種の洛中所払の意味と、芸術家に対する優遇という一石二鳥の方図を見出したものであろうと思う」と指摘している（「光悦の人と時代」『日本史論聚五』所収）。多分、所払いが理由の中心であろう。

家康は、竹千代時代から光悦の父の光二と親しくしており、その縁で光悦とも親交があったとされる。「光悦は何としたるぞ」と尋ねたのは、単なる懐かしさからではない。かつて、多くの茶人達は戦国大名とつきあい、情報を流していたのであり、単なる文化人ではなかった。まして、光悦の師は古田織部である。泰平の世に戦国の火種になりかねない人物を野放しにしておくことは危険であると家康は考えたに違いない。

当時の家康の最重要課題の一つが朝廷対策であった。「禁中並公家諸法度《きんちゅうならびにくげしょはっと》」の第一条で天皇の主務に関して「天子諸藝能之事、第一御學問也」と規定している。つまり、天皇家の勝手な政治的活動を禁じたのである。同時に、「京の非政治都市化」が進められていく。参勤交代でさえ、各大名を伏見から山科へ抜けさせ、市中に入らないようにして、諸大名と公家達との接触を避けさせた。

京の文化や芸術・学問は、幕末まで非政治都市化政策の枠組みの中で展開せざるを得なくなる。その意味で、光悦村の誕生は、文化人の一種の「幽閉」であり、「京文化の非政治化」への第一歩であったとも言えよう。

室町時代以降四〇〇年間、日本の画壇は狩野派の人々によって占められていた。有名な狩野永徳（一五四三～九〇）は、織田信長・豊臣秀吉に仕え、安土城や聚楽第の障壁画を製作した。ところが、家康から幕府の御用絵師を命じられると、彼らの活躍場所は江戸中心となる。現在、狩野一族の住居跡（上京区元誓願寺通小川東入ル）に、「狩野元信邸跡」の石碑がひっそりと残るだけである。

江戸時代後半になると、江戸では浮世絵が人気を集め、京では南画・写生画が流行るなど、絵画界においても江戸と京の方向性は大いに違ってくる（なお、当時の浮世絵の評価は極めて低く、画人達は絵画として認めていなかった）。

日本の南画（文人画）の大成者は池大雅（一七二三～七六）である。京両替町銀座の下役の家に生まれ、幼い頃から才能を発揮していた。二条樋口《ひのくち》で扇屋を開いていた一五歳頃、柳沢淇園《きえん》（一七〇三～五八）に見出され、南画を学ぶ。上田秋成は、大雅が妻玉蘭《ぎょくらん》（画家）とともに、祇園の茶屋の行灯や芸子の扇面などにも、乞われれば百文で絵を描いていたという逸話を残している（『胆大小心録』）。明和五年（一七六八）版の『平安人物誌』によれば、夫婦で祇園下河原に住んでいた。真葛原《まくずがはら》の草堂といわれる庵で、現在の円山公園野外音楽堂の南に「大雅堂旧蹟」の石碑が建っている。

円山応挙（一七三三～九五）は、写生重視という新しい絵画観を確立した絵師で、今日の画壇にまで影響を与え続けている。現在の亀岡市曽我部穴太《あのう》に生まれ、一六歳頃に上京し、四条通柳馬場の尾張屋中島勘兵衛という玩具商に勤め、眼鏡絵《めがねえ》等を描いていた。苦学し、やがて「応挙がでて写生といふ事のはやり出て、京中の絵が皆、一手になつた事じや」（『胆大小心録』）と言われるほどに京画壇を風靡し、門人千人とまで言われた。「円山応挙宅址」の石碑は、下京区四条通堺町東入ル南側立売中之町に建っている。彼のアトリエは近くの四条寺町の大雲院であった。同寺は後に祇園へ移ったため、現在は百貨店の駐車場に小さな記念碑が建っているだけである。

応挙没後、人気を得たのが呉春（一七五二～一八一一）である。京の金座年寄役の家の長男として堺町通四条下ルで生まれた。蕪村の弟子であり、絵・俳諧・書・篆刻・謡曲・横笛・蹴鞠・茶の湯から三味線までこなす器用人でもあった。天明六年（一七八六）大坂から京に戻り、蕪村の文人画を基盤としつつ、応挙からも学んでいる。京の画風は、「円翁（円山応挙）に一変し、呉叟（呉春）に再変す」（『雲烟略伝』）と頼山陽が評しているほどである。

呉春は四条高倉西入ルに住んでいたが、門人達は呉春を取り巻くように画室を構えた。すなわち、四条堺町通には佐久間草偃《そうえん》（四条北）・田中日華《にっか》（四条北）・森義章（四条北）・岡本亮彦《すけひこ》（四条南）が、四条通に面しては岡本豊彦（西洞院東）・横山清暉《せいき》（新町北）・山脇広成（東洞院西）・百々《どど》広年（高倉東）・松村景文《けいぶん》（富小路西）・柴田義董《ぎとう》（富小路北）たちである。このように四条通に集中したことから「四条派」と呼ばれている。

四条派の人々がほぼ同じ場所に住んでいた理由を、伊東宗裕は「古くは、室町通には呉服屋が、本願寺寺内町には仏具屋が、二条通には薬種屋が、寺町通には古本屋が、それぞれ狭い地域に集まっていた」とし、西陣の町も「織屋、糸屋、紋紙《もんがみ》屋など分業に従事する各種の職人が集まる」同業者町であったとして、四条派の人達も「家に付属した職業としての学術・文化・芸術、別な言葉でいえば『家職《かしょく》』としての営みを中心としていた人たち」と位置づけ、「職能集団の一種」であるとしている（村井康彦『京の歴史と文化6』）。

　京では学問でさえも家業となっていたのである。文学や絵画等を職業とする人達が家職として技術を継承しているということは、手工業で生産するものと芸術品との区別はあまり意味がなく、京の伝統的な手工業は、常に芸術の域にまで達していたということであり、文化水準の高さが背景にあったということになろう。

3、京の出版事業の盛衰

　比叡山延暦寺から幾多の名僧が出たことからも分かるように、かつて叡山は学府・学問所であり、同時に仏典等、書籍の出版も行っていた。江戸時代になって、ようやく出版業や書物屋が商業として成立するようになる。もちろん、その中心は京であった。貞享二年（一六八五）に刊行された『京羽二重《きょうはぶたえ》』（水雲堂狐松子《すいうんどうこしょうし》著）に挙げられた書肆《しょし》の代表的な店は次の一〇軒であり、「十哲」と称された。

小川一条上ル丁	歌　書	林白水
二条車屋町	法華書	平楽寺
同　衣ノ棚	儒医書	風月
同　東洞院	安斎書	武村市兵衛
同　富小路	禅　書	田原仁左衛門
寺町誓願寺下	真言書	前川権兵衛
寺町五条	同	中野小左衛門

右同町　法華書　同五郎左衛門
五条橋通高倉　一向宗　西村九郎右衛門
二条御幸町　謡　本　金屋長兵衛

書肆が二条通・寺町通・五条通に集中していることが分かる。二条通の店は、古典や歌書を公家達に供給していたのであり、五条・寺町の店は、それぞれ僧侶からの仏書や漢籍の需要に応えていたのであろう。いずれも、書籍の購読層は一部の知識人達であった。

読者層を一気に拡大したのが井原西鶴の『好色一代男』である。初版は天和二年（一六八二）で、奥付に「大坂思案橋荒砥屋　孫兵衛可心板」とあるが、当時は無名の書肆であった。やがて大坂安堂寺町の秋田屋市兵衛が版木を買い、二版・三版を出版する。二年後には、江戸日本橋の川崎七郎兵衛が出版するなど、ベストセラーとなる。

浮世草子の成功に刺激を受けたのが八文字屋八左衛門（号は自笑《じしょう》、？～一七四五）。現在、中京区麩屋町通六角下ル西側（坂井町）に屋敷跡の石碑が建っている（なお、麩屋町通四条下ルに八文字町が現存するが、特に関係は見られない）。最初は浄瑠璃本を出版していたが、江島其磧《きせき》（一六六七～一七三六）や西川祐信《にしかわすけのぶ》（一六七一～一七五〇）と組んで、元禄一二年（一六九九）に『役者口三味線《やくしゃくちさみせん》』、翌々年に『傾城色《けいせいいろ》三味線』を刊行し、大評判となる。前者は役者評判記で、各役者について「上上吉・上上・上・中の上」等の評価付けを行ったことは、明治の頃まで影響を及ぼすことになる。後者は浮世草子で、これ以降、同家からの出版物は「八文字屋本」と総称されることになる。その人気ぶりは、「享保（一七一六～）より明和（一七六四～）にいたる約五十年間は、浮世草子界における八文字屋の君臨期であった」（井本農一ほか編『日本文学の歴史7　人間開眼』）と評されるほどであった。

八文字屋が販路を拡げる際、大坂の書肆達とトラブルを起こしている。元禄時代には、先の『好色一代男』に見られるように、新機軸による出版の主流は既に大坂や江戸に移っていたからであった。一部の知識層を対象とした古典的な書物はともかく、新しい読者層を発掘し、拡大していく市場としての京の魅力は減退していたのである。そして、八文字屋の興隆も、京の出版界による一時的な「反撃」でしかなかった。

今田洋三の『江戸の本屋さん』（日本放送出版協会刊）によると、三都における出版数は一七五〇年代に爆発的に増加し、都市における書籍需要の急速な進展が窺えるという。しかし、寛政期（一七八九～一八〇一）には江戸の出版数が上方を完全に追い越し、かつて京で刷り、江戸で販売していた出店も次々と店を閉めることになる。

江戸を代表する出版人は、何と言っても蔦重《つたじゅう》こと、蔦屋重三郎（一七五〇～九七）であろう。写楽・歌麿・喜三二・春町・京伝・馬琴・一九等々の作品を出版している。蔦重は、常に江戸っ子達の望むものを敏感に感じ取っていた人物であり、黄表紙における「うがち」や「みたて」という手法で、内容は政治批判にまで発展する。一方、京の出版界は「非政治都市化」の枠組みから出ようとはしなかった。そして、江戸とは反対の方向、つまり「千年の王城の地としての伝統」「古都としての文化」を誇る方向に向かい、「名所案内記物」を多数出版するようになる（詳細は第五章四「名所・名勝めぐりの庶民化」参照）。

4、京の歌舞伎と顔見世興行

四条大橋東畔の南座西側に「阿国歌舞伎発祥地」と刻まれた丸い石碑が立てられていて、「慶長八年（一六〇三）この辺り鴨河原において歌舞伎の始祖出雲の阿国が初めてかぶきをどりを披露しました」と刻まれている。四条大橋の袂にある阿国《おくに》のブロンズ像の台座に書かれているように、「都に来たりて、その踊りを披露し都人を酔わせ」たのである。

阿国の生没年は不明だが、西洞院時慶《にしのとういんときよし》の『時慶卿記』慶長五年（一六〇〇）七月一日の条に「近衛殿ニテ晩迄雲州ノヤヤコ跳一人ハクニト云菊ト云二人」とあり、「クニと菊」の二人が「ヤヤコ跳《をどり》」を演じていたことを記している。派手な男装姿で茶屋の女を口説く場面を演じたりして大評判となった。最初の興業地については、北野天満宮・祇園社・五条河原等の説もあり、南座の石碑の慶長八年の踊り手も、阿国であったのか、それを真似た人物であったのかも不確かだが、これらの「傾《かぶ》く」踊りが歌舞伎の元になったことは間違いない。

元和年間（一六一五～二四）、京都所司代・板倉勝重により、四条通を挟んだ七ケ所に芝居小屋（櫓《やぐら》）の経営が許可され、この付近が京の最大の興業地として賑わうことになる。寛文五年（一六六五）に出された浅井了意《あさいりょうい》著『京《きょう》雀《すずめ》』にも「四条河原いろいろ見物の芝居あり。その東は祇園町南北行きながら、茶や、はたごやにして、座しきには客の絶ゆる時なし」と、その繁栄ぶりを記している。

寛文年間（一六六一～七三）、鴨川の両岸に新たな堤が築かれる。現在でも、先斗町四条下ルを東石垣《とうせき》通と言い、宮川筋四条下ルを西石垣《さいせき》通と呼ぶのは、寛文の新堤が強固な石垣造りであったからである。この工事によって、芝居小屋周辺に祇園外六町（弁財天町・常盤町・廿一軒町・中之町・川端町・宮川町一丁目）が成立する。さらに、東の四条通北側も、正徳三年（一七一三）に祇園内六町（元吉町・末吉町・清水町・富永町、橋本町・林下町）の町々が開かれている。

京の坂田藤十郎（初代・一六四七～一七〇九）は、近松門左衛門（一六五三～一七二五）と組んで大当たりを取り、和事の創始者とされる。しかし、安永二年（一七〇五）に近松が大坂に去り、その四年後に藤十郎が亡くなった後、歌舞伎の中心は大坂へ、やがて江戸に移っていく。芝居小屋も減少し、化政期には南北二座のみになり、目を覆うばかりの不人気になってしまう。明治二七年（一八九四）には四条通の拡張のために北座が廃止され、それ以降、南座だけが、我が国最古の劇場として櫓を護っている。

かつて歌舞伎役者の契約は一年単位であり、新しい顔ぶれで初めて演じるのを顔見世《かおみせ》といった。一七世紀半ば頃から三都で始まった、歌舞伎興行における最も重要な年中行事である。その様子を喜田川守貞《もりさだ》（一八一〇〜？）は『守貞漫稿』で次のように描いている。

顔見世は三都ともに十一月にこれを行なうなり。然《しか》るに近世、大坂は平日の狂言は　繁昌すれども顔見世は不当り多く、京師は平日不繁昌にて顔見世、大入す。

京で生まれた歌舞伎が、大坂・江戸で発展していく。京では、最も格式のある顔見世興行を南座で行うことにより、発祥地としての誇りを今も伝えてきているのである。京都人は、当初は流行の最先端であった歌舞伎でさえ、伝統芸能として位置づけしなおし、顔見世興行だけには多数が押しかけていたことが分かる。

このように、新奇な文化を生み出すが、やがてそれを伝統文化に置き換えていくところに、京の文化の大きな特徴があると言えよう。言い換えれば、都としての機能が低下していく中で、伝統を重視する立場に価値を見出そうとするのが近世の京の文化の特徴であり、都としての「古都性」の発見なのである。

四、名所・名勝めぐりの庶民化

小寺慶昭

室町時代後半には、京の町並みや社寺、華やかな祭の様子などを描いた「洛中洛外図」が各地にもたらされるようになるが、受容者は大名など、ごく一部であった。その後太平の世となり、京の文化への憧憬が高まるにつれ、名所記が刊行されるようになる。初期の代表作は『京羽二重《きょうはぶたえ》』と『雍州府志《ようしょうふし》』で、京の名所旧跡・商職人・文化人の名前も紹介されている地誌であった。その後も多くの名所記が出されたが、決定版は安永九年（一七八〇）刊行の秋里《あきさと》籬島《りとう》（生没年不詳）著『都名所図会《みやこめいしょずえ》』である。従来の説明中心の内容と違い、多くの挿絵を大胆に採り入れた臨場感あふれるガイドブックとなり、ベストセラーとなる。

「弥次喜多道中」に見られるように、一般庶民も旅行ができる時代となり、「伊勢参り」等の信仰を建て前としつつ、実際は名所旧蹟を巡る観光旅行を楽しむようになる。その目玉は京見物であり、ガイドブックに紹介された京の各地名が、全国各地に喧伝されていく。そして、全国からの観光客を受け入れるための環境整備、宿舎や食事処の充実、社寺の「御開帳」などが用意され、「京の観光都市化」が進む。

その中で、京の地名は、単にその地を示すだけではなく、重層的な歴史や文化を背負ったブランド名として認識されるようになる。いわば「江戸版歌枕」であり、その殆どの名所・名勝が現在にも受け継がれている。

1、「名所記」の発展

名所旧蹟の由来を書き記した案内書を「名所記」と呼ぶ。『京都府資料目録』（京都府立総合資料館、一九八四）によれば、京の名所記は実に二四六種（重版を含む）にも及ぶという。いずれも京都の地名を研究する上で貴重な資料となっている。

名所記の源流の一つは、能因法師（九八八～一〇五八）の『能因歌枕』に遡れるであろう。当時の「歌枕」は、和歌に使われた言葉や題材をも含めた概念であったので、同書の前半部は歌語や異名について述べているが、後半部は「国々の所々の名」として各地の名所旧跡地名を列挙しており、我々の知る「歌枕」に近い。長徳三年（九九五）、宮中で無礼を働いた藤原実方《さねかた》が、天皇から「歌枕を見てまいれ」として陸奥国に左遷された話は有名だが（『古事談』）、この「歌枕」も名所旧跡の意味である。

「国々の所々の名」が、「所の名」となり、「名所《などころ》」を経て「名所《めいしょ》」となったと考えられる。ただし、「名所《などころ》」としての名所は平安時代以降、屛風等に描かれた「月次絵《つきなみえ》」（一二ケ月の行事や風物を描いた絵）がそうであったように、概念化されたものであった。「桜」といえば「吉野山」、「竜田川」といえば「紅葉」のように、定型化されたものでもあり、実際に訪れるのは、貴族や僧侶等、旅行が可能な一部の人達でしかなかった。江戸時代になり、自分の足で名所を訪れるようになった庶民の要望に応え、いわば「古歌に縛られない大衆化された歌枕（名所）の案内書」として出版されたのが名所記である。

名所記の嚆矢《こうし》は丹波国馬路村（現在の亀岡市）出身の中川喜雲著『京童《きょうわらべ》』で、明暦四年（一六五八）に出版された。洛中洛外の約九〇ケ所の神社・仏閣・旧蹟を廻る案内記形式で、挿絵と共に縁起や口碑伝説を述べ、和歌や狂歌等を多く織り込むなど、当時の物見遊山的で享楽的な雰囲気をも再現した読み物として読者の興味をかき立てた。好評であったらしく、寛文七年（一六六七）には続編として『京童跡追』も出された。

寛文五年（一六六五）には、浅井了意著『京雀』が出版される。「一条より九条まで、にしの朱雀より東の京極まで、町並を書きつづけ、故ある所には、そのかみのためしをしるし」（同序）とあるように、純粋な地誌・観光案内書であった。特に各通りに面した店の商売や手工業の様子も描かれていて、「町鑑《まちかがみ》」の先駆的作品となっている。続編となる『京雀跡追』は、買物案内記で、いろは順に各商品や店が紹介されている。

その後も『扶桑京華志』（山城国の寺社の伝承等を紹介・松野元敬著・一六六五年刊）、『京師巡覧集』（山城国の名所旧跡の縁起故事等を紹介・釈丈愚著・一六七九刊）、『出来斎京土産』（狂歌を添えた名所巡り等の紹介・浅井了意著・一六七七年刊）、『菟藝泥赴《つぎねふ》』（山城国全体の名所記・北村季吟著・一六八四刊）、『洛陽名所集』（和歌を添えた洛中洛外の名所案内等・松浦星州著・一六八五刊）、『名所都鳥』（山城の名所と和歌等を紹介・著者不詳・一六九〇刊）、『堀河之水』（名所案内と俳諧・富尾似船著・一六九四刊）、『京内まいり』（三日間での京見物の紹介・守拙斎著・一七〇五刊）、『京城勝覧』（京町小路の由来や洛中の名所古蹟等を紹介・貝原益軒著・一七〇六刊）、『山州名跡志』（山城国の名所等を実施踏査し、古書との相違を考証・沙門白慧著・一七一一刊）、『山城名勝志』（山城国の名所旧跡を過去の文献から考察・大武好著・一七一一刊）、『都名所車』（洛中洛外の道筋等を紹介・池田東籬著・一七一四刊）、『都すゞめ案内者』（公家や医者の所在地や寺社案内等を掲載・炭屋勘兵衛著・一七一五刊）、『山城名所寺社物語』（山城国の社寺の縁起等を紹介・著者不詳・一七一六～刊）、『山城名跡巡行志』（山城国の名所等を旅行時に使いやすいように編集・釈浄恵著・一七五四刊）、『京町鑑』（京の町並等の紹介・蘆田鈍水著・一七六二刊）と、次々に出版された。

2、『京羽二重』と『雍州府志』

江戸初期の名所記の代表作は、やはり、貞享二年（一六八五）刊行の水雲堂《すいうんどう》狐松子《こしょうし》著『京羽二重』と、翌年に出された黒川道祐《どうゆう》著『雍州府志』であろう。

『京羽二重』は趣味と実益とを兼ねた京案内書で、全六巻の内容は「職商売物・旧地名跡・神社・仏閣・官位補略・比丘尼御所・諸役人付・諸大名屋敷所付・幕吏・諸師諸芸・諸職名匠」とに分けられている。名所・職商業関係だけでなく、公家・役人から医者・学者・歌人等の氏名が列挙されているなど、当時の人名辞典としても貴重である。後に追補として『京羽二重織留』（一六八九）が出され、その後も、幾度も改版されていく。

『雍州府志』は、山城国全域の地誌として、内容的にも量的にも画期的であった。道祐は出版の動機を同書の「序」で次のように述べている（元文は漢文、以下同じ）。

予、素ヨリ多病、間歩《かんぽ》ヲ以テ養生ノ一術ト為ス。且ツ山水古蹟ヲ訪フノ癖《へき》有リ。多年処処ノ経歴、到ル所其ノ由来ヲ尋ネ、家ニ帰ル毎《ごと》ニ即チ之ヲ記シテ、一小冊ト為ス。積リテ数巻ヲ成ス。

対象は京と山城国、即ち中心部である愛宕《おたぎ》ノ郷《こおり》を始め、葛野《かどの》・紀伊《きい》・久世《くぜ》・宇治・相楽《さがら》・綴喜《つづき》・乙訓《おとくに》の八郡であり、まさに「足で稼いだ地誌」で、二、七四四項目が立てられている。その中で一番多いのは陵墓の八二三項目。続いて、古蹟五九六項目、寺院四五五項目、土産《とさん》（各地の産物）三六九項目、神社二八一項目である。

この書のおもしろさは、各項目の説明が、途中から項目に直接関係しないことにまで発展していくところにもある。一例を挙げれば、「慈照院」については、まず、「義政公ノ塔所ニシテ、相国寺十三塔頭ノ随一ナリ」との基本的な説明の後、「織田信長公、入洛ノ時、コノ院ニ寓シタマフ」という歴史的説明となり、ついで、その時に蹴鞠《けまり》の会が開かれたとのエピソードが紹介される。次に、本来の蹴鞠の会場の広さや設備に話が及び、装束等についても飛鳥井家が権威であることが紹介される。そこから、飛鳥井家や冷泉家が、和歌を詠む時に課題を提示するという話に発展し、「飛鳥井家ヨリ出ストコロノ題、コレヲ飛鳥井題ト称ス。冷泉家より出ストコロノ題、コレヲ冷泉題トイフ」とまとめている。地名を核として、後に盛んとなる博物学的・百科辞典的な知識や見聞が披露されており、それがかえって多くの証言を後世に伝えてくれることになった。

例えば、「撒金《さんきん》ノ具」の説明中「新婦婚姻ノ時、携へ行クトコロノ蒔絵《まきえ》ノ具、多クハ烏丸通二条ノ北、蒔絵町ニテコレヲ製ス。コレヲ烏丸物トイフ。アルイハ祝言道具トイフ」とある。また、「刀」の説明中「京極四条ノ南ノ人家、奈良物ヲ買ヒテ鞘ヲ作り、金銀ヲモツテコレヲ飾リ、鮫皮《さめがわ》ナラビニ色絲《いろいと》コレヲ粧フ。長短、ソノ求ムルトコロニ随ヒテ、コレヲ売ル。コレヲ寺町物ト称シ、マタ、拵物《こしらへもの》トイフ」とある。これらの項目では、「烏丸」や「寺町」の地名がその生産物と結びつき、「烏丸物」「寺町物」として市井で一般名詞化している例を紹介していて、その時代を知る貴重な資料ともなっている。

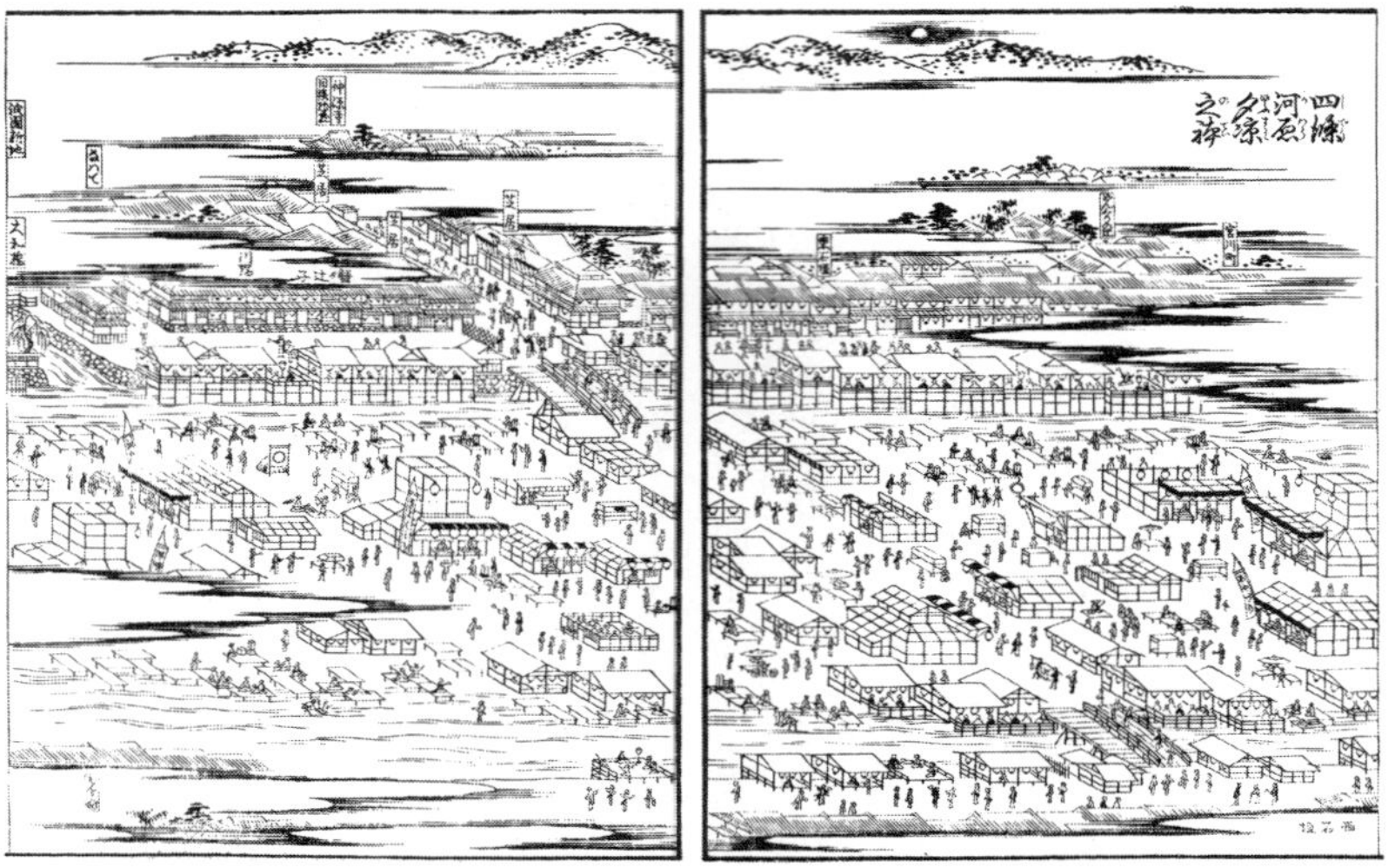

図１　四条河原での夕涼み　『都名所図会　巻二』（宗政五十緒『都名所図会を読む』東京堂出版、p.56-57より）

3、『都名所図会』と京の地名

安永九年（一七八〇）、秋里籬島（生没年不詳）著『都名所図会』が京の吉野屋為八書林から売り出された。「平安城首（洛中北部）・平安城尾（洛中南部）・左青龍（洛東山科）・右白虎（洛西乙訓）・後玄武（洛北北山）・前朱雀（洛南山城）」の六巻からなる。七三〇にわたる項目についての籬島の説明も丁寧だが、それ以上に、見開き絵を中心とした挿絵を多数載せたことが画期的であった。全巻で本文七一五ページ中、挿絵は四二六ページもあり、全体の約六割をも占めている（筆者蔵版による）。

絵師は大坂の竹原春湖斎。寺院や名所の全体像を鳥瞰図的な視点で描いている一方、年中行事や都の人々の暮らしぶりなども克明に描いている。中でも、祭についての描写は素晴らしく、祇園会の豪華な山鉾巡行の様子、賀茂の葵祭での厳粛な行列の様子、今宮やすらい祭での賑やかな踊り行列の様子など、臨場感に溢れており、絵だからこそ伝えられる情報が満載である。また、四条河原夕涼之図では、河原一面に数多く出ている屋台や仮小屋が描かれている。餅を売る人々、床机に座って談笑する人々、楊弓で的をねらう人から、果ては今でも夏の風物詩とされる川床《かわゆか》（納涼床）で、芸子や太鼓持ちを侍らして飲んでいるお大尽の姿など、画面全体が興味尽きないものとなっている。

『都名所図会』は、まさに読者を居ながらにして名所旧蹟を巡っているような気持ちにさせるという「見て楽しめる」画期的なガイドブックであった。その爆発的な売れ方については、滝沢馬琴が次のように描いている。

その明年に至りては一ケ年の製本四千部に余れり。当時求める者多かる折は製本に遑《いとま》なく、摺本《すりほん》に表紙と絨《とじ》糸《いと》を添へて売渡《うりわた》せしとなり。　（『異聞雑稿』）

同書は横約一八センチ、縦約二六センチで、A４判より少し小ぶり程度の大きさであり、携帯用には適さなかった。多くは、故郷への土産として、あるいは自らの京見物の記念として購入されたのであろう。いうならば、かつては大名などごく一部の人達が楽しんだ「洛中洛外図」の庶民版である。

好評に応えて、籬島は京関係だけでも『拾遺都名所図会』（一七八九）、『都花月名所』（一七九三）、『都林泉名勝図会』（一八〇二）を刊行している。

江戸時代後半には、名所等を数的に限定し、ランク付けをすることが流行する。文化文政以降、江戸では多くの評判記が出版され、土俵番付に擬した一枚物も多く摺られた。葛飾北斎の「富嶽三十六景」や歌川広重の「名所江戸百景」も同じ趣向といえよう。しかし、興味深いことに、「浮世絵京百景」は作られなかったし、京名所の番付表もあるにはあったが、それほど評判にはならなかった。確かに「紅葉は高雄・通天」「萩は高台寺」「山吹は宇治」「松茸

図２　梯子を持って宿屋に着いた弥次・喜多（十返舎一九『東海道中膝栗毛』新編日本古典文学全集81より）

は稲荷山」「鯉は淀川」（「都玉づくし」一八二二年・寺町二条下ル柏屋刊）等、各地の特色は興味の対象になったが、それを一定数に絞ろうとはしなかったのである。つまり、『都名所図会』に見られるように、濃淡の差こそあれ、京の全ての地名が文化的付加価値を持ったブランド名として意識され、全国に喧伝されていったのである。

4、弥次さん喜多さんの見た京

庶民の旅行は享保年間（一七一六～三六）頃から盛んになる。「伊勢参り」がその中心で、文政一三年（一八三〇）には、当時の日本人口の六分の一にあたる五〇〇万人が伊勢神宮をめざした（今野信雄『江戸の旅』）。ただ、「伊勢参り大神宮へもちよつと寄り」という古川柳が示すように、信仰以上に観光旅行の意味合いが強く、ついでに上方見物としゃれ込むわけだが、その目玉はやはり京見物であった。

多くの旅行記が出版されたが、その中で最も愛読されたのは十返舎一九の『東海道中膝栗毛』であろう。初編は享和二年（一八〇二）刊。神田八丁堀に住む弥次郎兵衛と喜多八が、伊勢から京・大坂・讃岐・安芸を巡り、二一年間の長旅をする。二人が京を訪れるのが六編（文化四年・一八〇七）と七編（文化五年・一八〇八）。伊勢参りを終え、伏見から京へ向かうという設定であり、その日程は次の通り。

一日目　伏見の京橋から墨染《すみぞめ》の撞木《しゅもく》町を通り、稲荷の社を過ぎ、方広寺大仏殿の柱の穴くぐりで騒動を起こし、三十三間堂から清水寺へ。三条へ向かうつもりが、途中で若い女性に誑《たぶら》かされ、五条新地へ。この白粉の匂う店で一泊。

二日目　宮川町をひやかして四条通から祇園社へ。四条の芝居小屋で騒動を起こし、四条河原で梯子《はしご》等を売る若い大原女をひやかし、結局梯子を買わされるはめに。三条小橋近くの旅籠屋に泊まる。

三日目　梯子を持ったまま北野天神・平野社を見学。壬生寺へ行き、近くの「あやしの茶店」に宿を取る。

四日目　島原遊郭を見学して、淀大橋から三十石船で大坂八軒屋へ向かう。

墨染の橦木町は、伏見街道に接する遊郭であり、大石内蔵助《くらのすけ》遊興の地として知られていた。町筋が鉦《かね》を叩くT字形の撞木に似ているところからの命名である。五条新地は「宝暦年中川口庄助増野伊右衛門と云人、御土居跡に町をたつる事を御公儀様へ御願い申上、今五条新地といふ是なり」（『京町鑑』）とあるように、六条新地・七条新地と同様、御土居跡に出来た遊郭である。懐具合の悪い二人は、このような場末の遊郭で遊ぶのが精一杯で、高級な島原は外から見学するしかなかったのである。

方広寺については、一九は「大仏殿方広寺　本尊は盧舎那仏《るしゃなぶつ》の坐像、御丈《みたけ》六丈三尺、堂は西向《にしむき》にして東西廿七間、南北は四十五間あり」と『都名所図会』の記事をそのまま紹介し、弥次郎兵衛に「ナントはなしにきいたよりかがうてきなもんぢやねへか」と言わせている。しかし、実際は、弥次・喜多の訪れる一〇年前、寛政一〇年（一七九八）に落雷による火災で大仏は焼失してしまっていたのであり、この時代に「アレ、山門の上から仏さまがのぞいてゐる」など、あり得ない。また、大仏殿の柱の穴くぐりのことも、奈良大仏殿の出来事を京に移した可能性が高く、実際に「柱の穴」があったかどうかも疑わしい。

方広寺の前の通りが大和大路通。「縄手　大和大路と称す、いにしへの大和街道なればなり」（『洛陽勝覧』）とあるように、宇治・奈良への交通の要所であった。茶屋が多かったことから茶屋町と呼ばれたが、近くに秀吉の墓所である阿弥陀峰があり、豊臣家ゆかりの地であった。当時は墓所も豊国神社も打ち壊されたままで、歴史の無常さを感じさせる地であるはずだが、無教養な二人にはそんな感慨などみじんもない。

二人の三泊四日の京見物は、一日の行程も短く、地域的にも偏っているし、事実との整合性も怪しい。一九の趣向が京の名所案内ではなく、「二人の失敗譚と好色譚」に眼目を置いたためであろう。ただ、作者が「不知案内の地」であっても、「三十三間堂、祇園、清水、知恩院、金閣寺」が当時の最も基本的なコースであったことが分かる。

5、きよのさんの見た京

「きよのさん」とは、羽州鶴岡（現在の山形県鶴岡市）の豪商の妻・三井清野《みついきよの》のことである。金森敦子が『「きよのさん」と歩く江戸六百里』の中で紹介した彼女の道中日記は、当時の旅行を考える上で驚かされることが多い。

文化一四年（一八一七）三月、三一歳の清野は同行者と三人で鶴岡を出発。江戸から伊勢・奈良・大坂・京を巡り、北陸道を北上、七月一一日、鶴岡に帰り着いている。実に六〇〇里、一〇八日間かけての大旅行の記録である。

清野が三十石船で伏見に着いたのが六月五日（記述は全て旧暦）。道中日記に「舟にて伏見に上がり、舟宿にて飯を食い、それより稲荷の森、深草の玉日宮の塚、西岸寺、藤の森の稲荷、東福寺へ参り、裏より出て茶屋に寄り、中食食べる」とあるように、名所旧蹟をかなり丁寧に巡っている。その後、三十三間堂・東門跡（東本願寺）を拝し、下六条川口権兵衛宅に泊まる。翌六日は再び東門跡で「御かみそり」を受け、「御かわらけ」を頂き、五条大橋から祇園社へ。ここでは弥次・喜多と同じように門前の二軒茶屋で田楽を食べている。その後祇園会の山鉾を見て、その豪華さに「誠に誠に目を驚かすばかり」と感動する。七日は寺町で山鉾巡行を見物し、清水焼を買い清水寺へ。八日、大雨の中を仏光寺へ。九日は買い物。一〇日は案内人を頼み、六波羅堂・八坂の塔・高台寺・本大谷・円山茶屋・知恩院・南禅寺・永観堂・光雲寺・黒谷蓮生坊寺・真如堂・吉田の社と洛東を巡り、六角堂を経て宿へ。一一日は西御門跡・日暮《ひぐらし》の御門、東寺・島原・二条の御城・壬生の地蔵・北野の天神・平野大明神・金閣寺・今宮・大徳寺・上賀茂大神・下賀茂と巡っている。一二日は大丸で買い物。一三日は鳥羽通から伏見に出て、舟で淀城、水車を見て、八幡の八幡宮から反橋《そりばし》を通って宇治へ。亀屋と柳屋で大量のお茶を買い、鍵屋に泊。一四日は頼政の扇の芝・恵心院・亀石、興聖寺《こうしょうじ》など宇治の名所を見学した後、喜撰法師ゆかりの喜撰山越えから二里の山道を歩き、石山寺に詣でる。舟で唐崎の松を見た後、坂本で泊。一五日は山中越を通り百万遍堂で中食を採り、六角堂前の筑前屋に泊。一六日は妙心寺・御室の御所・広沢の池を見て、嵯峨の釈迦堂に参り、清滝から愛宕山・月の輪寺へ。片道五〇丁の山道を往復し、下山後は二尊院・小倉山・嵐山・渡月橋・天竜寺・虚空蔵・松尾の宮・梅の宮と巡り、筑前屋へ戻る。一七日は西陣の機《はた》織りを見学し、六角堂の観音様の夜店を見て宿へ。一八日は宿屋で休息。一九日には京を発ち、山科御坊の御開帳を見て大津へ。そこから舟で草津へ向かう。合計一四泊一五日にわたる京見物であった。

清野の京巡りは、見事に多くの名所古蹟をカバーしている。彼女が豪商の妻であったこと、商売関係の京の店が便宜を図ってくれたこと、身につけた教養と若さからくる脚力等、多くの条件に恵まれていたからこそ回れたのであろうが、反対に言えば、これだけの経済的・時間的・体力的余裕が無ければ京は廻りきれないほど名所旧蹟が多い場所になっていたということにもなろう。

彼女の京見物コースの設定は、ガイドブックに負うところが大きかったようだ。名所記に頻繁に出てくる人気地名の中で抜けているのは、洛中では千本焔魔堂・長樂寺・智積院ぐらいだが、これも近くを通っており、日記に残さなかっただけで立ち寄っている可能性もある。洛外では、大原・鞍馬や比叡山には行っていない。反対に愛宕山に登っているのは、庶民の愛宕信仰が盛んであったことが背景にあると思われる。

天下の名勝とされる嵐山も、『日本書紀』には「歌荒樔田《うたあらすだ》」と出ている。「アラス」は「荒々しい砂地、瓦礫の砂州」の意味であり、秦氏による旧桂川改修以前の荒れ果てた様子をよく表している。嵯峨も「背面に高山ありて険《さが》しい故に、単にさがと呼びし」(『嵯峨誌』)とされる。いずれも地形を起源とした地名と取ることが出来る。ところが、藤原公任が和歌の舟に乗り(『大鏡』)、光源氏が野々宮を訪れ(『源氏物語』)、仏御前が祇王寺に入る(『平家物語』)等、歴史や文学の舞台となることで、自然起源地名に、語源とは離れた「別業の地」「世俗から逃れた地」「ロマンの地」等の文化的な付加価値が加えられることになる。嵯峨に芭蕉が滞在すると、また新たなイメージも加わえられる。

このように、京の名所地名の特徴は、幾時代にもわたる歴史的な重層性に富んでいることであり、観光者も、それを読み解く教養の高さによって味わい方が変わることになる。

なお、旅行者が増えるとともに、受け入れ体制が必要となる。清野の昼食はほぼ茶屋であった。「茶屋に寄り、中食食べる。(中略)代八十二文也。この家高し」(東福寺)、「茶屋にて玉子とじ、百文也」(五条橋詰)、「そうめんを食い候」(下賀茂)、「茶屋にて茶漬けを食べ」(八幡)との彼女の記録から、各名所には旅人相手の茶屋が多かったことが分かる。「茶屋にて瓜買い、十六文也」（吉田社）、「餅を食ふ。二つ盛り十文づつ」（橋本）、「新粉餅《しんこもち》を食ふ。一膳二十也」（愛宕山）等、果物や菓子も買っている。馬琴が「京の人間は吝嗇《りんしょく》で、外出には必ず手弁当を持っていく」と書いている。にもかかわらず、実際に多くの茶屋が存在したのは、観光客を主要な客にしていたからであろう。また、清野は清水焼や宇治茶などの多くの買い物をしており、せっせと故郷へ送っている。

一〇日に「先立（先達）頼み」とあり、ガイドも雇っている。一日一〇〇文から二〇〇文で観光案内をするガイドが職業として成立していたのである。清野は見なかったようだが、すでに観光用貸切駕籠も営業していた。つまり、現代にも通じる「見る・食べる・学ぶ」という旅の楽しさに応えるだけの条件が京には整いつつあったのだ。

6、寺社の観光化

清野の道中日記で今一つ興味深いのは、「御開帳」が頻繁に行われていたことである。彼女は東本願寺開山堂の御開帳（料金不明）、知恩院植髪堂御開帳（一二〇文）、永観堂見返り尊像の御開帳（一二〇文）、月輪寺の御開帳（一〇〇文）、山科御坊の御開帳（一〇〇文）を見ている。また、金閣寺では七人で二二〇文を出して「有料拝観」もしている。書き漏らしているようだが、高台寺・知恩院も「拝観料」がいったと思われる。

安永二年（一七七三）刊『開帳花くらべ』は、同年に京で行われた御開帳の全貌を伝える貴重な評判記である（中野三敏編『江戸名物評判記集成』所載）。これによると、因幡薬師堂・清水寺・虚空蔵寺・醍醐寺・安井金比羅宮等二〇ケ所以上で、「秘仏公開」等の御開帳が行われていた。本来、何十年に一回のはずの御開帳が日常化し、醍醐寺の准胝《じゅんてい》観音など「近年打《うち》つゞいての御勤」と揶揄されているほどである。江戸への出開帳も盛んになるが、結局、御開帳のやりすぎで、展覧する神仏霊宝が底をつく。困った人達が思案の結果、「貧乏神」を持ち出し、「参拝しない者はこちらから出向くぞ」という立て札を立てたという軽口まで生まれたぐらいである。

「予、江戸に生まれて三十六年、今年初めて京師にあそんで、暫時俗腸を洗いぬ」（『羇旅漫録』）と書いた辛口の批評家・馬琴が、京滞在のまとめとして「京に良きもの三つ　女子・賀茂川の水・寺社」（同上）と書いたのは有名である。大田南畝《なんぽ》（一七四九～一八二三）が挙げたのは「水、水菜、女、染物、みやす針、御寺、豆腐、鰻鱧《まんれい》、松茸」（『一話一言』）。司馬江漢（一七四七～一八一八）も「京は婦人よし。神社仏閣、山をかたどり、景色よし」（『西遊日記』）と書いている。一方、食べ物についての京の評判は悪い。しかし、嗜好には個人差以上に現在とは比較にならないほど地域差があったので、比較にあまり意味はない。馬琴が鬼の首を取ったかのように京の味を非難するのは、京コンプレックスの裏返しと見ることもできる。

やはり、名勝や自然環境とともに、神社仏閣が京の魅力の中心であったことは間違いない。その寺社が積極的に御開帳を行い、当時から観光客誘致に力を注いでいたのは、現在の「冬の京都・特別拝観」などのイベントとあまり変わらないとも言えよう。つまり、京の社寺を中心として、名所・名勝・旧跡が観光化し、そしてその参拝客・見物客を当て込んだ旅籠・茶屋・土産物屋等の観光産業が当時から充実しつつあったのだ。

現在、京都という地名に「観光都市」というイメージがかぶさっているのは、以上見てきたように、享保年間以降の庶民の旅行ブームに対応した頃から始まったのである。

五、交通の整備と産業の振興

岩田　貢

近世の京都は、人口三〇万人を超える大都市であった。そのため大量の食料品類や日用品、薪炭などの燃料類、材木類など様々な物資を搬入する必要があった。いっぽう産業面からみれば、工業や商業は全国に販路をもつ突出した存在でもあった。現在の京都を語る際に、高瀬川や木屋町通あるいは丸太町通などは必出の地名である。これらは、いずれも江戸期の京都の産業の振興と深い関わりをもつものであった。また京都では、多くの人口を養うために近郊農業が盛んに行われた。現在でも地名を冠した野菜名にその名残をみることができる。この節では、当時の京都の交通事情や産業の盛況について、今も残る町名や通り名などから読み解いていく。

1、京都への物資搬入

京都へ物資を移入したり京都から移出する場合、大阪湾ルートを使用するのに有効な手段は、京都南方までは淀川を活用し、それ以北は荷揚げした荷物を陸上輸送することであった。中世まで舟運と牛馬運送の中継地となっていたのは京都西南に当たる淀《よど》であった。淀の地名の由来には、①『拾遺都名所図会』の「桂川、鴨川、宇治川、木津川等のをちあひて深ければよどみぬるくながるゝなり」や、『万葉集巻九・一七一四』の「よどめる淀に」という説、②江戸時代中期の国語辞典『和訓栞』の「寄門《よりと》の義にや水のと、こほりたゝえる所」という説があるが、『京都地名語源辞典』（吉田金彦他編、二〇一三）は後者をとる。近世の豊臣秀吉の時代になると、宇治川を山城盆地の中央に広がる巨椋《おぐら》池から北側に分離して反時計回りに流し、山科川と合流させて伏見丘陵の南側を通した。そして新しく建てた伏見城の下の伏見を京都の入口として位置づけた。

高瀬川

徳川の支配になり北方の二条城が政治の新たな中心地となると、伏見から約九キロメートル隔てられた距離が課題となった。問題は、伏見で荷揚げした多くの荷物を京都の中心地まで運ぶ手段が、竹田街道や鳥羽街道などの陸路しかなかったことである。そこで、京都と伏見をつなぐ水路を、角倉了以《すみのくらりょうい》が開くことになった。伏見との間を結んだ水路の建設は、水運に恵まれなかった内陸部の京都の真ん中まで舟を導き、京都と瀬戸内海とをつなぐ大事業となったのである。

　この水路で運搬を担った舟を高瀬舟または高瀬と呼んだ。急流の山川で使うために、船体は小さく底が浅く造られた。奈良時代からみられるが、浅い川瀬でも通行できるように底を平たくした。一般にへさきが高く、船尾が角形となっているのが特徴で、全国各地で使用され河川により大きさは異なった。京都の場合は、長さ一〇メートル強、幅二メートル程度の大きさで、この舟が通ることから高瀬川と呼ばれるようになったという。

2、高瀬川の必要性とその位置

京阪電車三条駅の地下通路から地上にあがると、西側の鴨川には三条大橋がある。橋を西に渡り約一〇〇メートル程歩くと、幅六～七メートルの浅い川がみえる。これが高瀬川である。高瀬川は、約四〇〇年前の慶長一六年（一六一一）に着工され、同一九年に開通した。そして大正九年（一九二〇）までの約三一〇年間、伏見との間で物や人を乗せた高瀬舟が上下していたのである。往時の高瀬川は川幅は一メートル以上広く、深さも三〇センチメートル以上あったと言われ、水量も多かった。現在の河原町二条南角にある日本銀行京都支店の南側には、史跡指定を受けた一之船入《いちのふないり》という小規模な港が残され、付近は一之船入町となっている。一之船入の外には復元された高瀬舟が係留されており、木屋町三条下ルには「高瀬川開削三百七十五年記念角倉了以翁顕彰碑（一九八五年建立）」をみることができる。明治二〇年頃に陸軍が作成した仮製地形図には、高瀬川から西側に櫛状に造られた船入が、南方の四条通との間で櫛状に七ケ所認めることができる。

図１　高瀬川北端 一之船入付近　復元された高瀬舟　舟の後方右が船入（荷揚げ場）の出入口。（筆者撮影）

図2　高瀬川『拾遺都名所図会 巻一』（宗政五十緒『京の名所図会を読む』東京堂出版、p.68-69より）曳き子により遡る舟には最大15石（2.25トン）の荷が積載された。

木屋町通

この高瀬川の二条通から七条通に至る東岸には木屋町通《きやまちどおり》があり、とりわけ四条界隈は京都の代表的な繁華街の一つとなっているのは周知の通りである。しかも、西岸の三条通下の大黒橋から七条通までは部分的に西木屋町通が通じている。「木屋町通」という名は江戸中期以降のことで、当初は「樵木《こりき》町通」と呼ばれた。町名をみれば、現在でも高瀬川東岸沿いに、御池大橋北西には上樵木町、三条通下から材木町、下樵木町、鍋屋町、さらに南の松原通下から別の材木町、下材木町と続く。同西岸沿いでは、上の材木町向かいに北車屋町、南車屋町が、また鍋屋町向かいに紙屋町と続く。このように高瀬川沿いでは、水運や港湾のさかんな活動がみられ、商人や職人が集住した町屋がつくられていったことがうかがえる。しかし荷揚げで活況を示した船入も、今は一之船入以外は埋め立てられてしまった。

これらの町名をみると、材木や薪炭の扱いが多かったことが想像される。この高瀬川沿いの材木・薪炭商は、「京都三郷」という問屋仲間を結成していた。三郷とは、二条通から四条通間を二条郷、四条通から五条通間を松原郷、五条通から七条通間を七条郷といい、いずれも両岸をさす。郷というのは、高瀬川が御土居《おどい》の東の外側に開削されたため洛外に当たるとみなされたためである。この三郷は、伏見で積み換えをせずに淀川から直接乗り入れて荷物を搬入する権利を得ていた。その起こりは、『京都《きょうと》御役所向大概覚《おやくしょむきたいがいおぼえ》書《がき》』によれば、大坂の陣の時に、角倉了以の倅与一が兵糧を大坂御蔵より伏見へ積登らせたことによるとされている。この高瀬川をさかのぼる主な積荷の一つに、日向・土佐・熊野など遠方から運ばれてくる良質の炭がみられた。明治一七年（一八八四）の記録でしか確認できないが、東高瀬川筋薪炭商の組合加入数が二〇〇軒の数にも及んでいることから、江戸期の繁栄ぶりもうかがえる。

それではなぜ高瀬川の始まりが、二条通の下手に当たるかを考えてみたい。南北方向でみれば、川の北端に当たる一之船入の位置は押小路通の北に沿う。北側の二条通をそのまま西に約一七〇〇メートル行くと、二条城の東大手門に行き着ける。そして周辺地域は、徳川政権の京都行政の中心地である。この二つの通りが通る地域は、豊臣秀吉が、上京と下京の間にあって耕地化されていた地域を都市化した新興地域なのである。ここには商業機能が集中し活気を呈していた。秀吉期から江戸期のはじめは、京都はわが国における手工業や商業の一大中心地であった。原材料の搬入と製品の搬出には、水運が欠かせなかったのである。

丸太町

二条城の東側には堀川が通っている。城の北東方向、中京区の北辺に当たる堀川丸太町交差点の東側に、「丸太町《まるたちょう》」という町名がある。丸太町通の名称の原点である。『京雀』には、「此筋の西ほり川に丸太のざいもくやおほくあるゆへに世には丸太町通といふ」と記載されている。堀川が材木の輸送に利用されていた名残である。堀川を使った材木輸送については、上杉家本や町田家本『洛中洛外図屏風』に筏《いかだ》や貯木の丸太を荷揚げする姿がみられる。

3、高瀬川の取水と流路

現在の高瀬川は、鴨川の水を一条通付近から取り入れ、二条木屋町の旧角倉家樋ノ口屋敷跡（二〇一六年現在は「がんこ高瀬川二条苑」という飲食店）内を通り、その西から流れが始まるようになっている。直接の水の供給元は鴨川ではなく、その西岸を通るみそそぎ川（禊川）という分流である。同川上に夏季に二条通から五条通まで設けられる鴨川納涼床は、風物詩として名高い。同川の水面は、鴨川の流れから約二メートルも高い。鴨川では昭和一〇年（一九三五）六月末に豪雨によって水が溢れ、三条大橋や五条大橋など多くの橋が流失し家屋に浸水するという大災害が発生した。すでに大正期から鴨川の中洲が除かれ、床几《しょうぎ》形式の床が設置できなくなっていて、納涼床存続の陳情が地元からなされていた。そこでその後行われた河川改修時に、人工水路のみそそぎ川が開削され、今見る高床形式の床が設けられることになった。

図3　みそそぎ川（四条大橋上流部）　５月初〜９月末の間、鴨川納涼床が設けられる。右が鴨川、左がみそそぎ川（筆者撮影）

建設当初の高瀬川は、二条通付近で鴨川から取水していた。創設期の様子は、角倉家番頭を務めた八木家の文書に「慶長十七年二条〜三条間図」として描かれている。角倉家の旧姓吉田家の屋敷は現日本銀行京都支店の地にあって、屋敷の前の河岸に生州《いけす》を設けることを許可した。現在、西生州町と東生州町として地名に残っている。かの図には生州場や生鯉場という名も記され、往時も楼がつくられ魚料理が供されていたと推察できる。

古地図をみれば、ここからの流れはいったん四条通を下った辺りで鴨川に合流しているようにもみえる。もともと御土居の外側に二条通辺りから鴨川本流と分かれて四条通辺りで再び合流する流れがあったようで、この水路を活用したと考えられる。そして七条通までは鴨川に沿ってほぼまっすぐに流れ、七条通から南は曲流する。この流れは、元あった農業用水路を利用して運搬に必要な水量を確保したからではないかと推定されている。そして現在の東九条南松ノ木町付近で鴨川を横断する。その南は、現在の京阪電車鳥羽街道駅の約三〇〇メートル西方付近で鴨川から取水する東高瀬川となり、稲荷・深草や竹田の田畑に水を供給しつつ、近鉄電車伏見駅約五〇〇メートル西方で七瀬川と合流する。その後は伏見城の外堀濠川の西を流れ、伏見港の中心地京橋に至るのである。その周辺には、京橋町のほか、本材木町・柿ノ木浜町・南浜町・北浜町・西浜町・金井戸島といった、港町に因んだ地名が残っている。

4、もう一つの高瀬川

東高瀬川とは別に、もう一つの高瀬川が存在する。京都中心部の二条城への御蔵米や、桂川を経由する材木・薪炭を市中に運搬する目的で、幕末の文久三年（一八六三）から明治初年にかけ開削された西高瀬川である。現在は、嵯峨の渡月橋東で桂川から取水し、有栖川や天神川と交差しつつ東流し、太秦・山ノ内から三条通に至り、千本三条で南流してから何度か西と南に流路を換え、伏見区の下鳥羽で鴨川に合流し、続けて桂川に再合流する。このうち三条通の流路は明治三年変更のもので、当初は四条通沿いを東流し阪急電車西院駅東方で現流路に繋がっていた。かつてはその合流点付近には船着問屋、千本通沿いには木場があって活況をみせていたという。現在もJR二条駅南東部に当たる西ノ京の南部と壬生北部には木材関係の業者が散見でき、往時を偲ぶことができる。なお「壬生」については、『京都府地誌』には、往古数ケ所の湧泉があり「水生《みぶ》」の称が生まれ、後に「壬生」と改められたと記しているが、時期は不詳である。

5、京野菜と産地

現在では「京野菜」とブランド化しているが、平安京造営以来、京都では朝廷用に野菜栽培が行われ、それが文献にも現れている。その後も京都は政治・文化の中心として、多くの人口を養うのに新鮮な野菜が必要となった。また、精進料理など水産物に頼らない料理の工夫とも関連して生産が盛んになった。

京野菜には、その土地の特産として地名が冠されるものがみられる。そのいくつかを『京都府園芸要鑑』や高嶋四郎『京野菜』を基にみていこう。

聖護院大根

平安神宮の北に聖護院という門跡寺院がある。三井寺の僧増誉《ぞうよ》が、寛治四年（一〇九〇）に行われた白河上皇の熊野御幸の先達を務めた功により、一寺を賜った。これが一二世紀になり、聖体護持の言葉から二文字をとって、聖護院と号したという。その周辺の地を聖護院という。聖護院大根は、江戸時代後期にこの周辺の地域で栽培が始まった。一説には、聖護院門跡の東にある黒谷の金戒光明寺に、文政年間（一八一八～三〇）に立派な大根が尾張の国から奉納されたのを地元の篤農家がもらい受け、栽培を繰り返すうちに丸形の大根ができたとある。土壌との相性がよく、細長い従来種に代わり栽培が広がったという。他説とも併せると尾張の国の大根が元であり、現在でも尾張大根との別称をもつ。冬の煮物には欠かせない存在であり、現在は市南部の淀地区に栽培が多い。

聖護院蕪菁

同地域の聖護院蕪菁《かぶら》は、千枚漬の材料として名高い。享保年間（一七一六〜三六）に、地元の篤農家が近江国から入手した蕪菁を栽培するうちに扁平から円形で大型化したものになった。天保年間（一八三〇〜四四）に、この蕪菁を薄片にした漬物がつくられ、京の名産千枚漬として知られるようになった。連作をきらう作物であり、住宅地の拡大もあって、明治以降、栽培地は岡崎から西方の衣笠村にも広がり、後に下鴨・衣笠・大宮・桂・吉祥院と移り、さらに亀岡盆地にも拡大している。

スグキナ

スグキナ（酸茎菜）は、地名が冠されるものではないが、北区の上賀茂神社東方の上賀茂地区に伝わる蕪菁の一種で、「すぐき」という名と一種独特の風味をもつ漬物として知られてきた。昔から加茂菜として趣味的に栽培されていたものが、明治以降商品化され、大正・昭和と栽培が拡大し、農家の経済を潤す存在となった。上賀茂土門町の穂根束児童公園には「京都特産すぐき発祥之地」の石碑（一九七三年建立）があるが、その北東の深泥池貴船神社にもすぐき発祥地の伝承がある。

堀川牛蒡

堀川牛蒡《ごぼう》は、破却された聚楽第の堀跡を埋めた塵芥から芽を出した牛蒡が元になったと伝えられる。豊臣秀吉は、天正一五年（一五八七）に、自らの権勢を示す聚楽第を現在の御所の西方に建てたが、その八年後には壊すことになった。その位置は、東は堀川通、西は千本通、北は今出川通、南は丸太町通のほぼ中央部で、現在の二条城よりやや大きい規模の南北長方形であった。堀跡の地味に適したのか大きな牛蒡が出来たことから付近で生産が始まった。「聚楽牛蒡」と称され、『雍州府志』でも、北野・小山・堀河の産をよしとする記述がみられる。明治二〇年頃には、堀川およびJR丹波口北東部の中堂寺を中心とした約八〇反歩（ヘクタール）が栽培地として有名になり、後に洛北や修学院一帯から舞鶴などの府北部へも産地が移っている。

九条葱

九条葱といえば、葉が細長く一メートル前後にまで伸長し、葉の色が黒色に近い濃緑のものが有名である。葱は稲荷大社の建立と共に栽培が始まったとの口伝があり、平安期の文献にも京都での葱栽培の記述がみられる。江戸期の『雍州府志』には、「東寺并《ならび》ニ油ノ小路ノ南不動堂邊之産ヲヨシト為ス」と記され、明らかに九条葱に関すると思われる記載が確認できる。明治になり牛肉を食す風潮の広がりに伴い消費が拡大し、大正期には東・西九条が栽培の中心になり、その後都市化の進展と共に上鳥羽から北区や左京区、さらに府南部や北部へも栽培地が拡大している。

鹿ケ谷南瓜

鹿ケ谷南瓜《かぼちゃ》は、瓢箪型という形が特徴的で、栄養価も一般の南瓜より高い。鹿ケ谷は、北の銀閣寺と南の南禅寺に

図４　壬生隼社（みぶはやぶさのやしろ）『拾遺都名所図会 巻一』（宗政五十緒『京の名所図会を読む』東京堂出版、p.62-63より）水菜（壬生菜）の収穫がみられる。

はさまれた地域である。文化年間（一八〇四～一八）に、現東山区粟田口の農民が奥州の津軽から得た南瓜の種を鹿ケ谷村の農民に分与し、それを栽培したのが始まりとされる。栽培を繰り返す過程で、扁平から瓢箪型に変えられ、優勝品種として普及したとされる。鹿ケ谷で栽培されたことにより鹿ケ谷南瓜の名が付いたとされる。現在は洛北や綾部市を中心に栽培される。

賀茂茄子

賀茂茄子《なす》は、丸型の形状で、肉質は硬く甘味があり、味噌田楽の調理法で有名な茄子である。起源については明らかでなく、主に上賀茂を中心にわずかながら栽培されている。栽培に多量の水が必要とされ、水に恵まれることが栽培の条件となる。『雍州府志』にも、「洛東河原ノ産殊ニ絶ト為ス」とある。これら賀茂川東岸の他、江戸期は左京区の吉田や田中地区が主な栽培地であったと考えられている。栽培に手間がかかり、高価で取引きされる。

みずな

京菜が、「水菜・みずな」の名称で呼ばれてきたもので、強健で一株数十本にまで分蘖する。『雍州府志』では、江戸期には東寺や九条付近で流水を畦間に引き入れて栽培され、水入菜や麻倶利菜《まくり》と言われると記載している。また、『拾遺都名所図会』では、「水菜は京の名産なり、ことに洛西壬生の地は美味にして、株小さく茎のすぢ細く多くあり。ゆゑに千筋蟬菜《せみな》などいふ。一説に、水菜にあらず、壬生菜なりとぞ」と記されている。古くから京都西南部に低湿で栽培に適した地域があり主産地になったが、明治以降に京都南部に広がり関西では大阪府、滋賀県、和歌山県などに広がった。

このように、京都で数多くの特産野菜が作られてきた背景には、運送時に傷みやすいという野菜の特性があるため、米などと異なり地物を用いる必要があった点があげられる。また、先にあげた調理側の要求だけでなく、盆地の中にみられる地形や土質の特徴を十分に研究し、それに合う品種を見つけて改良を加えたり、ワラ床や油紙を用いた促成栽培の技術を考案するなど、長い間の栽培農家の工夫と熱意が今日の京野菜発展の基盤となっているといえる。

第六章　幕末から現代へ

一、京都の再出発――近代化への道

小寺慶昭

明治維新直後の東京遷都は、江戸中期以降の京の地位低下に拍車を掛け、京都人が恐れていた都下衰微《とかすいび》が現実のものとなってきた。京都再生のため、槇村正直《まきむらまさなお》・北垣国道《きたがきくにみち》両知事が率先して新たな産業を興し、近代化に取り組んだ。勧業場や京都舎密局《せいみきょく》等が設置され、時代の先端を行く産業が導入された。特に意義深かったのが琵琶湖疏水の開削で、当初の目的であった水利・水運利用以上に、途中から導入された水力発電計画が京都再生に大きく貢献していくことになる。

京都の近代化の大きな特徴は、官のみならず、市民が大きな役割を果たしたことである。全国に先駆けて「番組小学校」を開校させたのも、町組《ちょうぐみ》が改組された「番組」という町組織の力であり、以降も「旧学区」として市民自治の基本単位となる。

京都復興の成果は、明治二八年（一八九五）、岡崎で開かれた「平安遷都千百年紀念祭」での内国勧業博覧会で内外に喧伝された。同時に平安神宮が建立され、時代祭が始まるが、その運営主体も学区組織であり、学区毎に時代絵巻を担当・演出し、今に続いている。

1、町組から学区へ

明治二年（一八六九）三月、明治天皇は東京へ行幸し、旧江戸城を「皇城」と称するようになる。太政官も東京に移され、事実上の東京遷都が行われた。その後も京都にあった中央行政機関が次々に廃止となり、公家達や有力町人達の東京への移転なども重なり、京都人が恐れていた都下衰微が現実のものとなった。京都市域の人口も、維新前の約三五万人から、明治四年には二四万人に減り、このままでは「第二の奈良」になるとの危惧から、近代化への大胆な方向転換が官民一体となって図られた。

京の地盤沈下は江戸中期以降に目立つようになる。新しく台頭してきた江戸・大坂に対抗するため、京は、伝統技術工芸の継承発展と王城の地としての誇りと観光とを軸に生き抜いてきた。しかし、明治維新時の危機を乗り越えるには、それだけでは不十分であり、新たな近代産業を育てることと教育の充実とに都市としての命運を賭けることになる。新政府からの勧業基立金一五万両と、京都再興のための産業基立金（俗に言う「お土産金」）一〇万円や、有力町人からの寄附等が基金となったが、それ以外に各家、各町内への分担金が大きな役割を果たしたことも見逃せない。

明治新政府が教育制度を創設したのは、明治五年（一八七二）に「自今以後一般ノ人民必ス邑《むら》ニ不学ノ戸ナク、家ニ不学ノ人ナカラシメン事ヲ期ス」と宣言した「学制」（太政官布告二一四号）以降である。ところが、広く知られているように、京都ではそれに先だって独自の方法で各町内に小学校を設立した。

室町時代以降、町《ちょう》の集まりである「町組」が京の自治組織として機能してきた。町は、格式の高い古町《ふるまち》・親町と、裏通りや新開地に出来た新《あたらし》町・枝《えだ》町・離《はなれ》町とに分けられた。しかし、両者の間にあった格差は、京の近代化にとって適切なものではなくなっていた。

明治元年（一八六八）に発足した京都府（京都裁判所を改称）は、町組を「上京何番組」などと「番組」で呼ぶようにし、二条通を境に、上京四五番組、下京四一番組へと改組した。しかし、町数が平均化されていないことから手直しされ、翌年、上京三三番組、下京三二番組、計六五番組となった（後に下京も三三番組になる）。この時、上京と下京との境を、従来から親しまれてきた二条通から三条通に変更した。

番組を基盤として、その年内に六四校の小学校が開校された（六六番組中、二番組で一校を建設したのが二ケ所あったため）。日本最初の開校式を挙行したのが「上京第二十七番小学校」で、明治二年（一八六九）五月二一日である。記念すべき場所は富小路通御池上ルの新校舎であったが、一ケ月後には柳馬場御池の洋式新校舎に移転し、「柳池小学校」と改称している。

いずれの学校も、有力者による土地の提供のみならず、各番組の人々の期待と献金から生まれたものである。当時は、校内に「町役溜場」が置かれたり、校舎上に防火楼が造られたりして、地域の文化センター的な役割も果たしていた。また、「小学校会社」を創って学校運営基金の運用をするなど、独特の方法も実施された。人々にとって、「番組小学校」は「自分たちが創った学校」であり、今に至るまで学校と地域との結びつきは強い。

番組名の小学校も、多くは室町学区や清水学区、粟田学区等のように、地元の町名にあわせて改称された。「柳池」は「柳馬場御池」から二文字を取った名称である。また、校区内にあった源保光の邸宅「桃薗宮《とうえんぐう》」に依って「桃薗」、応天門の回廊に聳えていた「翔鸞楼《しょうらんろう》」に依って「翔鸞」、内裏の待賢門《たいけんもん》に依って「待賢」など、校区内の歴史的遺産の名前を付けた所もある。「立誠」「修徳」「開智」など、『論語』に依った所も少なくない。このように、改称方法を統一するのではなく、各学区毎に自由に選んで命名したのも京都らしいと言えよう。

これらは、町組に代わる新しい市民の自治基本組織の名称として親しまれていくようになり、明治中期にはほぼ定着する（現在は「旧学区」とも呼ばれている）。改称後の旧学区名と番組名との対応は次の通りである（統廃合のため六一校区）。

【上京】乾隆《けんりゅう》（一番組）・成逸《せいいつ》（二番組）・翔鸞（三番組）・嘉楽《からく》（四番組）・西陣（五番組）・室町（六番組・七番組）・仁和（八番組・九番組）・正親（一〇番組）・桃薗（一一番組）・小川（一二番組）・室町（一三番組）・出水（一四番組）・聚楽《じゅらく》（一五番組）・中立（一六番組）・待賢（一七番組）・滋野《しげの》（一八番組・一九番組）・梅屋（二〇番組）・竹間《ちっかん》（二一番組）・富有（二二番組）・教業《きょうぎょう》（二三番組）・城巽《じょうそん》（二四番組）・龍池《たついけ》（二五番組）・初音（二六番組）・柳池《りゅうち》（二七番組）・京極（二八番組・二九番組）・春日（三〇番組）・銅駝《どうだ》（三一番組）・錦林（三二番組）・新洞《しんとう》（三三番組）

【下京】乾《いぬい》（一番組）・本能（二番組）・明倫（三番組）・日彰《にっしょう》（四番組）・生祥《せいしょう》（五番組）・立誠（六番組）・郁文《いくぶん》（七番組）・格致《かくち》（八番組）・成徳（九番組）・豊園（一〇番組）・開智（一一番組）・永松《ながまつ》（一二番組）・醒泉《せいせん》（一三番組）・修徳（一四番組）・有隣（一五番組）・尚徳《しょうとく》（一六番組）・稚松《わかまつ》（一七番組）・菊浜（一八番組）・植柳《しょくりゅう》（一九番組）・皆山《かいざん》（二〇番組）・安寧（二一番組）・淳風（二二番組・三二番組）・梅逕《ばいけい》（二三番組）・有済《ゆうさい》（二四番組）・粟田（二五番組）・新道（二六番組）・清水（二七番組）・六原（二八番組）・貞教（二九番組）・修道（三〇番組）・一橋《いっきょう》（三一番組）・弥栄《やさか》（三三番組）

2、槇村知事の産業振興策

維新直後の京都の近代化を行政面からリードしたのは槇村正直（一八三四〜九六）であった。長州藩出身の槇村は、明治元年（一八六八）に京都入りし、京都府大参事から京都府知事になった人物で（知事在任は一八七七〜八一）、京都再興のために様々な施策を行った。豪快にして傲慢な人柄は、議会との対立を招き敵も多く作ったが、沈滞しかけていた京都に活を入れたのは確かであり、時代の要請に適応した人物であったとも言える。

槇村らの行った産業振興のための主な新事業は次の通りである（時代順）。

①童仙房の開拓（明治二年一〇月）
主として士族への授産事業として、現在の相楽郡南山城村童仙房の開拓が行われ、標高五〇〇メートルほどの無人の高原に、五六〇人もが入植した。当時はこの地を京都南部の中心にしようとする思惑もあり、京都府支庁・警察署・郵便局も設置され、陶器業も盛んになり、一時は旅館も出来るほど繁昌したが、土地の不便さから一〇年を経ずして衰退してしまう。

②授産所の開設（明治三年一一月）
中立売通智恵光院東に造られた、花街の女性等に対する授産施設。紙漉《かみすき》・養蚕・裁縫などを学ばせ、得た労賃が二五円になれば本人に渡し、退所させる方式を採用した。

③京都舎密局の開設（明治三年一二月）

舎密《せいみ》はオランダ語の「化学」への当て字。前年大阪に造られた舎密局に勤務していた明石博高（一八三九〜一九一〇）の進言により、河原町二条下ルの地に開設された。清涼飲料水・氷砂糖・石鹸・さらし粉など、当時新奇だった多くのものの製造に挑戦した。公膳本酒《こうぜんボンス》と呼ばれたラムネは明治天皇の好物だったとされる。ビールも造られ「扇印麦酒《ビール》」として売られた。ドイツ人のゴットフリート＝ワグネルの指導のもと、透明な七宝釉薬の導入や石炭窯の築造など、陶磁器産業の近代化にも貢献した。

また、同所・角倉《すみのくら》邸跡には、フランスのジャガード織機を備えた織工場（織殿）、河原町蛸薬師には染工場（染殿）等も開設され、繊維工業の発展にも寄与している。

現在、跡地に建つ銅駝《どうだ》美術工芸高校前に舎密局に関する駒札が建っている。また、岡崎公園内の京都府立図書館脇には、島津製作所の祖・初代島津源蔵の師としても有名なワグネルの大きな石の顕彰碑が建てられている。

④勧業場の設置（明治四年二月）

河原町二条下ル一ノ船入町の元長州藩邸に置かれた産業司令部である。「勧業場事務規則」によれば、事業範囲は、勧業基本金等の管理・鉱山の開発・荒地の開発・良林造成・牧畜振興・諸工業の降替の情報収集・生糸、車馬、清酒等の税の取り立て等とあり、多種に及んでいる。同規則の第一条に書かれた「京都府下ハ、御東幸後日ニ衰微ニ趣ノ地、是ヲ挽回繁昌ナラシムルハ、農工業ノ三業ヲ勧誘作新スルニアリ」という言葉には、槇村等の当時の意気込みが感じられる。

⑤牧畜場（明治五年二月）の開場
練兵場跡であった鴨川東岸の吉田下阿達町から聖護院河原町に至る約三万坪の地を国から買い受け、牧畜場を開場した。現在、京大アジア・アフリカ研究センター正門前に「牧畜記念碑」が建てられている。

⑥化芥所《かかい》（明治八年三月）の開設
市内から集めたごみを、有用のものは化学肥料に、無用のものは焼却処分にするための施設で、市内各所につくられたようだ。現在、祇園の花見小路付近、五条堀川、紙屋川竹屋町付近の三ケ所しか伝わっていない。窮民救済施設としての意味合いが大きかったようだが、現在のリサイクルに通じる施策として注目される。

⑦梅津製紙場（明治九年一月）の開業
当時は市外であった葛野郡西梅津村（現右京区梅津）の桂川左岸に府下最大の製紙工場が建てられた。府顧問山本覚馬（一八二八～九二）の関係で、ドイツから新式の紙漉機械が導入され、七五万馬力のタービン水車も備えられていた。後に民間に払い下げられ、社名も変遷し、昭和四六年（一九七一）まで稼働していた。現在、右京区梅津大縄場町の跡地に「日本最古の洋式製紙場跡」の石碑が建っている。

これら以外にも、製革場（明治四年）・養蚕場（明治五年）・製靴場（明治六年）・栽培試験場（同年）・製糸場（同年）・伏水製作所（同年）・合薬会社《アポテーキ》（明治七年）等、さまざまな殖産興業策が市内各地で実施された。

以上の新施設は、洛中の藩屋敷跡を除けば、多くが洛外に新しい土地を求めている。鴨川以東の地は開発が進まず、当時も静かな山裾の風景が拡がっていた。岡崎は「岡が突き出した所」の意味であり、神楽岡《かぐらおか》の南部が白川に張り出した丘陵地帯にふさわしい名称である。吉田は、かつては神楽岡と呼ばれた地域であり、神楽岡は神座（カミクラ）がカグラに訛ったと考えられ、古くは遊猟や葬送の地として知られていた。三条以北の鴨東一帯は白川とも総称したが、山中越近くを水源とする白川流域の意味である。白川は、文字通り「白い川」で、花崗岩地帯を流れるために川底が白いことに由来する。なお、この白砂は白川砂と呼ばれ、京の名園造営に際して多いに用いられた。明治二二年（一八八九）、第三高等中学校が吉田の地を新校地とし、後に京都帝国大学のキャンパスとなるのも、用地確保が当地では比較的容易であったためである。

梅津の地も同じで、その名が示すとおり、桂川の堆積作用によって低湿地が埋め（梅）られた場所である。平安京の右京（「長安城」）に当たるが、壬生が「泉が多く、水が湧き出る場所（水生）」の意であることからも分かるように、住宅地としての条件は悪く、早くから廃れた場所でもあった。明治初期の地図を見ても、小さな集落が散在するのみで、田畑の拡がる農村地域であり、ここも工業用地を確保しやすい場所であった。槇村による洛外に用地を求める産業振興策は、京都市街の洛外への発展を促すものでもあった。

なお、童仙房については、地元に「堂千坊」の伝承や、当地の不動明王磨崖仏が弘法大師の修行地とされたとの伝承が残ること、周辺が笠置山・飯道山・鷲峰山《じゅぶさん》など、修験道の山に囲まれていることからして、江戸時代には行者達が修行の場としていた可能性が高く、その関係での命名と考えられる。現在、高原上に散在する各集落には、一番から九番までの地名が付けられている。入植当時に命名されたもので、入植順、あるいは京都に最も近い所が一番で、遠くなるにしたがって数字が増えているともされており、行政指導で命名された地名として興味深い。

3、北垣知事と琵琶湖疏水

明治一四年（一八九一）年一月、北垣国道（一八三六〜一九一六）が三代目京都知事として就任する。槇村を剛とするなら、北垣は柔の人物で、政策実施の方法は相反していた。人々の意見よりも自説を押し付けがちな槇村に対して、北垣は民意を尊重し、合意の形成を重んじた。先に見た槇村の産業振興策は、その多くが北垣着任と共に、民間に払い下げられたり、廃止されたりしている。

北垣の最大の功績とされる琵琶湖疏水運河の原案は、すでに槇村の時から検討されていたし、維新以前からの悲願でもあった。ただ、莫大な費用の捻出と、市民や近隣府県との同意を得るには、北垣の官僚としての政治力や指導力が必要であった。北垣もまた、時代の要請に適応した人物であったと言えるであろう。

疏水（第一疏水）の幹線は、大津の三保ケ崎から長等山《ながらやま》を抜け、山科盆地の北部山沿いを通り、蹴上《けあげ》から鴨川に至るルートで、一一・一キロメートル。明治一八年（一八八五）六月に起工式を行い、同二三年（一八九〇）三月に竣工した。総工費一二五余万円は、当時の京都府の年間予算の約三年分にも当たるという大事業であった。特に長等山を抜ける二、四三六メートルの第一トンネル（当時の日本最長隧道）は難工事で、開通に三年半ほどかかっている。工事責任者（京都府御用掛）は、若き工学士・田邊朔朗《たなべさくろう》（一八六一〜一九四四）であり、これらの工事を、外国人技師に頼らず、日本人だけで行ったことでも画期的であった。

当初の使用目的は、水運、灌漑、上水道、水車の動力であり、特に琵琶湖と伏見・大阪を結ぶ水運としての期待は大きかった。蹴上では三六メートルの高低差があったため、台車に船を乗せて運行する傾斜鉄道（インクライン）が造られた。その上端の荷物の積み上げ場は「蹴上船溜《ふなだまり》」、下端のそれは「南禅寺船溜」という新しい地名で呼ばれた。また、疏水の分水が南禅寺境内を通る場所（南禅寺福知町）には、高さ約九メートルのアーチ型橋脚を持つ水路が造られ（設計は田邊朔朗）、現在も「水路閣」として親しまれている。

なお、疏水工事中にアメリカに視察に行った田邊らは、当時開発中の水力発電が有効な動力源であることを知り、急遽計画を変更し、疏水を利用した日本最初の事業用水力発電所を建てることになる。鉄道業の発達で、やがて水運としての疏水の役割は終わるが、この発電所が京都の近代化に果たした役割はあまりにも大きい。

4、平安遷都千百年紀念祭

明治二八年（一八九五）が、桓武天皇が大極殿で初めて正月の拝賀を受けてから千百年に当たることから、「桓武天皇の洪恩を報謝」「今上天皇の隆徳を奉祝」する記念行事が計画された。中心は第四回内国勧業博覧会開催と平安神宮の創設で、いずれも上京区岡崎町の地が選ばれた。岡崎は明治二三年（一八九〇）に京都市に編入されたばかりの地で、それまでの「野菜畑と雑木林が混在する」（京都市編『京都の歴史8』）景観が一変することになる。

博覧会は、同年四月から四ケ月間開催され、一一三余万人の参観者を集めた。会場の中心は工業館で、農林館、機械館、水族館、動物園、美術館も造られた。この時に、黒田清輝の「朝妝」が日本で最初に公開された女性裸体画として話題になった。現在の京都市動物園・京都市美術館はそれぞれ、明治三六年（一九〇三）・昭和三年（一九二八）と、後に改めて建てられたものだが、「岡崎＝市民の文化ゾーン」という地名の持つイメージは博覧会開催時に始まると言っても間違いない。

また、この年に完成したばかりの蹴上発電所からの送電により、初めて市街電車が走ったことも大きな話題となる（詳しくは第六章二「鉄道地名の発生」参照）。この博覧会は、京都が産業に力を入れ、近代的な産業都市として生まれ変わろうとする姿を内外に示したものであった。

一方、平安神宮の創設は、各地区長等が知事に提出した「宮殿御建営」の請願を背景として、明治一六年（一八八三）に岩倉具視（一八二五〜八三）が「京都皇宮保存に関する建議」を作成したことから始まる。岩倉は、桓武天皇の偉業を讃え、「禁苑内適当の場所に神殿を造り、その大御霊を奉祀し、毎年大礼を行ひ、衆庶の拝礼を差し許すべし」とし、京都御苑内の建設を企画していた。しかし、その直後の彼の死により計画は一時頓挫する。その後、京都商工会議所等の動きがあり、遷都千百年記念行事として、桓武天皇の「霊壇」を設けて紀念祭を行うことになる。旧大極殿跡地（千本丸太町一帯）は人家も多く、用地確保が不可能なため、博覧会会場内の紀念殿として「大極殿」を復元することになった。ところが、「模擬大極殿を以つて拝殿に供し、新たに清穆の神宮を建設し」との平安神社創立発起人総代からの請願書を内務省が認めるところとなり、急遽、官幣大社平安神宮が誕生する運びとなる。

京都市から一万余坪の土地の提供を受け、左右に蒼龍楼《そうりゅうろう》・白虎楼《びゃっころう》を従えた正面の外拝殿を建設したが、これは約八分の五に縮小した模擬大極殿である。その北側に神殿が造られ、博覧会前の三月に鎮座祭が営まれている。

鎮座祭の三ケ月後に紀年祭協賛会の会合が中村楼で開かれた際、幹事の西村捨三から「秋に行はれる平安遷都千百年紀年祭を一層意義あらしむべく、桓武聖代より明治に至る各時代の行装にて行列を編成し、かつこれを今後毎年『時代祭』として執行すること」、また「平安神宮維持については、崇敬団体を組織して、全市七万戸より一日一厘、三年間の積立をして、総額七万五千円を積み立て、その利子にて平安神宮の維持に当てること」という構想が提示され、承認されている（所功『京都の三大祭』）。

最初の時代祭の行列の中心は、①延暦文官参朝式 ②延暦武官出陣式 ③藤原文官参朝式 ④城南流鏑馬《やぶさめ》式 ⑤織田公上洛式 ⑥徳川城使上洛式の六列であった。当時の全学区を六つに区分し、一区ごとに各列を受け持たせることにした。もちろん、時代相応の衣装・持ち物の製作・調達から牛馬の準備まで、原則として各学区が責任を持ったのである。まさに、全京都市民を氏子とし、氏子全員で取り組む祭を創造したのであった。

明治維新後の衰微を乗り越え、市民が一丸となって分担・協力しあい、京都の再興・発展を図っていこうとする意気込みが、この時代祭の創造・運営からも見えてくるのであり、学区毎による祭の列の分担・運営は現在も維持されている。

二、鉄道地名の発生――鉄道網と停留所の整備

小寺慶昭

明治一〇年（一八七七）、京都・神戸間の鉄道が完成し、京都駅が新しい京都の玄関口として登場する。その後、東海道線は東進するが、技術力不足のため、稲荷から大岩街道を通り、膳所に向かうルートを取った。大正時代になって、ようやく東山隧道を通る今日のルートとなる。旧ルートは奈良線となり、当時の奈良線であった京都・伏見・桃山間のルートは廃線となる。この廃線跡が昭和初期に奈良電鉄の線路となるなど、目まぐるしい変遷を経ながら鉄道網は整備されていく。

平安遷都千百年祭記念で走り出した日本初の市街電車は、やがて京都の市電として鉄路を延ばし、市民や観光客の重要な足となる。最盛期には一七六の停留所ができ、それらはその地域を示す新たな地名表示として親しまれていくことになる。停留所名の多くが、東西と南北の通り名を重ねるという京都独特の命名方法であったが、「四条烏丸」「烏丸今出川」のように、縦横どちらの通り名を上に据えるかについては、市民の慣れ親しんだ呼称を重んじたようで、明確なルールはなく、観光客には不思議がられたりもした。一方、「博物館三十三間堂前」「祇園」「真如堂道」などのように、観光客の便宜をはかる配慮もみられた。

また、四条大宮と嵐山を結ぶ嵐山電鉄は、「帷子ノ辻」や「西院」など難読駅名が多いことでも知られている。

1、七条停車場

明治一〇年（一八七七）二月五日、明治天皇臨席のもと、神戸と京都を結ぶ官営鉄道の開業式が新築の京都駅で行われた。既に前年には向日町駅（京都府内の鉄道駅として最古）が開業しており、大宮通仮停車場（現在の梅小路貨物駅付近）まで延びていた線路を延長したのである。現在とほぼ同じ場所に建築された京都駅は、当時「七条停車場」と称していたが、市民からは「シッチョのステンショ」として親しまれた。

京の町の入口は、かつて羅城門であったり、いわゆる「京の七口」であったり、三条大橋であったりしたが、鉄道開通と共に京都駅が「京都の玄関口」となったのである。

その後、大津まで延長される東海道線は、東へ行かず、鴨川沿いに南下して稲荷駅に向かった。その稲荷駅構内に、次の説明板が建てられている（一部省略）。

旧東海道本線

大正一〇年、現在の東海道本線のルートである膳所―京都間が開通するまでは、旧東海道本線（馬場〈膳所〉―大谷―山科―稲荷―京都）が東西両京を結ぶ幹線として活躍していました。この線区の建設には非常な難工事（山間部を通過する始めての鉄道であつたこととトンネルの掘さくや丘陵部の切取り築堤など）が伴い当時としては大がかりな土木工事でしたが特筆することは、この工事がそれまで外国人に依存していたことから脱却しすべて日本人の手により建設が進められたことです。明治十三年七月十四日明治天皇臨御のもとに開通式を挙行、翌十五日全線開通のはこびとなりました。そして最急行が走破するなど華かな時代を迎えたわけですが、急曲線の連続急勾配に禍いされて大正四年から路線変更工事が開始され、その完成とともに廃線の運命をたどりました。

説明板中の「廃線」は、稲荷駅から先のことで、京都・稲荷間は奈良線として再利用されることになる。旧東海道線は、現在の奈良線が稲荷駅から南に向かい、名神高速道路を潜る手前、深草瓦町で緩くカーブする所を直進していた。その分岐点は、現在は三角形の小さな公園となり、鉄道の旧境界杭が残っている。そのすぐ先の瓦町会館前の斜めの道路が線路跡である。

旧東海道線は、大岩街道をほぼ現在の名神高速道路沿いに進み、山科区小野蚊ヶ瀬町付近に山科駅が造られていた。山科盆地を横切り、山麓を北上して大谷駅（山科区大谷町）を過ぎた所から旧逢坂山トンネル（日本初の山岳隧道）を通り、膳所まで下ったのち、スイッチバックで大津（浜大津付近）へと向かっていたのである。

京都・奈良間の鉄道計画も早くから立てられていたが、明治二八年（一八九五）、ようやく京都―伏見―桃山間（現在の近鉄京都線のルート）が民営の奈良鉄道によって開通し、翌年、奈良まで通じるようになった。明治三八年（一九〇五）には関西鉄道に譲渡され、明治四〇年（一九〇七）には国有化されて官営の奈良線となる。

東山トンネルが開通し、東海道の新線が完成した大正一〇年（一九二一）、京都・稲荷駅間が奈良線となり、南へ新線を延ばし、桃山駅から従来の奈良線と結ぶことになった。そのため、京都・伏見間は廃線、伏見・桃山間は貨物線のみの利用となる。昭和三年（一九二八）には伏見駅も廃止となり、桃山間の貨物支線も廃線となった。

京都・奈良間を結ぶ私鉄建設を目的として、大正八年（一九一九）に奈良電気鉄道（奈良電）が創設される。当初は、伏見から宇治を通り、木津川左岸から奈良へと結ぶ予定だったが、距離短縮等のため、伏見と大久保を直結する路線へと変更になった。この時、観月橋付近での宇治川架橋予定地点が京都師団工兵第十六大隊の演習場であり、橋脚は夜間演習の邪魔になるとの理由で陸軍が反対に回った。そのため、全長約一六五メートルの、橋脚のない澱川《よどがわ》鉄橋を架橋することになる。「東洋一の単純トラス鉄橋」と言われたこの橋は現在も現役で、平成一三年（二〇〇一）には国の登録有形文化財に指定された。

伏見・京都間については、廃線となっていた旧奈良線跡が鉄道省から払い下げられた。「地下水が途絶える」との伏見酒造業者等からの要望から線路を高架とし、昭和三年（一九二八）、御大典式典の時に完成した。その後、経営がなかなか安定せず、乗客数の少なさから「カラ電」（ナラ電のしゃれ）との陰口をたたかれるほど苦戦し、ついに昭和三八年（一九六三）、近畿日本鉄道（近鉄）に吸収合併されてしまった。昭和六三年（一九八八）からは、途中の竹田駅で京都市営地下鉄烏丸線と連絡し、車輛の相互乗り入れも行っている。

山陰線（嵯峨野線）は、明治三〇年（一八九七）に京都・二条駅間が開通し、二年後には園部まで繋がったが、舞鶴まで鉄路で結ばれたのは明治四三年（一九一〇）であった。

2、京都市電の停留所名

京都駅北口前、下京区東洞院通塩小路下ルの角（東塩小路町）に「電気鉄道事業発祥の地」の碑（図1）が昭和五〇年（一九七五）に建てられた。建設者は、日本国有鉄道・京都市交通局や私鉄等の一〇団体で、いわゆる「チンチン電車」の絵と共に、次の文章が刻まれている。

図１　電気鉄道事業発祥地の碑（筆者撮影）

日本最初の電気鉄道はこの地に発祥した　即ち明治二十八年二月一日京都電気鉄道株式会社は東洞院通り七条下る鉄道踏切南側から伏見下油掛通りまで六キロの間に軌道を敷き電車の運転を始めた
この成功を機として我が国電気鉄道事業は漸次全国に広がり今日の新幹線電車にまで発展することになったのである
よってその八十周年にあたり先人の偉業を讃えてこの記念碑を建てる

明治二八年（一八九五）は平安遷都千百年祭の年であり、岡崎での第四回内国勧業博覧会開催にあわせて日本初の市街電車が開通した。動力源はこの年に完成したばかりの蹴上発電所からの送電であり、まず、伏見（油掛町）・京都（七条停車場）間の京都電気鉄道（京電）伏見線が開通し、その二ケ月後、京都駅から木屋町二条を通り、仁王門通を東行し、疏水に沿って博覧会会場の正門から南禅寺に至る木屋町線が開通する。定員一六名（後に二八名）の小さな電車で、通行人や牛馬の安全のため、人の多い所やカーブでは、「告知人」と呼ばれた先走りの少年が、電車の前を「あぶのおっせ、のいとくれやっしゃ」と叫びながら走っていたという、まことにのどかな光景であった。

明治三九年（一九〇六）、二代目京都市長・西郷菊次郎（在任一九〇四～一一）は、「三大事業」と称する京都改造計画を発表した。第一が第二疏水の建設、第二が新疏水の水を利用した上水道整備、第三が輸送力の大幅な増加を図るための道路の拡張と電気鉄道敷設であった。市会で、市電の七条線・四条線・丸太町線・今出川線・東山線・烏丸線・千本大宮線の七路線の新設案が可決された。

京都市営電車（市電）は明治四五年（一九一二）から走り出し、しばらく京電と併存していたが、大正七年（一九一八）には京電を買収し、市営電車に一本化した。市電は京都市民や観光客の足として定着し、昭和三三年（一九五八）には営業路線距離が七六・八三キロメートルに達し、最盛時は乗客数も一日平均五六四、四八八人にものぼった（昭和三八年度）。

市電の路線は、東大路通（東山通）・西大路通・九条通・北大路通に囲まれた地域が中心で、碁盤目状の大路を中心に造られたので、路線図もシンプルで分かりやすいものとなった。停留所名は、その地域を示す新たな地名表示として親しまれていくことになるが、ここにも京都独特の命名方法があった。

昭和四五年（一九七〇）の市電路線図を見ると、一七六の停留所があったことが分かる。その中から、四条大宮・松尾橋間を走っていたトローリーバス（無軌条電車路線）専用の停留所と、当時は郊外電車の趣の強かった伏見線・稲荷線の大石橋（九条通）より南の停留所を除く一四八の停留所名については、次のように分類できる。

①「通り名型」（四条烏丸・西大路五条等）　六八駅　（全体の四五・九％）
②「〇〇前型」（京都駅前・知恩前等）　三四駅　（全体の二三・〇％）
③「地域名型」（祇園・北白川等）　一八駅　（全体の一二・二％）
④「〇〇町型」（天王町・白梅町等）　一一駅　（全体の七・四％）
⑤「〇〇道型」（銀閣寺道・清水道等）　七駅　（全体の四・七％）
⑥「〇〇橋型」（七条大橋・葵橋西詰等）　六駅　（全体の四・一％）
⑦「〇〇口型」（島原口・荒神口等）　四駅　（全体の二・七％）

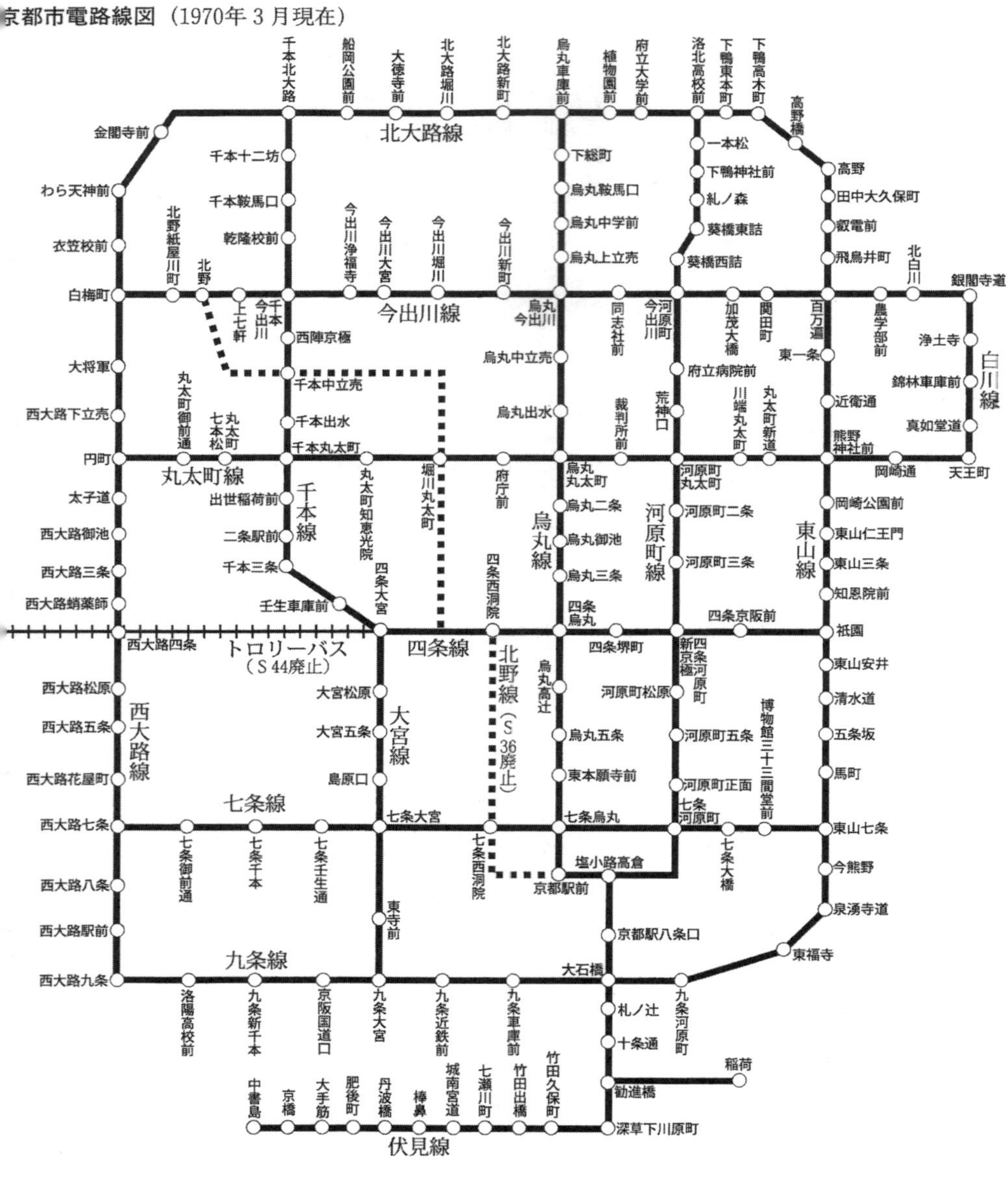

図２　最盛期の市電路線図（高橋 弘・高橋 修『京都市電 最後の日々〈上〉』（RM LIBRARY 117)、ネコ・パブリッシング，2009，p.9より）

「通り名型」（正確には「通り名複合型」だが）が一番多いことが分かる。実は、「チンチン電車が走る路線」として長く親しまれていた北野線（京都駅から堀川通を通り北野まで）は、昭和三六年（一九六一）に廃線となったが、この路線の二一駅（他線との重複も含む）の内、実に一五の駅名が「通り名型」であった。これらを加えるなら、京都市電の停留所名の約半数となる。「通り名型」は、碁盤の目状の通りを利用した京都の伝統的な命名法であり、現在の住所表記も「中京区堺町通二条上ル亀屋町」のように、まず縦と横の通り名で交差点を示し、「上ル、下ル、東入ル、西入ル」との方向を示した後に町名を記している。

七条通での「通り名型」の市電停留所名は、「東山七条・七条河原町・七条烏丸・七条西洞院・七条大宮・七条壬生通・七条千本・七条御前通・西大路七条」である。「東西の通り名（横）＋南北の通り名（縦）」（便宜上「横縦型」とする）が七駅であるのに対して、「南北の通り名（縦）＋東西の通り名（横）」（便宜上「縦横型」とする）が二駅しかない。四条通でも、「横縦型」が六駅に対し、「西大路四条」の一駅のみが「縦横型」になっている。九条通・北大路通も同じ傾向で、「横縦型」が多い。

一方、今出川通では、「今出川新町・今出川堀川・今出川大宮」に対して、「河原町今出川・烏丸今出川・千本今出川」と、両型が同数である。また、丸太町通では「縦横型」の方が一駅だけ多い。

縦の通りに注目すると、河原町通では、「河原町今出川・河原町丸太町・河原町二条・河原町三条・河原町松原・河原町五条・河原町正面」に対して「四条河原町新京極・七条河原町」と「縦横型」が圧倒的に多い。烏丸通も同じで、「四条烏丸・七条烏丸」以外は全て「烏丸」が上に付く。東山通は、東山の付く停留所名が四ケ所しかないが、全て「東山」から始まっている。西大路通においても、「下立売・御池・三条・蛸薬師・四条・松原・五条・七条・八条・九条」と一〇ケ所全てで「西大路」が上に付いている。

図３　現在保存されている市電（梅小路公園内、筆者撮影）

縦・横どちらを先にするかについては、どうも明確な法則性はなかったようである。法則性よりも、地元の人達が多く言い習わしていた方を尊重したということであろう。その結果、多くの観光客にとまどいを感じさせることにもなった。

高度経済成長期に入り、自動車が急増し、交通渋滞が日常化すると、京都市電がその「元凶」扱いにされてしまい、昭和五三年（一九七八）には、惜しまれつつ八三年間の歴史に幕を閉じてしまうことになる。その後の市内交通の中心は京都市バスとなった。市電と比べて路線も多く、停留場も圧倒的に多いが、旧市電地区の停留場名はほぼ踏襲されている。ただ、市電のなかった新たな地域でも「四条葛野大路の次が葛野大路高辻」「河原町十条から十条大宮へ」などのように、この「混乱」は拡大化しているとも言える。

そもそも平安京の都市作りは、南北に走る朱雀大路を中央とし、東西の大路（条と呼ぶ）と南北の大路（坊と呼ぶ）とが碁盤状に交わるように設計されたのであり、これを「条坊制」と呼ぶ。そのため、平安時代においては、「条を先に呼び、次に坊を呼ぶ」というルールが確立していた。ところが、室町時代頃に両側町が発生するにしたがい、特に南北の通りが繁昌すると、条坊の順を逆にした「縦横型」という呼び方も出てきたと考えられるが、この「繁昌している方が上」というルールも、必ずしもあてはまらない。

不思議なのは、このような不規則な命名の駅名表示を、京都人が不便と感じていなかったことである。丸太町通を西へ向かうと、「堀川丸太町↓丸太町智恵光院↓千本丸太町↓丸太町七本松↓丸太町御前通」と過ぎ、次の「西大路丸太町」であるべき所が「円町」となっている。たしかに、日常生活では、「河原町四条」と呼ぼうが「四条河原町」と呼ぼうが、どちらも正しく通じるのであり、「お上がどう決めはろうが、私らはどちらでもよろしおすねん」という事なのかもしれない。

二番目に多いのが②の「○○前型」だが、多くは施設前や学校前といった実用的な名称で、「金閣寺前」「博物館三十三間堂前」のような観光施設前の表示は意外と少なく、一三駅しかない。たぶん、③の「祇園」「北野」などの一定の広さを持つ地域名の方が分かりやすくて便利という判断があったからであろう。また、④の「○○町型」が少ないのも、「通り名型」の方が市民に親しまれていたからであろう。

⑤の「○○道型」は「真如堂道」「泉涌寺道」「太子道」のように、停留場から目的地まで一定の距離がある場合を表現し、「○○前型」と区別していた。なお、そのような場合、「○○口」という表現が全国各地で見られるのに、「荒神口」「京阪国道口」「京都八条口」「島原口」の四駅しかないのは、「京の七口」との混乱を避けたためと考えられる。

昭和五六年（一九八一）から、京都市営地下鉄が開業した。しかし、烏丸線、東西線の二路線しかなく、「四条」「丸太町」「二条」などの素っ気ない駅名が多いのが残念である。一方、京阪電気鉄道（京阪）では、「京都を訪れる観光客がよりスムーズに目的地へ向かえるように」（同社告知文）などとの目的で、平成二〇年（二〇〇八）から、「五条」「四条」「丸太町」を、それぞれ「清水五条」「祇園四条」「神宮丸太町」に変更している。

3、嵐山ナンカイ鉄道

近畿日本鉄道・京阪電鉄・阪急電鉄の各私鉄が京都の中心部までの乗り入れに成功し、大阪・奈良・大津と結ぶ鉄道網が完備している。その中で、京都らしい私鉄と言えば、やはり叡山電鉄（叡電）と嵐山鉄道（嵐電）であろう。叡電は、出町柳と八瀬・鞍馬を結ぶ、営業距離一四・三キロメートルの電車で、特に紅葉の季節には多くの観光客で賑わう。

嵐電は、明治四三年（一九一〇）に嵐山電車軌道として開業した路線で、現在は京福電気鉄道嵐山本線となっている。四条大宮と嵐山を結ぶ七・二キロメートルの短い路線である（帷子ノ辻と北野白梅町を結ぶ「北野線」もある）。一部の路線が道路上を走る併用軌道となっていたり、民家の狭い間を通り抜けたりする姿は、昔懐かしい情緒に満ちている。それ以上に嵐山本線を有名にしたのは、一二の駅の多くが難読駅名であることで、一部では、「南海電車」をもじって「ナンカイ（難解）電車」と呼ばれているほどである。その代表的な駅名を次に紹介する。

①帷子ノ辻駅（かたびらのつじえき・左京区太秦帷子ケ辻町）

『雍州府志』には、嵯峨天皇の皇后・橘嘉智子の葬儀の車がこの地を通った時、一陣の風によって棺を覆っていた経帷子が飛んだための地名と記しているが、伝説の域を出ない。『都名所図会』では、道路の交差点としての「辻」に重点を置いて説明している。「カタ＝丘や山に沿う地形・ヒラ＝傾斜地を指す」とし、当地の地形から命名されたとの説（『京都地名語源辞典』）もある。

②西院駅（さいえき・中京区壬生土居ノ内町）

当駅のすぐ近くに阪急電車の「西院駅」があり、こちらは「さいいんえき」と読む。

平安時代の淳和天皇の譲位後の離宮「淳和院」跡があり、これが西院と呼ばれたことから地名となったとされる。しかし、近くに佐井通（昔の道祖大路）や佐比川があることからすると、「サイ」の方が「サイイン」より古い読み方と考えるべきで、離宮跡説は苦しくなる。当地がかつては葬送の地であったことから、「賽の河原」の「賽」や「道祖」とからめて、異界との境界線として読み解こうとする説が有力である。

③車折神社駅（くるまざきじんじゃえき・右京区嵯峨中又町）

当駅の南に鎮座する車折神社に由来する。社伝によれば、鎌倉時代に後嵯峨天皇が大堰川を訪れた時、当社の前で牛車の轅《ながえ》（長柄）が折れた。天皇は気付かずに通った非礼を祭神（清原頼業）に詫び、「車折大明神」の号を贈ったことによるという。

④蚕ノ社駅（かいこのやしろえき・右京区太秦森ケ前町）

当駅の北に鎮座する木島坐天照御魂神社の摂社・養蚕神社に由来する名前。養蚕や織物等の技術を導入した秦氏がこの地の土着神を祀ったのが木島神社とされる。

その他にも「嵐山」「嵐電嵯峨」「鹿王院」「有栖川」「太秦広隆寺」などの駅名もある。いずれも、歴史と伝承の香り豊かな、千年の古都にふさわしい駅名と言えよう。

鉄道地名（駅地名）の意義

駅は、他の地域へ出かけようとする人にとっては出発点であり、訪れる人にとっては目的地であるとともに、そこから行動を開始するための出発点にもなる。つまり、他地域との出入り口であり、接点でもある。いきおい、駅名という地名は、その地域の基点となり、センター的な意味合いを持つことになる。

先に京阪電車の駅名改称に触れたが、改称理由の一つとして「当社線の京都観光路線としてのイメージ強化による旅客誘致」を挙げ、「祇園四条」への改称について、「全国ブランドである祇園の中心地に位置すること」（以上、同社の告知文）を挙げている。ここには、駅名はその地域の持つイメージを集約したものであるとの認識が見られる。

京都には、地名の持つ歴史的な重みを重視した命名も多く、その地域を表す「顔」として重要な意味も持っている。

さらに、京都の特殊事情としては、地名認識の方法に変化をもたらせたことが指摘できる。「条坊制」に始まる京都の地名は、「河原町通四条上ル」とあれば、まず、頭の中に碁盤状の市街図を描き、河原町通を抽出し、さらに四条通との交差点に絞った上で、「上ル」「東入ル」等の微調整をして特定の地域を確定したのであり、絞り込み的な発想であった。ところが、駅地名によってその地点が最初からポイントとして確定するようになると、駅前から拡散させる発想で目的地を探索することになる。つまり、地名認識の順序を、集約型から拡散型へと逆転させたとも言えるのである。

三、戦争と京都

清水　弘・網本逸雄

本節では、終戦まで伏見区深草にあった第十六師団の軍用道路「師団街道」、戦中大規模な建物疎開で道幅が広くなった五条通、御池通、堀川通、銃後の食糧増産のため国営干拓事業として広大な池が消失した巨椋《おぐら》池など、近代の戦争の記憶をとどめる地名を取り上げる。

1、師団街道

京都の町に、「師団街道」と称する道がある。鴨川に架かる塩小路橋の東端から鴨川と疏水の間を南へ、深草の名神高速道路の下を経て国道二四号線までの道路である。それより南は伏見の町の京町通と呼ばれている。この「師団」とは、昭和二〇年（一九四五）八月まで伏見区深草にあった日本陸軍の第十六師団のことである。

日露戦争（一九〇四～〇五）の最中に、京都に第十六師団を設置することが決定して、その駐屯地として、当時の深草村を中心に現在の伏見区の地域に置くことが決定した。そして明治四一年（一九〇八）一一月に、師団司令部をはじめ、歩兵連隊、騎兵連隊、野砲連隊などの軍隊が駐屯し、練兵場、陸軍病院、兵器廠《しょう》などの施設が設置された。以後、伏見は軍都として発展していったのである。これらの陸軍第十六師団の各施設から兵隊や武器が、京都駅を通

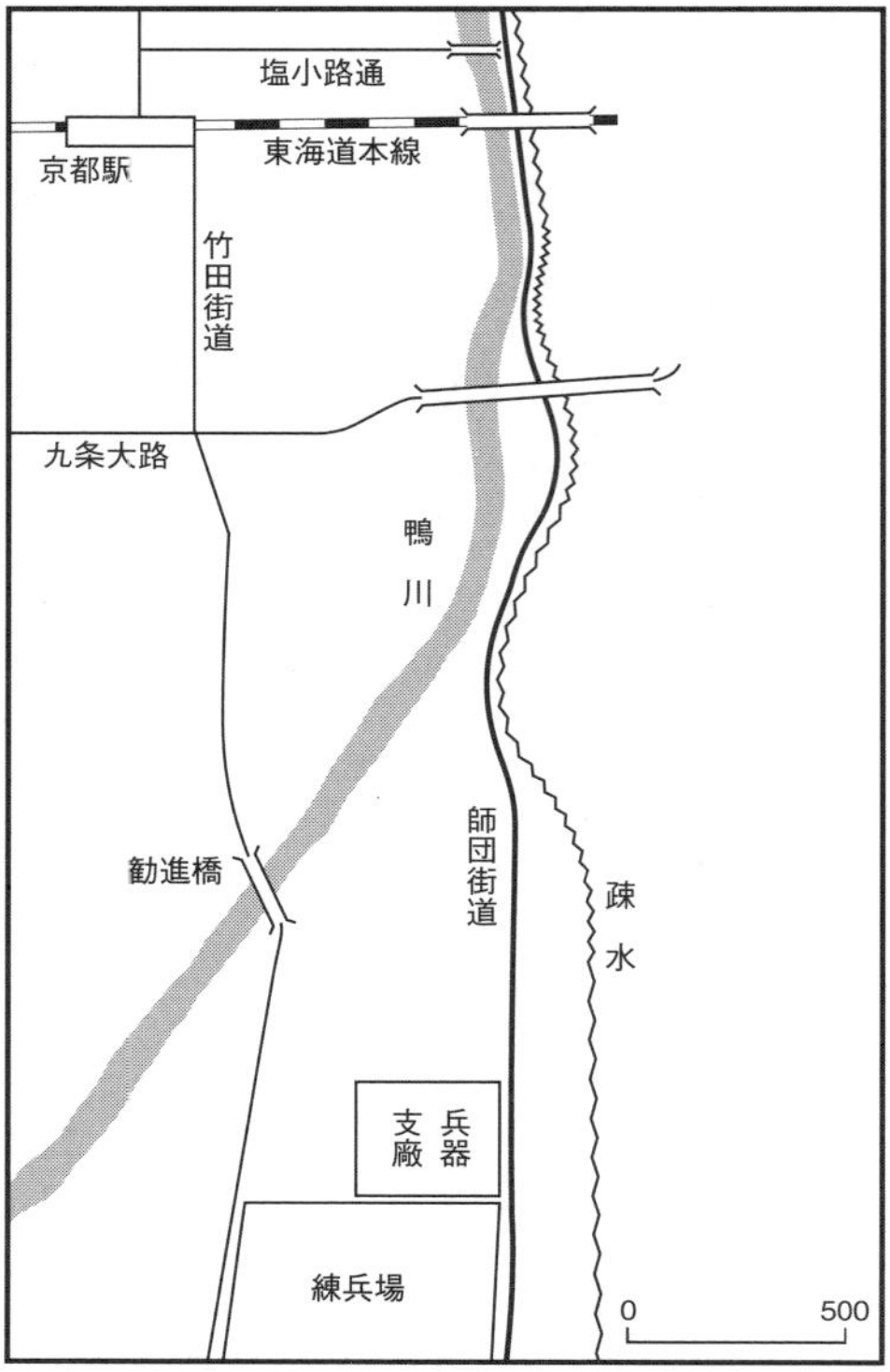

図1　師団街道

じて国内の各地や戦場となっている外地へ送るために作られた道路が「師団街道」と呼ばれる道路なのである。

かつての第十六師団の施設の跡を見てみると、師団司令部が深草田谷町の現在の聖母学院に置かれ、歩兵第三八連隊が藤森町の京都教育大学にあった。そのほか、騎兵連隊の跡地が深草中学校とその付近、野砲連隊の跡地が藤森中学校とその周辺、兵器廠の跡地が龍谷大学と警察学校、陸軍病院の跡地が国立病院（現京都医療センター）というように、陸軍の施設の跡地は、現在すべてが学校などの公共施設や、市営住宅などの住宅地に転用され、昔の姿をとどめてはいない。わずかに「師団街道」と「第一～第三軍道」という地名に残されているに過ぎない。

2、道幅の広い五条通など——建物疎開の跡

現在、京都市の街中を行くと、道幅の広い道路がある。東西方向の五条通・御池通と、南北方向の堀川通とその南

への延長の油小路通である。これらの道路は現在では、京都市のメインロードとなっているが、これらの道路は太平洋戦争の傷を持っているのである。

昭和一九年（一九四四）までは、これらの道路は三条通や東洞院通と同じような道幅であったが、太平洋戦争が激しくなったこの年には、サイパン島、グアム島など太平洋の島々がアメリカ軍によって占領され、空軍の基地が作られていった。そして、この年一一月になると、これらの島から飛び立ったアメリカの大型爆撃機のＢ29によって、東京が空襲を受けるようになった。昭和二〇年四月に東京大空襲があり、連日の空襲で大阪、名古屋、神戸、福岡などの多くの大都市が焼け野原となっていった。

日本政府は、昭和一八年（一九四三）に「防空法」を、「指定した区域内の建築物の除去、必要な措置の規定、命令を行える」と改正して、大都市に対して建物の疎開強化要綱を決定した。これは空襲による火災の延焼を防ぐための防火帯を作る目的で、大きな道路に沿った私有財産である建物を、市や町が強制的に取り壊すことができるという建物の強制疎開という措置である。

京都市は、この要綱に従って市内の建物の強制疎開を実施した。その第一次建物疎開として昭和一九年一〇月に、西大路通三条にある島津製作所三条工場付近の民家と五条通七本松の京都瓦斯《ガス》（大阪ガスの前身）の工場付近の民家の取り壊しを実施した。続いて第二次疎開として翌年の二月に、東山区の六波羅蜜寺から川端通までの柿町通周辺で強制疎開を実施した。

そして第三次建物疎開として、昭和二〇年三月に、堀川通、五条通、御池通に沿った大規模な地区の建物疎開を実施した。土木機械も自動車もない戦時中のこと、建物の取り壊しは人力によって、ひとつひとつ壊していった。その結果として、戦後に道幅の広い新しい五条通・御池通・堀川通が生まれた。京都市内の道幅の広い道というのは、戦争中の建物疎開という歴史を持った道である。

3、巨椋池の干拓

京都市伏見区・宇治市・久世郡久御山町にまたがる干拓地は、戦前には広大な巨椋池《おぐら》であった。干拓前の巨椋池は東西四キロメートル、南北三キロメートル、周囲約一六キロメートル、水域面積約八平方キロメートル（約八〇〇ヘクタール）、平均水深は九〇センチメートル。当時京都府の淡水湖では最大の面積だった。

昭和六年（一九三一）の満州事変以後、日本は中国侵略を拡大して、太平洋戦争（第二次世界大戦）に突入したが、鎖国状態となった日本は食糧不足で米穀増産のため、巨椋池干拓が国内初の国営干拓事業として、昭和八年（一九三三）着工され、昭和一六年に完工し水田地帯（約六三五ヘクタール）となった。干拓田は沿岸農漁民にも払い下げられ、払い下げが全て完了するのは昭和二三年である。

巨椋池土地改良区事務所（宇治市槇島町）に巨椋池干拓之碑があるが、「皇国未曾有の時局に直面し食糧増産のため干拓地域の利用多大なるを惟《おも》へば、吾等の光栄と欣悦とは文詞能く尽すを得ざる所　昭和十七年十一月」と記す。また、昭和一六年一一月の竣功式では、井野碩哉農林大臣は「この非常時局に於いて、食糧増産に役立つことは特に意義深い。銃後国民の務めとしてこれほどの喜びはない」と告げた。

また、太平洋戦争の戦時下のおりから、久御山町域に広大な面積を占める飛行場が建設されて逓信省航空機乗員養成所が設けられ、生徒は卒業後陸軍・海軍の航空部隊に入隊して予備下士官に任官した。

今はすっかり消滅した巨椋池、この付近の槇島・上島・下島・向島などの「島」地名はかつての低湿地の島の名残

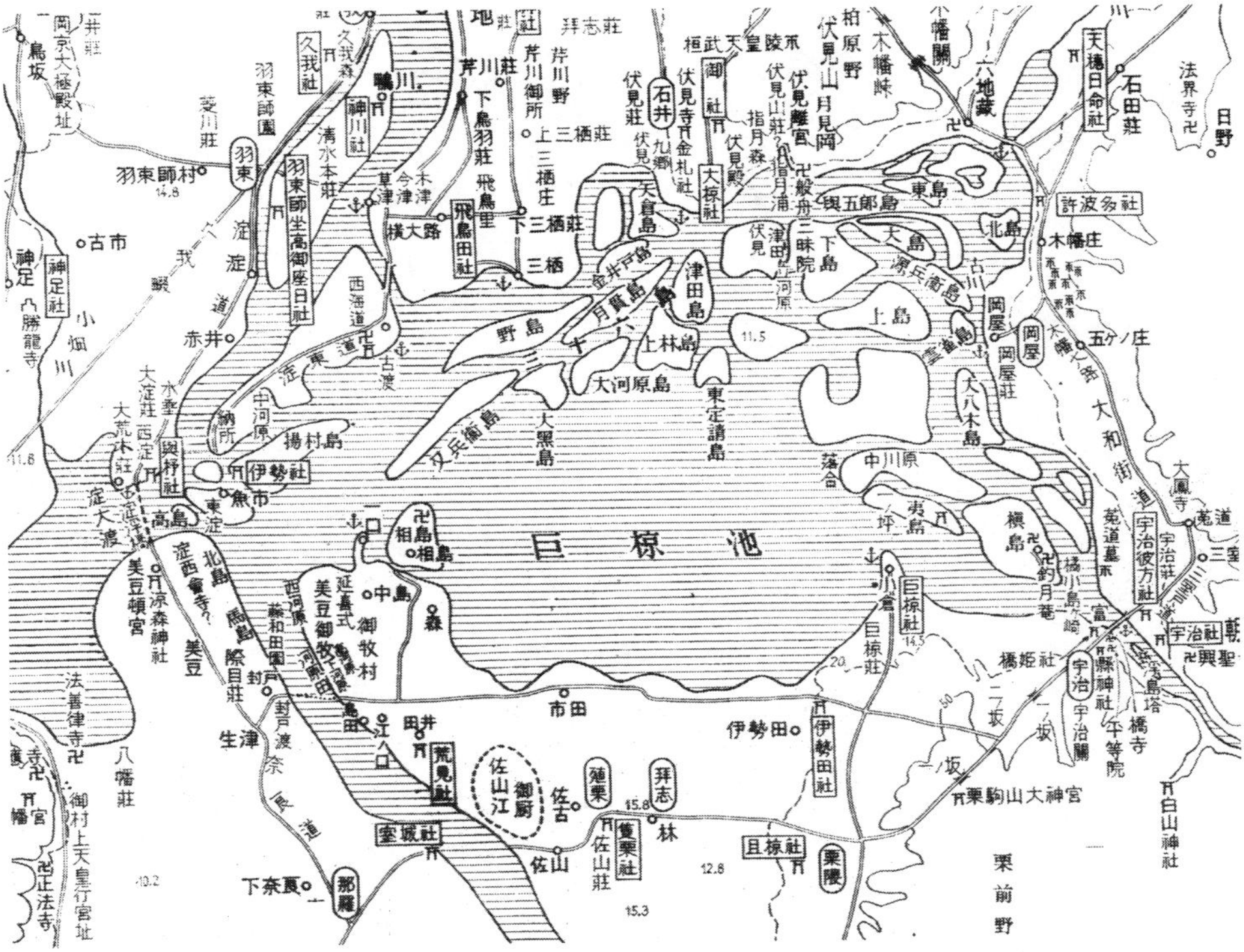

図２　秀吉伏見築城頃までの巨椋池（『巨椋池干拓誌』巨椋池土地改良区発行、1962より一部改変）

である。昔の大きかった巨椋池は、歌と地名に残るばかりだ。巨椋池は『万葉集』（巻九・一六九九）に「巨椋《おほくら》の入江響《とよ》むなり、射目人《いめひと》の伏見が田井に雁渡るらし」とみえるのが早く、古くは宇治・木津・桂の三河川が直接ここに流入し、下流淀川の水量調節機能を果す遊水池であった。宇治川のほとりから、巨椋池の水音を耳にした万葉歌人が「巨椋《おほくら》の入江響《とよ》むなり……」と歌っているのは、宇治川の水が巨椋の入江に落下して、瀬の音を立てていることを言ったものである。今日いうオグラはオホクラであり、「大きな凹んだところ」というのが巨椋の意味である。大きい凹んだ水たまり、それが巨椋の語源で、巨椋神社（宇治市小倉町）という社名にその文字が残っている。神社は巨椋池のほとりを拠点として

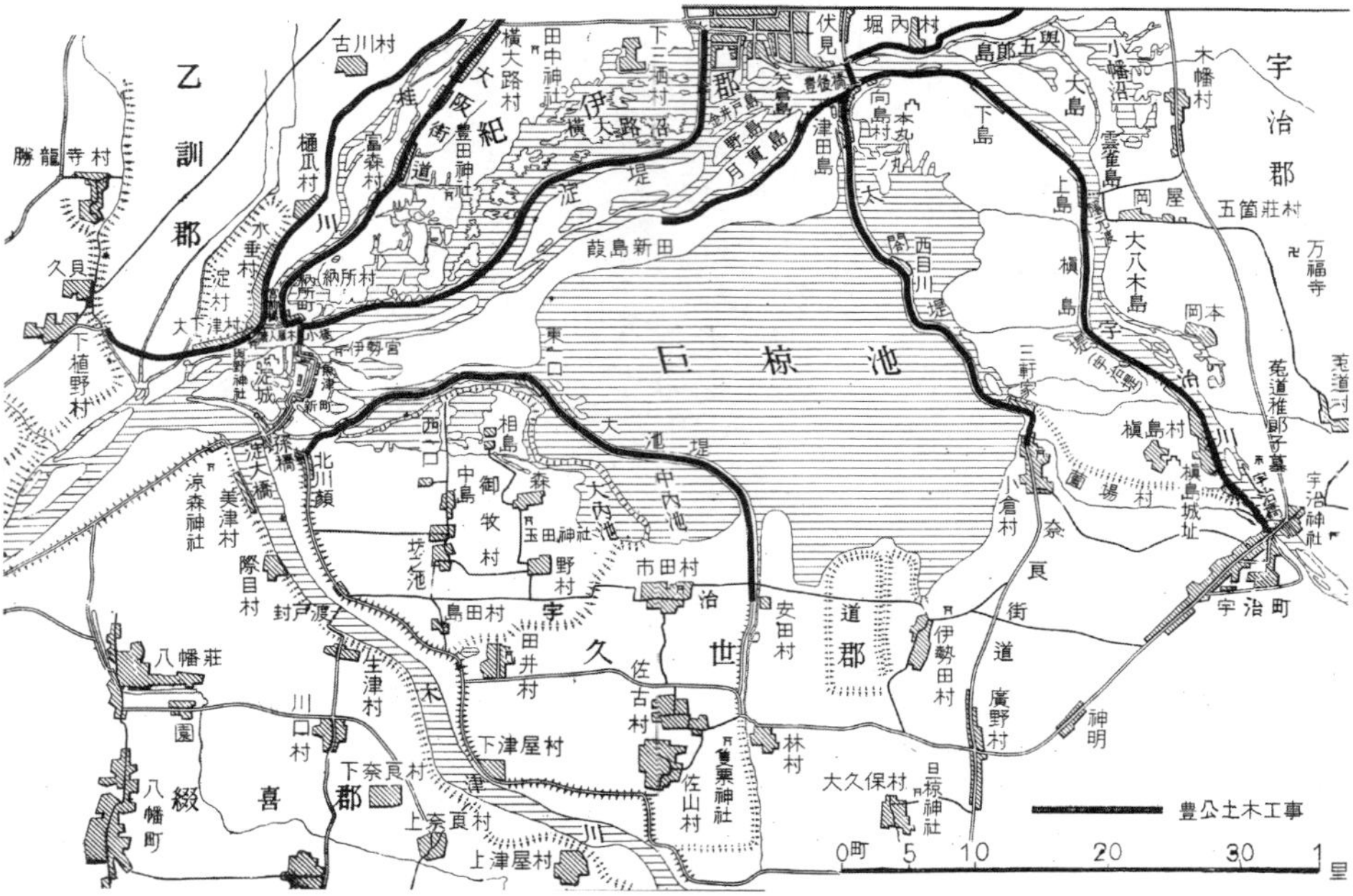

図3　豊公時代巨椋池沿岸土木工事図（『巨椋池干拓誌』巨椋池土地改良区発行、1962より）

いた古代の巨椋氏一族がその祖神を祀ったのが創祀という。この神社はもと、現在地より北の春日森にあったのだが、たびたびの浸水で近くに移転した。ここにはオグラ（巨椋）に因んだ「小倉」という村があって、今、小倉町となっている。

池の西端部には淀津、東岸に宇治津・岡屋津などが設けられ、近江・丹波・大和・摂津・河内などに通じる水上交通の中枢をなしていたことが、『正倉院文書』や『延喜式』に周辺諸津間の木材等の運送の記載があることによっても知られる（図2）。

遊水池および水運中枢としての機能は古代・中世を通じて果されてきたが、文禄三年（一五九四）豊臣秀吉の伏見築城に伴う池畔の改修によって、太閤堤と総称される多くの堤防が池のまわりおよび池中に築かれ、「巨椋池」は四分割されてこれらの機能を一挙に失う（図3）。四つに区切られた池は、大池・中内池・大内池・二ノ丸池とよばれたが、江戸時代まで一般に大池の名で代表された。同時に池は周辺の諸河川とも分離され、わずかに現久御山町一口《いもあらい》地区の通水路で宇治川にのみ通じることになった。なおこの水路も明治四三年（一九一〇）に閉塞されている。池面の分割は増水時の水位差を生み、周囲の堤防のみならず池中の区分堤防までがしばしば破堤し、その後は周辺各村に水災が頻発する。なお、「巨椋池」は明治以後の池名である。

明治元年（一八六八）に木津川堤防が決壊し、京都府は淀藩との共同事業によって木津川の宇治川との合流点を下流側に付け替えた。これは木津川から巨椋池に向けての洪水時の逆流を少なくすることになった。それからも洪水の被害がたびたび起こったことから、宇治川の付け替えが行われ、明治四三年（一九一〇）に完成。この工事によって巨椋池は、淀・一口間の水路で宇治川と繋がるのみとなった。このため、周辺から流入する生活排水や農業排水の排出が滞ることになり、水質悪化により漁獲量が減少したり、マラリアが発生したり、春から夏にかけて蚊が大量発生した。昭和二八年（一九五三）の南山城大水害の時には大洪水に襲われ、一時、元の池の状態になったことまである。これを契機に天ヶ瀬ダムが造られ、昭和三九年（一九六四）に完成した。

四、行政区の整備と拡大

山口　均・清水　弘

京都市の行政区画は、明治一一年（一八七八）の郡区町村編制法によって、全市域を上京区と下京区に編成した。その後の人口増加と市域の拡大により、昭和四年（一九二九）に、上京区から左京区が分区、下京区から東山区が分区、上京区の南の一部と下京区の北の一部が合併して中京区が成立した。昭和六年（一九三一）には、葛野郡の一〇ケ村が京都市に編入して右京区が成立し、伏見市が京都市に編入して伏見区が成立した。昭和三〇年（一九五五）に、上京区の北部の地域が分離して北区が成立し、下京区のＪＲの東海道本線以南の地域を分離して南区が成立した。さらに、昭和五一年（一九七六）に東山区の山科地区が分離して山科区が成立し、右京区の桂川以西の地域を分離して西京区が成立した。こうして現在、京都市は一一区から成り立っている。なお、平成一七年（二〇〇五）に北桑田郡京北町が右京区に編入され、京都市域が拡大している。

平安京のうち、朱雀大路以西の右京は一〇世紀ごろに衰退して、朱雀大路以東の左京が発展した。このため、平安京は左京のみとなり、右京（西の京）・左京（東の京）の地名が消滅した。一方、一二世紀ごろから下辺《しもわたり》（下渡とも）、上辺《かみわたり》（上渡とも）という区分名が現れ、一五世紀ごろからは上京・下京という地名が使われるようになった。

今の左京区の左京・右京区の右京は、平安京の創設当初の左京・右京とは指し示す区域が大きく異なる。平安京の創設当初、京域は朱雀大路の東（左）と西（右）に分かれ、九世紀ごろに唐風文化にあこがれて、右京を長安（城）、左京を洛陽（城）と呼ぶことが行われた。右京が一〇世紀ごろに衰退したので長安の名も消滅したが、左京に付けられた洛陽の名は生き残り、京へ来ることを「上洛」、「入洛」といい、「洛中洛外図屏風」や「洛北」、「洛南」などの地名として残っている。右京・左京の地名は、昭和の年代になって地域は異なるが、左京区・右京区として復活したのである。

東山区や中京区・北区・南区・西京区などの地名は、区の設置や分離によって新しく生まれた地名であるが、その由来は単純で、東山連峰を含む地域や、京都の中、北、南、西という位置による地名である。一方、町村の編成替えによって消えた地名もある。葛野郡や北桑田郡などの郡名のいくつかが消えたのは大きい。また、桂川以西の葛野郡の川島村、岡村、下津林村、牛ヶ瀬村が明治初年に合併して川岡村が成立したが、昭和六年（一九三一）に京都市右京区に編入された際に、川岡の名は小学校の校名としては残っているが、地区名は旧村名が、川島玉頭町、下津林楠町、牛ヶ瀬堂田町のように小字名として復活し、地名としての川岡は消滅した、といった例もある。

本節では、明治以降の京都市域の編成替えや拡大していった跡を確認してみたい。

1、明治以降の「区」の誕生と展開

「区」とは明治一一年（一八七八）の郡区町村編制法から始まる行政区画の末尾表記である。太政官布告によれば、三府・五港および人口密集地には郡から分けて区を置くこととなっている。翌年には東京に一五区、大阪に四区、京都は「上京区」「下京区」の二区が設定された。その他「名古屋区」「堺区」「神戸区」「赤間関区（現下関市）」「伏見区」「札幌区」など全国一七の都市に一区が設定され、都合三八の区が国内に登場することとなる。

実は京都の場合、明治五年にはすでに「区」を表記していた。江戸期に成立した上京一二組から明治元年町組改正を経て、京都は上京四五組、下京四一の組にそれぞれ改編され、五軒、または四から七、八軒をひと組として始まった「組」がある。のち町組改編によって末尾表記が「組」から「区」に変えて使用された。いったん、上京三三区・下京三二区となったが、明治一一年の自由民権運動初期に郡区町村編制法が制定され、明治一二年にあらためて上京区下京区が設置されると同時に、それら六五区はまた「組」に戻ることとなる。

当時の京都の人たちにとって「区」という単位は、時には「町」であり、時には「組」でもあった。

2、区の創設と変還

郡区町村編成法の発布のち、憲法発布を前にした明治二一年（一八八八）に市町村制が公布され、全国七一、三一四村が合併等により三九市一五、八五九村に統合され、地方自治が固められていく。いわゆる「明治の大合併」である。

京都市内に限って見ても、上京・下京の二区を除くと、約二〇〇の町村から合併により六〇村に統合されている。うち四六の村名は原型とどめ、現在の住居表示として残った。参考までに原型を留めなかった村名を紹介する。

やがて人口増加に伴い、昭和四年（一九二九）、上京区のうち鴨川以東を「左京区」、下京区のうち鴨川以東を「東山区」、上京区丸太町通以南、および下京区四条通以北を区切って「中京《なかぎょう》区」を設定。京都五区の時代を迎える。

ちなみに中京の語は単なる上と下の間の意ではなく、『看聞御記《かんもんぎょき》』応永二七年（一四二〇）六月二七日条に「中京」

の文字が見え、一五世紀前半には認知されていた歴史地名の可能性を持つ。

変化した京都市内の地名

変化の実態	村名	現在の地名
消滅	鞍馬口村（愛宕郡）	北区出雲路
	野口村（愛宕郡）	北区紫野の一部
	衣笠村（愛宕郡）	一旦上京区大北山。のち衣笠を冠した住居表示が北区に二三の区画となる
	大内村（葛野郡）	下京区東塩小路・朱雀・中堂寺、南区西九条・八条
	朱雀野村（葛野郡）	中京区壬生・西ノ京・聚楽廻
	川岡村（葛野郡）	西京区牛ケ瀬・樫原《かたぎはら》・川島・杉坂
	堀内村（紀伊郡）	伏見区桃山
一部省略	下嵯峨村（葛野郡）	右京区嵯峨
	小野郷村（葛野郡）	北区小野
	静市野村（愛宕郡）	左京区静市
方角等を冠する	桂村（葛野郡）	右京区上桂・下桂。のち下桂・徳大寺・千代原が合体して桂を冠する三三区画される。
	京極村（葛野郡）	右京区西京極
	七条村（葛野郡）	下京区西七条
	白川村（愛宕郡）	左京区北白川

京都市の区の変遷

年	関係事項
一八六八（慶応四）	六月、京都府成立。
一八七二（明治五）	五月　第二次組改正後の番組を区とする市区改正が実施され、上京三三区、下京三二区となる。
一八七九（明治一二）	四月、郡区町村編成法に基づき、上京区・下京区を置き、従来の区を組に改め、上京三三組、下京三二組となる。
一八八八（明治二一）	六月、鹿ケ谷・浄土寺・岡崎・聖護院・吉田・粟田口・南禅寺村を上京区に、今熊野・清閑寺村を下京区に編入する
一八八九（明治二二）	四月、大都市と府県の二重行政を避けるため、京都市が特別市制として「上京区」「下京区」が成立する　郡区町村編成法にかわり、市町村制が公布される。
一九二九（昭和四）	四月、「左京区」が上京区から分区成立する。 「中京区」が上京・下京のそれぞれ一部を分区合併して成立する。「東山区」が上京・下京両区から分区合併して成立する。
一九三一（昭和六）	四月、葛野郡京極・川岡・西院・梅津・桂・松尾・太秦・花園・梅ケ畑の九か村と嵯峨町が京都市に編入し「右京区」が成立する。 伏見市と紀伊郡竹田・深草・堀内・下鳥羽・横大路・納所・向島各村と宇治郡醍醐村の八か村が京都市に編入し「伏見区」が成立する。
一九五五（昭和三〇）	九月、上京区から分区して「北区」が、また下京区から分区して「南区」がそれぞれ成立する。
一九七六（昭和五一）	一〇月、右京区のうち、桂川以西が分区して「西京区」が成立し現在に至る。同日、東山区より分区して「山科区」が成立。

3、「乙訓区」の企画と失敗

乙訓《おとくに》という地名がある。本来『日本書紀』に記されるほどの古くからある郡地名であり、それだけにさまざまな伝承や地名語源説がある。現在では、大山崎町が乙訓の郡名を冠している。また大山崎町以外では、長岡京市と向日市に所在する乙訓高等学校などの公共施設にその名を残してもいる。

もともと乙訓郡の一部は西京区に含まれていた。明治二二年（一八八九）の市制町村制施行に従って石見《いわみ》上里《かみざと》・上《うえ》羽《ば》・小塩《おしお》・石作《いしづくり》・大原野《おおはらの》・外畑《とのはた》・出灰《いずりは》の七ケ村が合併して大原野村に、また塚原《つかはら》・沓掛《くつかけ》・長野新田《ながのしんでん》の三ケ村が合併して大枝村が成立したが、その大野原・大枝各村がのち京都市に編入されていく。昭和二五年に大枝村が、同二四年大野原村がいったん右京区に編入され、昭和五一年、右京区から分区され今日（西京区）に至っている。

実は大枝村と大原野村が京都市に編入されるその間に、町村合併促進法が施行され、全国の市町村数が九八六八から四六六八になった、いわゆる「昭和の大合併」の時であった。京都府は昭和二八年（一九五三）、蜷川虎三知事を中心に町村合併促進審議会を設立し、一四四町村を四四町村に統合する主内容を答申している。その中には乙訓郡の一本化構想も含まれていた。

当時、蜷川知事の意向としては長岡町・向日町・大山崎村・大原野村・久世村の五町村を一つにする計画であり、それに沿うように一九五五年三月に合併促進協議会の設置も見られた。だが五月に開かれた協議会では、当時の岡崎向日町長が合併反対の意志を貫く。もっとも堅実な財政を維持している向日町だけに他の町村の赤字を背負い込むだけとの理由で拒否するのであった。

昭和三一年（一九五六）、町村合併促進法の期限切れを前に、ふたたび合併問題が再燃する。九月、五町村合併促進をいったん決議している。大原野村・久世村・大山崎村は合併に積極的で、長岡町も比較的前向きであった。ただ向日町議会では「合併は時期尚早」との結論を出してきた。

こういう中で、昭和三二年（一九五七）一月、高山義三京都市長が乙訓五町村との合併に乗り出してきた。高山市長は五ケ町村を吸収し、いわば「乙訓区（仮称）」の建設構想であった。これに対し蜷川知事はあくまでも五ケ町村の合併を強く勧告する。それに大原野村・久世村・大山崎村が支持。しかしまたも向日町が時期尚早との回答をする。昭和三四年（一九五九）、京都市は市制記念日（一〇月一五日）までに合併実現を希望。京都市への編入を呼びかけるが、応じたのは大原野村・久世村の二村のみで、昭和三四年（一九五九）、両村は合併を希望する。五ケ町村合併に拘ってきた京都府も認め、同年一一月に両村は京都市に編入された。

ところが五町村合併を勧めてきた蜷川知事は、残る長岡町・向日町・大山崎村について、将来は一本化して自立を目指すべきであり、京都市への編入は避けるべきと表明した。これによって乙訓五町村をひとまとめで構想していくことができなくなる。ましてや大原野村と久世村は隣接していないことから、「乙訓区」は幻と化すのである。京都府と京都市と地元町村のそれぞれの思惑が絡んでは錯綜したが、結局は二ケ村のみが京都市に吸収され、久世村は南区に編入されていく。

「乙訓」の語源は、もともと葛野《かどの》郡から分立した乙訓郡を、葛野郡の弟分として弟国《おとくに》としたとするのが通説である。そこに地名伝承が付加されて「記紀」にも記されることとなる。また最近では、池田末則が乙訓を『倭名類聚抄』（高山寺本）でオタキと訓んでいることから、オトクニ→オトキ（母・子音脱落）→オタギ（母音交代）になったとする。また楠原佑介らはオタギ（高所）に対してオト（劣・低い）・ク（地域）の意味をあげている（『古代地名語源辞典』）。

4、伏見区の設置

近世における伏見は「京」の内にはなく、全く独立した宿場町兼門前町であった。また淀藩の城下町の淀の町も京や伏見とは連鎖のない単独の町であった。また伏見は紀伊郡、淀は久世郡、醍醐地区は山科・宇治と同じ宇治郡に所属しており、その他綴喜郡・乙訓郡の一部も現伏見区に含まれていることから複雑な経過が想像される。

近世以降の伏見は、伏見町→伏見区→伏見町→伏見市→伏見区と約四五年のうちに四度末尾表記が変化した。

伏見の語源は、かつて伏水とも書いたことから、「伏流水」の意が有力説である。確かに現在でも酒造蔵元が二三軒あり、豊富な地下水が湧き出る所を裏づけている。

伏見区の変遷

一八六九（明治二）	伏水京都府出張所が置かれる。
一八七二（明治五）	一七の番組が一六の区に編成される。
一八七四（明治七）	四区に編成替えになる。
一八七七（明治一〇）	周辺部の四〇町余が、深草村・堀内村・景勝村・六地蔵村・大亀谷村などに編入される。
一八七八（明治一一）	七月、郡区町村編成法の条文「市街地景観をなしているところに区を置き得る」ことにより、上京区・下京区とともに区政施行を懇願。
一八七九（明治一二）	四月、伏見区が発足。板橋に仮役所が置かれる。
一八八一（明治一四）	一月、京都上京・下京に比べ、人口が少なく、そのうえ農業比重が高く、鉄道開通による経済的価値のある町ではないことから伏見区が廃止。伏見町として紀伊郡役所のもとに置かれる。
一八八九（明治二二）	四月、自治の負担に耐えうる町村の創出を目的とする、市町村制施行。
一九二二（大正一一）	八月、京都市都市計画区域が決定される。
一九二八（昭和四）	五月、伏見町が市制施行、伏見市が成立する。
一九三〇（昭和六）	四月、京都市都市計画に伴い深草町・下鳥羽村・横大路村・納所村・堀内村・向島村・竹田村と計画外だった醍醐村等との合併、京都市に編入で「伏見区」が創設される。 （伏見市は七〇〇日間存在したことになり、改称を除いた市の中で最も短い存続期間となる。）

5、「山科区」の設置

宇治郡は山科（安朱《あんしゅ》・上野《うえの》・御陵《みささぎ》・日岡《ひのおか》・厨子奥《ずしおく》・竹鼻《たけはな》（竹ヶ鼻）・四宮《しのみや》・髭茶屋《ひげちゃや》・八軒《はちけん》・小山《こやま》・音羽《おとわ》・大塚《おおつか》・西《にし》野《の》・東野《ひがしの》・北花山《きたかざん》・大宅《おおやけ》・椥辻《なぎつじ》・上花山《かみかざん》・川田《かわた》・勧修寺《かんしゅうじ》・西野山《にしのやま》・栗栖野《くりすの》・小野《おの》）、醍醐（醍醐《だいご》・日野《ひの》・石田《いしだ》・南《みなみ》小栗栖《おぐりす》・北小栗栖《きたおぐりす》）、宇治（五ケ庄《ごかのしょう》・菟道《とどう》・木幡《こはた》・志津川《しづがわ》と六地蔵《ろくじぞう》の一部）、笠取（東笠取《ひがしかさとり》・西笠取《にしかさとり》・炭山《すみやま》・二尾《にのお》・池尾《いけのお》）の四地区三八ケ村が該当する。大正一五年、山科村が山科町に昇格し、昭和六年、京都市東山区に編入される。また同年醍醐村は伏見区に編入される。昭和一七年、宇治・笠取両村が合併して東宇治町が成立する。昭和二六年、久世郡下の宇治町・槇島村・小倉村・大久保村と合併して、宇治市となる。のち山科地区が昭和五一年一〇月一日東山区より分区して「山科区」が成立するはこびとなる。

「山科」の語源は、段丘状の土地を意味するシナに文字が当てられ山科（山階）といったというのが有力説である。鏡味完二は浅い皿状の小盆地と説明し、吉田茂樹は坂・傾斜地の説をあげている。

6、右京区の拡大

右京区は昭和六年、葛野郡嵯峨村・花園村・西院村・梅ケ畑村・梅津村・京極村・松尾村・川岡村・桂村の一〇村が合併したのが始まりである。しかし嵯峨村には洛西地区からはほど遠い越畑、樒原《しきみがはら》地区が含まれている。交通の便からしても、県道五〇号線をいったん亀岡市保津町内を走らないと辿りつけない所にある。

嵯峨村自体、明治二二年、上嵯峨村・天竜寺村・水尾村・原村・越畑村が合併し成立していたもので、天竜寺村は現在の天竜寺門前、水尾村は現在の嵯峨水尾である。原村は嵯峨樒原を越畑村は嵯峨越畑を指している。のち下嵯峨村も嵯峨村に編成されている。それから遡ること明治五年、上嵯峨・天竜寺・水尾・原・越畑が一つの小学校の学区ともなり（明治九年には水尾小学校が分離独立）旧来から一本化していたことがわかる。越畑～嵯峨まで直線距離にして約一〇キロメートルを、しかも山道を小学生が登下校する姿は、今の者にとっては想像に絶えない。それだけに明治六年、原・越畑に学校創設したと宕陰《とういん》小学校の沿革にある。

江戸期こそ葛野郡内に水尾、原、越畑の三村が位置した。『山城志』によると古くは丹波国に属していたと伝えている。愛宕山の北にある竜ケ岳一帯は旧京北町、つまり北桑田郡であって丹波国だった。

その京北町が「平成の大合併」（二〇〇五年）で京都市右京区に吸収合併された。

兼ねてより京北町を含む京都府中部では北桑田郡、船井郡の七町村との合併を模索する動きがあったが、京北町はどの町村よりも京都市との関わりが強かったため、近隣の市町村との合併より京都市への編入が昭和の大合併の頃からの悲願でもあった。平成一四年、住民有志による京都市合併への署名が始まり、住民有権者の八割を越える賛同を得る。これによって同一五年、法定合併協議会が設置され、一六年、京北町側の意向により、議員の定数特例不採用もあわせて決定。同一七年、京都市右京区に編入され、京都市の中で最も広い面軑を持つ行政区となる（人口は伏見区についで二位）。

旧京北町の中心集落は京北周山《しゅうざん》（京北町周山）である。また京都市右京区福王寺交差点から福井県小浜市へ至る国道一六二号線を周山街道と呼んでいる。この主要道路は山間険しい道ではあるが、若狭路とともに名を残すほど物資の流通などで重要な役目を果たしていた。

7、高度経済成長期以降、壬生以西が市街化へ

戦後復興の経過をたどってゆくことに伴い、京都旧市街の周辺が市街化されていくことになる。前述したが、昭和四年の段階で鴨川以東に新たな区が誕生している。ということは京都西部は開発の余地が残されていることとなる。京都市街は一部空襲で被害が認められたものの、京都市街の建物の焦土は見られなかったこともあって、ふたたび人口増加の広がりは外へ向かうが、もはや東部は東山山地に達していることから、比較的平坦な京都市街の西方に求められるようになる。つまりJR嵯峨野線（山陰本線）より西方、中京区の西部および右京区の南部が該当した。

もともと戸数が二七〇～八〇ほどの集落と近隣の田畑は、都市計画法に従い、次第に宅地化されていく。右京区西院・太秦安井・梅津・太秦、中京区壬生・西ノ京、下京区中堂寺・西七条・朱雀などが該当する。これらの地域は地図で見比べれば、周知のとおり京都市街地に見えるような小路を挟んで成立した細かな区画ではない。今とは想像のつかないほどの広い田園風景があった。

だが昭和四〇年（一九六五）の双ヶ岡《ならびがおか》開発問題を契機として、市民や文化人に歴史的風土保存の気運が高まってゆく。無秩序に開発するのではなく、文化遺産と開発とのバランスを保ちながら、ますます国際観光都市として責任を抱えつつ発展していくこととなる。

昭和四四年（一九六九）には、洛西ニュータウン計画が決定し、昭和五五年（一九八〇）には京都市立芸術大学がニュータウンの西側に全面移転し、新しい感覚の街がつくられていくようになる。

あとがき

「地名」は、同じ固有名詞と言っても「人名」とは異なる点が多々ある。固有名詞である点で「同類の他のものと区別するために付けられたことば」であり、単なる符号・記号でなく「意味」を持っていることでは、「地名」「人名」変わりはない。

「人名」は一人の人物のみを指示対象にして付けられることばである。この際、同姓同名や一人の人物の改名・愛称などのことは、別の問題である。二人や複数の人を纏めて一つの名前（人名）で呼ぶことなどはない（グループ名などは別）。しかし、「地名」は、「人名」における指示対象「一人の人物」に相当する指示対象が明確でない、漠然としている。「人名」のように一つ二つと数える「単位」といえる指示対象が存在していない。もっとも山や河、池などの場合は、その名の示す指示対象が確定的で明確ではある。

地名研究に当たっては、まず「地名」の指示対象（空間的範囲）を明確に把握することが重要だということになる。「地名」の指示対象である空間的範囲が、時代によって変化することがあるからである。統治の基盤である領地支配の在り方が権力者によって変革されるなど、さまざまな歴史的事情が「地名」の指示対象（空間的範囲）を替えてしまうのである。特に「地名」の語源（成立）研究では、その「地名」がどういう「空間的範囲」を指示対象にして命名されたものかをしっかりと見極めた上で考えなければならないが、それはなかなか厄介な作業である。

本書は、京都盆地の地名が京の都を中心とする歴史とどのように関わってきたかをテーマとした。それぞれの時代がどういう地名を必要にしたか、それぞれの歴史がどういう地名を生み出したか、そういう観点から、京都の歴史がどのように地名と関わったかを追求するのを目標とした。どこまでその企てが成功したかどうかは、読者の批評を待つしかないが、ただこうした観点から「地名」を採り上げた類書はこれまでになかったのではないかと、自負している。

本書の企画は、編者の一人綱本逸雄の発案に基づく「構想案」の提示に始まった。この「構想案」を基に、数名の者が何度か議論を重ね、章立てや節の柱立てを検討してきた。本書の編者をはじめ執筆者の多くは、東京堂出版の『京都地名語源辞典』の執筆にも関わったが、その折りお世話になった東京堂出版の編集者酒井香奈氏に、この度も出版企画案を練り上げる段階から色々アドバイスなど頂きながら、ここに出版に至ることができたものである。心から感謝申し上げたい。

平成二八年一二月

糸井通浩

◉参考文献

※配列は、編著者名五十音順とした。編著者名のないものは、書名で配列した。

秋里籬島・竹原春湖斎絵『都名所図会』一七八〇
明田鉄男『京都を救った豪腕知事　槇村正直と町衆たち』小学館、二〇〇四
秋山國三『京都「町」の研究』法政大学出版局、一九八一
秋山國三『近世京都町組発達史』法政大学出版局、一九八〇
秋山國三・仲村研『京都「町」の研究』法政大学出版局、一九七七
明川忠夫『小町伝説の伝承世界―生成と変容』勉誠出版、二〇〇七
足利健亮編集『京都歴史アトラス』中央公論社、一九九四
足利健亮『地図から読む歴史』講談社、二〇一二
足利健亮『中近世都市の歴史地理』地人書房、一九八四
足利健亮『地理から見た信長・秀吉・家康の戦略』創元社、二〇〇〇
足利健亮『日本古代地理研究』大明堂、一九八五
井ケ田良治・池田敬正・浮田典良編『長岡京市史　本文編二』六一書房、一九九七
井ケ田良治・原田久美子編『京都府の百年』山川出版社、一九九三
池田末則・丹羽基二監修『日本地名ルーツ辞典』創拓社、一九九二
池辺彌『和名類聚抄郷名考證』吉川弘文館、一九六六
石田孝喜『京都　高瀬川―角倉了以・素庵の遺産』思文閣出版、二〇〇五
市大樹『飛鳥の木簡―古代史の新たな解明』中央公論新社、二〇一二

井出至「カモの神の性格」『古事記年報』四一、古事記学会、一九九九
糸井通浩「京の『アガル・サガル』(付イル)考」『国語語彙史の研究』二六、二〇〇七
糸井通浩「京の『アガル・サガル』(付イル)考〈続〉」『地名探究』九号、二〇一一
糸井通浩「語彙・語法にみる時空認識」中西進編『古代の祭式と思想』、角川選書、一九九一
糸井通浩「伏見稲荷の神々と丹後の神々」『朱』第四七号、伏見稲荷大社、二〇〇四・三・六
糸井通浩「梁塵秘抄―三九八番歌研究ノート」『京教大国文学会誌』一八号、一九八三
伊藤節子『日本語単音節の辞典―古語・方言・アイヌ語・琉球語』古今書院、一九九三
伊東宗裕『京都石碑探偵』光村推古書院、二〇〇四
井上光貞「カモ県主の研究」『日本古代国家の研究』岩波書店、一九六五
井上満郎『桓武天皇と平安京』吉川弘文館、二〇一三
井上満郎『京都　躍動する古代』ミネルヴァ書房、一九八一
井上満郎『渡来人』リブロポート、一九八七
井上満郎・奥田裕之「カモ神とカモ氏」『加茂町史』第一巻、加茂町史編さん委員会、一九八八
井上頼寿『京都民俗志』東洋文庫、一九六八
今泉淑夫編『日本仏教史辞典』吉川弘文館、一九九九
今田洋三『江戸の本屋さん　近世文化史の側面』日本放送協会、一九七七
今谷　明『天文法華の乱―武装する町衆』平凡社、一九八九
今野信雄『江戸の旅』岩波書店、一九九三
井本農一・西山松之助編『日本文学の歴史7　人間開眼』角川書房、一九六七
上島有編『山城国上桂庄史料』上巻、二五一号、東京堂出版、一九九八
上田正昭『帰化人』中公新書、一九六五
植村善博『京都の地震環境』ナカニシヤ出版、一九九九
碓井小三郎『京都坊目誌』首巻、京都叢書刊行会、一九一五―一九一六

宇田正他編『民営鉄道の歴史と文化　西日本編』古今書院、一九九五
海老沢有道『切支丹史の研究』畝傍書房、一九四二
海老沢有道訳『南蛮寺興廃記』東洋文庫、平凡社、一九七七
太田静六『寝殿造の研究』吉川弘文館、一九八七
大森恵子『稲荷信仰と宗教民俗』岩田書院、一九九五
大山敷太郎『京都維新読本』雄渾社、一九六八
岡田章雄編『図説 日本の歴史 一〇』集英社、一九七七
岡田精司『京の社』塙書房、二〇〇〇
岡村洋子「上京のキリシタン教会」『キリシタン研究　一五輯』吉川弘文館、一九七四
沖中忠順『京都市電が走った街今昔』JTB出版、二〇〇〇
『巨椋池干拓誌』巨椋池土地改良区、一九六二
小澤弘・川嶋将生『図説　上杉本洛中洛外図屏風を見る』河出書房新社、一九九四
片桐洋一『歌枕歌ことば辞典　増訂版』笠間書院、一九九九
片桐洋一編『歌枕を学ぶ人のために』世界思想社、一九九四
片平博文「山背の古道を地名から探る—広隆寺を通過する「斜めの道」の存在」『地名探究』八、二〇一〇
金坂清則「町通（新町通）」『京都の地名検証　2』勉誠出版、二〇〇七
金森敦子『〝きよのさん〟と歩く江戸六百里』バジリコ株式会社、二〇〇六
金田章裕「郡・条里・交通路」古代学協会・古代学研究所編『平安京提要』角川書店、一九九四
金田章裕『条里と村落の歴史地理学研究』大明堂、一九八五
鎌田道隆『近世京都の都市と民衆』思文閣、二〇〇〇
狩谷棭斎『箋注倭名類聚抄』（印刷局刊明治一六年版・国会図書館蔵）
川上貢「上杉本洛中洛外図屏風と京の町家」『日本屏風絵集成第一一巻　風俗画—洛中洛外』講談社、一九七八
川崎桃太『フロイスの見た戦国日本』中公文庫、二〇〇六

川嶋将生・鎌田道隆『京都町名ものがたり』京都新聞社、一九七九
川嶋将生『町衆のまち　京』柳原書店、一九七六
川尻秋生『日本古代の格と資財帳』吉川弘文館、二〇〇三
河内将芳『戦国時代の京都を歩く』吉川弘文館、二〇一四
神田千里『土一揆の時代』吉川弘文館、二〇〇四
岸俊男『宮都と木簡―よみがえる古代史』吉川弘文館、一九七七
喜田貞吉『帝都』日本学術普及会、一九一五
喜田貞吉「山城北部の条里を調査して太秦広隆寺の旧地に及ぶ」『歴史地理』二五―一・二、一九一五
衣笠安喜『京都府の教育史』思文閣出版、一九八三
衣笠安喜・山田光二「キリスト教の布教」京都市編『京都の歴史　四』学芸書林、一九七五
木下政雄・横井清「お土居と寺町」京都市編『京都の歴史　四』学芸書林　一九七五
京都市考古資料館編『聚楽第と周辺ガイド』京都市考古資料館、二〇一二
京都市高速鉄道烏丸線内遺跡調査会 編『京都市高速鉄道烏丸線内遺跡調査年報』Ⅰ～Ⅲ、一九八〇‐一九八二
京都市文化市民局文化財保護課編『飛鳥白鳳の甍　京都市の古代寺院』京都市文化財ブックス二四、二〇一〇
京都市編『京都小学五十年誌』京都市、一九一八
京都市編『京都の歴史１　平安の新京』学芸書林、一九七〇
京都市編『京都の歴史３　近世の胎動』学芸書林、一九七五
京都市編『京都の歴史４　桃山の開花』学芸書林、一九六九
京都市編『京都の歴史５　近世の展開』学芸書林、一九七二
京都市編『京都の歴史６　伝統の定着』学芸書林、一九七三
京都市編『京都の歴史８　古都の近代』学芸書林、一九七五
京都市編『史料 京都の歴史１　概説』平凡社、一九九一
京都市編『史料 京都の歴史２　考古』平凡社、一九八三

京都市編『史料 京都の歴史6 北区』平凡社、一九九三
京都市編『史料 京都の歴史7 上京区』平凡社、一九八〇
京都市編『史料 京都の歴史9 中京区』平凡社、一九八五
京都市編『史料 京都の歴史10 東山区』平凡社、一九九一
京都市編『史料 京都の歴史12 下京区』平凡社、一九九一
京都市編『史料 京都の歴史16 伏見区』平凡社、一九九一
京都市埋蔵文財研究所監修『京都 秀吉の時代—つちの中から』ユニプラン、二〇一二
京都市埋蔵文化財研究所編『京都嵯峨野の遺跡 広域立会調査による遺跡調査報告』京都市埋蔵文化財研究所調査報告第一四、一九九七
京都新聞「蛤御門の命名は元禄以前か 京都御苑、通説遡る新資料」二〇一六年四月二八日付
京都新聞社編『思い出のアルバム 京都市電物語』京都新聞社、一九七八
京都新聞社編『京都いのちの水』京都新聞社、一九八三
京都地名研究会編『京都の地名検証—風土・歴史・文化をよむ』1〜3、勉誠出版、二〇一〇
京都府教育委員会編『京都府教育史 上』京都府教育委員会、一九四〇
京都府京都文化博物館『壬生寺展 創建一〇〇〇年記念 大念仏狂言と地蔵信仰の寺』京都文化博物館、一九九二
京都府農会『京都府園芸要鑑』一九〇九
京都府歴史遺産研究会編『京都府の歴史散歩』上、山川出版社、二〇一一
京都文化博物館『京を描く—洛中洛外図の時代—』京都府京都文化博物館、二〇一五
楠原佑介『消えた市町村名辞典』東京堂出版、二〇〇〇
工藤力男「和名抄地名新考」一〜三（『成城文藝』一八三・一八六・一八七号、二〇〇三〜二〇〇四）
國下多美樹『長岡京の歴史考古学研究』吉川弘文館、二〇一三
久保田収編著『八坂神社の研究』臨川書店、一九九七
久保田淳・馬場あき子編『歌ことば歌枕大辞典』角川書店、一九九九

熊谷隆之「六波羅探題考」『史学雑誌』一一三編七号、二〇〇四
倉田実・久保田孝夫編『王朝文学と交通』竹林舎、二〇〇九
黒板勝美『國史の研究　總説の部』文會堂書店、一九一三
黒川春村編『歴代残闕日記』巻三、臨川書店、一九六九
黒川道祐『雍州府志』臨川書店　京都叢書、一九四四
建設省近畿地建淀川工事事務所発行「京都盆地水害地形分類図」一九九三
河野仁昭『中村栄助と明治の京都』京都新聞社、一九九九
国史大辞典『七福神宝船の図』吉川弘文館、一九八五
『国史大辭典』　吉川弘文館
国土交通省ホームページ「京都市歴史的風土保存の経緯」www.mlit.go.jp/toshi/rekimachi/toshi_history_tk_000008.html
小島孝之「「山里」の系譜」『国語と国文学』一九九五
古代学協会・古代学研究所編、角田文衛監修『平安京提要』角川書店、一九九四
古代学協会・古代学研究所編、角田文衛監修『平安時代史事典』角川書店、一九九四
古代学協会「勧学院址の発掘調査」『古代文化』第一巻第五号、一九五七
古代学協会『平安京土御門烏丸内裏跡―左京一条三坊九町』平安京跡研究調査報告〈第一〇輯〉、一九八三
五島邦治『京都町共同体成立史の研究』岩田書院、二〇〇四
五島邦治ホームページ「資料集平安京から京都へ」http://www9.plala.or.jp/goshima/Toshimin/Owari/ShiryouSyu.html
駒　敏郎『天狗筆記物語』創世記、一八四五
駒　敏郎・井関栄二『紋屋相模　御寮織物司井関家家史』一九八八
佐伯有清「ヤタガラス伝説と鴨氏」『新撰姓氏録の研究』研究編、吉川弘文館、一九八四
相楽郡連合校長会編『私たちの相楽郡』相楽郡誌刊行会、一九五九
笹川博司「白川」『京都の地名　検証 3』勉誠出版、二〇一〇

笹川博司『深山の思想―平安和歌論考』和泉書院、一九九八
笹川博司「「山里」の自然美の形成」『隠遁の憧憬―平安文学論考』和泉書院、二〇〇四
佐々木信三郎『西陣史』芸艸堂、一九三二
佐藤信・吉田伸之編『新体系日本史6 都市社会史』山川出版社、二〇〇一
佐間芳郎『関西の鉄道史 ―蒸気車から電車まで』成山堂書店、二〇〇三
ジアン・クラッセ『日本西教史 上・下』時事彙存社、一九一四
システム科学研究所『地域の「味」形成に果たす地下水の役割』一九八四
十返舎一九『東海道中膝栗毛』日本古典文学大系、岩波書店、一九五八
清水紘一『キリシタン禁制史』教育社歴史新書、一九八一
『史料纂集 三藐院記』近衛道隆他校訂、続群書類従完成会、一九七五
『史料纂集』三、近藤活版所、一九〇〇
『史料大成』一八、内外書籍、一九三五
杉田博明『近代京都を生きた人々 明治人物誌』、京都書院、一九八七
杉野栄『京のキリシタン史跡を巡る』三学出版、二〇〇七
杉本重雄『先斗町地名考―ポントの謎を解く』北斗書房、二〇一五
杉森哲也「江戸時代の聚楽第跡」日本史研究会（編）『豊臣秀吉と京都 聚楽第・御土居と伏見城』文理閣、二〇〇一
杉森哲也「近世京都の地点表記法」『近世京都の都市と社会』東京大学出版会、二〇〇八
杉森哲也「町組と町」高橋康夫・吉田伸之編『日本都市史入門Ⅱ 町』東京大学出版会、一九九〇
杉山信三『藤原氏の氏寺とその院家』『奈良国立文化財研究所学報』一九、一九六八
聖母女学院編『伏見学ことはじめ』思文閣出版、一九九九
聖母女学院短大伏見学研究会編『伏見の歴史と文化』京・伏見学叢書一巻、清文堂出版、二〇〇三
千宗室・森谷尅久監修『京都の大路小路』小学館、一九九四
千宗室・森谷尅久監修『続・京都の大路小路』小学館、一九九五

『続史料大成　資益王記』臨川書房、一九六七
園田英弘『「みやこ」という宇宙』日本放送協会、一九九四
高嶋四郎『京野菜』淡交社、一九八二
高野澄『京都今昔ふしぎ紀行』京都新聞社、一九九八
髙橋昌明『京都〈千年の都〉の歴史』岩波書店、二〇一四
髙橋昌明『清盛以前―伊勢平氏の興隆―』増補・改訂版、文理閣、二〇〇四
髙橋昌明「清盛の目ざしたもの」『二〇一二年NHK大河ドラマ五〇年特別展 平清盛』広島県立美術館、二〇一二
髙橋昌明『平清盛 福原の夢』講談社、二〇〇七
高橋康夫『京都中世都市史研究』思文閣、一九八三
高橋康夫「町堂と銭湯と人々」『京の歴史と文化』四、村井康彦編、一九九四
竹内理三編『角川日本地名大辞典26 京都府』角川書店、一九八二
竹村俊則『新版　京のお地蔵さん』京都新聞出版センター、二〇〇五
立川美彦『京都学の古典「雍州府志」』平凡社、一九九六
谷直樹「洛中洛外図の世界」村井康彦『京の歴史と文化 四』講談社、一九九四
玉城玲子「長岡宮大極殿跡の探究と岡本爺平長岡宮大極殿跡の探究と岡本爺平」『京都における歴史学の誕生―日本史研究の創造者たち』ミネルヴァ書房、二〇一四
田村喜子『京都インクライン物語』中央公論社、一九九四
知恵の会編『京都学を楽しむ』勉誠出版、二〇一〇
筑摩書房編『江戸時代図誌・京都一・二』一九七五・一九七六
辻善之助『日本文化史　別録一』一九七〇再刊
辻みち子「民衆の寺―町堂」赤井達郎編『京都千年（二）寺と社』講談社、一九八四
綱本逸雄「丹生・壬生と水源関連地名」『京都の地名 検証 3』京都地名研究会編、勉誠出版、二〇一〇
角田文衞「村上源氏の土御門第」『王朝文化の諸相』法蔵館、一九八四

徳川宗賢監修『日本方言大辞典』尚学図書、一九九一
所功『京都の三大祭』角川書店、一九九六
登谷伸宏『近世の公家社会と京都』思文閣、二〇一五
土木学会『明治以前日本土木史』岩波書店、一九三六
仲尾宏『京都の渡来文化』淡交社、一九九〇
中西隆紀『日本の鉄道創世記　幕末明治の鉄道発達史』河出書房新社、二〇一〇
中野三敏『江戸名物評判記集成』岩波書店、一九八七
中村武生『御土居堀ものがたり』京都新聞出版センター、二〇〇五
中村武生『京都の江戸時代をあるく―秀吉の城から龍馬の寺田屋伝説まで』文理閣、二〇〇八
中村武生「豊臣政権の京都都市改造」日本史研究会編『豊臣秀吉と京都』文理閣、二〇〇一
中山修一「長岡京の史脈」『向日市史』上巻（第五章第四節）、一九八三
中山修一「長岡京の発見」『長岡京市史』本文編一（第四章一節）、長岡京市、一九九六
中山修一「長岡京復原のための文献史料」『続日本紀研究』第2・6巻、続日本紀研究会、一九五五
中西宏次『聚楽第　梅雨の井物語』阿吽社、一九九九
奈良文化財研究所ホームページ「木簡データベース」https://www.nabunken.go.jp/Open/mokkan/mokkan.html
奈良本辰也『京都故事物語』河出書房、一九六七
仁木弘『京都の都市共同体と権力』思文閣、二〇一〇
西陣織工業組合編『西陣』西陣織工業組合、二〇〇一
西野由紀・鈴木康久編『京都鴨川探訪―絵図でよみとく文化と景観』人文書院、二〇一一
日本歴史地理学会編『安土桃山時代史論』仁友社、一九一五
野口実『武家の棟梁の条件―中世武士を見なおす』中央公論新社、一九九四
野口実『武門源氏の血脈―為義から義経まで』中央公論新社、二〇一二
『日本史大事典』平凡社

芳賀紀雄『万葉の歌―人と風土7　京都』保育社、一九八六
林和利「狂言における因幡堂の位僧相」『名古屋女子大学紀要』人文社会編・四三号・一九九七
林屋辰三郎『京都文化の座標』人文書院、一九八五
林屋辰三郎『中世の開幕』講談社、一九七六
林屋辰三郎『日本史論聚1　日本文化史』岩波書店、一九八八
林屋辰三郎『日本史論聚4　近世の黎明』岩波書店、一九八八
林屋辰三郎『日本史論聚5　伝統の形成』岩波書店、一九八八
林屋辰三郎『日本史論聚6　近代の模索』岩波書店、一九八八
速水侑『地蔵信仰』塙書房、一九七五
原田伴彦『京の人　大阪の人』朝日新聞社、一九八〇
東陽一・加納敬二「嵯峨野における秦氏の到来期について」財団法人京都市埋蔵文化財研究所『研究紀要』一〇号、二〇〇七・三・三一）
樋口彰一代表『切支丹風土記　近畿・中国編』宝文館、一九六六
平田泰・小檜山一良「広隆寺境内2」『平成三年度京都市埋蔵文化財調査概要』財団法人京都市埋蔵文化財研究所、一九九五
深草を語る会「深草を語る」深草記念会、二〇一三
福山敏男「山城国葛野郡の条里について」『歴史地理』七一―四、一九三八
藤原某　逸話集『塵塚物語』一五五二、鈴木昭一訳、教育社新書、一九八〇
仏教大学編『京都の歴史』三、京都新聞社、一九九四
仏教大学西陣地域研究会・谷口浩司編『変容する西陣の暮らしと町』法律文化社、一九九三
仏教民俗学会編『仏教民俗辞典』新人物往来社、一九八六
フロイス（松田毅一訳）『完訳フロイス日本史』全一二巻、中央公論新社
フロイス『日本史 2』松田毅一・川崎桃太訳、中央公論社、一九七七

平安博物館『少将井遺跡発掘調査報告』ビクトリー社、一九七二
平凡社『京都市の地名』日本歴史地名大系二七、一九八一
平凡社『大阪府の地名』日本歴史地名大系二八、一九八六
平凡社『京都府の地名』日本歴史地名大系二六、一九八一
平凡社太陽コレクション「日本百景と土産品Ⅰ　三都めぐり」一九八〇
星宮智光「稲荷信仰の成立と展開の諸相」『伏見の歴史と文化』、聖母女学院短期大学伏見研究会編、二〇〇三
本庄栄治郎『西陣研究』改造社、一九三〇
真下厚「『万葉集』の地名「鷺坂」」『地名探究』第一三号、二〇一五
増田潔『京の古道を歩く』光村推古書院、二〇〇六
増田繁夫「河原院哀史」『論集平安文学』一、勉誠社、一九九四
松田毅一・川崎桃太編訳『回想の織田信長　フロイス「日本史」より』中央公論社、一九七一
松田毅一監訳『イエズス会日本報告集』第一期第四巻、同朋舎、一九八八
松田毅一『南蛮のバテレン』NHKブックス、一九七〇
三品彰英『日本書紀朝鮮関係記事考証（上・下）』天山舎、二〇〇二
三俣俊二「伏見キリシタン史蹟の研究」『伏見の歴史と文化』一、清文堂出版二〇〇三
御橋悳言『平家物語略解』宝文館、一九二九
宮元健次『建築秀吉―遺構から推理する戦術と建築・都市プラン』人文書院、二〇〇〇
宮脇俊三『失われた鉄道を求めて』文芸春秋社、二〇一一
宮脇俊三編『鉄道廃線跡を歩くⅢ』JTB出版、一九九七
（公財）向日市埋蔵文化財センター『向日市埋蔵文化財調査報告書』第六八集、二〇〇五
宗政五十緒『都名所図会を読む』東京堂出版、一九九七
村井康彦編『京の歴史と文化４　絢』講談社　一九九四
村井康彦編『京の歴史と文化５　洛』講談社、一九九四

村井康彦編『京の歴史と文化6　匠』講談社、一九九四
村上直次郎訳『イエズス会日本年報　上』雄松堂書店、一九七九
村上直次郎訳『異国往復書翰集』駿南社、一九二九
村上直次郎訳『耶蘇会士日本通信　上・下』雄松堂、二〇〇五
木簡学会編『木簡から古代がみえる』岩波書店、二〇一〇
森島康雄「聚楽第周辺の金箔瓦—聚楽第城下町復原に向けて—」『京都府埋蔵文化財論集』第三集、創立十五周年記念誌、
　公益財団法人京都府埋蔵文化財調査研究センター、一九九六
森島康雄「聚楽第と城下町」日本史研究会編『豊臣秀吉と京都』文理閣、二〇〇一
森谷尅久編『図説　京都府の歴史』河出書房新社、一九九四
森谷尅久監修『改訂版　京都・観光文化検定試験公式テキストブック』淡交社、二〇〇五
森谷尅久『地名で読む京の町　上　洛中・洛西・洛外編』ＰＨＰ、二〇〇三
紋屋井関政因『天狗筆記』一八四五成立
八木透編著『京都の夏祭りと民俗信仰』昭和堂、二〇〇二
八坂神社編『八坂神社』学生社、一九九七
八坂神社編『八坂神社記録　上・下』一九四二・一九六一
八坂神社編『八坂神社文書　上・下』一九三九・一九四〇
柳田國男監修『改訂総合日本民俗語彙』平凡社、一九七〇
柳谷武夫編『耶蘇会士日本通信』新異国叢書1、雄松堂書店、一九六八
藪田嘉一郎「小野毛人墓誌」『日本上代金石叢考』河原書店、一九四九
山上伊豆母「伏見稲荷大社」谷川健一編『日本の神々』第五巻、白水社、一九八六
山口和夫「朝廷と公家社会」歴史学研究会『日本史講座（六）近世社会論』東京大学出版会、二〇〇五
山口恵一郎他編『日本図誌大系　近畿Ⅱ』朝倉書店、一九七三
山嵜泰正『京キリシタン伝承を歩く』ふたば書房、二〇一四

山路愛山『源頼朝』(一九〇九「時代代表　日本英雄伝」の一冊として刊行) 東洋文庫、一九八七
山路興造「集落と神社」『平安京提要』角田文衞総監修、古代学協会、一九九四
山田邦和「伏見城とその城下町の復元」『豊臣秀吉と京都　聚楽第・御土居と伏見城』文理閣、二〇〇一所収
結城了悟『京都の大殉教』日本二十六聖人記念館、一九八七
横山卓雄『京都の自然史―京都・奈良盆地の移りかわり』京都自然史研究所、二〇〇四
芳井敬郎編著『祇園祭』松籟社、一九九四
吉越昭久「京都・鴨川の『寛文新堤』建設に伴う防災効果」立命館文学五九三、二〇〇六
吉田金彦『京都の地名を歩く』京都新聞出版センター、二〇〇三
吉田金彦・糸井通浩・綱本逸雄編『京都地名語源辞典』東京堂出版、二〇一三
吉田小五郎訳『日本切支丹宗門史　上・中・下』岩波書店、一九八三
吉野秋二「平安初期の広隆寺と周辺所領」『古代文化』六四、二〇一二
米倉二郎「山城の条里と平安京」『史林』九―三、一九五六
れおんばぜす(木村太郎訳)『日本廿六聖人殉教記』岩波書店、一九三一
脇田修・晴子『物語 京都の歴史―花の都の二千年』中央公論新社、二〇〇八
脇田晴子『中世京都と祇園祭　疫神と都市の生活』中公新書、一九九九

■や■

■ら■

■わ■

■ま■

■は■

■な■

■た■

■か■

索　引

＊本文中の地名を中心とし、現代の読みにしたがって作成した。

執筆者一覧

●編者（別掲）

糸井通浩

綱本逸雄

●執筆者（五〇音順。○は企画検討メンバー）

○明川忠夫　京都地名研究会常任理事

井上満郎　京都産業大学名誉教授

○岩田　貢　龍谷大学教授

片平博文　立命館大学特別任用教授

○小寺慶昭　龍谷大学名誉教授

齋藤幸雄　緑と教育と文化財を守る会副会長

○笹川博司　大阪大谷大学教授

清水　弘　京都地名研究会常任理事

中尾秀正　元長岡京市教育委員会主任専門員

山口　均　元地名研究会あいち代表／大阪桐蔭中学高等学校勤務

編者略歴

糸井通浩（いとい・みちひろ）

1938年生まれ。京都大学文学部卒。日本語学専攻。京都教育大学・龍谷大学名誉教授。京丹後市市史編纂委員。主な共編著『物語の方法－語りの意味論』『日本地名学を学ぶ人のために』『国語教育を学ぶ人のために』（以上、世界思想社）、『京都学を楽しむ』（勉誠出版）、『京都地名語源辞典』（東京堂出版）ほか。

綱本逸雄（つなもと・いつお）

1941年生まれ。近畿大学理工学部卒。京都地名研究会会長。著書に『京都三山石仏・石碑事典』『京都盆地の災害地名』（ともに勉誠出版）、共著に『大阪地名の謎と由来』（プラネットジアース）、『語源辞典 植物編』『奈良の地名由来辞典』『京都地名語源辞典』（以上、東京堂出版）、『京都の地名検証1・2・3』（勉誠出版）、『日本地名学を学ぶ人のために』（世界思想社）、『日本地名ルーツ辞典』（創拓社）ほか。

地名が語る京都の歴史

2016年12月10日 初版印刷
2016年12月20日 初版発行

編　　者　糸井通浩・綱本逸雄
発 行 者　大橋信夫
D T P　株式会社 明昌堂
図版制作　有限会社オフィス・ユウ
装　　丁　下野ツヨシ
印刷製本　日経印刷株式会社

発 行 所　株式会社　東京堂出版
〒101-0051　東京都千代田区神田神保町1-17
電話　03-3233-3741　振替　00130-7-270
http://www.tokyodoshuppan.com/

ISBN978-4-490-20956-3 C0021